AF884448

ABHANDLUNGEN
DER AKADEMIE DER WISSENSCHAFTEN DER DDR
Abteilung Veröffentlichungen der Wissenschaftlichen Räte
Jahrgang 1981 · Nr. W 5

Wirtschaftswissenschaftliche Konferenz am 14./15. 10. 1980
veranstaltet vom
Wissenschaftlichen Rat für die wirtschaftswissenschaftliche Forschung
bei der Akademie der Wissenschaften der DDR
in Verbindung mit dem
Zentralinstitut für sozialistische Wirtschaftsführung beim ZK der SED,
der Akademie für Gesellschaftswissenschaften beim ZK der SED,
der Akademie der Wissenschaften der DDR,
dem Ökonomischen Forschungsinstitut der Staatlichen Plankommission

Theoretische Fragen der sozialistischen ökonomischen Integration – ihrer Leitung, Planung und ökonomischen Stimulierung

32. Tagung des Wissenschaftlichen Rates für die wirtschaftswissenschaftliche Forschung bei der Akademie der Wissenschaften der DDR

AKADEMIE-VERLAG · BERLIN 1981

Herausgegeben im Auftrage des Präsidenten
der Akademie der Wissenschaften der DDR
von Vizepräsident Prof. Dr. Heinrich Scheel

Verantwortlich für dieses Heft:
Akademiemitglied Prof. Dr. sc. oec. Dr. h. c. Helmut Koziolek
Vorsitzender des Wissenschaftlichen Rates
für die wirtschaftswissenschaftliche Forschung
bei der Akademie der Wissenschaften der DDR

Redaktionsschluß: 15. Dez. 1980

ISSN 0302 - 8054
Erschienen im Akademie-Verlag, DDR-1086 Berlin, Leipziger Str. 3-4
© Akademie-Verlag Berlin 1981
Lizenznummer: 202.100/226/81
Gesamtherstellung: VEB Druckhaus Köthen
Bestellnummer: 753 971 6 (2001/81/5/W) · LSV 0325
Printed in GDR
DDR 24,- M

Die Wirtschaftswissenschaftliche Konferenz vom 14./15. 10. 1980 zu theoretischen Fragen der sozialistischen ökonomischen Integration – zugleich 32. Tagung des Wissenschaftlichen Rates für die wirtschaftswissenschaftliche Forschung bei der Akademie der Wissenschaften der DDR – diente vor allem dem Ziel, wichtige Forschungsergebnisse auf diesem Gebiet in Vorbereitung des X. Parteitages der Sozialistischen Einheitspartei Deutschlands zu diskutieren und zu verallgemeinern.
Die weitere Forschungsarbeit auf dem Gebiet der sozialistischen ökonomischen Integration gewinnt durch die Beschlüsse des X. Parteitages der SED ein noch höheres Gewicht, insbesondere durch die von Genossen Erich Honecker im Bericht des Zentralkomitees der Sozialistischen Einheitspartei Deutschlands an den X. Parteitag der SED dargelegten zehn Schwerpunkte der ökonomischen Strategie der 80er Jahre und die damit verbundene weitere Vertiefung der Zusammenarbeit mit der UdSSR und den anderen Mitgliedsländern des RGW.
Von großer Bedeutung ist ferner die auf der XXXV. Tagung des Rates für Gegenseitige Wirtschaftshilfe zum Ausdruck gebrachte einmütige Entschlossenheit der RGW-Länder, auch künftig die Grundsätze des Komplexprogramms zur weiteren Vertiefung und Vervollkommnung der Zusammenarbeit und Entwicklung der sozialistischen ökonomischen Integration, der langfristigen Zielprogramme und der zweiseitigen Programme der Zusammenarbeit zu verwirklichen, die Zusammenarbeit effektiver zu gestalten und ihre Formen und Methoden zu vervollkommnen.

Inhaltsverzeichnis

1. Arbeitsmaterial*

* Dieses Material wurde ausgearbeitet von der Arbeitsgruppe unter Leitung von Prof. Dr. Willi Kunz. Der Arbeitsgruppe gehörten weiter an: Dr. Edith Becker; Prof. Dr. Gerhard Brendel; Prof. Dr. Gerhard Proft; Prof. Dr. Karl-Heinz Stiemerling; Prof. Dr. Peter Sydow.

Theoretische Fragen der sozialistischen ökonomischen Integration – ihrer Leitung, Planung und ökonomischen Stimulierung

1. Die sozialistische ökonomische Integration – ein Merkmal der weiteren Gestaltung und Vervollkommnung der entwickelten sozialistischen Gesellschaft

Die Vorbereitung des X. Parteitages der SED stimuliert wesentlich die wirtschaftswissenschaftliche Forschung, um mit verallgemeinerungsfähigen Analysen und Schlußfolgerungen auch auf dem Gebiet der sozialistischen ökonomischen Integration die Aufgaben für die nächste Wegstrecke wissenschaftlich fundiert zu begründen und ihre Lösung zielgerichtet anzustreben. Dazu soll die Wirtschaftswissenschaftliche Konferenz am 14. und 15. Okt. 1980 einen Beitrag leisten.

1.1. Erfolgreiche Entwicklung der sozialistischen ökonomischen Integration

In der DDR wird das Tempo des ökonomischen und des sozialen Fortschritts maßgeblich von der Entwicklung der sozialistischen ökonomischen Integration bestimmt. Das beweist die erfolgreiche Entwicklung der DDR, die das Ergebnis der schöpferischen Arbeit der Werktätigen unseres Landes unter Führung der SED sowie der brüderlichen Zusammenarbeit mit der UdSSR und den anderen Bruderländern ist.

Im Rahmen dieser Zusammenarbeit hat die DDR im Verlaufe ihrer mehr als 30jährigen Entwicklung Hilfe und Unterstützung erfahren und zugleich aktiv Solidarität geübt. Vielfältige Hilfe und Unterstützung leistete und gewährt auch heute vor allem die UdSSR. Die sowjetischen Lieferungen an Rohstoffen, Maschinen, Ausrüstungen und Konsumgütern bilden eine wichtige materielle Grundlage des ökonomischen Wachstums der DDR, wie auch umgekehrt die Lieferungen der DDR in die Sowjetunion, zum Beispiel die Exporte der metallverarbeitenden Industrie, zur Entwicklung der Volkswirtschaft der UdSSR beitragen.

Von außerordentlicher Bedeutung für die weitere stabile ökonomische und soziale Entwicklung der DDR sind die mit der UdSSR abgeschlossenen Vereinbarungen über die Lieferung von Roh- und Brennstoffen, die einen entscheidenden Anteil unseres gesamten volkswirtschaftlichen Bedarfs an Roh- und Brennstoffen decken. So machen sowjetische Lieferungen bei Erdgas 100 %, bei Eisenerz, Holz und Baumwolle über 90 % und bei wichtigen Buntmetallen 60 bis 70 % am gesamten Import der DDR aus. In großem Maßstab entwickeln sich Spezialisierung und Kooperation in der Produktion, in Wissenschaft und Technik. Große Investitionsvorhaben, vor allem zur Erschließung von Rohstoffvorkommen in der UdSSR und in anderen RGW-Ländern werden gemeinsam vorbereitet und verwirklicht und somit wesentliche Voraussetzungen für die Sicherung der Versorgung mit Energie und Rohstoffen geschaffen. Die DDR wickelt 36 % ihres Außenhandelsumsatzes mit der UdSSR ab. Sache der Arbeiterehre und des sozialistischen Internationalismus ist es, durch Qualität, Effektivität und Plantreue die internationalen Verpflichtungen zum eigenen und gemeinsamen Nutzen zu erfüllen.

Die allseitige Vertiefung des Bündnisses mit der Sowjetunion sowie mit den anderen Bruderländern und die immer festere Verankerung in der sozialistischen Staatengemeinschaft sind die wichtigsten außenpolitischen Aufgaben der DDR. Sie sind eine Grundbedingung für die Erfüllung der Lebensinteressen der Arbeiterklasse und aller mit ihr verbündeten Werktätigen.

Die Beschlüsse des IX. Parteitages der SED zur weiteren Vertiefung und Vervollkommnung der Zusammenarbeit und Entwicklung der sozialistischen ökonomischen Integration der Mitgliedsländer des RGW werden Schritt für Schritt erfüllt. „Wir sind der festen Überzeugung, daß in Zukunft die weitere Festigung und Vertiefung der sozialistischen ökonomischen Integration in noch weit stärkerem Maße als bisher zur entscheidenden Grundbedingung der stabilen und planmäßigen Entwicklung in unserem Land wie in allen anderen sozialistischen Ländern wird."[1]

In den siebziger Jahren haben die Mitgliedsländer des RGW bedeutende Fortschritte auf allen Gebieten des gesellschaftlichen Lebens erzielt. Ihre politische und ökonomische Stärke ist gewachsen, ihr Einfluß auf das Weltgeschehen hat sich erhöht.

So gelangte die XXXIV. Tagung des Rates für Gegenseitige Wirtschaftshilfe zu der Feststellung: „Die Erfolge der Mitgliedsländer des RGW beim sozialistischen und kommunistischen Aufbau sowie die Erfahrungen ihrer Zusammenarbeit bestätigen die Lebenskraft und die unvergängliche Bedeutung der Ideen des Marxismus-Leninismus, die unter den Bedingungen jedes Landes schöpferisch angewendet werden, und beeinflussen immer mehr die internationale Entwicklung.

In den 25 Jahren seit Unterzeichnung des Warschauer Vertrages traten die Teilnehmerländer dieses Verteidigungsbündnisses in Zusammenarbeit mit anderen Ländern und mit allen friedliebenden Kräften zuversichtlich und effektiv für die Lösung lebenswichtiger Aufgaben ein: die Verhinderung eines Krieges in Europa, die Festigung des Friedens, die Verminderung der internationalen Spannungen sowie die Entwicklung einer gleichberechtigten, friedlichen Zusammenarbeit zwischen den Staaten."[2]

In den vergangenen mehr als 30 Jahren der Existenz des Rates für Gegenseitige Wirtschaftshilfe hat sich die Überlegenheit der sozialistischen über die kapitalistischen Produktionsverhältnisse auf vielen Gebieten des sozialen, des ökonomischen und geistig-kulturellen Lebens überzeugend bestätigt. Das ökonomische Wachstumstempo der Mitgliedsländer des RGW, gemessen an der Entwicklung der Industrieproduktion und des Nationaleinkommens, war von 1950 bis 1979 1,7mal höher als das Wachstumstempo

Tabelle 1
Produktion wichtiger Industrieerzeugnisse pro Kopf der Bevölkerung*

	RGW-Länder		EWG-Länder	
	1950	1978	1950	1978
Elektroenergie (kWh)	504	4 236	908	4 610
Stahl (kg)	133	555	228	515
Mineraldünger (kg)	12	98	24	62
Zement (kg)	69	520	183	509

* O. Reinhold, Zu einigen Problemen der internationalen Wirtschaftsbeziehungen in unserer Zeit, in: Einheit, 6/1980, S. 604.

[1] Bericht des Zentralkomitees der Sozialistischen Einheitspartei Deutschlands an den IX. Parteitag der SED, Berichterstatter: Genosse Erich Honecker, Berlin 1976, S. 76.

[2] Kommuniqué der XXXIV. Tagung des Rates für Gegenseitige Wirtschaftshilfe, in: Neues Deutschland vom 20. Juni 1980, S. 7.

der kapitalistischen Industrieländer. Dadurch konnten auf vielen Gebieten spürbare Fortschritte erreicht werden, wie das auch in der Tabelle 1 für einige wichtige Erzeugnisse zum Ausdruck kommt.

1979 steigerten die Mitgliedsländer des RGW ihr Nationaleinkommen im Vergleich zu 1975 um 19 % und die Industrieproduktion um 23 %. Besonders schnell entwickelten sich dabei diejenigen Zweige, die den technischen Fortschritt und die Effektivität der Produktion bestimmen. Der Außenhandelsumsatz der RGW-Länder wuchs 1979 gegenüber dem Vorjahr um 12,7 % und erreichte 196 Mrd. Rubel, davon 56,6 % im gegenseitigen Warenaustausch. Mit diesen Lieferungen wurde der Hauptteil des Importbedarfs der meisten RGW-Länder an wichtigen Brenn-, Roh- und Werkstoffen sowie an Maschinen und Ausrüstungen[3] gedeckt.

Während sich in den kapitalistischen Ländern die Unterschiede im ökonomischen Entwicklungsniveau zwischen den Industrieländern und vielen Ländern Asiens, Afrikas und Lateinamerikas erhöhen, führt die Zusammenarbeit der Mitgliedsländer des RGW auf der Grundlage der bewährten Prinzipien des sozialistischen Internationalismus zu einem stabilen und höheren Wachstumstempo, in dessen Ergebnis sich das ökonomische Entwicklungsniveau dieser Länder weiter angleicht. Die sozialistische ökonomische Integration als ein langfristiger sozialökonomischer Prozeß bewährt sich somit bereits und trägt für alle Beteiligten Früchte.

Die kommunistischen und Arbeiterparteien in den RGW-Ländern erarbeiteten eine marxistisch-leninistische Konzeption für die weitere gesellschaftliche Entwicklung. Sie manifestiert sich besonders in der Einheit von Wirtschafts- und Sozialpolitik und wird Schritt für Schritt verwirklicht. Die Analyse der veränderten objektiven Bedingungen und anderer Einflüsse zu Beginn der achtziger Jahre muß zu theoretischen Verallgemeinerungen und praktikablen Vorschlägen zur weiteren Vervollkommnung dieser Konzeption und zur Präzisierung der Aufgaben und Methoden zur Verwirklichung des ökonomischen Integrationsprozesses geführt werden. Die Analyse des Erreichten zeigt, daß eine Reihe theoretischer und praktischer Probleme ihrer Lösung harren, um den komplizierter gewordenen Bedingungen und wachsenden Anforderungen der achtziger Jahre erfolgreich entsprechen zu können.

Dazu gehören die Konsequenzen aus der Verschärfung der internationalen Lage, die weitere Internationalisierung des Wirtschaftslebens sowie die vielfältigen Anforderungen an die weitere Entfaltung der sozialistischen Produktionsverhältnisse und insbesondere an die Vervollkommnung der Leitung, Planung und Stimulierung der ökonomischen Integrationsprozesse.

Auf den letzten Tagungen des Zentralkomitees der SED und in der Rede des Genossen Erich Honecker vom 25. 1. 1980 wurden diese Probleme analysiert und zugleich die Aufgaben zu ihrer Lösung genannt. Eine Reihe internationaler Einflüsse wurden dabei besonders gewichtet. Es handelt sich vorwiegend um Faktoren, die nicht kurzfristiger Natur sind, sondern die in hohem Maße die Entwicklung der achtziger Jahre bestimmen werden.

1.2. Große Aufgaben für die achtziger Jahre

Folgende Probleme erfordern in den achtziger Jahren unsere ganze Aufmerksamkeit und Kraft.

[3] Ebenda.

Erstens: Der Klassenkampf hat sich in der jüngsten Vergangenheit international verschärft. Der politischen und militärischen Herausforderung der imperialistischen Kräfte, die in den letzten Jahren bedrohlicher geworden ist, gilt es zu begegnen. Dazu ist es erforderlich, alle wissenschaftlich-technischen und ökonomischen Potenzen für die konsequente Verwirklichung des Friedensprogramms der um die UdSSR gescharten sozialistischen Staaten zu mobilisieren.

Zweitens: Die weitere konsequente Verwirklichung der Hauptaufgabe bei der Gestaltung der entwickelten sozialistischen Gesellschaft erfordert die effektivste Nutzung der Ressourcen. Dabei ist die Intensivierung der gesellschaftlichen Produktion eine unerläßliche Voraussetzung, um das ökonomische Wachstum und die ökonomische Stabilität jedes RGW-Landes zu gewährleisten. Besonders große Anstrengungen sind erforderlich, um eine hohe Veredelung der eingesetzten Rohstoffe und Materialien, eine rationelle Produktion und Verwendung der Energieressourcen zu erreichen. Weiter sind die Senkung der Grundfondsintensität und die Erhöhung des Nutzeffekts der Investitionen wie auch die vollständige Nutzung des gesellschaftlichen Arbeitsvermögens notwendig, um die wachstums- und leistungsorientierte Wirtschaftspolitik zu verwirklichen.

Drittens: Der wissenschaftlich-technische Fortschritt in der Welt wird sich weiter beschleunigen und weitere Forschungs- und Anwendungsgebiete erfassen und hervorbringen. Die neuen Anforderungen der wissenschaftlich-technischen Revolution machen erhöhte Anstrengungen notwendig, um materiell und finanziell alle Voraussetzungen dafür zu schaffen, die Ergebnisse des wissenschaftlich-technischen Fortschritts in den RGW-Ländern noch besser zu nutzen. Der Kampf um Spitzenleistungen nimmt in der Welt weiter an Härte zu. Die rasche Entwicklung und komplexe Anwendung der Mikroelektronik sowohl in der Produktion als auch in nichtproduzierenden Bereichen hat hierbei eine zentrale Stellung. Die mit dem weltweiten wissenschaftlich-technischen Fortschritt verbundenen Prozesse werden wesentlichen Einfluß auf die internationalen Wirtschaftsbeziehungen, einschließlich der Beziehungen zwischen sozialistischen und kapitalistischen Ländern, haben.

Viertens: Die Auswirkungen der kapitalistischen Weltwirtschaftskrise auf die sozialistischen Länder müssen abgewehrt, mindestens aber gemildert werden. Dabei spielen die Preisveränderungen auf dem kapitalistischen Weltmarkt als auch Veränderungen in der Struktur der kapitalistischen Weltwirtschaft eine wichtige Rolle. Das größer werdende Gewicht der Außenwirtschaftsbeziehungen für das ökonomische Wachstum und die Effektivität der Volkswirtschaft erfordern von allen Wirtschaftseinheiten, den Bedingungen der Weltmärkte in jeder Beziehung mehr Aufmerksamkeit zu widmen und diese noch besser zu nutzen. Dazu gehört auch der Ausbau gegenseitig vorteilhafter ökonomischer Beziehungen zu Entwicklungsländern.

Fünftens: Eine Reihe weiterer globaler Probleme bringt neue Anforderungen mit sich. Die Unterentwicklung vieler Länder infolge der kapitalistischen Ausbeutung und differenzierten Entwicklung, die Roh- und Brennstoffversorgung, die Erschließung der Ressourcen der Meere und des Kosmos, die Aufgaben des Umweltschutzes und andere erfordern große Aufwendungen für Forschung, Entwicklung, Investitionen usw.

Die sozialistische Internationalisierung des Wirtschafts- und des gesellschaftlichen Lebens ermöglicht zur Lösung dieser Probleme die volle Entfaltung der in den sozialistischen Staaten und Nationen vorhandenen materiellen und geistigen Kräfte. Die objektive Tendenz des Aufblühens und der Annäherung sozialistischer Staaten und Nationen wird mit höchstmöglicher ökonomischer Effektivität und höchster sozialer Wirksamkeit und zum Nutzen jedes beteiligten Landes nur durch die bewußte Verwirklichung der sozialistischen ökonomischen Integration und die Vertiefung der allseitigen

Zusammenarbeit realisiert. Der objektive Prozeß der Entwicklung der sozialistischen ökonomischen Integration, der die gegenwärtig höchste Form der sozialistischen Internationalisierung des Wirtschaftslebens darstellt, wird von den kommunistischen und Arbeiterparteien und den Regierungen der Mitgliedsländer des RGW bewußt und planmäßig geleitet. Bei diesem Prozeß kommt es darauf an, die wirtschaftliche und wissenschaftlich-technische Zusammenarbeit dieser Länder zu vertiefen, die Volkswirtschaften zunehmend und mit hoher Effektivität miteinander zu verflechten, auf der Grundlage der vereinbarten und bewährten Prinzipien, des Statuts des RGW sowie des Komplexprogramms für die weitere Vertiefung und Vervollkommnung der Zusammenarbeit und Entwicklung der sozialistischen ökonomischen Integration der Mitgliedsländer des RGW das ökonomische Wachstum, die ständige Hebung des Volkswohlstandes und die notwendige Verteidigungskraft zu gewährleisten.

Die sozialistische ökonomische Integration ist ein Merkmal des entwickelten Sozialismus. Ihre Bedeutung für die weitere gesellschaftliche Entwicklung in der DDR ebenso wie für die Stärkung der sozialistischen Staatengemeinschaft wächst. Die historische Rolle der UdSSR als Pionier für Sozialismus und Menschheitsfortschritt und die ökonomische Kraft der UdSSR machen die allseitige Zusammenarbeit eines jeden Mitgliedslandes des RGW mit der Sowjetunion zu einer Kernfrage der sozialistischen ökonomischen Integration.

Bei allen konkreten Formen der wirtschaftlichen und wissenschaftlich-technischen Zusammenarbeit der Mitgliedsländer des RGW kommt der allseitigen Hilfe und Unterstützung der industriell weniger entwickelten Länder größere Aufmerksamkeit zu.

Die immer enger werdende wirtschaftliche Verflechtung durch planmäßig internationale Spezialisierung und Kooperation in Forschung und Entwicklung und Produktion ist eine wichtige materielle Grundlage des Integrationsprozesses. Auf diesem Gebiet gab es in den letzten Jahren, insbesondere durch die Annahme der langfristigen Zielprogramme der Zusammenarbeit und durch das bilaterale Programm der Spezialisierung und Kooperation der Volkswirtschaften zwischen der DDR und der UdSSR für den Zeitraum bis 1990 bedeutende Fortschritte. Die Jahre seit der Annahme des Komplexprogramms sind die bis jetzt erfolgreichsten während des Bestehens der RGW-Gemeinschaft. Dies drückt sich u. a. in der zunehmenden Verflechtung der Volkswirtschaften und im Wachstum des gegenseitigen Handels der RGW-Länder aus.

Die zunehmende Bedeutung der sozialistischen ökonomischen Integration für den volkswirtschaftlichen Reproduktionsprozeß der beteiligten Länder macht es für die achtziger Jahre erforderlich, daß „auch auf diesem Gebiet höchste Effektivität und Qualität zum Maßstab der Arbeit gemacht werden".[4] Für die DDR gilt das mehr denn je, da sich die inneren und äußeren Reproduktionsbedingungen der Volkswirtschaft der DDR in den letzten Jahren wesentlich verändert haben.

Alle Integrationsmaßnahmen in den achtziger Jahren müssen auf die Erhöhung und Effektivität und die langfristige Befriedigung des Bedarfs der RGW-Länder orientieren; denn die ökonomische Integration ist Mittel zum Zweck, Mittel zur allseitigen Stärkung des Sozialismus. Nur eine hohe Effektivität aller wirtschaftlichen Prozesse in allen RGW-Ländern kann die volle Ausnutzung des ökonomischen Grundgesetzes des Sozialismus gewährleisten. Die immer bessere Ausnutzung des ökonomischen Grundgesetzes ist keine spezifische, sondern eine gemeinsame Aufgabe der sozialistischen Staaten, sie

[4] E. Honecker, Die nächsten Aufgaben der Partei bei der weiteren Durchführung der Beschlüsse des IX. Parteitages der SED, Berlin 1980, S. 60.

liegt im Interesse jedes sozialistischen Staates. Wichtig ist hierbei der gemeinsame Kampf um höchste Arbeitsproduktivität und rationelle Leitung, Planung und ökonomische Stimulierung der Volkswirtschaft.

Die internationale Entfaltung der sozialistischen Produktionsverhältnisse ist eine objektive Bedingung der Entwicklung der Produktivkräfte. Leitung, Planung und ökonomische Stimulierung müssen deshalb davon ausgehen und so gestaltet werden, daß für die sozialistische ökonomische Integration beste Entwicklungsbedingungen geschaffen werden. Es geht darum, daß die ökonomischen Gesetze des Sozialismus für die Beschleunigung des wissenschaftlich-technischen Fortschritts, für die Erhöhung von Produktivität und Effektivität der gesellschaftlichen Arbeit und für eine umfassende Intensivierung der Produktion im Interesse jedes Mitgliedslandes und der RGW-Gemeinschaft wirksam ausgenutzt werden.

Durch nutzbringende partnerschaftliche Beziehungen im Rahmen der sozialistischen ökonomischen Integration wird das staatliche Eigentum in den beteiligten Ländern gefestigt und entwickelt, werden die sozialistischen Produktionsverhältnisse gestärkt.

Den großen Dimensionen bei der planmäßigen Vergesellschaftung von Produktion und Arbeit in den ökonomischen Beziehungen zwischen den sozialistischen Ländern sind quantitative und qualitative Faktoren des Wirtschaftswachstums immanent, die durch eine entsprechende Leitung, Planung und ökonomische Stimulierung erschlossen werden müssen. Immer stärker prägt sich dabei die gemeinsame Verantwortung der sozialistischen Staaten für die Gestaltung der entwickelten sozialistischen Gesellschaft, für die Entwicklung und Festigung der sozialistischen Staatengemeinschaft und für die Lösung gemeinsamer Aufgaben im Prozeß der sozialistischen ökonomischen Integration heraus.

Die Formen der Zusammenarbeit der Mitgliedsländer des RGW entwickeln sich auf der Grundlage der Entfaltung der sozialistischen Produktionsverhältnisse sowohl in den innerstaatlichen als auch in den gegenseitigen ökonomischen Beziehungen. Dabei geht es in der Praxis um das wirksame Ineinandergreifen der Vielfalt und Mannigfaltigkeit der Formen der Leitung, Planung und ökonomischen Stimulierung, um alle Faktoren der Produktivitäts- und Effektivitätssteigerung zu erschließen.

Vor allem in jenen Zweigen, in denen ein hohes Niveau der gesellschaftlichen Arbeitsteilung im Rahmen der Volkswirtschaften erreicht ist, werden zugleich auch günstige Bedingungen für eine langfristige, stabile und allen Beteiligten zum Vorteil gereichende internationale sozialistische Arbeitsteilung herausgebildet (z. B. im Schiff-, Schienenfahrzeug- und Landmaschinenbau, im Werkzeugmaschinenbau u. a.). Das ermöglicht und erfordert, weitere Voraussetzungen zu schaffen, um den wissenschaftlich-technischen Fortschritt noch wirksamer zu nutzen und die Intensivierung der gesellschaftlichen Produktion als Hauptweg der weiteren wirtschaftlichen Effektivität verstärkt zu fördern, indem Wachstums- und Effektivitätsfaktoren aus der Zusammenarbeit der Mitgliedsländer des RGW spürbar realisiert werden.

Dieser Weg wurde mit der Ausarbeitung der langfristigen Zielprogramme des RGW, dem zweiseitigen Programm der Spezialisierung und Kooperation zwischen der DDR und der UdSSR sowie der Koordinierung der Volkswirtschaftspläne für 1981–1985 beschritten. Die vorläufigen Ergebnisse der Plankoordinierung für 1981 bis 1985 zeigen, „daß eine Reihe komplizierter Probleme der wirtschaftlichen und wissenschaftlich-technischen Zusammenarbeit im wesentlichen gelöst wurde. Das schafft Voraussetzungen für die Mitgliedsländer des RGW, die Pläne ihrer sozialökonomischen Entwicklung für das kommende Jahrfünft auszuarbeiten."[5] Auf der XXXIV. RGW-Tagung wurde vereinbart, daß „die nationalen Planungsorgane und das Planungskomitee des RGW ihre Bemühungen verstärken, um den Abschluß der Plankoordinierung zu beschleunigen und den Bedarf der Volkswirtschaften der Länder an Brennstoffen, Rohstoffen, Energie, Maschinen und Ausrüstungen besser zu decken, den gegenseitigen Handel zu erhöhen und die Bedingungen für die internationalen Beförderungen zu verbessern".[6]

Die Bestimmung darüber, wie im Inneren der Volkswirtschaft wirkende (innere) Faktoren und durch die sozialistische ökonomische Integration wirksam werdende (äußere) Faktoren des Wirtschaftswachstums richtig miteinander verknüpft und zur Erhöhung der Produktivität und Effektivität der gesellschaftlichen Arbeit genutzt werden, erfolgt durch jede Partei und Regierung aus der Sicht der Erfordernisse der jeweiligen Volkswirtschaft und der Gemeinschaft als Ganzes. So wird in den Wechselbeziehungen zwischen „inneren" und „äußeren" Faktoren des Wirtschaftswachstums die Dialektik von Nationalem und Internationalem konkret wirksam.

Der bereits erreichte und der künftig erwartete Grad der internationalen sozialistischen Spezialisierung und Kooperation in Forschung, Entwicklung und Produktion bildet eine wichtige Ausgangsgröße für das planmäßige weitere Fortschreiten der sozialistischen Vergesellschaftung in den Volkswirtschaften der RGW-Länder.

Ein wichtiges Problem ist in diesem Zusammenhang die wirksame Verknüpfung der spezifischen und gemeinsamen Interessen der beteiligten RGW-Staaten und ihrer Wirtschaftseinheiten. Die Praxis beweist: Je höher die ökonomische Effektivität bei den arbeitsteiligen bzw. gemeinsamen Maßnahmen, um so größer ist die Interessiertheit der Länder des RGW an deren Durchführung. Bei der Vergesellschaftung der Produktion sind die RGW-Länder offensichtlich an einem Punkt angelangt, an dem für die Beschleunigung des wissenschaftlich-technischen Fortschritts und die Erschließung aller Effektivitätsquellen, vor allem aber für die Intensivierung der gesellschaftlichen Produktion und ein langfristig stabiles Wirtschaftswachstum in den Dimensionen – die für die achtziger Jahre und neunziger Jahre erforderlich sind – die strikte Beachtung der Wirkungen der ökonomischen Gesetze des Sozialismus auch in den gegenseitigen ökonomischen Beziehungen der sozialistischen Länder zwingend erforderlich ist.

Für die Leitung, Planung und ökonomische Stimulierung der Integrationsprozesse folgt daraus, daß die gemeinsamen ökonomischen Aufgaben in den Mittelpunkt gestellt, langfristig geplant und bilanziert sowie mit hoher Effektivität verwirklicht werden müssen. Nur auf dieser Grundlage wird es möglich, die spezifischen ökonomischen Interessen der einzelnen sozialistischen Länder mit den gemeinsamen ökonomischen Interessen der Gemeinschaft immer besser in Übereinstimmung zu bringen.

1.3. Sozialistische ökonomische Integration – eine wesentliche Bedingung der Intensivierung und des ökonomischen Wachstums

Die Entwicklung der sozialistischen ökonomischen Integration der Mitgliedsländer des RGW kann und muß wesentlich dazu beitragen, um die Produktivkräfte und Produktionsverhältnisse in ihrer dialektischen Wechselbeziehung, um alle Vorzüge und Triebkräfte des Sozialismus mit dem Ziel zu nutzen, die Effektivität der gesellschaftlichen Produktion und das materielle und geistig-kulturelle Lebensniveau des Volkes zu erhöhen.

[5] Vgl. Kommuniqué der XXXIV. Tagung des Rates für Gegenseitige Wirtschaftshilfe, in: Neues Deutschland vom 20. Juni 1980, S. 7.

[6] Ebenda.

Die Vorzüge des Sozialismus zum Wohle der Werktätigen jedes sozialistischen Landes am schnellsten und wirkungsvollsten zur Geltung zu bringen ist gemeinsames Anliegen der RGW-Länder. Durch die Zusammenarbeit auf dem Gebiet der Planungstätigkeit, besonders durch die Koordinierung der Pläne und die Vielzahl mehr- und zweiseitig abgeschlossener Abkommen und Vereinbarungen auf den Gebieten der Forschung, Entwicklung und Produktion und des gegenseitigen Waren- und Leistungsaustausches wird diesem Ziel immer besser entsprochen.

Die Verwirklichung der sozialistischen ökonomischen Integration widerspiegelt sich besonders in der stabilen, von Jahr zu Jahr zunehmenden Ausdehnung des Außenhandels zwischen den RGW-Ländern. Der Außenhandel zwischen ihnen wird auch weiterhin im Ergebnis der Plankoordinierung und besonders der weiteren Spezialisierung und Kooperation in einem höheren Tempo wachsen als die Industrieproduktion und das Nationaleinkommen. Die realen Zuwachsraten des gegenseitigen Außenhandels werden in den achtziger Jahren dabei stärker von den Effektivitäts- und Proportionalitätserfordernissen der Länder bestimmt werden.

Die strukturelle Anpassung, gegenseitige Ergänzung, zunehmende Verflechtung und Durchdringung der Wirtschaften der Mitgliedsländer des RGW vor allem in denjenigen Bereichen, die den wissenschaftlich-technischen Fortschritt bestimmen, bei gleichzeitiger Sicherung der planmäßigen proportionalen Entwicklung in den Ländern, sind wesentliche Schritte zu einem höheren Nutzeffekt der gesellschaftlichen Arbeit. Dabei müssen sozialistische ökonomische Integration und planmäßige Strukturveränderungen stets in ihrer wechselseitigen Bedingtheit betrachtet und gestaltet werden. Das gilt für alle Formen der Zusammenarbeit im Rahmen des RGW.

Die Möglichkeiten des ökonomischen Wachstums, die sich aus der sozialistischen ökonomischen Integration ergeben, werden offensichtlich dann vollständig und effektiv genutzt, wenn allgemeingültige Gesetzmäßigkeiten des sozialistischen Aufbaus und spezifische Gegebenheiten, gemeinsame und spezielle Aufgaben der sozialistischen Staaten in ihrer wechselseitigen Bedingtheit beachtet werden. Erich Honecker sagte in diesem Zusammenhang, „daß es bei der ökonomischen Integration der sozialistischen Länder als einem neuen und komplizierten Prozeß darauf ankommt, an die Fragen der volkswirtschaftlichen Entwicklung mit entsprechender Sorgfalt heranzugehen. Die jeweils rationellsten Lösungen müssen sowohl den Interessen des eigenen Landes als auch denen der anderen Partner zum Nutzen gereichen. Unabdingbar ist die Orientierung auf die neuesten Erkenntnisse der Wissenschaft und Technik, auf die rentabelsten und fortgeschrittensten Produktionsverfahren."[7]

Alle Grundprozesse der sozialistischen ökonomischen Integration, die Zusammenarbeit der Mitgliedsländer des RGW in Forschung, Entwicklung und Produktion, die weitere internationale sozialistische Spezialisierung und Kooperation, die Vereinigung der Kräfte und Mittel im Bereich der Brennstoffindustrie, der Energiewirtschaft und in anderen materiellen Bereichen können nur durch eine wissenschaftlich fundierte und bewußte Ausnutzung der ökonomischen Gesetze des Sozialismus mit hoher Effektivität durchgesetzt werden.

Für die Gegenwart und weiter zunehmend für den kommenden Zeitraum ist die Intensivierung des volkswirtschaftlichen Reproduktionsprozesses als Hauptweg und wichtige Bedingung bestimmend, um die Arbeits- und Lebensbedingungen der Völker weiter zu verbessern, um die wirtschafts- und sozialpolitischen Ziele der kommunisti-

[7] E. Honecker, Die Beschlüsse des XXIV. Parteitages der KPdSU – das Kampfprogramm für Gegenwart und Zukunft, in: Reden und Aufsätze, Bd. 1, Berlin 1975, S. 12.

schen und Arbeiterparteien der Mitgliedsländer der RGW-Gemeinschaft zu verwirklichen.

Die Länder der sozialistischen Staatengemeinschaft verfolgen prinzipiell das gleiche Ziel, nämlich durch wissenschaftliche Begründung der Planziele, durch wirksame Formen und Methoden der planmäßigen Leitung in allen Reproduktionsphasen und auf allen Ebenen der Wirtschaft, durch die Stärkung der Wirtschaftskraft den Sozialismus als Produktionsweise weiter zu festigen und eine schrittweise Erhöhung des materiellen und geistig-kulturellen Lebensniveaus der Werktätigen zu gewährleisten.

Die Entwicklung der sozialistischen ökonomischen Integration, ihre theoretischen und praktischen Aspekte, waren – ausgehend von den Werken der Klassiker des Marxismus-Leninismus und den Beschlüssen der SED (besonders des VIII. und des IX. Parteitages) – schon mehrfach Gegenstand von Sitzungen des Rates für die wirtschaftswissenschaftliche Forschung.[8]

Dabei wurde herausgearbeitet, daß die sozialistische ökonomische Integration eine allgemeine Bedingung für die effektive Nutzung der Intensivierungsfaktoren und die Steigerung der Arbeitsproduktivität ist, daß sie günstige Voraussetzungen für die Entfaltung der Produktivkräfte schafft und das stabile, intensive Wachstum der ökonomischen und wissenschaftlich-technischen Potentiale der RGW-Länder fördert. Als wesentliche Bedingung der intensiven volkswirtschaftlichen Reproduktion beeinflußt sie die Wirksamkeit aller Faktoren des Wirtschaftswachstums. Somit ist die sozialistische ökonomische Integration eine wichtige Voraussetzung für die weitere Festigung der sozialistischen Produktionsverhältnisse in den beteiligten Ländern.

Die sozialistische ökonomische Integration bildet zugleich die materielle Grundlage für den historischen Prozeß der allseitigen Annäherung der sozialistischen Staaten und der schrittweisen Angleichung ihres ökonomischen Entwicklungsniveaus. Sie trägt dazu bei, daß

- die sozialistische Staatengemeinschaft politisch und ökonomisch gestärkt,
- die Möglichkeiten zur Nutzung der Vorzüge der internationalen sozialistischen Arbeitsteilung ständig größer,
- die Anziehungskraft des RGW und damit die Beispielfunktion des realen Sozialismus in der Welt immer wirksamer

werden.

Die sozialistische ökonomische Integration wird unter Führung der kommunistischen und Arbeiterparteien durch die Werktätigen der beteiligten Länder verwirklicht. In diesem Prozeß kommen sich die Werktätigen der Mitgliedsländer des RGW einander näher, lernen sich in gemeinsamer Arbeit kennen und tauschen unmittelbar ihre Erfahrungen aus. So trägt die sozialistische ökonomische Integration auch in dieser Hinsicht dazu bei, die Völker einander anzunähern und die moralisch-politische Einheit der Völker der sozialistischen Staaten zu stärken.

1.4. Sozialistische ökonomische Integration und Beziehungen zu Drittländern

In den Dokumenten der SED wird der Vorrang der sozialistischen ökonomischen Integration im Rahmen der außenwirtschaftlichen Beziehungen der DDR hervorgehoben. Gestützt auf die enge brüderliche Zusammenarbeit mit der UdSSR und den anderen

[8] Vgl. besonders die Protokolle der 7., 19. und 24. Tagung des Wissenschaftlichen Rates für die wissenschaftliche Forschung bei der Akademie der Wissenschaften der DDR (Dezember 1973, Dezember 1976, April 1978).

Mitgliedsländern des RGW und von dem Bestreben geleitet, die Politik der friedlichen Koexistenz von Staaten unterschiedlicher Gesellschaftsordnung ökonomisch zu untermauern, werden die außenwirtschaftlichen Beziehungen der DDR mit kapitalistischen Industrieländern und den Entwicklungsländern auf der Grundlage der völligen Gleichberechtigung und des gegenseitigen Vorteils entwickelt.

Die internationale Auseinandersetzung zwischen Sozialismus und Kapitalismus vollzieht sich als politischer, ökonomischer und ideologischer Klassenkampf. Die Möglichkeiten und die Bedingungen für die Verwirklichung der Politik der friedlichen Koexistenz von Staaten unterschiedlicher sozialer Ordnung hängen vom jeweiligen Kräfteverhältnis ab. Einen entscheidenden Platz bei der Verwirklichung der Politik der friedlichen Koexistenz nimmt die Ökonomie ein. Sie ist ein Hauptfeld der internationalen Klassenauseinandersetzung. „Unsere Haupteinwirkung auf die internationale Revolution üben wir jetzt durch unsere Wirtschaftspolitik aus ... Der Kampf ist im Weltmaßstab auf dieses Gebiet übertragen. Lösen wir diese Aufgabe, dann haben wir im internationalen Maßstab bestimmt und endgültig gewonnen."[9]

Für die ökonomischen Beziehungen zu den Entwicklungsländern gelten die Grundsätze: völlige Gleichberechtigung und gegenseitiger Vorteil.

„Geleitet von den Prinzipien des Internationalismus, unterstützen die Mitgliedsländer des RGW auf zwei- und mehrseitiger Grundlage die jungen Staaten, die den Weg der sozialistischen Entwicklung eingeschlagen haben, sowie andere Entwicklungsländer bei der schnellen ökonomischen Entwicklung und bei der Festigung der politischen und ökonomischen Unabhängigkeit dieser Länder. Gegenwärtig erweisen die Mitgliedsländer des RGW wirtschaftliche und wissenschaftlich-technische Unterstützung an 90 Entwicklungsländer Asiens, Afrikas und Lateinamerikas. Die interessierten Mitgliedsländer des RGW schlossen 1979 mehr als 100 langfristige Abkommen über die wirtschaftliche und technische Zusammenarbeit mit 39 Entwicklungsländern ab."[10]

Die RGW-Länder leisteten damit einen aktiven Beitrag zur Umgestaltung der wirtschaftlichen Beziehungen im Weltmaßstab auf neuer demokratischer und gerechter Grundlage.

Da die große Gruppe der Entwicklungsländer in ihrer politischen und ökonomischen Orientierung sehr differenziert ist, kommt es darauf an, auch differenzierte Analysen und entsprechende praktikable Vorschläge für den Ausbau der Beziehungen auszuarbeiten. Eine bedeutende analytische Arbeit ist notwendig, um die mit der demokratischen Neuordnung oder Umgestaltung der weltwirtschaftlichen Verhältnisse verbundenen Aufgaben zu lösen. Die Beziehungen der sozialistischen Länder mit nichtsozialistischen Ländern entspringen objektiven ökonomischen Ursachen und materialisieren die friedliche Koexistenz von Staaten unterschiedlicher Gesellschaftsordnung in der Epoche des Übergangs vom Kapitalismus zum Sozialismus im Weltmaßstab. Sie tragen dazu bei, eine dauerhafte materielle Grundlage für die internationale Entspannung und die Sicherung des Friedens zu schaffen. Deshalb treten die sozialistischen Staaten für die Politik der friedlichen Koexistenz ein und kämpfen für die Verwirklichung der Prinzipien dieser Politik, wie sie in der Schlußakte von Helsinki von 35 Staaten völkerrechtlich anerkannt und formuliert wurden.

Zugleich ergänzen die RGW-Länder mit den ökonomischen Beziehungen zu nichtsozialistischen Ländern ihre Volkswirtschaften durch die Einfuhr spezifischer Roh- und

[9] W. I. Lenin, X. Gesamtrussische Konferenz der KPR(B), in: Werke, Bd. 32, Berlin 1961, S. 458.

[10] Kommuniqué der XXXIV. Tagung des Rates für Gegenseitige Wirtschaftshilfe, in: Neues Deutschland vom 20. Juni 1980, S. 7.

Brennstoffe, moderner Technik und Technologien sowie bestimmter Nahrungs- und Genußmittel. Indem die Mitgliedsländer des RGW mehrfach konstruktive Vorschläge über die vertragliche Regelung der Grundlagen der Beziehungen, insbesondere auch mit kapitalistischen Industrieländern, unterbreitet und zum Teil realisiert haben, bewiesen sie, daß ihre sozialistische ökonomische Integration nicht auf Autarkie und Abkapselung von Ländern anderer Gesellschaftsordnung abzielt. Für die RGW-Länder wird es immer dringlicher, die Koordinierung ihrer Wirtschaftsbeziehungen zu den kapitalistischen Industrieländern mit hoher Effektivität zu gestalten. Viele Vorteile bleiben ungenutzt, manche unnötigen Probleme treten auf, wenn in diesem Zusammenhang die gemeinsamen Interessen nicht richtig erkannt bzw. nicht wirksam mit den spezifischen Interessen der beteiligten Länder verknüpft werden.

2. Die zunehmende Ergänzung und Verflechtung mit den Volkswirtschaften der Mitgliedsländer des RGW – ein wesentlicher Prozeß der intensiv erweiterten Reproduktion in der DDR

In der Vorbereitung auf den X. Parteitag orientiert die SED darauf, die ökonomische Integration mit der Sowjetunion und den anderen Mitgliedsländern des RGW als ein *Element ihrer ökonomischen Strategie* in den achtziger Jahren weiter effektiv zu entwickeln. Dabei geht sie davon aus, „daß unsere Republik durch die sozialistische ökonomische Integration fester denn je mit der sozialistischen Staatengemeinschaft und deren Hauptkraft, der UdSSR, verbunden ist".[11] Dabei wird in Betracht gezogen, daß sich sowohl die Ausgangspositionen als auch wesentliche Reproduktionsbedingungen für die Wirtschaftszusammenarbeit mit den RGW-Ländern von den Gegebenheiten zu Beginn des vergangenen Jahrzehnts deutlich unterscheiden. Um das materielle und kulturelle Lebensniveau des Volkes auch weiterhin schrittweise zu erhöhen, ist es notwendig, „ausgehend von unseren realen volkswirtschaftlichen Möglichkeiten, einschließlich der Teilnahme an der internationalen Arbeitsteilung, jene quantitativen und qualitativen Wachstumsraten festzulegen, die wir von 1981 bis 1985 Jahr für Jahr anstreben und die es uns gestatten, unsere Sozialpolitik mit Erfolg fortzusetzen"[12].

Die erreichten Ergebnisse bei der Verwirklichung des *Komplexprogramms der sozialistischen ökonomischen Integration* haben dazu beigetragen, daß die ökonomischen Potenzen der DDR wie der Integrationspartner im RGW gewachsen und Bedingungen vorhanden sind, um durch eine effektivere Ergänzung und Verflechtung der volkswirtschaftlichen Reproduktionsprozesse in den achtziger Jahren eine weitere Steigerung unserer Leistungskraft zu erzielen. Die ökonomische Integration – und auf ihrer Grundlage die Gesamtheit der außenwirtschaftlichen Beziehungen der DDR – wird noch mehr zu einer Grundfrage für das gesamte volkswirtschaftliche Wachstum, für die Dynamik und Stabilität unserer wirtschaftlichen Entwicklung.

Die wirtschaftliche und wissenschaftlich-technische Zusammenarbeit der RGW-Länder hat sich in den siebziger Jahren auf der Grundlage vieler zwei- und mehrseitiger Abkommen und Wirtschaftsverträge insgesamt erfolgreich entwickelt. So konnte die XXXIV. RGW-Tagung feststellen, daß gegenwärtig auf dem Gebiet der Spezialisierung

[11] E. Honecker, Die nächsten Aufgaben der Partei bei der weiteren Durchführung der Beschlüsse des IX. Parteitages der SED, a. a. O., S. 59.

[12] Das Beste zum X. Parteitag! Alles zum Wohle des Volkes, Aus der Rede des Generalsekretärs des ZK der SED, Genossen Erich Honecker, zur Einberufung des X. Parteitages, Berlin 1980, S. 10.

und Kooperation der Produktion mehr als 120 mehrseitige und mehr als 660 zweiseitige Abkommen realisiert werden. Allein im Maschinenbau werden damit mehr als zehntausend Erzeugnispositionen erfaßt. Der Export spezialisierter Maschinenbauerzeugnisse im gegenseitigen Handel der RGW-Länder wächst etwa doppelt so schnell wie der gesamte Export von Maschinen und Ausrüstungen.[13]

Die Reproduktionsprozesse der RGW-Partner wurden stärker miteinander verflochten. Es ergaben sich auf wichtigen Gebieten auch daraus Impulse für den Übergang zur vorwiegend intensiv erweiterten Reproduktion. Der gegenseitige Warenaustausch der RGW-Länder ist schneller gewachsen als in den sechziger Jahren. Dank des koordinierten Einsatzes von Arbeitskräften und Fonds auf ausgewählten Gebieten konnten volkswirtschaftliche Aufgaben mit Zeitgewinn und ökonomischen Vorteilen für die beteiligten Partner gelöst werden. Diese Fortschritte waren in den einzelnen Volkswirtschaften und in den verschiedenen Bereichen von Wissenschaft, Technik und Produktion hinsichtlich des Einflusses der sozialistischen ökonomischen Integration auf Stabilität und Effektivität der Reproduktionsprozesse wie auch auf Strukturveränderungen in Produktion, Ex- und Import noch sehr unterschiedlich.

Immer mehr stellt sich die Frage, welche Fortschritte für die Entwicklung der Wirtschaftskraft besonders wichtig sind.

Die DDR hat für die Fünfjahrplanperiode 1976 bis 1980 mehr als 500 Abkommen und internationale Wirtschaftsverträge abgeschlossen. Der Anteil von vertraglich spezialisierten und kooperierten Erzeugnissen am Export von Maschinen und Ausrüstungen der DDR in die RGW-Länder betrug im Jahre 1978 rund 44 %, darunter beim Export in die UdSSR fast 60 %. Beim Import der DDR machten diese Lieferungen mehr als 27 %, darunter aus der UdSSR annähernd 26 % aus. Dank zwei- und mehrseitigen Abkommen wurden *stabile Linien der arbeitsteiligen Produktion* für einige Erzeugnisgruppen der verarbeitenden Industrie neu geschaffen bzw. vervollkommnet.

Eine Reihe von Maßnahmen zur Produktionsspezialisierung und -kooperation wurde mit Vereinbarungen auch über wissenschaftlich-technische Zusammenarbeit verbunden. Gerade die Entwicklung auf diesem Gebiet kann und muß wesentlich beschleunigt werden. Den Maßstab dafür bilden in der zweiten Hälfte der siebziger Jahre gemeinsam mit der Sowjetunion entwickelte *internationale Spitzenleistungen,* deren ökonomische Nutzung eingeleitet wurde. Dazu gehören u. a.

- hochproduktive Verfahren und Ausrüstungen zur Herstellung von Hochdruckpolyäthylen, Polyester und Polyamidfaserstoffen;
- das Plasmaschmelzverfahren mit den 15- und 30-Tonnen-Plasmaprimärschmelzöfen;
- eine größere Anzahl von Gerätekomplexen und Geräten für die Kosmosforschung bzw. für die Erforschung des erdnahen Raumes.

Auf der XXXIV. RGW-Tagung wurde eine Reihe weiterer Abkommen unterzeichnet.

Dazu gehören u. a.

- das Abkommen über die mehrseitige internationale Spezialisierung und Kooperation bei der Entwicklung und Produktion neuer Mittel der Rechentechnik (mit einer Verdopplung der gegenseitigen Lieferungen gegenüber dem vergangenen Fünfjahrplanzeitraum)
- das Abkommen über die Zusammenarbeit bei der tieferen Spaltung von Erdöl durch neue Technologien u. a. m.

[13] Kommuniqué der XXXIV. Tagung des Rates für Gegenseitige Wirtschaftshilfe, in: Neues Deutschland vom 20. Juni 1980, S. 7.

Die sozialistische internationale Zusammenarbeit hat sich in den einzelnen Industriezweigen *unterschiedlich* entwickelt. In verschiedenen Industriezweigen bzw. Erzeugnisgruppen der metallverarbeitenden Industrie der DDR sind weit über die Hälfte, in Einzelfällen bis zu 90 % der hergestellten Erzeugnisse, planmäßig für RGW-Partnerländer bestimmt. Dementsprechend ist die Verwendung der Fonds und Arbeitskräfte in diesen Zweigen vertraglich vorausbestimmt. Vielfach bilden Lieferungen spezialisierter Erzeugnisse die Voraussetzung für konkret vereinbarte Bezüge aus Partnerländern, die planmäßig in den zweiglichen und betrieblichen Strukturen verankert sind. Damit fördert der Außenhandel unter Ausnutzung der Ware-Geld-Beziehungen im RGW zugleich eine langfristig bilanzierte, effektive Spezialisierung und Kooperation und wirkt wesentlich auf die Leistungskraft vieler Wirtschaftseinheiten und der ganzen Volkswirtschaft ein.

Von großer Bedeutung ist die Tatsache, daß es in den siebziger Jahren durch Vereinigung der Kräfte der RGW-Partnerländer gelang, die rasch wachsende Industrieproduktion mit Roh- und Brennstoffen, vor allem aus der Sowjetunion, zu wesentlichen Teilen stabil zu versorgen, wobei diese mit wesentlich erhöhten Aufwendungen realisiert werden mußten, die von der Preisentwicklung auf den Weltmärkten wie auch von anderen Faktoren, vor allem dem höheren Aufwand für die Erschließung, Förderung und den Transport von einheimischen Primärenergieträgern sowie anderen Industrierohstoffen bestimmt sind und überwiegend weiter anwachsen werden. Die dadurch notwendigen sprunghaft gewachsenen Gegenlieferungen für Rohstoffimporte konnten nur zum Teil durch *überplanmäßige Leistungssteigerungen* aufgebracht werden und schmälerten auch in der DDR das in den Plänen bis 1980 vorgesehene volkswirtschaftliche Endprodukt.

Angesichts der Verschärfung der internationalen Lage und der vom USA-Imperialismus inszenierten Embargopolitik ist es ein Erfolg der sozialistischen Staatengemeinschaft, daß für den Übergang zu dem neuen Jahrzehnt unter veränderten Reproduktionsbedingungen stabile Grundlagen einer noch effektiveren Zusammenarbeit in wachsenden Dimensionen geschaffen wurden. Mit den langfristigen Zielprogrammen der Zusammenarbeit und den Hauptrichtungen der Spezialisierung und Kooperation der Produktion mit der UdSSR verfügen die RGW-Länder für die achtziger Jahre auf wichtigen Gebieten über eine gemeinsame Strategie effektiver Integrationsvorhaben, die den neuen Bedingungen entspricht. Sie wird zusammen mit der Koordinierung der Volkswirtschaftspläne für den Zeitraum 1981 bis 1985 über zwei- und mehrseitige Verträge zu Schwerpunkten der volkswirtschaftlichen Entwicklung schrittweise in bilanzierte staatliche Aufgaben und Planauflagen umgesetzt und realisiert. „Die Ergebnisse der Abstimmungen mit der Sowjetunion ermöglichen uns einen Übergang von diesem Planjahrfünft zum nächsten, der weiterhin von einer dynamischen Entwicklung der Volkswirtschaft gekennzeichnet ist.“[14]

Zu den wichtigsten Abkommen, an deren Realisierung die DDR mitarbeitet, gehören u. a.

a) das Abkommen über die multilaterale internationale Spezialisierung und Kooperation der Produktion und gegenseitige Lieferungen von Kernkraftwerksausrüstungen;
b) das Generalabkommen über die Spezialisierung und Kooperation der Produktion energieintensiver und weniger energieintensiver Erzeugnisse der chemischen Industrie;
c) das Generalabkommen über die Zusammenarbeit beim Bau eines Werkes für die Produktion von Futterhefe aus Paraffin.

[14] Aus dem Bericht des Politbüros an die 11. Tagung des ZK der SED, Berichterstatter: Genosse Erich Honecker, Berlin 1979, S. 32.

Die Verwirklichung wie auch die weitere Konkretisierung der durch die RGW-Länder koordinierten Strategie zur effektiveren Verflechtung volkswirtschaftlicher Reproduktionsprozesse werden durch eine Reihe von Entwicklungsproblemen erschwert. Aus den inneren Reproduktionsbedingungen der RGW-Länder, ihren Erzeugnissen und Aufgaben, den Gemeinsamkeiten und Besonderheiten ergeben sich die jeweiligen konkreten Bedingungen für den Übergang jedes Landes zur vorwiegend intensiven Reproduktion, die auch den gegenwärtig erreichten Stand der zwischenstaatlichen Verflechtung der RGW-Länder reflektieren. Da sich die volkswirtschaftlichen Kreisläufe in den einzelnen RGW-Ländern bei Unterschieden zwischen den Integrationspartnern im Einfluß der außenwirtschaftlichen Beziehungen auf die volkswirtschaftliche Reproduktion, in der Größe der wissenschaftlich-technischen und ökonomischen Potentiale und auch im ökonomischen Entwicklungsniveau vollziehen, wird der weitere Fortgang der ökonomischen Integration im Vergleich zu den siebziger Jahren modifiziert. Ausdruck dieser Modifikationen sind zur Zeit u. a. folgende Erscheinungen:

- Die Integrationspartner können ihren Bedarf an einigen Produkten (aufgrund von begrenzten Ressourcen bzw. Kapazitäten) durch gegenseitige Lieferungen zum Teil nicht voll befriedigen;
- die Zusage zur Lieferung von dringend benötigten Erzeugnissen wird zuweilen an konkrete materielle Gegenlieferungen gebunden;
- die Struktur und das Volumen des gegenseitigen Warenaustauschs der Integrationspartner werden mitunter auch kurzfristig durch Handels- und Zahlungsbilanzprobleme verändert;
- Interessenunterschiede zwischen den Integrationspartnern bei konkreten Maßnahmen der internationalen Arbeitsteilung bzw. im Warenaustausch verzögern bzw. verhindern den Abschluß von Vereinbarungen, oder sie engen deren Inhalt ein.

Der Hauptweg zur Lösung dieser Entwicklungsprobleme besteht darin, die innere Leistungskraft der DDR und der anderen RGW-Länder in einem solchen Maße zu steigern, damit die gesellschaftlichen Ziele in Produktion, Konsumtion, Akkumulation einschließlich der Sicherung der Verteidigungskraft zur allseitigen Stärkung der Positionen der Mitgliedsländer des RGW in der internationalen Klassenauseinandersetzung erreicht werden. Das volkswirtschaftliche Leistungswachstum der DDR muß auch deshalb über das bisher übliche Maß hinaus gesteigert werden, um beträchtliche Belastungen abzubauen, die in der Vergangenheit entstanden sind.[15] Die Realisierung dieser Zielstellung setzt voraus, daß sich die Integrationspartner gegenseitig noch stärker ergänzen, durch die effektive Verflechtung ihrer Reproduktionsprozesse die Intensivierung fördern, den Bedarf stabil befriedigen, Zeitgewinn realisieren, sich am internationalen Niveau orientieren und so im gegenseitigen Interesse und zum gemeinsamen Vorteil die Voraussetzungen für die Fortsetzung der Sozialpolitik sichern.

Für die DDR ist von großer Bedeutung, daß sie zur Zeit rund 30 % der produktiv genutzten gesellschaftlichen Arbeitszeit für die Bereitstellung von Exportwaren einsetzt. Es erhebt sich die Frage, wie erreicht werden kann, daß dieses Volumen in allen Produktionszweigen dem *international erreichten Niveau der Aufwendungen* entspricht und dafür *höhere Erlöse realisiert werden.* Die DDR ist *Nettoexporteur von Maschinen und Ausrüstungen* und muß es auch künftig bleiben. Folglich muß sie solche wissenschaftlich-technische Neuerungen hervorbringen, die es gestatten, die Produktionsstruktur und die

[15] Ebenda, S. 40.

Exportstruktur dieses Bereichs im Interesse höherer Devisenerlöse, von Einsparungen an Arbeitszeit, Energie und Material zu vervollkommnen.

Die DDR ist und bleibt auch künftig *Nettoimporteur von Rohstoffen, Brennstoffen und Energieträgern.* Die volkswirtschaftlichen Aufwendungen dafür können reduziert werden, wenn diese Erzeugnisse sparsamer verwendet, höher veredelt, durch Nutzung einheimischer Quellen die Importe reduziert werden. Die Lösung dieser Aufgaben entscheidet gleichzeitig auch darüber, wie die DDR ihren Bedarf an modernen Maschinen, Ausrüstungen, Geräten und Technologien befriedigen kann.

Diese Zusammenhänge und Reproduktionsprobleme verändern gegenwärtig die Entscheidungsgrundlagen über Produktionsstandorte, Zweig- und Erzeugnisstrukturen, den Einsatz von Arbeitskräften und Material. Sie bilden daher ein *wichtiges Feld der Integrationsforschung,* für deren Beschleunigung empirische Analysen u. a. zu folgenden Fragen qualitativ und quantitativ ausgebaut werden müssen:

- Verhältnis von Ergebnis und Aufwand bei der Realisierung der Erzeugnisse der DDR auf den Außenmärkten;
- Veränderungen der Angebots- und Nachfragestrukturen sowie der Preistrends für die wichtigsten Erzeugnisgruppen der Aus- und Einfuhr;
- Entwicklung des Reproduktionszyklus von Erzeugnisgruppen in der Volkswirtschaft der DDR im Verhältnis zu den international führenden Produzenten;
- Wirkungen der internationalen wissenschaftlich-technischen Zusammenarbeit sowie der Lizenznahme auf die Erhöhung des wissenschaftlich-technischen Niveaus der Produktion sowie den höheren Ausstoß weltmarktfähiger Erzeugnisse;
- Wirkungen der internationalen Spezialisierung und Kooperation der Produktion auf die Erneuerung, Konzentration und Kostensenkung bei der Produktion von Erzeugnisgruppen.

Aufbauend auf diese Analysen, die zum Teil in Kombinaten vorhanden sind und einer weiteren Vertiefung bedürfen, müssen und können die Wirkungen der sozialistischen ökonomischen Integration auf die intensive volkswirtschaftliche Reproduktion der DDR in den achtziger Jahren verstärkt werden. Der Erkenntniszuwachs der Wirtschaftswissenschaftler zu den reproduktionstheoretischen Bedingungen und Wirkungen der sozialistischen ökonomischen Integration kann dazu beitragen.

2.1. Sicherung von Stabilität, Kontinuität und Proportionalität der volkswirtschaftlichen Reproduktion

Im Interesse der dynamischen Fortsetzung des volkswirtschaftlichen Wachstums gewinnt die langfristige und stabile Versorgung der RGW-Länder mit Roh- und Brennstoffen, vor allem durch die schrittweise Herausbildung einer integrierten Brennstoff- und Energiewirtschaft, die den Interessen der sozialistischen Staatengemeinschaft entspricht, und die effektivste Deckung des wachsendenn Bedarfs der RGW-Länder gewährleistet[16], an Bedeutung. *Die langfristige und stabile Versorgung der RGW-Länder mit Roh- und Brennstoffen* sowie mit Energieträgern und deren effektivste Nutzung *ist zu einer Grundfrage der Sicherung von Stabilität, Kontinuität und Proportionalität* der volkswirtschaftlichen Reproduktion in den RGW-Ländern *geworden.*

Betrachtet man die achtziger Jahre, so sind vor allem folgende Bedingungen zur Lösung dieser Aufgabe für die DDR charakteristisch:

[16] Vgl. Programm der Sozialistischen Einheitspartei Deutschlands, Berlin 1976, S. 33.

- Reduzierung des spezifischen Energie- und Materialeinsatzes, bezogen auf das erzielte Endprodukt;
- Erschließung von Reserven aus eigenen Rohstoff- und Energiequellen (Nutzung von Sekundärrohstoffen, schrittweise Erhöhung der Jahresproduktion von Braunkohle auf 300 Mill. t bei steigenden Aufwendungen);
- Erhöhung der Aufwendungen je Einheit importierter Roh- und Brennstoffe, besonders bei Energieträgern;
- Steigerung des auszuführenden Erzeugnisvolumens aus der verarbeitenden Industrie der DDR im Interesse von notwendigen Roh- und Brennstoffen, Maschinen und Ausrüstungen;
- Strukturveränderungen, vor allem in der Energiewirtschaft, zugunsten effektiverer Energieträger (Kernenergie u. a.).

Zunehmend hohe erweiterte Reproduktionsaufwendungen sind im gesamten Bereich der Rohstoff-, Brennstoff- und Energiewirtschaft allein schon dafür erforderlich, um hinsichtlich der Bedarfsdeckung zunächst die einfache Reproduktion (die Beibehaltung des erreichten Niveaus) zu sichern. Unter diesen Bedingungen wird es notwendig, hauptsächlich in drei Richtungen weitere Überlegungen zur Sicherung der Stabilität, Kontinuität und Proportionalität der erweiterten Reproduktion in der Volkswirtschaft der DDR anzustellen und dabei die Möglichkeiten der sozialistischen ökonomischen Integration noch stärker zu nutzen:

a) Im Interesse der effektiven Erschließung der einheimischen energetischen Ressourcen und anderer Rohstoffe sowie der Steigerung der Produktion von Elektroenergie ist es notwendig, mit Hilfe der internationalen wissenschaftlich-technischen Zusammenarbeit mit der UdSSR und den anderen RGW-Ländern sowie der Produktionsspezialisierung und -kooperation bei Energieausrüstungen, Chemieausrüstungen und anderen Bereichen des Anlagenbaus die Realisierung dieser Aufgaben beschleunigt und kostengünstiger zu gestalten.

b) Im Interesse der höheren Veredlung vorhandener und importierter Energieträger und Rohstoffe sind Zielsetzungen und Bedingungen für eine beschleunigte Ausarbeitung energie- und materialsparender Technologien und Verfahren mit Hilfe der internationalen wissenschaftlich-technischen Zusammenarbeit volkswirtschaftlich auszuarbeiten. Dazu gehören neben der wirksameren Umwandlung von Primärenergie in Elektroenergie und energiesparenden Anlagen und Geräten in der Produktion, in den Haushalten und im Verkehrswesen u. a. auch die tiefere Spaltung des Erdöls, die verstärkte Anwendung der Leichtbauweise und vor allem die breite und kostengünstige Anwendung der Mikroelektronik in der Volkswirtschaft unter Ausnutzung der Erfahrungen der UdSSR und anderer RGW-Länder und in enger Kooperation mit diesen Ländern.

c) Angesichts progressiv steigender Exportvolumina der verarbeitenden Industrie für Rohstofflieferungen erscheint es notwendig, die Spezialisierung und Kooperation der Produktion von Ausrüstungen, mit deren Hilfe der Importbedarf der Sowjetunion in nennenswertem Umfang gedeckt wird, im RGW koordiniert in volkswirtschaftlich realisierbaren Größenordnungen voranzutreiben. Auch wäre zu prüfen, ob analog zu dem Abkommen der DDR mit der Sowjetunion auf dem Gebiet der chemischen Industrie (gegenwärtige Laufzeit bis 1985) weitere Vereinbarungen zur Verlagerung der Produktion energieintensiver Erzeugnisse wie auch materialintensiver Produktionen vorbereitet und abgeschlossen werden können.

Von großer Bedeutung für die gemeinsame Lösung dieser für die intensiv erweiterte

Reproduktion und besonders die Stärkung der materiell-technischen Basis in der DDR und in den anderen RGW-Ländern außerordentlich wichtigen Fragen sind die Beschlüsse des XXXIV. RGW-Tagung über die Erweiterung der Zusammenarbeit

- bei geologischen Erkundungsarbeiten in perspektivischen Gebieten der Mitgliedsländer des RGW,
- bei der Sicherung des Zuwachses an erkundeten Vorräten und der gegenseitigen Lieferungen von Brennstoffen und anderen wichtigen Materialien,
- bei der Ausstattung brennstoffördernder und brennstoffverbrauchender Zweige mit modernen rentablen und hochproduktiven Ausrüstungen sowie
- bei der Nutzung neuer und zusätzlicher Energiequellen.

In den nächsten Jahren wird dabei eine wissenschaftlich-technische Prognose für die Lösung der Brennstoff- und Energieprobleme bis zum Jahre 2000 erarbeitet.[17]

Für die DDR liegt es dabei nahe, gründlich zu analysieren (unter Berücksichtigung der eigenen Reproduktionsbedingungen und der Trends auf den Weltmärkten), welche der bisherigen stabilen Exportlinien bis 1985 und darüber hinaus in Übereinstimmung mit den Hauptrichtungen der Spezialisierung und Kooperation der Industriezweige der DDR und der UdSSR mit höherer Effektivität fortgeführt werden können.

Das betrifft u. a. solche umfangreichen Exporte wie Weitstreckenpersonenwagen, Gefriertrawler, weitere See- und Küstenschiffe, Landmaschinen, metallurgische Ausrüstungen und bestimmte Werkzeugmaschinen. Die wissenschaftlich-technische Verbesserung dieser Produktionen bei stärkerer Nutzung der internationalen wissenschaftlich-technischen und Produktionszusammenarbeit, besonders mit der UdSSR, sowie der Standardisierung haben dabei unmittelbaren Einfluß auf die effektive Steigerung der volkswirtschaftlichen Exportkraft.

2.2. Beschleunigung des wissenschaftlich-technischen Fortschritts und Erhöhung des wissenschaftlich-technischen Niveaus der Produktion

Die engere Verflechtung der Forschungs- und Wissenschaftspotentiale der DDR mit der UdSSR und den anderen RGW-Ländern ermöglicht es, den wissenschaftlich-technischen Fortschritt in der Volkswirtschaft der DDR zu beschleunigen und das wissenschaftlich-technische Niveau der Produktion zu erhöhen. Hier können die stärksten Impulse für die intensiv erweiterte Reproduktion erschlossen werden, weil der wissenschaftlich-technische Fortschritt als Hauptprozeß des intensiven Typs der Reproduktion über den Zeitgewinn bei der Ausarbeitung neuer Technologien und Verfahren, den effektiveren Einsatz der Forschungspotentiale und die schnellere Anwendung neuer Erkenntnisse in der Produktion der beteiligten Länder beträchtlich gefördert wird. Das setzt allerdings die ständige Konfrontation mit dem internationalen Niveau und die strikte Orientierung auf eigene Spitzenleistungen voraus.

Durch effektive Anwendung der Wissenschaftskooperation der RGW-Länder können führende Positionen in Wissenschaft und Technik ausgebaut, neue gewonnen und größere Effekte bei der Anwendung dieser Erkenntnisse in der Produktion erzielt werden. Die Kooperation zur gemeinsamen Lösung von Forschungs- und Entwicklungsaufgaben führt zu einer engen Verbindung der Wissenschaftspotentiale der Länder, einer unmittelbaren

17 Kommuniqué der XXXIV. Tagung des Rates für Gegenseitige Wirtschaftshilfe, in: Neues Deutschland vom 20. Juni 1980, S. 7.

Zusammenführung der besten Forschungskräfte, einer gemeinsamen Nutzung der wissenschaftlich-technischen Erfahrungen und des Vorlaufs in der Produktion.

Dabei kann an gute Erfahrungen und Ergebnisse in der wissenschaftlich-technischen Zusammenarbeit, vor allem mit der UdSSR, angeknüpft werden, wobei die Wissenschaftskooperation zwischen den RGW-Ländern in den achtziger Jahren einem weiteren Strukturwandel unterliegt. Dabei geht es vor allem darum, den Anteil der gemeinsamen und arbeitsteiligen Forschung in den progressiven, dynamischen Bereichen des wissenschaftlich-technischen Fortschritts, in der Mikroelektronik, im wissenschaftlichen Gerätebau, in der chemischen Industrie usw., zu erhöhen und das *Problem der effektiven Gestaltung der gesamten Reproduktionskette im RGW-Bereich für diese Erzeugnisbereiche,* aber auch für andere Erzeugnisgruppen und Erzeugnisse, für die eine gemeinsame Forschung und Entwicklung organisiert wird, zu beherrschen. Eine dementsprechende Schwerpunktbildung in der wissenschaftlich-technischen Zusammenarbeit wird wesentliche Impulse auslösen, um auf der Grundlage von Neuerungsprozessen in noch größerem Umfang auf ausgewählten Gebieten der Energie- und Rohstoffwirtschaft, des Maschinen- und Gerätebaus, der chemischen Industrie sowie der Zulieferindustrie vorhandene Kapazitäten zu rekonstruieren, zu modernisieren und Erzeugnissortimente zu erneuern.

Dafür ist es zugleich wichtig, eine volkswirtschaftlich determinierte Rang- und Reihenfolge der Maßnahmen ökonomisch begründet festzulegen und zu bilanzieren.

Mit diesen Zielstellungen sieht das Programm der Spezialisierung und Kooperation der Produktion zwischen der UdSSR und der DDR bis 1990 auch weitere Schritte zur Vereinigung der ökonomischen und wissenschaftlich-technischen Potentiale beider Länder vor. „Im einzelnen ist geplant, die Entwicklung hochproduktiver Ausrüstungen, Maschinen, Geräte, Mechanisierungs- und Automatisierungsmittel, die Aufnahme der Produktion dieser Erzeugnisse auf der Grundlage moderner technologischer Prozesse sowie die Erhöhung der Produktion von modernen Steuerungssystemen.“[18] Mit diesen Aufgaben, zu deren Realisierung im Rahmen der Plankoordinierung DDR–UdSSR für den Zeitraum 1981 bis 1985 weitere Abkommen und Vereinbarungen abgeschlossen wurden, kann eine große volkswirtschaftliche Breitenwirkung erzielt werden. Damit wird der Kreis von internationalen Spitzenleistungen, die aus der internationalen wissenschaftlich-technischen Zusammenarbeit erwachsen sind[19], wesentlich vergrößert werden.

In diesem Zusammenhang stehen drei Probleme im Vordergrund, an denen theoretisch und praktisch weiter gearbeitet werden müßte:

a) Die Vorhaben der internationalen wissenschaftlich-technischen Zusammenarbeit müssen stärker auf die Anforderungen der Anwender innerhalb und außerhalb der DDR und auf die einsetzbaren materiell-technischen Ressourcen der RGW-Länder ausgerichtet sein. Damit aus diesen Vorhaben eine größere Steigerung der Produktion weltmarktfähiger Erzeugnisse realisiert werden kann, ist es auch erforderlich, die ökonomischen Ziele für die Vorhaben der internationalen wissenschaftlich-technischen Zusammenarbeit exakter zu bestimmen.

b) Aus den Erfahrungen der bisherigen internationalen wissenschaftlich-technischen Zusammenarbeit ist erkennbar, daß ihre Wirksamkeit dann erhöht werden kann, wenn sie in der Form der vertraglich vereinbarten Spezialisierung und Kooperation konzipiert und in enger Verbindung mit der Produktionsspezialisierung und -kooperation realisiert wird.

[18] Vgl. Programm der Spezialisierung und Kooperation zwischen der DDR und der Sowjetunion bis 1990, in: Neues Deutschland vom 6. Oktober 1979, S. 1.

[19] Vgl. H. Koziolek, Zusammenarbeit im Bruderbund DDR–UdSSR, in: Einheit, 2/1980, S. 144 ff.

c) Ohne eine exakte Messung des ökonomischen Nutzeffektes der wissenschaftlich-technischen Zusammenarbeit und den konkreten Nachweis ihrer ökonomischen Wirkung auf die Hauptprozesse der intensiven Reproduktion (Einsparung an Arbeitsplätzen, Senkung des Energie- und Materialaufwandes, Erhöhung des Neuheitsgrades der Erzeugnisse, Steigerung der Devisenrentabilität der Erzeugnisse) sind höhere ökonomische Ergebnisse kaum realisierbar.

2.3. Vervollkommnung der Produktionsstruktur in der verarbeitenden Industrie zur Steigerung der Produktion weltmarktfähiger Erzeugnisse

Die Leistungsfähigkeit der Volkswirtschaft der DDR hängt in starkem Maße davon ab, wie es gelingt, die Produktionsstruktur in der verarbeitenden Industrie, insbesondere im Maschinenbau, der Elektrotechnik und Elektronik weiter zu profilieren und zu konzentrieren, um durch die steigende Fertigung von Erzeugnissen mit einem hohen wissenschaftlich-technischen Niveau bei sinkendem Aufwand den wachsenden Anforderungen beim effektiven Ausbau der materiell-technischen Basis der Volkswirtschaft der DDR und beim Export in die Mitgliedsländer des RGW sowie ins nichtsozialistische Wirtschaftsgebiet gerecht zu werden.

Die Nutzung der ökonomischen Integration für die Gestaltung rationellerer Produktions- und Außenhandelsstrukturen ist dabei eine wichtige Quelle, um die Qualität der Erzeugnisse zu erhöhen, die Selbstkosten über höhere Serien zu senken und die Produktionsfonds effektiver einzusetzen. Einen Hauptweg dafür bildet die weitere Konzentration, Modernisierung und Erneuerung der industriellen Zweigstrukturen, vor allem auf der Grundlage der mit der Sowjetunion vereinbarten Hauptrichtungen über die Spezialisierung und Kooperation in Wissenschaft, Technik und Produktion zwischen den Industrieministerien und Kombinaten bzw. Industrievereinigungen beider Länder.

Diese Hauptrichtungen sind ein integrierter Bestandteil des Programms der Spezialisierung und Kooperation zwischen der DDR und der UdSSR, das einen breiten Komplex von Maßnahmen enthält, um die Produktionsstruktur entsprechend den Erfordernissen des wissenschaftlich-technischen Fortschritts weiter zu vervollkommnen, die Produktion zu konzentrieren und optimale Produktionsserien zu erreichen, die die Einführung hochproduktiver Produktionsmethoden ermöglichen.

Der Veränderung von Zweigstrukturen der Produktion und des Exports zugunsten der höherveredelten Erzeugnisse und Erzeugnisgruppen, vor allem in den vom wissenschaftlich-technischen Fortschritt stark geprägten progressiven, dynamischen Bereichen muß dabei die besondere Aufmerksamkeit gelten, da von ihrer Wirksamkeit wesentliche Einflüsse der Integration auf die intensiv erweiterte Reproduktion in den einzelnen Ländern ausgehen. Dabei drängen sich zwei Fragen auf, an denen theoretisch und empirisch stärker gearbeitet werden sollte:

a) Das Ausmaß der strukturellen Ähnlichkeit und der Diversifikation auf den verschiedenen Gebieten wie auch der erreichten qualitativen Annäherung von Zweigstrukturen, aber auch vorhandene unökonomische Parallelproduktion zwischen den Integrationspartnern sollten empirisch genauer erfaßt werden (einschließlich der erforderlichen Aufwendungen für Strukturveränderungen!), um damit zuverlässige Aussagen über das realisierbare Tempo und die ökonomische Wirksamkeit der Strukturveränderungen geben zu können.

b) Ein wirksames System von Kriterien für die weitere Profilierung und Erneuerung von Zweigstrukturen aus volkswirtschaftlicher Sicht sollte weiter ausgearbeitet und angewendet werden, wobei auch Tendenzen bei international führenden Produzenten und die Anforderungen der RGW-Partner Berücksichtigung finden müssen. Bisher besteht Übereinstimmung darüber, daß zu diesen Kriterien das Erreichen des wissenschaftlich-technischen Höchststandes im Zweig, die Befriedigung des volkswirtschaftlichen Bedarfs, die Steigerung devisenrentablen Exports und das Erzielen eines hohen Exportüberschusses gehören. Es fehlen jedoch zunächst noch zuverlässige Aussagen darüber, in welchem Verhältnis zueinander diese Kriterien wirken, wie sie sich für Hauptzweige der Produktion unterscheiden, mit welchen Aufwendungen und Erlösen der wissenschaftlich-technische Höchststand erreicht werden kann und muß.

Diese theoretischen Fragenkomplexe über die stärkere Wirksamkeit von Integrationsprozessen auf die intensiv erweiterte Reproduktion und die Stärkung der materiell-technischen Basis des Sozialismus in den RGW-Ländern stimmen darin überein, daß sie mit der weiteren Vervollkommnung der Produktionsverhältnisse in den Volkswirtschaften der Integrationspartner unmittelbar verbunden sind und in der Steigerung der volkswirtschaftlichen Effektivität ihr Hauptkriterium haben.

3. Die Vervollkommnung des Inhalts, der Methoden und Instrumentarien der Leitung, Planung und ökonomischen Stimulierung unter den Bedingungen der sozialistischen ökonomischen Integration

3.1. Zu den wachsenden Anforderungen an die sozialistische Planung aus der Entwicklung des Integrationsprozesses

Die arbeitsteiligen Prozesse, die sich mit der zunehmenden Vergesellschaftung und Internationalisierung von Produktion und Arbeit im Rahmen des RGW herausbilden, erfordern von den beteiligten Ländern immer aufs neue die Einstellung ihres Systems der Leitung, Planung und ökonomischen Stimulierung auf die bewußte und planmäßige Ausnutzung der von den ökonomischen Gesetzen des Sozialismus ausgehenden Erfordernisse.

Über die Volkswirtschaftsplanung und über die Teilnahme an der Zusammenarbeit der Mitgliedsländer des RGW auf dem Gebiet der Planungstätigkeit *organisiert* der sozialistische Staat als souveräner Vertreter der politischen und ökonomischen Interessen und Repräsentant aller Naturreichtümer und Ressourcen seines Landes die Außenwirtschaftsbeziehungen und vor allem auch seine Teilnahme am Prozeß der sozialistischen ökonomischen Integration. In der „Anordnung vom 28. November 1979 über die Ordnung der Planung der Volkswirtschaft der DDR 1981 bis 1985“[20] wurden sowohl im Teil A, Grundsätze der Planungsordnung, dem Teil 0, Planung der Maßnahmen der sozialistischen ökonomischen Integration, Planung des Außenhandels und der Valutabeziehungen als auch in anderen Teilen dieser Ordnung – wie schon in der Planungsordnung für 1976 bis 1980 – Festlegungen zur Vorbereitung und Sicherung der Integrationsmaßnahmen getroffen. Es kommt nunmehr darauf an, diese Festlegungen konsequent zu realisieren, da von der Qualität der komplexen Leitung, Planung und ökonomischen Stimulierung in der DDR wie auch in den anderen RGW-Ländern und dem Niveau der Zusammenarbeit auf dem Gebiet der Planungstätigkeit im Rahmen des

[20] Anordnung über die Ordnung der Planung der Volkswirtschaft der DDR 1981 bis 1985 vom 28. November 1979, in: GBl., Sonderdruck Nr. 1020 a bis 1020 q, Berlin 1980.

RGW alle Fortschritte im Prozeß der sozialistischen ökonomischen Integration entscheidend abhängen.

Die langfristige Planung, die Koordinierung der Pläne und die ausgewogene innerstaatliche Planung und Bilanzierung der zwischen den RGW-Ländern vereinbarten Proportionen, Strukturen und Maßnahmen wird zunehmend zu einer Grundbedingung für die erweiterte sozialistische Reproduktion, deren Kontinuität und Effektivität im Rahmen der sozialistischen Gemeinschaft und für jedes ihrer Mitglieder.

Die Probleme, die mit der weiteren Entwicklung der sozialistischen ökonomischen Integration verbunden sind, werfen dabei *immer aufs neue* eine Vielzahl inhaltlicher und methodischer Fragen zur Vervollkommnung der Leitung, Planung und ökonomischen Stimulierung auf. Ihre Beantwortung in der Wirtschaftspraxis und in der wirtschaftswissenschaftlichen Forschung ist für die achtziger Jahre von hoher Aktualität.

Zur Verwirklichung der Grundkonzeption des volkswirtschaftlichen Leistungsanstiegs der DDR – wofür die sozialistische ökonomische Integration entscheidende Voraussetzungen schafft – ist sehr wesentlich, *daß die theoretischen Grundlagen unserer auf die Stärkung der ökonomischen Leistungskraft der DDR gerichteten Politik überall richtig verstanden werden.*[21]

Wichtig ist, bei allen Entscheidungen zur Leitung, Planung und ökonomischen Stimulierung in den zentralen Staatsorganen wie auch in den Kombinaten und Betrieben sich stets darüber bewußt zu sein, daß die Wirtschafts- und Sozialpolitik der SED auf der genauen Kenntnis der Wirkungsweise der ökonomischen Gesetze des Sozialismus und der planmäßigen Ausnutzung der von ihnen ausgehenden Erfordernisse beruht.

Das gilt in vollem Maße auch für die sozialistische ökonomische Integration und ist Grundlage der Ziele und Pläne der Volkswirtschaft. Das bedeutet, für die Wirtschaftsleitung auf allen Ebenen zu erkennen und anzuerkennen, daß es sich bei der richtigen Einbettung der Volkswirtschaft der DDR in den Prozeß der sozialistischen ökonomischen Integration mit den anderen RGW-Ländern, insbesondere mit der UdSSR, um eine objektive Notwendigkeit der weiteren Gestaltung des entwickelten Sozialismus in der DDR handelt.

Das Politbüro der SED beschäftigte sich in den Jahren 1978, 1979 und 1980 mit einer Reihe perspektivischer Aufgaben zur weiteren Entwicklung der sozialistischen ökonomischen Integration. Im Vordergrund standen dabei die umfangreichen Arbeiten am Programm der Spezialisierung und Kooperation zwischen der DDR und der UdSSR. Es stellte dazu fest: „Das Programm der Spezialisierung und Kooperation zwischen der DDR und der UdSSR steht in voller Übereinstimmung mit den auf der XXXII. und der XXXIII. Tagung des RGW gebilligten langfristigen Zielprogrammen der Zusammenarbeit bis 1990... Mit der Annahme dieser Zielprogramme wurde die kollektive Ausarbeitung der gemeinsamen Strategie des Zusammenwirkens der RGW-Länder auf den volkswirtschaftlich wichtigsten Gebieten für den Zeitraum bis 1990 abgeschlossen."[22]

Die planmäßige Organisation der ökonomischen und wissenschaftlich-technischen Zusammenarbeit der RGW-Länder bildete sich seit Gründung des RGW heraus. Bereits im ersten Arbeitsplan des RGW wurde 1949 die Aufgabe gestellt, die Plankoordinierung zu entwickeln. Die quantitativen und qualitativen Fortschritte, die die Zusammenarbeit auf dem Gebiet der Planungstätigkeit seither genommen hat, zeigten sich in den im

[21] E. Honecker, Die nächsten Aufgaben der Partei bei der weiteren Durchführung der Beschlüsse des IX. Parteitags der SED, a. a. O., S. 52.

[22] Aus dem Bericht des Politbüros an die 11. Tagung des ZK der SED, Berichterstatter: Genosse Erich Honecker, a. a. O., S. 55.

Juni 1962 angenommenen „Grundprinzipien der internationalen sozialistischen Arbeitsteilung" – in denen die Koordinierung der Volkswirtschaftspläne erstmalig als Hauptmethode der Tätigkeit des RGW bezeichnet wird – und in dem von der XXV. RGW-Tagung im Jahre 1971 beschlossenen Komplexprogramm der sozialistischen ökonomischen Integration. Im Komplexprogramm legten die RGW-Länder gemeinsam fest, die Zusammenarbeit auf dem Gebiet der Planungstätigkeit – und besonders die Koordinierung der Pläne – als Hauptmethode der Organisation der Zusammenarbeit und der Vertiefung der internationalen sozialistischen Arbeitsteilung zu nutzen.[23]

Die erfolgreiche Zusammenarbeit der RGW-Länder auf dem Gebiet der Planungstätigkeit wurde insbesondere in der ersten Hälfte der siebziger Jahre durch eine Reihe von Problemen geprägt, deren Lösung sowohl für die einzelnen Volkswirtschaften der RGW-Länder als auch für die ökonomische Entwicklung der Staatengemeinschaft insgesamt bedeutsam war. Dabei handelte es sich vor allem um solche Probleme, die unabdingbar mit dem Tempo und der Qualität der Entwicklung der volkswirtschaftlichen Produktion zusammenhingen, deren Lösung komplex und *langfristig* und unter weitgehender Nutzung der Möglichkeiten der internationalen sozialistischen Spezialisierung und Kooperation erarbeitet werden mußten. Solche Problemkomplexe, die gemeinsam in Angriff genommen werden und nur gemeinsam durch die RGW-Länder zu lösen sind, bestehen vor allem in

- der Deckung des ökonomisch begründeten Bedarfs an den wichtigsten Energie-, Brennstoff- und Rohstoffarten;
- der weiteren Vervollkommnung der Zusammenarbeit auf dem Gebiet der Landwirtschaft und der Lebensmittelindustrie zur Deckung des Bedarfs der Bevölkerung an Hauptnahrungsmitteln;
- der Entwicklung des Maschinenbaus auf der Basis einer tiefgehenden Spezialisierung und Kooperation der Produktion;
- der Deckung des rationellen Bedarfs an industriellen Konsumgütern sowie
- der Entwicklung der gegenseitigen Transportverbindungen.

Zur Lösung dieser weitreichenden Aufgaben gingen die RGW-Länder dazu über, gemeinsam langfristige Zielprogramme der Zusammenarbeit auszuarbeiten. Die langfristigen Zielprogramme dokumentieren eindrucksvoll die inhaltliche und methodische Weiterentwicklung der Zusammenarbeit der RGW-Länder auf dem Gebiet der Planungstätigkeit. In ihnen ist die gemeinsame Strategie für die langfristige Entwicklung der Zusammenarbeit zur Lösung der wichtigsten Aufgaben auf dem entsprechenden Gebiet in der Form von Grundsätzen enthalten und die zusammengefaßte Übersicht derjenigen Aufgaben, die zur Umsetzung dieser Strategie gemeinsam gelöst werden sollen. Auf dieser Grundlage werden Teilprogramme ausgearbeitet. Wichtig erscheint auch bei der Vorbereitung und Realisierung der langfristigen Zielprogramme, den engen Zusammenhang zwischen diesen Programmen, der Koordinierung der Volkswirtschaftspläne und der Volkswirtschaftsplanung zu beachten. Das heißt vor allem:

– Mit den langfristigen Zielprogrammen der Zusammenarbeit der RGW-Länder, dem Programm der Spezialisierung und Kooperation der Produktion der DDR mit der UdSSR bis zum Jahre 1990 und mit der Koordinierung des Fünfjahrplanes 1981 bis 1985 mit der UdSSR und den anderen RGW-Ländern sind die strategischen Zielstellun-

[23] Vgl. Komplexprogramm für die weitere Vertiefung und Vervollkommnung der Zusammenarbeit und Entwicklung der sozialistischen ökonomischen Integration der Mitgliedsländer des RGW, in: Grunddokumente des RGW, Berlin 1978, S. 59.

gen der internationalen sozialistischen Zusammenarbeit der DDR in Wissenschaft und Technik, Produktion und Warenaustausch ausgearbeitet und zugleich die Aufgaben für die Leitung, Planung und ökonomische Stimulierung der Volkswirtschaft der DDR im Prozeß der sozialistischen ökonomischen Integration fixiert.

– Die in den Zielprogrammen formulierten Ziele, Aufgaben und Orientierungsziffern müssen ihre konkrete Umsetzung in den Teil- oder Unterprogrammen finden; über die Koordinierung der Volkswirtschaftspläne und über den Abschluß entsprechender Abkommen und internationaler Wirtschaftsverträge werden sie in die Volkswirtschaftspläne der RGW-Länder (Fünfjahr- und Jahrespläne) eingeordnet.

– Die in den Programmen enthaltenen entscheidenden wissenschaftlich-technischen und ökonomischen Ziele und Maßnahmen werden für den jeweiligen Zeitabschnitt zugleich auch im abgestimmten Plan der mehrseitigen Integrationsmaßnahmen des RGW dokumentiert.

Die langfristigen Zielprogramme und auch das Programm der Spezialisierung und Kooperation der DDR mit der UdSSR bis 1990 werden folglich durch die Koordinierung der Fünfjahrpläne, vermittels entsprechender Abkommen, anderer völkerrechtlicher Verträge und internationaler Wirtschaftsverträge materiell und finanziell gesichert und zugleich von den RGW-Ländern in die innerstaatliche Planung, Bilanzierung und Vertragsgestaltung eingeordnet. Dabei zeigt sich gegenwärtig, daß die Integrationsmöglichkeiten und -erfordernisse bei der Leitung, Planung und ökonomischen Stimulierung der materiellen Prozesse noch weitaus stärker genutzt werden müssen, um in internationaler Gemeinschaftsarbeit die Neuerungsprozesse in Wissenschaft und Technik stärker voranzutreiben. Entsprechend den Festlegungen auf der XXXIV. Tagung des RGW im Juni dieses Jahres wird in den nächsten Jahren eine wissenschaftlich-technische Prognose für die Lösung der Brennstoff- und Energieprobleme bis zum Jahre 2000 erarbeitet werden.

Ein solches Herangehen ist auch für andere strategische Bereiche der Volkswirtschaften sowie für die weitere, wesentliche Erhöhung der Effektivität der Volkswirtschaft der DDR und den weiteren stabilen Leistungszuwachs zwingend erforderlich. Das gilt vor allem in den Bereichen der Volkswirtschaft, die in hohem Maße das Wachstumstempo in den achtziger Jahren bestimmen

Von großer Aktualität ist dazu die Beantwortung der Frage, *wie* die zentralen Staatsorgane *und* die Kombinate und Betriebe ihrer jeweiligen Verantwortung besser gerecht werden und zusammenwirken können, um die sozialistische ökonomische Integration als Gesetzmäßigkeit des entwickelten Sozialismus immer besser zu nutzen. Gegenwärtig zeichnen sich im wesentlichen zur weiteren Vervollkommnung des Systems der Leitung, Planung und ökonomischen Stimulierung folgende Anforderungen ab:

Erstens geht es generell um eine stärkere Einbeziehung der Erfordernisse und Möglichkeiten der sozialistischen ökonomischen Integration in das *gesamte* System der Leitung, Planung und ökonomischen Stimulierung, gerichtet auf die Intensivierung *mit dem Ziel,* Effektivität und Produktivität der gesellschaftlichen Arbeit zu erhöhen.

Zweitens ist die Konzipierung, Vorbereitung und Planung von Integrationsmaßnahmen notwendiger *organischer Bestandteil* des volkswirtschaftlichen Reproduktionsprozesses *und organischer Bestandteil* des Reproduktionsprozesses der jeweiligen Wirtschaftseinheit, und zwar im Rahmen der komplexen Volkswirtschaft des jeweiligen RGW-Landes *und* im Rahmen der sich *verflechtenden Volkswirtschaften der RGW-Länder* insgesamt. Das kann – bei konsequenter Ausnutzung und schöpferischer Weiterentwicklung der bewährten Formen, Methoden und Instrumente der sozialistischen Planung –

nur in wechselseitiger Verbindung der perspektivischen, mittel- und kurzfristigen Planung, über die Vorbereitung und den Abschluß der völkerrechtlichen Verträge und internationalen Wirtschaftsverträge bis hin zu ihrer Realisierung, Abrechnung und Kontrolle in allen Leitungsebenen und Verantwortungsbereichen mit der entsprechend hohen Effektivität erfolgen.

Drittens geht es um die weitere Qualifizierung und den Ausbau der langfristigen Planung, vor allem im Zusammenhang mit den strategischen Aufgaben für die Volkswirtschaft der DDR zur Sicherung ihrer Roh- und Brennstoffversorgung sowie zur Herausarbeitung von Schwerpunktkomplexen für eine effektivere volkswirtschaftliche Strukturentwicklung in Produktion und Außenhandel.

Die langfristig konzeptionelle Arbeit der zentralen staatlichen Leitung muß so qualifiziert werden, daß den Kombinaten zuverlässige Prämissen für die Wahrnehmung ihrer volkswirtschaftlichen Verantwortung, bezogen auf die komplexe Leitung ihres Reproduktionsprozesses, gegeben werden. Auf einer solchen Grundlage werden die Kombinate noch besser in die Lage versetzt, die Pläne zur Leitung ihres jeweiligen Reproduktionsprozesses komplex und auch für langfristige Zeiträume auszuarbeiten.

Viertens geht es vor allem darum, der Einheit von gebrauchswertmäßiger, wertmäßiger und finanzieller Reproduktion noch stärker Rechnung zu tragen, um eine wirksame Leitung, Planung und ökonomische Stimulierung in der Vorbereitung und Realisierung von Integrationsmaßnahmen zu gewährleisten und dabei den Druck zu effektivem Wirtschaften noch zwingender zu gestalten. Damit verbunden sind

- neue Anforderungen an eine aktive Nutzung der Wertkategorien, insbesondere bei der Vorbereitung und Realisierung von Maßnahmen der internationalen Zusammenarbeit in Forschung, Entwicklung und Produktion, und zwar unter Berücksichtigung der Einheit von Gebrauchswert und Wert;
- ein bedeutend engerer Zusammenhang zwischen der planmäßigen Ausnutzung der Wertkategorien in den RGW-Ländern und in den gegenseitigen ökonomischen Beziehungen;
- die Berücksichtigung der Veränderungen bei der Herausbildung neuer Niveaus und Relation der Hauptwarenmarktpreise, bei Beachtung der krisenhaften Entwicklung der kapitalistischen Valuta- und Finanzbeziehungen.

Bei allen vier Anforderungen an die Vervollkommnung der Leitung, Planung und ökonomischen Stimulierung geht es vor allem darum, ein *immer günstigeres Verhältnis von gesellschaftlichem Ergebnis und Aufwand* zu erreichen. Letztendlich ist es von *entscheidender* Bedeutung für die Stärkung der Leistungskraft der Volkswirtschaft der RGW-Länder, für die Erweiterung ihrer ökonomischen Basis, für die *weitere allseitige Festigung des Sozialismus* und die *Stärkung der Positionen in der Klassenauseinandersetzung mit dem Kapitalismus.* Dabei wirft die Ausnutzung der Ware-Geld-Beziehungen bei der Leitung, Planung und ökonomischen Stimulierung von Integrationsprozessen wichtige und zugleich theoretisch und praktisch komplizierte Fragen auf, deren Lösung zwingend notwendig ist.

Nicht zuletzt erweist sich für die Vervollkommnung der planvorbereitenden Arbeiten neben der Bedarfsermittlung und den Effektivitätsrechnungen auch die Arbeit auf dem Gebiet der Preise immer mehr als ein entscheidendes Kettenglied für die weitere Qualifizierung der Leitung, Planung und ökonomischen Stimulierung und für den Entscheidungsprozeß zu Maßnahmen der sozialistischen ökonomischen Integration.

Mit der weiteren Vertiefung der Zusammenarbeit der RGW-Länder, der Realisierung von Maßnahmen der langfristigen Zielprogramme, der Verwirklichung von Maßnahmen der Zusammenarbeit in Forschung, Entwicklung und Produktion wird sich die aktive Rolle der Ware-Geld-Beziehungen, insbesondere der Wertkategorien, bei der Vorbereitung und Realisierung der Maßnahmen weiter erhöhen. Zugleich stehen neue Anforderungen für die Vervollkommnung der RGW-Preisbildung, der Valuta-, Finanz- und Kreditbeziehungen auf der Tagesordnung.

Die Preise sind dabei ein wesentlicher Bestandteil der Ware-Geld-Beziehungen, zu denen die Warenlieferungen und Leistungen zwischen den Mitgliedsländern des RGW verrechnet werden, wobei sich das RGW-Preissystem in einem längeren historischen Prozeß herausgebildet hat. Dabei hat sich die Anwendung einheitlicher Prinzipien der Preisbildung für alle Formen der Zusammenarbeit seit mehr als zwei Jahrzehnten bewährt. Die RGW-Länder nehmen die Weltmarktpreise (Preise der Hauptwarenmärkte) zur Grundlage der Bildung der Vertragspreise, weil

- die Entwicklung dieser Preise in der langfristigen Tendenz die Entwicklung des gesellschaftlich notwendigen Arbeitsaufwandes zum Ausdruck bringt;
- auf den Hauptwarenmärkten Produzenten mit einem hohen wissenschaftlich-technischen Niveau, hoher Arbeitsproduktivität und niedrigen Selbstkosten auftreten und damit die langfristige Entwicklung der Relationen der Hauptwarenmarktpreise wichtige Informationen über die Entwicklung der Produktivität und Kosten, der Intensivierungsprozesse im internationalen Maßstab vermittelt;
- die RGW-Länder über ihre Wirtschaftsbeziehungen zu den kapitalistischen Industrieländern und den Entwicklungsländern mit den Preisen dieser Hauptwarenmärkte unmittelbar konfrontiert sind.

Die Anwendung der Prinzipien der IX. RGW-Tagung schafft die Voraussetzung, daß langfristige Veränderungen des Niveaus und der Relationen der Hauptwarenmarktpreise in den Vertragspreisen ihren Niederschlag finden, zugleich jedoch die aus den sozialistischen Produktionsverhältnissen resultierenden Vorzüge, die Planmäßigkeit der Preisvereinbarungen, Sicherung der Einheit von Gebrauchswert und Wert, Vereinbarung der Preise unter Berücksichtigung gesamtvolkswirtschaftlicher Bedingungen und Auswirkungen, in der Planung, Bilanzierung und bei den Vertragsabschlüssen genutzt werden. Seit 1975 bilden die RGW-Länder die Vertragspreise mit gleitendem Basiszeitraum, d. h. jährlich neu auf der Basis der Hauptwarenmarktpreise der vorangegangenen fünf Jahre. Damit haben die von der Valutapreisentwicklung ausgehenden Wirkungen auf die Effektivität der Wirtschaftszusammenarbeit und die Stimulierung wichtiger Intensivierungsprozesse (Materialökonomie, Nutzung der Grundfonds, ökonomische Umsetzung des wissenschaftlich-technischen Fortschritts) einen direkteren und zugleich größeren Einfluß auf die Leitung und Planung der Wirtschaftsbeziehungen zwischen den RGW-Ländern gewonnen.

Zukünftig kommt es dabei vor allem darauf an, die geltenden Prinzipien und Methoden bei der Auswahl, Dokumentation, Bereinigung und Anwendung der Preise der Hauptwarenmärkte so zu vervollkommnen, daß die Aussagekraft dieser Preise bezüglich des wissenschaftlich-technischen Entwicklungsstandes der Erzeugnisse erhöht und die schädlichen Einflüsse des kapitalistischen Marktes noch besser eliminiert werden.

Für die weitere Vertiefung und Vervollkommnung der sozialistischen ökonomischen Integration und des dafür erforderlichen Instrumentariums der Leitung, Planung und ökonomischen Stimulierung ist eine konstruktive Einstellung zum transferablen Rubel und seiner Rolle für die weitere Entwicklung der internationalen Valuta-, Finanz- und Kreditbeziehungen und die planmäßige Nutzung der stimulierenden Rolle des Geldes im Integrationsprozeß notwendig. Mit dem System der mehrseitigen Verrechnung über die IBWZ in transferable Rubel wurde ein wichtiger Schritt der rationellen Abwicklung der Kreditbeziehungen zwischen den Mitgliedsländern des RGW getan. Die Wirksamkeit des multilateralen Verrechnungssystems wird in dem Maße vergrößert, wie die wirtschaftliche und wissenschaftlich-technische Zusammenarbeit vertieft, der Warenaustausch entsprechend dem Bedarf der Partner erweitert und die Verrechnungen noch wirksamer in die Planungszusammenarbeit einbezogen werden.

Die Konzentration und Zentralisation aller internationalen Zahlungen zwischen den RGW-Ländern bei nur einer Bank, die Anwendung des Sofortzahlungsverfahrens und die Organisation des Geldumlaufs als Buchgeldumlauf haben zu einer hohen Ökonomisierung der Geldbeziehungen geführt.

Bei der weiteren planmäßigen Entwicklung der internationalen Valuta-, Finanz- und Kreditbeziehungen kommt es vor allem darauf an, neben der Erhöhung der Wirksamkeit des multilateralen Verrechnungssystems und der internationalen Kreditbeziehungen auch die Bestimmung und Anwendung ökonomisch begründeter Kurse (transferabler Rubel, transferabler Rubel-Landeswährungen, Kurse zwischen den Landeswährungen im kommerziellen und nichtkommerziellen Bereich) zu vervollkommnen.

Die planmäßige Nutzung der Ware-Geld-Beziehungen im Integrationsprozeß ist in besonders hohem Maße Angriffen durch sozialismusfeindliche Auffassungen bzw. „Theorien" ausgesetzt. Bei der Auseinandersetzung geht es vor allem darum, solche Vorschläge theoretisch zu widerlegen und zurückzuweisen, die die Einführung marktwirtschaftlicher Grundsätze (Konkurrenz, Liberalisierung, freie Marktkräfte) empfehlen, dem Sozialismus die Entwicklung *effektiver* internationaler Wirtschaftsbeziehungen absprechen, das sozialökonomisch neue Wesen der sozialistischen Ware-Geld-Kategorien negieren bzw. eine Konfrontation von Planung und Ware-Geld-Beziehungen vornehmen.

Die RGW-Staaten lassen sich bei der weiteren Vervollkommnung der planmäßigen Ausnutzung der Ware-Geld-Beziehungen und des Wertgesetzes wie überhaupt bei der weiteren Vervollkommnung der Leitung, Planung und ökonomischen Stimulierung davon leiten, daß diese nur auf der Grundlage planmäßig zu koordinierender Anstrengungen in der materiellen Sphäre wirksam werden kann. Das schließt jedoch ein, die Preisgestaltung, die Valuta-, Finanz- und Kreditbeziehungen, die Messung und Stimulierung der ökonomischen Nutzeffekte von Integrationsmaßnahmen als aktiven Faktor zur Vorbereitung und Realisierung der abgestimmten Pläne für einen beschleunigten wissenschaftlich-technischen Fortschritt, für steigende Arbeitsproduktivität und höhere Effektivität auszunutzen.

3.2. Zur weiteren Stärkung des demokratischen Zentralismus in der Leitung und Planung von Integrationsprozessen

Die mehr als 30jährige Zusammenarbeit zwischen den RGW-Ländern vollzog sich nach den bewährten Prinzipien des sozialistischen Internationalismus, der kameradschaftlichen Zusammenarbeit und gegenseitigen Hilfe als feste Grundlagen für die Beziehungen sozialistischer Länder in der sozialistischen ökonomischen Integration. Zugleich hat sich entsprechend den Normen des Zusammenwirkens sozialistischer Staaten und Nationen ein wichtiger und allgemein anerkannter Grundsatz im RGW herausgebildet: Die Entscheidungen über das Interesse und die konkrete Art und Weise der Teilnahme an einer bestimmten Integrationsmaßnahme trifft jedes Mitgliedsland des RGW als souveräner und gleichberechtigter Staat. Verantwortlich für diese Entscheidungen ist die Regierung des RGW-Landes bzw. sind die damit beauftragten zentralen Staatsorgane. Durch dieses planmäßige und komplexe Wirken der zentralen staatlichen Organe im gesamtgesellschaftlichen Interesse unterscheidet sich die sozialistische ökonomische Integration wesentlich von kapitalistischen Internationalisierungsprozessen, hinter deren staatsmonopolistischer Regulierung die kapitalistischen Eigentümer in Verwirklichung ihrer privatkapitalistischen Einzel- oder Gruppeninteressen stehen.

Die Verfälschungen und Spekulationen bürgerlicher Ideologen in bezug auf das Verhältnis von sozialistischer ökonomischer Integration, Zusammenarbeit der RGW-Länder auf dem Gebiet der Planungstätigkeit und staatlicher Souveränität werden durch die mehr als 30jährige erfolgreiche Zusammenarbeit der RGW-Länder widerlegt.

Immer wieder zeigt sich das Unvermögen der bürgerlichen Ökonomie, den Inhalt, die reale Entwicklung der spezifisch sozialistischen Methoden der Leitung, Planung und ökonomischen Stimulierung der sozialistischen ökonomischen Integration zu verstehen, die die immer bessere Nutzung der Vorzüge der sozialistischen Arbeitsteilung im Interesse jedes RGW-Landes und der Gemeinschaft als Ganzes sichern. Die Angriffe werden in verschiedener Richtung geführt, um den realen Sozialismus zu verleumden. Eine viel verbreitete bürgerliche Auffassung dazu besteht darin, daß eine „volle Integration" nur zu erreichen sei, wenn alle RGW-Staaten auf nationale Besonderheiten und Souveränitätsrechte verzichten.

Der Prozeß der sozialistischen ökonomischen Integration ist nicht bei Negierung der objektiv vorhandenen ökonomischen und natürlichen Unterschiede und Besonderheiten in den einzelnen RGW-Ländern und auch keineswegs durch die Beseitigung der staatlichen Organisation der Macht der Arbeiterklasse und der mit ihr verbündeten Werktätigen jedes RGW-Landes zu vollziehen. Im Prozeß der sozialistischen ökonomischen Integration geht es vielmehr um die Berücksichtigung und Ausnutzung der unterschiedlichen Bedingungen und Besonderheiten jedes Landes zur Erweiterung der Leistungskraft der beteiligten Volkswirtschaften. In dem Maße, wie sich die Länder annähern, verstärkt sich das Gemeinsame der zu lösenden Aufgaben, werden die gemeinsamen Interessen mit den spezifischen Interessen der RGW-Länder immer besser verknüpft.

Gerade bei der Problematik der allmählichen Annäherung spielt die Frage der Souveränität eine nicht zu unterschätzende Rolle. Bereits Friedrich Engels stellte fest, daß ein aufrichtiges, internationales Zusammenwirken der europäischen Nationen nur möglich ist, „wenn jede dieser Nationen im eignen Hause vollkommen autonom ist".[24]

Bürgerliche Ökonomen betrachten jedoch die Entwicklung der sozialistischen ökonomischen Integration unter dem Gesichtswinkel staatsmonopolistischer Integrationsprozesse. Daher versuchen sie immer wieder, die Entwicklung der Souveränität der sozialistischen Staaten in Mißkredit zu bringen und das Aufblühen der sozialistischen Länder in ihrer Staatlichkeit zu diskreditieren.

Auch die Vorbereitung und Realisierung der Integrationsmaßnahmen beweist in der Praxis nachdrücklich die Haltlosigkeit derartiger Behauptungen.

So ist für die Vorbereitung und Realisierung von Integrationsmaßnahmen in den RGW-Ländern die Anwendung des demokratischen Zentralismus charakteristisch. Das Prinzip des *demokratischen Zentralismus* wirkt jedoch im *Inneren* eines jeden RGW-Landes, das heißt in den innerstaatlichen Beziehungen zwischen seinen staatlichen Organen und Wirtschaftseinheiten. Solche Elemente der sozialistischen Planung, wie der Direktivcharakter, werden *nur* im Rahmen der Volkswirtschaftsplanung wirksam, nicht

24 F. Engels, Vorwort [zur zweiten polnischen Ausgabe (1892) des „Manifests der Kommunistischen Partei"], in: K. Marx/F. Engels, Werke (im folgenden: MEW), Bd. 22, Berlin 1963, S. 283.

hingegen im Rahmen der Zusammenarbeit der RGW-Länder auf dem Gebiet der Planungstätigkeit.

Daraus folgt, daß sich die Verantwortung der zentralen Staatsorgane und Wirtschaftseinheiten jedes Mitgliedslandes in den gegenseitigen ökonomischen Beziehungen der RGW-Länder generell auf den Anteil bezieht, den das jeweilige Land zur Realisierung der Integrationsmaßnahmen zu erbringen hat. Aus diesem Verhältnis ergibt sich auch die jeweilige Verantwortung der zentralen Staatsorgane und die der Kombinate und Betriebe für die Vorbereitung und Sicherung der Integrationsmaßnahmen im Rahmen des volkswirtschaftlichen Reproduktionsprozesses. Die Komplexität vieler Integrationsmaßnahmen, die eine Vielzahl von Industriezweigen und -bereichen betreffen, erfordert in allen diesen Fällen die zentrale Übertragung der Gesamtverantwortung für die Realisierung einer bestimmten Integrationsmaßnahme auf *ein* zentrales Staatsorgan.[25]

Die durch die zentralen Staatsorgane zu treffenden Entscheidungen erfordern unter den veränderten inneren und äußeren Reproduktionsbedingungen auch hinsichtlich der sozialistischen ökonomischen Integration eine wesentlich höhere Qualität der Entscheidungsvorbereitung.

Um diesen umfassenden Anforderungen gerecht zu werden, muß die zentrale Planung noch stärker den volkswirtschaftlichen Erfordernissen und Möglichkeiten der Intensivierung entsprechen. Sie muß die mit den Entscheidungen zur internationalen Zusammenarbeit verbundenen Auswirkungen so komplex wie möglich erfassen. Es bedarf beispielsweise bei der Konzipierung einer langfristigen Strategie für den Import von Rohstoffen und Brennstoffen gleichzeitig der Analyse der zu ihrer Bezahlung erforderlichen effektivsten Exporte und deren Einordnung in die außenwirtschaftliche Bilanzierung. Umgekehrt ist es bei der Konzipierung der Hauptexportlinien der verarbeitenden Industrie der DDR bzw. ihrer Weiterführung erforderlich, solche Prämissen wie

- die Festlegungen aus den langfristigen Zielprogrammen und aus dem Programm der Spezialisierung und Kooperation der Produktion zwischen der DDR und der UdSSR bis 1990 sowie der Koordinierung der Volkswirtschaftspläne,
- den Bedarf der anderen RGW-Partner,
- die breite Anwendung des wissenschaftlich-technischen Fortschritts,
- die Notwendigkeit eines höheren Veredlungsgrades der Rohstoffe,
- die Durchsetzung einer hohen Materialökonomie,
- die Einsparung von Arbeitsplätzen und die Freisetzung von Arbeitskräften

miteinander zu verbinden. Die Aufgabe der zentralen Planung besteht dabei darin, die genannten Faktoren so zu berücksichtigen, daß letztlich im Ergebnis der Integrationsbeziehungen ein hoher Zuwachs an volkswirtschaftlichem Endprodukt bzw. Nationaleinkommen erzielt wird.

Ein solches Herangehen bei der weiteren Vervollkommnung der zentralen staatlichen Planung ist nur bei Einbeziehung der Kombinate in den Entscheidungsprozeß zu verwirklichen. Schon im Prozeß der Entscheidungsfindung ist die Zusammenarbeit der zentralen Staatsorgane mit den Kombinaten wichtig. Die Nutzung der Erfahrungen, Kenntnisse und auch Vorstellungen der Kombinate über die künftige Entwicklung ihres komplexen Reproduktionsprozesses bringt eine wertvolle und nicht ersetzbare Bereicherung für die zentrale staatliche Planung in Vorbereitung der Entscheidungen zur internationalen Zusammenarbeit. Das sind in erster Linie Fragen im Zusammenhang mit

25 Vgl. Anordnung über die Ordnung der Planung der Volkswirtschaft der DDR 1981 bis 1985 vom 28. November 1979, in: GBl., Sonderdruck Nr. 1020, Teil o, S. 6–7.

der umfassenden Durchsetzung des wissenschaftlich-technischen Fortschritts, der tieferen internationalen Spezialisierung und Kooperation der Produktion und der Erhöhung der Leistungsfähigkeit und Effektivität des Außenhandels. Gleichermaßen ist das frühzeitige Wissen in den Kombinaten um die notwendigen betrieblichen Entscheidungen zu ihrer langfristigen Entwicklung ein Ausgangspunkt für eine weitsichtige und qualifizierte Leitungsarbeit. Darauf bauen nicht zuletzt auch die detaillierteren Vereinbarungen zur Weiterentwicklung der internationalen Spezialisierung und Kooperation mit der UdSSR und den anderen Mitgliedsländern des RGW auf Industriezweig- und Kombinatsebene auf.

Mit der Planung von Maßnahmen zur sozialistischen ökonomischen Integration erweitert sich sowohl für die zentralen Staatsorgane als in zunehmendem Maße auch für die Kombinate und Betriebe qualitativ und quantitativ der Gegenstand ihrer Planung. Immer mehr Bedeutung kommt der Mitwirkung der Kombinate an der Erarbeitung, Abstimmung und Realisierung mehrseitiger und zweiseitiger Programme zur Zusammenarbeit im Rahmen des RGW sowie komplexen Integrationsmaßnahmen, einschließlich der dazu notwendigen materiellen und finanziellen Kennziffern, zu. Zugleich hat auch die qualifizierte Mitwirkung der Kombinate an den Entscheidungen über die Planaufgaben, einschließlich der Integrationsaufgaben für die Kombinate selbst große Bedeutung. Dafür gibt es vor allem drei Gründe:

Erstens: Mit den Planaufgaben wird weitgehend darüber entschieden, wie sich die zukünftige Entwicklungsrichtung der Wirtschaftseinheiten vollziehen wird, für welche konkreten Aufgaben die Potentiale und die Ressourcen von Forschung, Entwicklung und Produktion eingesetzt werden.

Zweitens: Der Plan dient als wesentliches Instrument der Leistungsbewertung der Kombinate und der Betriebe. Daraus ergeben sich die Bildung und Verteilung der betrieblichen Fonds bis hin zu den Möglichkeiten der individuellen und kollektiven Stimulierung der Betriebskollektive.

Drittens: Am Plan und an seiner Erfüllung wird die Kontrolle der festgelegten Aufgaben vorgenommen. Sind die Maßnahmen internationaler Wirtschaftszusammenarbeit von vornherein in den Plänen enthalten und bilanziert, so erhöht das in der Regel die Sicherheit für die Erfüllung des Planes.

Die steigenden Anforderungen zwingen dazu, die Leitungskader in den Kombinaten und Betrieben immer besser zu befähigen, in den wachsenden Dimensionen der sozialistischen ökonomischen Integration zu denken, dementsprechend politisch und ökonomisch begründete volkswirtschaftlich effektive Entscheidungen vorzubereiten, in den Plänen zu verankern und durchzusetzen.

Bei der Erfüllung dieser Aufgaben spielen in der DDR die Kombinate als große leistungsfähige Wirtschaftseinheiten, die mit hoher Eigenverantwortung ausgestattet sind, eine entscheidende Rolle. Es gibt bereits viele gute Beispiele, wo Kombinate und Großbetriebe mit Erfolg unmittelbar im Rahmen der Planungszusammenarbeit mit ihren entsprechenden Partnern in der UdSSR und in anderen RGW-Ländern zusammenwirken. Von besonderer Bedeutung ist dabei ihre Mitwirkung durch eigene prognostische und langfristig konzeptionelle Arbeit.

Die praktischen Erfahrungen großer Industriekombinate der DDR (VEB Carl Zeiss Jena, VEB Umformtechnik „Herbert Warnke“ Erfurt, Werkzeugmaschinenkombinat „Fritz Heckert“ Karl-Marx-Stadt und andere) zeigen, daß eine langfristige Planungszusammenarbeit im Rahmen des RGW, die sich innerhalb der Volkswirtschaftsplanung der DDR besonders im Plan der Maßnahmen der sozialistischen ökonomischen Integration niederschlägt, eine wichtige Voraussetzung dafür bildet, daß die Ziele und Aufgaben der sozialistischen ökonomischen Integration durch die Leitung und Planung in dem jeweiligen Zweig beherrscht werden.

Die Teilnahme der Kombinate am Prozeß der Fünfjahrplankoordinierung und an den anderen Formen der Planungszusammenarbeit gewinnt ein immer stärkeres Gewicht. Hier geht es darum, aus der Stellung der Kombinate im volkswirtschaftlichen Reproduktionsprozeß heraus ihre spezifischen Erfordernisse und Möglichkeiten der effektiven Teilnahme am Prozeß der sozialistischen ökonomischen Integration im Hinblick auf die Entwicklung der Leistungskraft der gesamten Volkswirtschaft sichtbar zu machen, stärker zu nutzen und genauer zu berücksichtigen. Nur so ist es auch möglich, Leistungsreserven der Kombinate rechtzeitig zu erschließen und die Effektivität, Kontinuität und Stabilität der Integrationsmaßnahmen zu erhöhen.

Eine stärkere Einbeziehung der Kombinate in die Koordinierung der Fünfjahrpläne bzw. in die Vorbereitung von Abkommen und Jahresprotokollen setzt allerdings voraus, daß die Kombinate über das wissenschaftlich-technische Niveau ihrer Erzeugnisse und ihrer Produktion, über ihren Stand im Vergleich zum wissenschaftlich-technischen Höchststand in der Welt bzw. über die Devisenrentabilität ihrer Erzeugnisse, die Nachfrage nach ihnen jederzeit aussagefähig sind.

Aus der Entwicklung der Produktivkräfte und dem erreichten Niveau der Produktionsverhältnisse erwächst den Kombinaten dabei immer mehr ihre Verantwortung für die Wahrnehmung *volkswirtschaftlicher* Interessen, bezogen auf die Entwicklung *ihres* Industriezweiges. Sie wirken zugleich als *grundlegende* Wirtschaftseinheit der materiellen Produktion *und* üben *staatliche* Funktionen der Wirtschaftsleitung aus.[26]

Daher muß auch in der wirtschaftswissenschaftlichen Forschung wie in der Wirtschaftspraxis die wachsende Mitwirkung der Kombinate an der Vorbereitung und dem Abschluß von Entscheidungen zur Teilnahme am Prozeß der sozialistischen ökonomischen Integration immer mehr verdeutlicht werden.

Im Rahmen des RGW finden diese Entscheidungen ihren Ausdruck, eben weil es um die Zusammenarbeit und Integration auf der Basis des *staatlich organisierten sozialistischen Eigentums geht,* in Abkommen und anderen völkerrechtlichen Verträgen sowie in internationalen Wirtschaftsverträgen, im abgestimmten Plan mehrseitiger Integrationsmaßnahmen und seit 1978 in langfristigen Programmen.

Sowohl die multilateralen langfristigen Zielprogramme der Zusammenarbeit als auch die bilateralen Programme der Spezialisierung und Kooperation der Produktion der UdSSR mit der DDR bzw. anderen RGW-Ländern bis 1990 sind entscheidende Merkmale dafür, daß sich die Zusammenarbeit der RGW-Länder auf dem Gebiet der Planungstätigkeit wie auch die Volkswirtschaftsplanung als ein tiefgreifender Prozeß der Vervollkommnung und Qualifizierung der sozialistischen Planung vollzieht. Die Volkswirtschaften werden dadurch immer stärker auf gemeinsam interessierende strategische Ziele in der Zusammenarbeit ausgerichtet, wobei sich die jeweils interessierten Länder entsprechend ihren Möglichkeiten und Bedürfnissen mit größeren materiellen und finanziellen Fonds an den Integrationsmaßnahmen beteiligen. Diese strategischen Zielstellungen werden durch entsprechende Abkommen und internationale Wirtschaftsverträge sowie über die entsprechenden staatlichen Aufgaben und Planauflagen, Bilanzen und innerstaatlichen Verträge materiell und finanziell wirksam werden. Das ist allerdings kein automatisch vor sich gehender Prozeß, kein *formales* Umschreiben der strategischen Ziele, sondern ein *schöpferischer* Prozeß der Gestaltung der erforderlichen arbeitsteiligen

26 Vgl. Verordnung über die volkseigenen Kombinate, Kombinatsbetriebe und volkseigenen Betriebe vom 8. November 1979, in: GBl. I, S. 355, §§ 1, 4, 9, 11, 16, 17.

Beziehungen und Verflechtungen innerhalb der jeweiligen Volkswirtschaft und im Rahmen der gesamten Staatengemeinschaft. In ihm müssen die für die DDR entscheidenden Erfordernisse und Möglichkeiten komplex und bis zur vollständigen Realisierung der notwendigen Integrationsmaßnahmen *zentral* geleitet, geplant und stimuliert werden.

Sie müssen *zugleich* in jeder Wirtschaftseinheit bis zum Arbeitsplatz der Kollektive und der einzelnen Werktätigen aufgeschlüsselt werden, und zwar als verbindliche und abrechenbare Aufgabe.

Gegenwärtig erscheinen im Zusammenhang mit der Charakterisierung des Integrationsprozesses in unserem System der Leitung, Planung und ökonomischen Stimulierung zwei generelle Schlußfolgerungen wichtig zu sein:

Erstens ist mit dem jetzt erreichten Grad der Konzentration, Spezialisierung und Kooperation in den Volkswirtschaften der RGW-Länder ein bedeutendes wissenschaftlich-technisches und ökonomisches Potential geschaffen worden. Mit dem Blick auf die Erfordernisse der achtziger und neunziger Jahre reicht das jedoch noch nicht aus, um die Möglichkeiten der Volkswirtschaften im Integrationsprozeß voll auszuschöpfen. Deshalb ist es erforderlich, den Leitungsmechanismus noch mehr auf die intensive Erweiterung der volkswirtschaftlichen Reproduktionsprozesse im Rahmen der sozialistischen Gemeinschaft einzustellen. Dazu gehört u. a. auch, die entscheidenden Zusammenhänge zwischen den Integrationsmaßnahmen innerhalb der sozialistischen Wirtschaftsgemeinschaft der RGW-Länder und den Wirtschaftsbeziehungen der RGW-Länder zu nichtsozialistischen Ländern qualitativ und quantitativ sichtbar zu machen und in der Leitung, Planung und ökonomischen Stimulierung der Volkswirtschaften in den richtigen Relationen und Proportionen zu berücksichtigen.

Aus der erforderlichen Komplexität, Langfristigkeit, Vielfalt und Kontinuität der Integrationsmaßnahmen im Rahmen des RGW ergeben sich folglich höhere Anforderungen für die Sicherung der Einheit

- von innerstaatlichen Erfordernissen, Erfordernissen im Rahmen der sozialistischen Gemeinschaft und Erfordernissen der Beziehungen zu nichtsozialistischen Ländern,
- des Reproduktionsprozesses in seinen vier Phasen – von der Produktion (vor allem von der Forschung und Entwicklung) bis zur Konsumtion (und da wiederum der gesellschaftlichen und individuellen), einschließlich der Zirkulation und der Distribution,
- des Leitungs- und Planungsprozesses von der langfristig konzeptionellen Arbeit über die Vorbereitung, Planung, Realisierung, Kontrolle und Abrechnung der Ziele und Maßnahmen,
- von Plan, Bilanz und Vertrag,
- von materieller und finanzieller Planung.

Zweitens muß die Weiterentwicklung der sozialistischen Leitung, Planung und ökonomischen Stimulierung stets im Zusammenhang mit dem Wirken der sozialistischen ökonomischen Integration als Wachstumsbedingung der Volkswirtschaften, mit der intensiv erweiterten Reproduktion in den RGW-Ländern *wie auch* mit dem Entwicklungsniveau einschließlich der spezifischen historischen Strukturen der Leitung, Planung und ökonomischen Stimulierung innerhalb der Volkswirtschaften und in der Zusammenarbeit der RGW-Länder auf dem Gebiet der Planungstätigkeit gesehen werden. Hierin drücken sich zwei tiefgreifende objektive Zusammenhänge aus, nämlich das Verhältnis von Basis und Überbau und das Verhältnis vom Internationalen und Nationalen. Hierin liegt zugleich auch die Verantwortung jedes Staatsorganes, jedes Kombinats und Betriebes für die Entwicklung der Leistungskraft der Volkswirtschaft durch stärkere Nutzung der sozialistischen ökonomischen Integration begründet.

Gerade in diesem Zusammenhang müssen die Fragen der Verantwortung sowie der Rechte und Pflichten der Staatsorgane und der Kombinate und Betriebe weiter durchdacht werden, und zwar in der Richtung, die Erfordernisse und die (bisher noch nicht vollständig ausgeschöpften) Möglichkeiten der sozialistischen ökonomischen Integration von vornherein stärker in ihre Tätigkeit einzubeziehen.

Diese Erfordernisse und Möglichkeiten stärker zu nutzen, ist weder auf zentraler Ebene noch auf Ebene der Kombinate und Betriebe etwas Abgeleitetes, Sekundäres und keineswegs eine Ressortaufgabe speziell dafür eingesetzter Leiter, sondern eine Leitungsaufgabe im Rahmen der komplexen Leitung, Planung und Stimulierung der ökonomischen Prozesse in jeder Leitungs- und Planungsebene.

Die weitere Vervollkommnung der Leitung, Planung und ökonomischen Stimulierung der Integrationsprozesse in der DDR und in der Zusammenarbeit mit den anderen RGW-Ländern mit dem Ziel, weitere Produktivitäts- und Wachstumsreserven für die Volkswirtschaft der DDR und die RGW-Gemeinschaft insgesamt zu erschließen und auf dieser Grundlage die materiellen und geistig-kulturellen Bedürfnisse der Werktätigen vollständiger zu befriedigen, ist ein wichtiger Beitrag unseres Landes, den Prozeß der Annäherung zwischen den sozialistischen Staaten und Nationen auch in den achtziger Jahren weiter voranzubringen und im ökonomischen Wettstreit mit dem Kapitalismus weitere Erfolge zu erzielen.

4. Aufgaben für die wirtschaftswissenschaftliche Forschung auf dem Gebiet der sozialistischen ökonomischen Integration

Die Entwicklung der sozialistischen ökonomischen Integration zwischen den Mitgliedsländern des RGW stellt für die achtziger Jahre allen Bereichen der gesellschaftswissenschaftlichen Forschung, insbesondere den Wirtschaftswissenschaften, verantwortungsvolle und interessante Aufgaben. Entscheidungen, die im Zusammenhang mit der sozialistischen ökonomischen Integration getroffen werden müssen, nehmen in der Wirtschaftspraxis einen immer größeren Raum ein. Das stellt zugleich hohe Ansprüche an die Forschungsarbeit auf dem Gebiet der sozialistischen ökonomischen Integration.

Der Wirtschaftswissenschaft kommt die Aufgabe zu, die realen Prozesse der ökonomischen und wissenschaftlich-technischen Zusammenarbeit zwischen den RGW-Ländern zu untersuchen und dabei noch offene Fragen, die mit der Ausnutzung der ökonomischen Gesetze des Sozialismus im Integrationsprozeß in Verbindung stehen, theoretisch zu beantworten. Insbesondere gilt es, die veränderten Wirkungsbedingungen der ökonomischen Gesetze zu untersuchen. Das erfordert gründliche Analysen und verallgemeinerungsfähige Schlußfolgerungen zu den Prozessen der Vergesellschaftung, zur Interessenverknüpfung und zum Ausnutzungsmechanismus der ökonomischen Gesetze des Sozialismus. *Die Aufgabe der ökonomischen Forschung besteht somit vor allem darin, entsprechenden wissenschaftlichen Vorlauf zur weiteren Gestaltung der Integrationsprozesse zu erarbeiten,* deren Erkenntniswert an der Integrationspraxis überprüft werden muß.

Für die vor uns liegenden Jahre stehen offenkundig vor allem solche Fragenkomplexe im Zentrum des theoretischen und praktischen Interesses wie

- die Erarbeitung eines Erkenntniszuwachses der Wirtschaftswissenschaften zu den reproduktionstheoretischen Bedingungen und Wirkungen der sozialistischen ökono-

mischen Integration, vor allem dabei der zunehmenden internationalen Spezialisierung und Kooperation in Forschung, Entwicklung und Produktion für den volkswirtschaftlichen Kreislauf der DDR und der Partnerländer im RGW;
- theoretische Untersuchungen und Schlußfolgerungen zur Vervollkommnung aller Formen der Leitung, Planung und ökonomischen Stimulierung der Integrationsprozesse mit dem Ziel, die Effektivität der sozialistischen ökonomischen Integration für die Beteiligten entscheidend weiter zu erhöhen.

Dabei sollten vor allem theoretische Verallgemeinerungen vorgenommen werden über

- die Sicherung der Stabilität, Kontinuität, Proportionalität und Effektivität der volkswirtschaftlichen Reproduktion mit Hilfe von Integrationsmaßnahmen;
- die Beschleunigung des wissenschaftlich-technischen Fortschritts und die Erhöhung des wissenschaftlich-technischen Niveaus der Produktion durch Maßnahmen der internationalen wissenschaftlich-technischen Zusammenarbeit bis hin zu einer einheitlichen wissenschaftlich-technischen Politik für Schwerpunktbereiche;
- die Sicherung der Roh- und Brennstoffgrundlagen der RGW-Gemeinschaft durch gemeinsame Anstrengungen, entsprechende Strukturveränderungen, die Anwendung hochproduktiver Technologien und eine zielgerichtete hohe Veredlung, vor allem durch die Entwicklung und Anwendung material- und energiesparender Verfahren;
- die Vervollkommnung der Produktionsstruktur in der verarbeitenden Industrie, vor allem in deren dynamischen Bereichen, bei zunehmender internationaler Spezialisierung und Kooperation zur Steigerung der Produktion anwendergerechter, weltmarktfähiger Erzeugnisse.

Gemeinsam mit der Wirtschaftspraxis sind darüber hinaus tiefere Analysen und wissenschaftliche Verallgemeinerung erforderlich zur weiteren Vervollkommnung der Formen und Methoden der Leitung, Planung und ökonomischen Stimulierung der Integrationsprozesse. Dabei sollten u. a. solche Fragen gründlicher theoretisch untersucht werden wie zum Beispiel:

- Wie ist der gesamte Wirtschaftsmechanismus noch besser auf die Realisierung der ökonomischen Integrationsprozesse mit hoher Kontinuität und Effektivität einzustellen? Wie kann dabei die Komplexität des volkswirtschaftlichen Reproduktionsprozesses weiter erhöht werden?
- Wie ist die Leitung, Planung und ökonomische Stimulierung der Integrationsprozesse zu gestalten, um die gemeinsamen Interessen der Mitgliedsländer des RGW noch wirksamer mit ihren spezifischen Interessen zu verknüpfen?
- Wie ist in Durchsetzung des demokratischen Zentralismus das Verhältnis zwischen der zentralen Leitung und Planung der Volkswirtschaft und den Wirtschaftseinheiten (Kombinaten) enger zu gestalten, um die Kombinate der Industrie der DDR entsprechend ihrer großen volkswirtschaftlichen Verantwortung noch stärker in die prognostische und langfristig-konzeptionelle Arbeit und in die praktische Gestaltung der Integrationsprozesse einzubeziehen?
- Welche Aufgaben sind gemeinsam zu lösen, um die materiellen Grundprozesse der sozialistischen ökonomischen Integration effektiver für die Vervollkommnung der materiell-technischen Basis in jedem Land wirksam zu machen?
- Welche Voraussetzungen sind erforderlich, um eine wirksame Leitung, Planung und Stimulierung in der Vorbereitung und Realisierung von Integrationsmaßnahmen da-

durch zu gewährleisten, daß der Einheit von gebrauchswertmäßiger, wertmäßiger und finanzieller Reproduktion noch stärker Rechnung getragen und dabei der Druck zu einem effektiven Wirtschaften verstärkt wird?

- Welche Formen und Methoden der Zusammenarbeit sind zu entwickeln und/oder zu vervollkommnen, um auch die Teilnahme der industriell weniger entwickelten Staaten an einer effektiven internationalen Arbeitsteilung zu stimulieren?

Bei diesen Forschungsaufgaben ist es unbedingt erforderlich, die theoretischen Fortschritte und die Diskussionen in den Bruderländern, besonders in der UdSSR, zum Inhalt und zu den Formen der Integrationsprozesse auszuwerten. Ausgehend von der Aufgabenstellung des Komplexprogramms, wonach die Entwicklung der sozialistischen ökonomischen Integration „auf allgemeinen Gesetzmäßigkeiten des sozialistischen Aufbaus, den grundlegenden Prinzipien der sozialistischen Wirtschaftsführung und der organischen Verbindung der Koordinierung der Pläne – als Hauptmethode für die Organisation der Zusammenarbeit – mit der breiteren Nutzung der Ware-Geld-Beziehungen beruht“[27], kommt es zugleich darauf an, die Integrationsprozesse in ihrer Komplexität zu untersuchen sowie Vorschläge für die effektivere Gestaltung und das Zusammenwirken aller Integrationsformen auszuarbeiten.

[27] Vgl. Komplexprogramm für die weitere Vertiefung und Vervollkommnung der Zusammenarbeit und Entwicklung der sozialistischen ökonomischen Integration der Mitgliedsländer des RGW, in: Grunddokumente des RGW, a. a. O., S. 59.

2. Einführungsreferat

W. Kunz

Theoretische Fragen der sozialistischen ökonomischen Integration – ihrer Leitung, Planung und ökonomischen Stimulierung

Zum Thema unserer Konferenz liegt ein ausführliches schriftliches Arbeitsmaterial vor, das von einer Arbeitsgruppe des Wissenschaftlichen Rates für Fragen der sozialistischen ökonomischen Integration ausgearbeitet wurde und aus dem zugleich die Schwerpunkte für die Diskussion in den Arbeitskreisen erkennbar sind.

Die Verfasser haben sich die Aufgabe gestellt, die wichtigsten anstehenden theoretischen und praktischen Problemkreise zum Thema zu erfassen und zum Teil auch durch die Darlegung von Lösungsansätzen die erforderliche Diskussionsgrundlage für unsere Konferenz zu erarbeiten. Wir betrachten das zugleich als einen Beitrag zur Vorbereitung des X. Parteitages der SED.

Das vorgelegte Material entstand aus Analysen und theoretischen Verallgemeinerungen der im Rat für Fragen der sozialistischen ökonomischen Integration zusammengeschlossenen Forschungseinrichtungen der DDR, bei breiter Auswertung der entsprechenden Literatur in der UdSSR und in anderen RGW-Ländern und in Fortsetzung der theoretischen Diskussionen, die insbesondere auf der 7. und 19. Tagung des Rates für die wirtschaftswissenschaftliche Forschung und auf der 5. Tagung der Gemeinsamen Kommission der Ökonomen der UdSSR und der DDR zu Integrationsfragen geführt wurden.

In Weiterführung einiger Gedanken aus dem schriftlichen Material sollen in meinem Einführungsvortrag vor allem Ergänzungen und Erläuterungen gegeben bzw. einige Fragen weiter präzisiert werden.

Besonders in den Abschnitten 1 und 2 des Arbeitsmaterials wird die sozialistische ökonomische Integration als ein Merkmal des entwickelten Sozialismus, als eine wesentliche Bedingung der Intensivierung und des ökonomischen Wachstums herausgearbeitet. Es wird eingeschätzt, daß sich mit wachsender Reife der gesellschaftlichen Entwicklung die Bedeutung der sozialistischen ökonomischen Integration auch objektiv erhöht. Als Wirkungsbedingung der ökonomischen Gesetze des Sozialismus gewinnt sie zunehmend an Gewicht für die weitere Gestaltung des entwickelten Sozialismus in den beteiligten Ländern. Im Programm der SED wird dazu für unser Land hervorgehoben, daß die sozialistische ökonomische Integration „... eine entscheidende Bedingung für die stabile ökonomische und soziale Entwicklung der DDR ..."[1] ist.

In dem vorgelegten Material wird auf der Grundlage vorhandener Analysen in den beteiligten Forschungseinrichtungen der DDR zugleich eingeschätzt, daß die sozialistische ökonomische Integration zwischen den RGW-Ländern sich in den 70er Jahren, – d. h. seit der Beschlußfassung über das Komplexprogramm des RGW – erfolgreich entwickelt hat und daß auch in unserem Lande das Tempo des ökonomischen und des sozialen Fortschritts in hohem Maße von der Entwicklung der sozialistischen ökonomischen Integration bestimmt wird.

[1] Programm der Sozialistischen Einheitspartei Deutschlands, Berlin 1976, S. 43.

Es ist eine Tatsache, daß – trotz der veränderten Reproduktionsbedingungen und der sich zum Teil daraus ergebenden Probleme des ökonomischen Wachstums – die Gemeinschaft der RGW-Länder in den 70er Jahren eine insgesamt erfolgreiche Entwicklung genommen hat. Dafür sprechen neben den bereits in dem schriftlichen Material angeführten Fakten solche Ergebnisse im Jahre 1979 gegenüber 1970 wie

- die Erhöhung des Nationaleinkommens um 62 %;
- die Steigerung der Industrieproduktion um 70 %, d. h. jahresdurchschnittlich um rund 7 %;
- die Erhöhung der Maschinenbauproduktion auf das 2,4fache, der Chemieproduktion auf das Doppelte;
- die Erhöhung der Investitionen um 71 %, davon drei Viertel der Mittel für die Erweiterung, Rekonstruktion und Modernisierung der materiellen Produktion;
- der Bau von 27 Millionen Wohnungen und schließlich
- die Erhöhung des Außenhandelsumsatzes zwischen den RGW-Ländern auf 111 Mrd. Rubel oder auf das 3,3fache.

Verglichen mit dem ökonomischen Wachstum in den kapitalistischen Ländern haben die Mitgliedsländer des RGW ihr ökonomisches Potential in den 70er Jahren eindeutig schneller entwickelt. Das zeigt sich besonders am Vergleich der Zuwachsraten der Industrieproduktion in den Jahren 1970 bis 1979:

Entwicklung der Industrieproduktion

	1970	1979	1974	1975
Welt insgesamt	100	160	100	99
RGW-Länder	100	178	100	108
andere Länder	100	141	100	93
darunter				
entwickelte kapitalistische Länder	100	137	100	92
Entwicklungsländer	100	163	100	103

Quelle: Statistische Jahrbücher der DDR

Deutlich zu sehen ist bei diesem Vergleich der scharfe, krisenbedingte Produktionsrückgang in den kapitalistischen Ländern im Jahre 1975 gegenüber 1974, während die Industrieproduktion in den RGW-Ländern im gleichen Jahr um 8 % anstieg.

Diese Ergebnisse sprechen für sich. Sie unterstreichen, daß die RGW-Gemeinschaft – bei aller notwendigen Differenzierung in den Analysen des ökonomischen Wachstums für einzelne Länder und Jahre – sich in dem gesamten vergangenen Jahrzehnt als die dynamischste Wirtschaftsregion der Welt bewährt hat. Neben den großen wissenschaftlich-technischen und ökonomischen Anstrengungen in den einzelnen RGW-Ländern selbst sind diese Ergebnisse in hohem Maße auf die zunehmende sozialistische internationale Arbeitsteilung, auf die Internationalisierung des Wirtschaftslebens zurückzuführen, die in der Entwicklung der sozialistischen ökonomischen Integration ihre gegenwärtig höchste Form erfährt.

Gerade zu Beginn unserer Konferenz scheint es mir dabei wichtig zu sein, die wissenschaftlich begründete Kontinuität in der Integrationspolitik der SED, der KPdSU und anderen Bruderparteien hervorzuheben, da es zu Beginn eines jeden neuen Zeitabschnitts auch bei der Vorbereitung verschiedener Grundsatzdokumente immer theoretische Diskussionen gab, zum Beispiel:

- zur Einschätzung des jeweiligen Entwicklungsabschnittes, vor allem zum Verhältnis von Zielen und Ressourcen in der jeweiligen Periode;
- zur Zweckmäßigkeit der verschiedenen Formen der Zusammenarbeit und dabei besonders auch zur Multilateralität und Bilateralität in wissenschaftlich-technischen und ökonomischen Beziehungen zwischen den RGW-Ländern;
- zum Verhältnis von Plan- und Marktbeziehungen im Rahmen der Zusammenarbeit, zu den Vertragspreisen, zur Konvertierbarkeit der Währungen etc. und schließlich
- zum Verhältnis zwischen der sozialistischen internationalen Arbeitsteilung der RGW-Länder und arbeitsteiligen Beziehungen mit dem kapitalistischen Teil der Welt.

Ausgehend von den objektiven und subjektiven Bedingungen, werden die Ziele für die einzelnen Entwicklungsabschnitte der RGW-Länder und der Zusammenarbeit bestimmt und mit den vorhandenen bzw. den zu mobilisierenden Ressourcen in Übereinstimmung gebracht.

Historisch betrachtet, führt in den Beschlüssen der KPdSU, der SED und der anderen Bruderparteien dabei eine klare und konsequente Linie von den Gründungsdokumenten des RGW zu den „Grundprinzipien der internationalen sozialistischen Arbeitsteilung" zu Beginn der 60er Jahre, dem „Komplexprogramm des RGW" zu Beginn der 70er Jahre und schließlich zu den „Langfristigen Zielprogrammen ...", die in hohem Maße die Zusammenarbeit der RGW-Länder in den 80er Jahren bestimmen werden. In allen diesen Dokumenten gibt es auf die genannten Fragen klare Antworten, Orientierungen und Aufgabenstellungen, von denen in dem vorgelegten schriftlichen Material ausgegangen wurde.

Bei der Gestaltung aller wichtigen Entwicklungsprozesse und Etappen im Rahmen der sozialistischen ökonomischen Integration nimmt die allumfassende, tragende Rolle der UdSSR gesetzmäßig zu. Das wurde wiederholt theoretisch auf wissenschaftlichen Konferenzen in der DDR und in entsprechenden Ausarbeitungen begründet.

Die Sowjetunion hat entscheidenden Anteil an der gemeinsamen Lösung der gegenwärtig vor den Mitgliedsländern des RGW stehenden ökonomischen und wissenschaftlich-technischen Aufgaben. Der erreichte hohe Entwicklungsstand der sowjetischen Wissenschaft und Industrie und die weiteren Perspektiven der Volkswirtschaft der UdSSR bieten ein weites Feld für eine tiefgreifende internationale Spezialisierung und Kooperation der Produktion sowie für den Austausch von industriellen Fertigwaren zwischen der Sowjetunion und den anderen RGW-Ländern.

Auf dieser Grundlage erweitert sich auch die ökonomische und wissenschaftlich-technische Zusammenarbeit zwischen der DDR und der UdSSR ständig, beide Volkswirtschaften werden zunehmend enger miteinander verflochten.

Das zeigt sich u. a. daran, daß die UdSSR der mit Abstand größte Wirtschafts- und Handelspartner der DDR ist. Der Warenaustausch mit der Sowjetunion beträgt rund 36 % des Außenhandelsumsatzes der DDR. Die DDR ist ihrerseits mit mehr als 10 % am Außenhandelsumsatz der UdSSR beteiligt und damit ebenfalls größter Handelspartner der UdSSR. Der Umsatz zwischen unseren beiden Ländern erhöhte sich von 15,5 Mrd. Mark im Jahre 1970 auf mehr als 39 Mrd. im Jahre 1979. Der Warenaustausch zwischen beiden Ländern wird im kommenden Fünfjahrplanzeitraum 48 Mrd. Rubel oder 240 Mrd. Mark erreichen. Das sind Ziffern, hinter denen sich gewaltige Warenströme zur Stärkung der materiell-technischen Basis in beiden Ländern verbergen.

In dem der Konferenz vorgelegten Arbeitsmaterial wird an mehreren Stellen und Beispielen die Wechselwirkung zwischen Intensivierung und sozialistischer ökonomischer Integration herausgearbeitet. Durchgeführte Untersuchungen führten zu dem Ergebnis, daß für die Sicherung des erforderlichen hohen Leistungsanstiegs der Volkswirtschaft der DDR – wie auch der anderen Volkswirtschaften der RGW-Länder – es wichtig ist, die Vorzüge der sozialistischen ökonomischen Integration als Intensivierungsbedingung für die intensiv erweiterte Reproduktion gerade in den 80er Jahren in wachsendem Maße und mit konstruktiven eigenen Vorschlägen zu nutzen. Dazu gibt es faktisch keine Alternative. Wie Genosse Erich Honecker hervorhob, verfügen wir mit den langfristigen Zielprogrammen des RGW und dem Programm der Spezialisierung und Kooperation der Produktion zwischen der DDR und der UdSSR bis 1990 über eine gemeinsame Strategie, die den Möglichkeiten und Erfordernissen und zugleich den Dimensionen der 80er Jahre Rechnung trägt.[2]

Bereits Marx hat bekanntlich auf die großen Wirkungen bzw. Effekte der internationalen Arbeitsteilung für die Gesellschaft hingewiesen. Er begründete das u. a. im „Kapital" damit, daß „erst bei großer Stufenleiter der Produktion die Ökonomien möglich, die aus der gemeinschaftlichen produktiven Konsumtion hervorfließen. Endlich aber entdeckt und zeigt erst die Erfahrung des kombinierten Arbeiters, wo und wie zu ökonomisieren, wie die bereits gemachten Entdeckungen am einfachsten auszuführen ..."[3] sind.

Auch Lenins Feststellung, daß die sozialistische Bewegung im alten Rahmen des Vaterlandes nicht siegen kann[4], ist darauf gerichtet, den Prozeß der Vergesellschaftung, vor allem die Internationalisierung des Wirtschaftslebens, die der sozialistischen ökonomischen Integration als objektiv wirkende Tendenz zugrunde liegt, voranzutreiben.

Wie schnell sich dieser Prozeß jedoch vollzieht, daß die Arbeiterklasse und die mit ihr Verbündeten unter Führung der kommunistischen und Arbeiterparteien eine harmonische nationale und internationale Koordinierung der gesellschaftlichen Formen der Produktion[5] mit hoher Bedarfssicherung und Effektivität herbeiführen, hängt von den objektiven Bedingungen, den vorhandenen Ressourcen und dem Reifegrad der Produktionsverhältnisse, zunehmend dabei der zweckmäßigsten Leitung, Planung und Organisation, dem Erkennen der wirkenden Gesetzmäßigkeiten der Internationalisierung und ihrer zunehmenden planmäßigen Nutzung, aber auch von der ideologischen Bereitschaft dazu in den beteiligten Ländern, vor allem in den wissenschaftlich-technischen und Produktionseinrichtungen und auf den verschiedenen Leitungsebenen der Wirtschaft ab.

So ist zum Beispiel das Erkennen der ökonomischen Gesetze des Sozialismus sowie der Notwendigkeit, die Internationalisierungsprozesse auf sozialistischer Grundlage voranzutreiben, eine wichtige Voraussetzung für die Verwirklichung der ökonomischen Vorzüge des Sozialismus im Bereich des RGW. Sie bildet aber nicht die alleinige Voraussetzung. Engels schrieb bekanntlich im Anti-Dühring: „Die bloße Erkenntnis, und ginge sie weiter und tiefer als die der bürgerlichen Ökonomie, genügt nicht, um gesellschaftliche Mächte der Herrschaft der Gesellschaft zu unterwerfen. Dazu gehört vor allem eine gesellschaftliche Tat."[6]

Diese Feststellung von Engels gilt in vollem Maße für die bewußte und allseitige Nutzung der objektiven Vorzüge des Sozialismus, so auch für die Internationalisierung

[2] Vgl. E. Honecker, Die nächsten Aufgaben der Partei bei der weiteren Durchführung der Beschlüsse des IX. Parteitages der SED, Berlin 1980, S. 60.

[3] K. Marx, Das Kapital, Dritter Band, in MEW, Bd. 25, Berlin 1964, S. 113.

[4] Vgl. W. I. Lenin, Lage und Aufgaben der sozialistischen Internationale, in: Werke, Bd. 21, Berlin 1960, S. 26.

[5] K. Marx, Erster Entwurf zum „Bürgerkrieg in Frankreich", in: MEW, Bd. 17, Berlin 1962, S. 546.

[6] F. Engels, Herrn Eugen Dührings Umwälzung der Wissenschaft („Anti-Dühring"), in: MEW, Bd. 20, Berlin 1962, S. 295.

des Wirtschaftslebens und ihre höchste Form, die sozialistische ökonomische Integration. Tiefergehende Analysen zeigen zum Beispiel, daß die Fortschritte in den einzelnen Volkswirtschaften und in den verschiedenen Bereichen von Wissenschaft, Technik und Produktion hinsichtlich des Einflusses der sozialistischen ökonomischen Integration auf die Stabilität und Effektivität der Reproduktionsprozesse wie auch die Nutzung der Integrationsmöglichkeiten für Strukturveränderungen in Produktion, Ex- und Import mit entsprechender hoher Effektivität noch sehr unterschiedlich sind.

Im Zusammenhang mit den vor uns liegenden theoretischen und praktischen Aufgaben sind wir in dem vorgelegten Arbeitsmaterial konsequent davon ausgegangen, daß hinsichtlich der Reproduktionsbedingungen in den RGW-Ländern eine Reihe von Problemen aufgetreten bzw. herangereift ist, für deren Lösung die volle Entfaltung der in den sozialistischen Staaten und Nationen vorhandenen materiellen und geistigen Kräfte erforderlich ist, vor allem auch durch internationale sozialistische Kooperation.

Es wurde herausgearbeitet, daß sich sowohl die gegenwärtigen Ausgangspositionen als auch wesentliche innere und äußere Reproduktionsbedingungen für die Wirtschaftszusammenarbeit der DDR mit den RGW-Ländern deutlich von den Gegebenheiten zu Beginn des vergangenen Jahrzehnts unterscheiden. Dabei wurde besonders auf eine Reihe internationaler, langfristig wirkender Faktoren und Tendenzen für die weitere Entwicklung aufmerksam gemacht. Diese veränderten inneren und äußeren Reproduktionsbedingungen der RGW-Länder Ende der 70er Jahre und zu Beginn der 80er Jahre stellen die ökonomische Wissenschaft unseres Erachtens vor die Aufgabe,

erstens eine größere analytische Arbeit mit dem Ziel zu leisten, die Reproduktionsbedingungen und -wirkungen in den einzelnen RGW-Ländern, ihren verschiedenen Industrie- und Wirtschaftsbereichen und in der Zusammenarbeit differenzierter darzulegen, als das bisher in manchen Ausarbeitungen geschieht und

zweitens davon ausgehend die vielfältigen Möglichkeiten der sozialistischen ökonomischen Integration für die Lösung einer großen Zahl von wirtschafts- und sozialpolitischen Aufgaben der kommunistischen und Arbeiterparteien auf der Grundlage der Marxschen Reproduktionstheorie noch deutlicher herauszuarbeiten, um damit einen größeren Beitrag für die erforderliche Sicherheit in der praktischen Wirtschaftspolitik zu leisten.

Letztendlich sollten solche Untersuchungen dem Ziel dienen, zu einem schnelleren und insgesamt stabilen ökonomischen Wachstumstempo und zu höherer Effektivität in allen Ländern des RGW zu gelangen. Damit ist zugleich unsere politische Verantwortung als Wirtschaftswissenschaftler der DDR gegenüber unserer Partei und ihren Beschlüssen unterstrichen.

In diesem Zusammenhang sollen einige kurze Ausführungen zu drei Problemen erfolgen. Ein erstes Problem:

Ohne hier Abstriche von der auch von mir eingangs vorgenommenen generellen Einschätzung vorzunehmen, daß die RGW-Länder in den 70er Jahren hinsichtlich ihres ökonomischen Wachstums und in der Zusammenarbeit eine insgesamt erfolgreiche Entwicklung genommen haben, zeigt eine genauere Analyse, daß zum Beispiel die Zunahme des Außenhandels der einzelnen RGW-Länder innerhalb der Gemeinschaft sich zum Teil recht differenziert vollzog. Berechnet auf der Grundlage vergleichbarer Preise, ist für einige Länder eine spürbare Verringerung der Rate des Exportzuwachses in andere RGW-Länder gegenüber den 60er Jahren festzustellen. Die Relationen zwischen dem Exportzuwachs und dem Zuwachs an Nationaleinkommen, die in den 60er Jahren zum Beispiel noch 2,7 : 1 für die UVR, 2,6 : 1 für die VRP und 1,7 : 1 für die UdSSR betrugen, was auf eine hohe Außenwirtschaftsaktivität der RGW-Länder schließen läßt, konnten in den

70er Jahren nicht in gleichem Verhältnis beibehalten werden. Zwar steckt hinter jedem Prozent Steigerung des Exports gegenüber den 60er Jahren ein ungleich größeres Austauschvolumen. Die gleiche Überlegung gilt aber auch für jedes Prozent gestiegenes Nationaleinkommen oder gestiegene Industrieproduktion.

Problematisch ist in diesem Zusammenhang, daß trotz beachtlicher Fortschritte auf dem Gebiet der internationalen sozialistischen Spezialisierung und Kooperation in der metallverarbeitenden Industrie der hohe Importbedarf an modernen Rationalisierungsmitteln durch gegenseitige Lieferungen nicht voll gedeckt werden konnte.

Eine weitere Frage, die in dem schriftlichen Material angesprochen ist und die für die Entwicklung der materiell-technischen Basis des Sozialismus für die Sicherung von Stabilität und Proportionalität der volkswirtschaftlichen Reproduktion in den einzelnen RGW-Ländern von ausschlaggebender Bedeutung ist, besteht in der Sicherung der Brenn- und Rohstoffbasis der RGW-Länder. Die Versorgung der Gesellschaft, insbesondere der modernen Industrie und der Volkswirtschaften überhaupt mit Rohstoffen, Brennstoffen und Energie ist zu einer Existenzfrage für alle Industrieländer des Erdballs geworden. Davon hängt die Aufrechterhaltung des erreichten Standes der Produktion und deren weiteres Wachstum ab. Deshalb ist die Rohstoff- und Energieversorgung der RGW-Länder ein Problem von weitreichender strategischer Bedeutung für das weitere stabile Wirtschaftswachstum.

Für den Sozialismus heißt das, daß er sich seine eigene Rohstoff- und Brennstoffbasis erhalten bzw. schaffen muß. Zu dieser These gibt es nach meiner Auffassung keine vernünftige Alternativlösung, etwa das Heranschaffen großer Mengen von Roh- und Brennstoffen aus anderen Teilen der Welt, von partiellen, aber nur ergänzenden Anstrengungen abgesehen.

Für ein Land wie die DDR, das nur über einige spezifische Brennstoffe bzw. Industrierohstoffe (Braunkohle, Kali, Tone u. a.) verfügt, ist die Stabilität der Rohstoff- und Brennstofflieferungen eine entscheidende Voraussetzung für die Kontinuität der Industrieproduktion und das Erreichen der volkswirtschaftlichen Zielsetzungen, Voraussetzung für das ökonomische Wachstum überhaupt. Der wachsende Bedarf der Volkswirtschaften an Rohstoffen, Brennstoffen und Energie *erfordert zunehmend eine langfristig integrierte Roh- und Brennstoffwirtschaft der RGW-Länder, um ein stabiles Wachstum zu sichern.* Darin ist auch die Sicherung der Ernährung durch eine hochentwickelte Landwirtschaft und Nahrungsgüterwirtschaft, der allmähliche Abbau der hohen Importe an Agrarerzeugnissen aus kapitalistischen Ländern sowie die Lösung der Förder-, Übertragungs- und Transportprobleme eingeschlossen.

Die insbesondere mit der UdSSR getroffenen Vereinbarungen bis 1985 auf der Grundlage der traditionellen Zusammenarbeit sichern einen großen Teil des notwendigen Importvolumens der anderen RGW-Länder zu vorteilhaften Bedingungen. Besonders die gegenwärtigen, gegenüber den Weltmärkten niedrigeren Importpreise für die Hauptenergieträger und einiger Rohstoffe sind für die Importeure günstig. Trotzdem waren und sind die Preisveränderungen für die Nettoimporteure von Rohstoffen und damit für die Mehrzahl der kleineren und mittleren RGW-Länder mit beträchtlichen Mehrbelastungen für die Volkswirtschaften verbunden. Hinzu kommen weitere Mehrbelastungen gegenüber dem nichtsozialistischen Wirtschaftsgebiet für die Bezahlung importierter Roh- und Brennstoffe sowie Nahrungs- und Genußmittel. Preiserhöhungen von Roh- und Brennstoffen wirken für alle Nettoimporteure wie gestiegener Produktionsverbrauch und führen letztlich – wenn sie nicht durch Produktivitätssteigerung und Kostensenkung, vor allem in den Exportzweigen kompensiert werden können – zu einem geringeren Endprodukt. Diese Belastungen konnten bekanntlich auch für die DDR durch die Steigerung der Produktivität und Senkung der Kosten in den Exportbereichen nur teilweise ausgeglichen werden.

Hierbei muß davon ausgegangen werden, daß diese Belastungen in den 80er Jahren offensichtlich ansteigen werden. Die jährliche Veränderung der Preise und damit die Unbestimmtheit der Aufwendungen für die Volkswirtschaft im Zusammenhang mit den zu importierenden Roh- und Brennstoffen bringen mitunter Probleme für die perspektivische Leitung und Planung der Wirtschaft, für die Gestaltung der Grundproportionen der Volkswirtschaft, des Akkumulations- und Konsumtionsfonds, des Ausbaus eigener Rohstoffproduktionen, der Strukturierung der verarbeitenden Industrie, besonders hinsichtlich des Energie-, Rohstoff- und Materialeinsatzes mit sich.

Ohne Zweifel liegt der Schlüssel für die Lösung dieser Fragen – neben der weiteren Erhöhung der eigenen Roh- und Brennstoffproduktion in allen RGW-Ländern – vor allem in der Höherveredelung der eingesetzten Industrierohstoffe und Materialien, in der höheren Effektivität der Energieumwandlung und des Energieverbrauchs. Gerade hier liegen die Ansatzpunkte:

Alles, was für eine sinnvolle Material- und Energieeinsparung getan wird, auch im Rahmen der sozialistischen ökonomischen Integration, besonders in der wissenschaftlich-technischen Zusammenarbeit, in enger Zusammenarbeit mit der UdSSR und unseren anderen RGW-Partnern, kommt der Volkswirtschaft der DDR in den meisten Fällen billiger als zusätzliche Rohstoffimporte, die sich ohnehin weiter verteuern werden.

Darauf verweisen auch wissenschaftliche Analysen und Materialien, besonders des Wissenschaftlichen Rates für die wirtschaftswissenschaftliche Forschung bei der Akademie der Wissenschaften der DDR. Dabei wurde sowohl in den wissenschaftlichen Diskussionen als auch durch die Beschlüsse der SED klar herausgearbeitet, daß intensive Reproduktion eine solche Reproduktion ist, bei der das Produkt sich schneller als der Ressourceneinsatz erhöhen muß. Das bedeutet zugleich, solche Lösungen anzustreben und dahingehende Entscheidungen zu treffen, die sichern, daß mit einem möglichst geringen Aufwand das volkswirtschaftliche Endprodukt und Nationaleinkommen erzeugt wird. Eine wirkliche Leistungssteigerung besteht nur dann, wenn bei sinkendem spezifischem Aufwand mehr Erzeugnisse produziert werden, d. h. aus den vorhandenen Rohstoffen und Brennstoffen bzw. Materialien durch eine höhere Verarbeitungsintensität mehr Endprodukte erzeugt werden.

Für eine hohe Energie- und Materialökonomie ist die wissenschaftlich-technische Arbeit der Dreh- und Angelpunkt. Hier fallen bereits wesentliche Entscheidungen für die Senkung des Verbrauchs, hohe Effektivität, ein besseres Masse-Leistungs-Verhältnis, material- und energiesparende Konstruktionen und Technologien. Das sollte bei den Vorhaben der internationalen wissenschaftlich-technischen Zusammenarbeit unbedingt stärker in den Mittelpunkt gerückt werden.

Der Zusammenhang zwischen Intensivierung und einer integrierten Roh- und Brennstoffwirtschaft der RGW-Länder in den 80er Jahren könnte vor allem in drei Richtungen stärker wirksam werden:

Erstens können durch gemeinsame komplexe Überlegungen die günstigsten Lösungen für die Beteiligten gefunden werden (einschließlich Investitionsbeteiligung), ohne an den Standort jeweils nur eines Landes gebunden zu sein;

Zweitens werden die zunehmenden Anstrengungen der Länder zur Erkundung und Nutzung der eigenen Roh- und Brennstoffvorkommen in wesentlichen Teilen koordiniert und entsprechende Erfahrungen für eine effektive Produktion ausgetauscht;

Drittens wird die wissenschaftlich-technische Zusammenarbeit zwischen den RGW-Ländern zunehmend darauf orientiert, material- und energiesparende Technologien,

Produktionsinstrumente und auch Konsumgüter zu entwickeln, sowie beschleunigt neue Werkstoff- und Energieträger (Kernenergie) in die Produktion einzuführen.

Gerade im Zusammenhang mit diesen Problemen ist aber eine zuweilen vertretene These nicht aufrechtzuerhalten, daß die veränderten äußeren Reproduktionsbedingungen – wenn man sie vor allem auf die Preisexplosion für einige Roh- und Brennstoffe auf den Weltmärkten reduziert – für alle RGW-Länder gleichermaßen zu Erschwernissen geführt hätten. Hierbei erweist sich – ausgehend von der sehr unterschiedlichen Ex- und Importstruktur der einzelnen RGW-Länder – in der analytischen Arbeit durchaus ein differenziertes Herangehen als zweckmäßig, um zu realen Einschätzungen und Schlußfolgerungen zu gelangen, damit die tatsächlichen Effektivitäts- und Wachstumsreserven erschlossen werden können.

Eine weitere und dritte Frage, die in dem vorgelegten Arbeitsmaterial direkt angesprochen wird, besteht darin, in welchem Maße durch die internationale Spezialisierung und Kooperation der Produktion in der verarbeitenden Industrie der RGW-Länder und dabei vor allem durch den zielgerichteten gemeinsamen Einsatz wichtiger wissenschaftlich-technischer Potenzen die Bedingungen geschaffen werden können, um eine am internationalen Niveau gemessene effektive Produktion zu erzielen.

Die Analyse der Industrie der DDR zeigt, daß diejenigen Bereiche der verarbeitenden Industrie, die bereits in hohem Maße in die internationale Arbeitsteilung eingegliedert sind, im allgemeinen auch eine beständig hohe Exportrentabilität aufweisen. Das betrifft besonders den Werkzeug- und Verarbeitungsmaschinenbau, den Schwermaschinen- und Anlagenbau. Andererseits ist die Exportrentabilität derjenigen Bereiche mit geringer Eingliederung in die internationale Arbeitsteilung, wie die Leichtindustrie u. a., bedeutend niedriger.

Zugleich muß gesehen werden, daß ein Teil der Exportzweige mit relativ hoher Rentabilität, wie zum Beispiel der Werkzeug- und Verarbeitungsmaschinenbau, bei weitem nicht so ausgebaut ist, um sowohl die Exportaufgaben, als auch die Rekonstruktion der eigenen Industrie zu sichern. Ein zu breites Produktionssortiment ist demgegenüber zumeist der Hauptgrund für die teilweise niedrige Produktivität und Effektivität in der Leichtindustrie und anderen Zweigen.

Selbst bei so hervorragenden Ergebnissen gemeinsamer wissenschaftlich-technischer Arbeit wie der Entwicklung der Plasmaschmelztechnologie, der hochproduktiven Verfahren zur Herstellung von Hochdruckpolyäthylen u. a. ist der Anlagenbau der RGW-Länder oft nicht in der Lage, die Ausrüstungen für den Eigenbedarf und einen effektiven Export in der notwendigen Menge und der erforderlichen kurzen Zeit zu produzieren. Gerade im Anlagenexport machen die kapitalistischen Konzerne im Zusammenhang mit Neuentwicklungen aber das große Geschäft und realisieren hohe Profite beim Verkauf ihres know how.

Mit diesen drei Fragen sind zugleich Strukturprobleme angeschnitten, die nur in Richtung auf Strukturverbesserung mit einer entsprechenden Erhöhung der Exporteffektivität in enger Verbindung zur internationalen Arbeitsteilung so zu lösen sind, daß ein überdurchschnittliches Leistungswachstum bei hochproduktiven und exportrentablen Erzeugnissen erreicht wird. Objektives Kriterium dabei ist es, wie auf entscheidenden Gebieten mit dem internationalen Entwicklungstempo und den Anforderungen der internationalen Märkte Schritt gehalten wird. Ein unbestechlicher, wenn auch nicht alleiniger Gradmesser dafür ist die Exportrentabilität der Erzeugnisse.

Bei entsprechenden wissenschaftlichen Analysen kann davon ausgegangen werden, daß in den letzten Jahren in einer Reihe von RGW-Ländern in bestimmten Zweigen leistungsfähige Kapazitäten entwickelt worden sind, die im gemeinsamen Interesse der

RGW-Länder wesentlich stärker als bisher in gegenseitiger Zusammenarbeit nutzbar gemacht werden können. Das betrifft neben Bereichen der Produktionsmittelindustrie in stärkerem Maße auch Zweige der Konsumgüterindustrie, besonders technische Konsumgüter.

Das mit dem Programm der Spezialisierung und Kooperation zwischen der DDR und der UdSSR bis 1990 angestrebte größere Schrittmaß in der internationalen Spezialisierung und Kooperation von Wissenschaft, Technik und Produktion zwischen unseren beiden Ländern wie auch mit den anderen Mitgliedsländern des RGW deutet bereits darauf hin, daß in der internationalen Spezialisierung und Kooperation für die 80er Jahre ein neuer Aufschwung erreicht werden soll. Der Anteil von spezialisierten und kooperierten Erzeugnissen am Export von Maschinen und Ausrüstungen der DDR in die RGW-Länder betrug im Jahre 1978 bereits rund 44 %, darunter in die UdSSR fast 60 %.

Das Protokoll über die Ergebnisse der Plankoordinierung zwischen der DDR und der UdSSR für 1981 bis 1985 sieht für beide Länder in diesen fünf Jahren – worauf ich bereits hinwies – gegenseitige Warenlieferungen im Werte von 48 Mrd. Rubel bzw. 240 Mrd. Mark (in RGW-Preisen des Jahres 1979) vor. Das ist eine Steigerung des Warenaustausches um 30 % gegenüber dem laufenden Fünfjahrplanzeitraum. Wie Genosse Erich Honecker hervorhob, verfügen wir damit „... über ein festes Fundament für die weitere Stabilität und Dynamik unserer Volkswirtschaft ... Für unsere Kombinate und Betriebe werden damit langfristige Produktions- und Absatzperspektiven gesichert."[7]

Ohne Zweifel kann dabei von der These ausgegangen werden, daß die sozialistische ökonomische Integration den Nutzeffekt der gesellschaftlichen Arbeit durch die größeren Dimensionen steigert, die sie dem wissenschaftlich-technischen Fortschritt erschließt. Lenin hob bekanntlich hervor, daß der Kommunismus „nicht aufgebaut werden (kann) ohne Wissen, Technik und Kultur".[8] Er unterstrich die Aufgabe der siegreichen Arbeiterklasse, die „historisch unumgänglich notwendigen Schätze an Kultur, Wissen und Technik ... zu einem Werkzeug des Sozialismus zu machen"[9].

Heute gilt das in besonderem Maße bei ständiger Konfrontation mit dem internationalen Niveau, bei strikter Orientierung auf eigene Spitzenleistungen und bei einer hohen Konzentration der wissenschaftlich-technischen Kräfte und Arbeitsteilung zwischen ihnen. Durch den Ausbau bewährter Wege und Formen der Wissenschaftskooperation über die Ländergrenzen hinweg müssen führende Positionen in Wissenschaft und Technik gesichert, neue gewonnen und größere Effekte erzielt werden. Dabei kann an gute Erfahrungen und Ergebnisse in der wissenschaftlich-technischen Zusammenarbeit, vor allem mit der UdSSR, angeknüpft werden, wobei die Wissenschaftskooperation zwischen den RGW-Ländern in den 80er Jahren einem weiteren Strukturwandel unterliegen wird. Dieser besteht vor allem darin, den Anteil der gemeinsamen und arbeitsteiligen Forschung in den progressiven, dynamischen Bereich des wissenschaftlich-technischen Fortschritts, in der Mikroelektronik, Robotertechnik, im wissenschaftlichen Gerätebau usw. zu erhöhen und dabei die optimale Gestaltung der gesamten Reproduktionskette im RGW-Bereich für diese Erzeugnisgruppen noch besser zu beherrschen.

[7] E. Honecker, Die nächsten Aufgaben der Partei bei der weiteren Durchführung der Beschlüsse des IX. Parteitages der SED, a. a. O., S. 60.

[8] W. I. Lenin, Rede auf der I. Gesamtrussischen Konferenz über die Parteiarbeit auf dem Lande, in: Werke, Bd. 30, Berlin 1961, S. 132.

[9] W. I. Lenin, Rede auf dem I. Kongreß der Volkswirtschaftsräte, in: Werke, Bd. 27, Berlin 1960, S. 408.

Diese Schwerpunktbildung und Konzentration der wissenschaftlichen Kräfte und Mittel in der wissenschaftlich-technischen Zusammenarbeit wird wesentliche Impulse auslösen, um auf der Grundlage von Neuerungsprozessen in noch größerem Umfang Produktionsprozesse auf ausgewählten Gebieten der Energie- und Rohstoffwirtschaft, des Maschinen- und Gerätebaus, der chemischen Industrie sowie der Zulieferindustrie zu rekonstruieren, zu modernisieren und Erzeugnissortimente zu erneuern.

Zur Erfüllung dieser und einer Vielzahl anderer Aufgaben der wissenschaftlich-technischen Zusammenarbeit arbeiten heute bereits mehr als 3 000 wissenschaftliche Forschungs-, Konstruktions- und Projektierungseinrichtungen sowie Hochschulen der RGW-Länder zusammen, darunter 200 Einrichtungen der Akademien der Wissenschaften.

Bei allen diesen gemeinsamen Maßnahmen zur Meisterung des wissenschaftlich-technischen Fortschritts sehen wir vor allem drei Probleme, die in dem vorgelegten Arbeitsmaterial formuliert sind und an denen theoretisch und praktisch weitergearbeitet werden muß.

Das sind

1. die exaktere Bestimmung der ökonomischen Ziele für die wissenschaftlich-technische Zusammenarbeit;
2. deren enge Verbindung mit der Produktionsspezialisierung und -kooperation und
3. die Messung des ökonomischen Nutzens und der Nachweis der ökonomischen Wirkung der wissenschaftlich-technischen Zusammenarbeit.

Das heißt, die internationale wissenschaftlich-technische Zusammenarbeit muß grundsätzlich auf ökonomische Ergebnisse, auf höhere ökonomische Effektivität ausgerichtet sein, die aus ihr entspringen.

Bei allen theoretischen Untersuchungen und Verallgemeinerungen zur weiteren Vervollkommnung der Leitung, Planung und ökonomischen Stimulierung der Integrationsprozesse, also bei den vor allem in Abschnitt 3 des Arbeitsmaterials dargelegten Fragen und Zusammenhängen, sollte nach meiner Auffassung beachtet werden, daß die Zusammenarbeit sozialistischer Staaten im Rat für Gegenseitige Wirtschaftshilfe etwas völlig Neues in der Geschichte der revolutionären Arbeiterbewegung ist. Es kommt dabei darauf an, die sozialistische ökonomische Integration und die ihr innewohnenden qualitativ neuen Möglichkeiten für die Erhöhung der Wirtschaftskraft der DDR und der sozialistischen Gemeinschaft insgesamt mit Hilfe eines modernen Leitungs- und Planungssystems noch stärker zu nutzen. Einen hohen Rang nimmt dabei die weitere Vervollkommnung der Zusammenarbeit zwischen den RGW-Ländern auf dem Gebiet der Planungstätigkeit ein. Alle Analysen zeigen, daß sie vor allem dahingehend vervollkommnet werden muß, die Zuverlässigkeit und Stabilität der arbeitsteiligen Beziehungen zu erhöhen.

Für den Prozeß der Entscheidungsfindung kommt dabei der Sachkunde der Wirtschaftseinheit, der Kombinate und Betriebe in enger Zusammenarbeit mit den zentralen Staatsorganen größere Bedeutung zu.

Die Industriekombinate der DDR verkörpern bereits heute die gewachsenen Maßstäbe der Produktion und des Absatzes der Erzeugnisse, sie sind verantwortlich für deren wissenschaftlich-technisches Niveau, die Gebrauchseigenschaften und den Aufwand für ihre Herstellung, das enge Zusammenwirken von Forschung und Entwicklung mit der Produktion, die wichtigsten Zulieferungen, die zielstrebige Rationalisierung und den gut organisierten Absatz der Erzeugnisse im In- und Ausland. Damit sind sie die wichtigsten Partner bei der Vorbereitung und Realisierung der Integrationsaufgaben.

Es gibt bereits viele Beispiele, wo Kombinate und Großbetriebe mit Erfolg unmittelbar an der internationalen Zusammenarbeit mit entsprechenden Partnereinrichtungen in anderen RGW-Ländern teilnehmen. Von besonderer Bedeutung ist es, daß sie sich in hohem Maße an der Vorbereitung von Planentscheidungen über die internationale Spezialisierung und Kooperation durch eigene konzeptionelle Arbeiten beteiligen. Die Erfahrungen großer Industriekombinate der DDR zeigen, daß die langfristige internationale Planungszusammenarbeit eine wichtige Voraussetzung dafür ist, die Prozesse der sozialistischen ökonomischen Integration mit Hilfe der Leitung und Planung in dem jeweiligen Zweig zu beherrschen. Bei alledem erweist sich die Qualität der planvorbereitenden Arbeiten einschließlich der Bedarfsermittlung und des Nutzeffektsnachweises immer mehr als entscheidendes Kettenglied.

Anknüpfend an die Feststellungen im Abschnitt 3 des vorgelegten Arbeitsmaterials, daß im Zusammenhang mit der stärkeren planmäßigen Nutzung der sozialistischen ökonomischen Integration die Fragen der Verantwortung sowie der Rechte und Pflichten der Staatsorgane sowie der Kombinate und Betriebe weiter durchdacht werden müssen, um die Integrationserfordernisse und -möglichkeiten von vornherein stärker in ihre Tätigkeit einzubeziehen, sei darauf verwiesen, daß das weniger ein planungsmethodisches, als vielmehr ein Problem der Leistungsbereitschaft und des ökonomischen Denkens, d. h. des Denkens in volkswirtschaftlichen Kategorien und Größenordnungen ist.

Wenn heute von den Anforderungen der 80er Jahre an Wissenschaft, Technik und Ökonomie und an die Leitung dieser Prozesse die Rede ist, so geht es dabei keineswegs um kleine Verbesserungen bzw. eine Vervollkommnung entsprechend der Fortschreibungsmethode.

Den Anforderungen der 80er Jahre in der Leitung und Planung gerecht zu werden heißt, sich auf die gewaltige Dynamik der Weltökonomie einzustellen, auf die tatsächlichen Dimensionen der Prozesse in der Weltauseinandersetzung zwischen Sozialismus und Kapitalismus. Es heißt zugleich, sich darauf einzustellen, daß das Kapital Vergesellschaftungs- und Internationalisierungsprozesse der Wirtschaft und Produktion auf kapitalistische Weise weiter vorantreiben wird.

Auf der Suche nach neuen technischen und technologischen Lösungen haben kapitalistische Konzerne die Mikroelektronik und viele mit ihr eng verbundene und von ihr abgeleitete Zweige und Bereiche beschleunigt entwickelt. Gegenwärtig werden entsprechende Forschungen in der Mikrobiologie, in der Bionik und auf anderen Gebieten durchgeführt und die Ergebnisse in der Praxis erprobt. Neue Wege in der Technologie werden beschritten, um der Energiekrise Herr zu werden. Zugleich werden ständig neue Spannungsherde und bedrohliche Situationen in verschiedenen Regionen der Welt geschaffen, wobei das Ziel darin besteht, daß die Sowjetunion und die anderen sozialistischen Länder ihre Kräfte verzetteln sollen. Uneinigkeit und Interessendivergenzen in der differenzierten sogenannten dritten Welt kommen ihnen dabei mitunter entgegen. Das alles gehört zu den Klassenkampfbedingungen, zu der Herausforderung der 80er Jahre, die vor allem auf den Gebieten von Wissenschaft, Technik und Ökonomie entschieden werden.

Dieser Situation gilt es mit den Möglichkeiten und Mitteln des Sozialismus zu begegnen und dabei die Überlegenheit der sozialistischen Produktionsweise klug zu nutzen. Das sozialistische Eigentum an den Produktionsmitteln und die sozialistische Planwirtschaft, die Stimulierung zu hohen Leistungen aus den gesellschaftlichen Bedingungen des Sozialismus heraus, das heißt vor allem aus der Einheit von Wirtschafts- und Sozialpolitik – das sind die Mittel und Wege, um in diesem großen internationalen Kampf mit dem Klassengegner immer in der Offensive zu sein.

Wichtig ist vor allem, daß auch die sozialistische ökonomische Integration mit ihren vielfältigen Potenzen und Möglichkeiten in den 80er Jahren verstärkt in diese Klassenauseinandersetzung einbezogen wird. Hier soll auf die Feststellung des Arbeitsmaterials verwiesen werden, daß die ökonomische Integration Mittel zum Zweck, Mittel zur allseitigen Stärkung des Sozialismus ist. Diese Feststellung stimmt objektiv, ihre Verwirklichung unterliegt aber keinem Automatismus. Sie ist nur – wie Friedrich Engels sagte – „durch die gesellschaftliche Tat", durch ein entsprechendes konzeptionelles Herangehen, durch Internationalismus und mit Hilfe hochqualifizierter Leitungs- und Planungssysteme in den sozialistischen Ländern zu verwirklichen.

Das wissenschaftlich-technische und ökonomische Potential der RGW-Länder ist mittlerweile so groß, daß bei zunehmender Nutzung, vor allem des vorhandenen geistigen Potentials, bedeutend größere wissenschaftlich-technische und ökonomische Effekte erzielt werden können. Dafür ist es erforderlich, auch in der sozialistischen ökonomischen Integration konstruktive Vorschläge zu unterbreiten, die auch für den Partner attraktiv sind, und noch mehr praktische Beispiele zu schaffen, die die Integration zum Nutzen der DDR und aller anderen Beteiligten vorantreiben helfen.

Ein Hauptproblem in der gegenwärtigen Klassenauseinandersetzung ist es, das gesamte Leitungs- und Planungssystem in den RGW-Ländern einschließlich unseres Landes darauf auszurichten, die sozialistischen Staaten mit der UdSSR an der Spitze und die DDR als den westlichsten Vorposten des Sozialismus in Europa weiter allseitig zu stärken. Konkrete Vorschläge zu einer entsprechenden weiteren Vervollkommnung der Leitung, Planung und ökonomischen Stimulierung von Integrationsmaßnahmen in der Wirtschaft der DDR wurden im Abschnitt 3 des schriftlichen Arbeitsmaterials der Konferenz unterbreitet.

Gerade auf dem Gebiet, das Gegenstand unserer Beratung ist, gilt heute mehr denn je die Feststellung Lenins, daß der Sozialismus seine Haupteinwirkung auf die internationale Revolution durch die Wirtschaftspolitik ausübt, das heißt unter unseren gegenwärtigen Bedingungen vor allem durch eine kluge Verbindung der Vorzüge des Sozialismus mit den Möglichkeiten und Errungenschaften der wissenschaftlich-technischen Revolution, bei Nutzung der Maßstäbe und Potenzen, die durch die sozialistische Internationalisierung des Wirtschaftslebens freigesetzt werden bzw. werden können. Deshalb muß die gesamte Leitung, Planung und ökonomische Stimulierung der sozialistischen ökonomischen Integration unter Ausnutzung der Möglichkeiten der Vergesellschaftung und Internationalisierung

- voll auf die allseitige Nutzung des wissenschaftlich-technischen Fortschritts, die Erzielung von Spitzenleistungen in Wissenschaft und Technik und deren schnelle Umsetzung in Produktivität, Effektivität und Befriedigung der Bedürfnisse der Gesellschaft orientiert sein;
- zu größerer Stabilität, Kontinuität und Proportionalität in der ökonomischen und sozialen Entwicklung der RGW-Länder beitragen;
- einen größeren Beitrag zur Verwirklichung der Einheit von Wirtschafts- und Sozialpolitik in den beteiligten Ländern leisten.

Erst damit ist die stabile ökonomische Basis gegeben – so wie das der Generalsekretär des ZK der SED Genosse Erich Honecker wiederholt betonte –, um auch mit den Ländern des Kapitalismus zum gegenseitigen Vorteil Handel treiben zu können. In seinem Buch „Aus meinem Leben" schrieb Genosse Honecker dazu: „Indem wir unsere Volkswirtschaft mehr und mehr mit den Volkswirtschaften der UdSSR und der anderen Länder des RGW integrieren, berücksichtigen wir auch die internationale Arbeitsteilung und die Erweiterung unserer Wirtschaftsbeziehungen zu kapitalistischen Staaten und Entwicklungsländern ... In keiner Weise hemmt also die sozialistische ökonomische Integration die wirtschaftliche und wissenschaftlich-technische Zusammenarbeit mit kapitalistischen Staaten. Im Gegenteil. Unsere enge Zusammenarbeit mit der Sowjetunion und den anderen Ländern des RGW erweitert auch unsere Möglichkeiten für den Handel mit dem nichtsozialistischen Wirtschaftsgebiet."[10]

Für die konkrete Leitung und Planung in den Kombinaten läßt sich davon ableiten, daß auch die Zusammenhänge zwischen sozialistischer ökonomischer Integration und Beziehungen zu NSW-Ländern in ihrer ganzen Komplexität gesehen und auch geplant werden.

Das stellt hohe Anforderungen an das komplexe politische Durchdringen ökonomischer Prozesse und Probleme. Dabei sollten bereits erreichte Verflechtungsbeziehungen mit den RGW-Ländern wie auch vertragliche Bindungen der RGW-Länder mit nichtsozialistischen Ländern auch dann nicht ohne weiteres außer acht gelassen werden, wenn sich operativ Marktsituationen ergeben, die eine kurzfristige Veränderung der Exportstruktur günstig erscheinen lassen. Bei Prioritätsüberlegungen wird ein auf langfristige Stabilität in den Beziehungen orientiertes Herangehen immer dringlicher. Das gilt überdies nicht nur für die Industriekombinate und Außenhandelsbetriebe der DDR, sondern ebenso für unsere Partner in den RGW-Ländern.

Ich möchte zusammenfassen: Bei der Verwirklichung der Grundkonzeption des volkswirtschaftlichen Leistungswachstums der DDR ist es sehr wesentlich, daß – wie Genosse Erich Honecker es formulierte – „die theoretischen Grundlagen unserer auf die Stärkung der ökonomischen Leistungskraft unseres Landes gerichteten Politik überall richtig verstanden werden"[11].

Im Zusammenhang mit den Integrationsprozessen innerhalb des RGW und ihrem Einfluß auf die Volkswirtschaft der DDR heißt das, sowohl in unserer weiteren theoretischen Arbeit als auch bei allen Leitungsentscheidungen in den Kombinaten und Betrieben wie in den zentralen Staatsorganen von folgenden Grundgedanken auszugehen:

1. Es gilt stets zu erkennen und anzuerkennen, daß es sich bei der richtigen Einbettung unserer Volkswirtschaft in diese Prozesse um eine objektive Notwendigkeit für die weitere Gestaltung und Stärkung des entwickelten Sozialismus, um die Kenntnis der Wirkungsweise und die bewußte Ausnutzung der ökonomischen Gesetze des Sozialismus in der DDR handelt. Die sozialistische ökonomische Integration bildet zugleich eine wichtige Grundlage dafür, daß im Bewußtsein der Menschen Patriotismus und sozialistischer Internationalismus immer stärker verschmelzen.

2. Die sozialistische ökonomische Integration muß, entsprechend den Vorzügen des Sozialismus planmäßig, auf der Grundlage konstruktiver Vorschläge und ihrer vertraglichen Absicherung vorangebracht werden. Die Koordinierung der Pläne ist die Hauptmethode der Tätigkeit des RGW, auf deren Grundlage noch größere Reserven für ökonomisches Leistungswachstum erschlossen werden können.

Die langfristigen Zielprogramme, das Programm der Spezialisierung und Kooperation mit der UdSSR werden dann wirksam, wenn sie durch die Koordinierung der Pläne, entsprechende Regierungsabkommen und andere Verträge materiell abgesichert und von den Ländern bilanziert sind. Dabei nimmt die komplexe Verantwortung jeder Leitungs-

[10] E. Honecker, Aus meinem Leben, Berlin 1980, S. 263.
[11] E. Honecker, Die nächsten Aufgaben der Partei bei der weiteren Durchführung der Beschlüsse des IX. Parteitages der SED, a. a. O., S. 52.

ebene für die Leitung und Planung der Integrationsmaßnahmen in den 80er Jahren bedeutend zu, da sie die Reproduktionsprozesse, deren Proportionalität und Effektivität in vielen Bereichen der Volkswirtschaft der DDR zutiefst beeinflussen und durchdringen.

3. Solche Maßnahmen der Spezialisierung und Kooperation in Wissenschaft, Technik und Produktion erweisen sich immer mehr als vorrangig, die zu einer wesentlichen Erhöhung der Effektivität der Volkswirtschaft der DDR als dem Angelpunkt des weiteren stabilen Leistungszuwachses führen. Dabei ist die Effektivität der Außenwirtschaftstätigkeit ein entscheidender Gradmesser für die Effektivität unserer Volkswirtschaft und ihrer Teile überhaupt. Das gilt für die Bewertung der Exportstruktur und ihrer Effektivität, in weitaus höherem Maße als bisher aber auch für die Beachtung der Effekte, die sich aus der Importstruktur ergeben. Bei allen Vorschlägen zur internationalen Spezialisierung und Kooperation sollte stets ein exakter Nutzensnachweis erfolgen, der auch kontrollfähig sein und methodisch weiter verbessert werden muß.

4. Die Nutzung der Integrationsmöglichkeiten bei der Leitung und Planung der materiellen Prozesse ermöglicht es, in internationaler Gemeinschaftsarbeit bzw. durch kluge Arbeitsteilung Neuerungsprozesse in Wissenschaft und Technik stärker in eine solche Richtung voranzutreiben, daß eine höhere Qualität der Erzeugnisse und internationale Spitzenleistungen erzielt werden. Das gilt besonders in denjenigen Bereichen, die in hohem Maße das Wachstumstempo der gesamten Volkswirtschaft bestimmen. Bei der Erzielung von Spitzenleistungen sollte aber immer die gesamte Reproduktionskette und dabei vor allem die schnelle ökonomische Verwertung und Ausbreitungsgeschwindigkeit der Ergebnisse von Wissenschaft und Technik beachtet werden. Dabei kommt eine zentrale Stellung der Höherveredlung der eingesetzten Rohstoffe und Materialien sowie der Einsparung von Energieressourcen zu. Unbestechlicher Gradmesser für das hohe oder weniger hohe Niveau der eigenen Erzeugnisse ist vor allem die Exportrentabilität.

Ausgehend von diesen Grundgedanken bzw. Schlußfolgerungen, ist die weitere Vervollkommnung der planmäßigen Organisation der Internationalisierung von Arbeit und Produktion zwischen der DDR und der UdSSR sowie den anderen RGW-Ländern mit dem Ziel, weitere Produktivitäts- und Wachstumsreserven für die Volkswirtschaft der DDR und die RGW-Gemeinschaft insgesamt zu erschließen und auf dieser Grundlage die materiellen und kulturellen Bedürfnisse der Werktätigen vollständiger zu befriedigen, ein wichtiger Beitrag unseres Landes, den Prozeß der Annäherung zwischen den sozialistischen Nationen auch in den 80er Jahren voranzubringen und im ökonomischen Wettstreit mit dem Kapitalismus weitere Erfolge zu erzielen.

Diesem Ziel sollen auch die Aufgaben im Abschnitt 4 des Arbeitsmaterials dienen, die wir uns für die Forschung auf dem Gebiet der sozialistischen ökonomischen Integration gestellt haben.

3. Diskussionsbeiträge im Plenum

W. Frohn

Internationale Kooperation erhöht Grundfondseffektivität

Das Petrolchemische Kombinat Schwedt gehört zu jenen Bereichen unserer Volkswirtschaft, deren Reproduktionsprozeß seit Beginn sehr eng mit Partnern in der Sowjetunion und anderen sozialistischen Ländern verzahnt ist. Um es deutlich zu sagen: Einiges von dem, was wir in den letzten 20 Jahren erreicht haben, wäre ohne sozialistische ökonomische Integration unmöglich gewesen. Die Integration hat also unseren Kombinatsbetrieben viele Vorteile gebracht.

Deshalb kann es für uns gar keinen Zweifel geben, daß die wirtschaftliche und wissenschaftliche Zusammenarbeit zwischen den sozialistischen Ländern und vor allem mit der UdSSR nicht nur notwendig ist, sondern in den nächsten Jahren sogar noch stärker und vielseitiger gestaltet werden muß.

Ich möchte die Grundfondsökonomie im Zusammenhang mit der Integration am Beispiel der Olefinekooperation DDR–ČSSR untersuchen. Es verdeutlicht, daß durch eine kluge perspektivische, gemeinsame Planung von Investitionen – bezogen auf bestimmte Produktionslinien – für alle beteiligten Partner, sei es nun bilateral oder multilateral, ein erheblicher Nutzen eintreten kann.

Unter Olefinkooperation verstehen wir die gemeinsam abgestimmte Erzeugung von Olefinen (Ethylen und Propylen) und deren petrolchemische Weiterverarbeitung zu Plasten, Fasern und anderen Zwischenprodukten in den beiden Nachbarstaaten sowie bestimmte dazu notwendige wissenschaftlich-technische Arbeiten. Im VEB „Otto Grotewohl“ Böhlen, einem Kombinatsbetrieb des PCK, entstand zu diesem Zweck in der ersten Hälfte der siebziger Jahre ein Industriekomplex zur Erzeugung von jährlich 275 000 Tonnen Ethylen und 130 000 Tonnen Propylen. Bisher wurde etwa die Hälfte dieser Olefine in der DDR, in Leuna und Buna, verarbeitet. Die andere Hälfte gelangte mittels einer speziellen Ethylen-Pipeline oder mit Kesselwagen in zwei große Verarbeitungsbetriebe der ČSSR. Dort wurden zur gleichen Zeit, als wir unsere Olefinerzeugungsanlagen bauten, Weiterverarbeitungsanlagen für jährlich 80 000 Tonnen Polypropylen, 80 000 Tonnen Niederdruck-Polyethylen und 100 000 Tonnen Polyvinylchlorid errichtet. Durch ein Regierungsabkommen war jeder der beiden Staaten veranlaßt, gemeinsam mit dem Partner riesengroße Investitionsvorhaben zu planen und in einem festgelegten Zeitraum zu realisieren, woraus sich eine langfristige gegenseitige Abhängigkeit im Hinblick auf die Lieferungen ergab. Die in der ČSSR aus unseren Olefinen erzeugten Plastmaterialien wurden zum Teil wieder auf vertraglicher Basis in die DDR zurückgeliefert. Am Ende entstanden daraus hunderte verschiedene Konsumgüter, Materialien für das Bauwesen, den Maschinenbau, die Elektroindustrie und andere Zweige unserer Volkswirtschaft.

Bei der Planung und Realisierung dieses Vorhabens hatten sich die Partner von handfesten ökonomischen Argumenten leiten lassen. Bis zur Inbetriebnahme des Böhlener Olefinkomplexes im Jahre 1975 gab es in Leuna zwei kleinere Anlagen zur Ethylenerzeugung mit einer Gesamtkapazität von 100 bis 120 Kilotonnen im Jahr. Damit konnte der Bedarf unserer Republik nicht mehr gedeckt werden, zumal der VIII. Parteitag beschlossen hatte, die Erzeugung von Plast- und Elastwerkstoffen binnen fünf Jahren auf fast das Doppelte zu erhöhen. Wir waren also zu extensiven Erweiterungen der Produktion veranlaßt.

Es gibt jedoch bei Chemieanlagen für jeden Produktionszweig eine optimale Anlagengröße. Im Falle von Olefinanlagen liegt sie bei einer Jahreskapazität von 300 000 bis 350 000 Tonnen. Diese optimale Größe wird von verschiedenen Faktoren bestimmt. Einerseits liegt ihr die im Anlagenbau gültige Faustregel zugrunde, daß sich die Investkosten bei einer Verdoppelung der Kapazität nur um rund 70 % erhöhen. Andererseits mußten sich die Experten bei der Festlegung der Anlagengröße z. B. davon leiten lassen, daß bei der Spezifik des Prozesses die Anzahl der Produktionsarbeiter bei 300 000 Tonnen Ethylenproduktion im Jahr ebenso groß ist wie bei einer Anlage, die nur eine Kapazität von 100 000 Tonnen besitzt, wodurch mit steigender Kapazität auch die Arbeitsproduktivität beträchtlich wächst. Diese und andere Faktoren bestimmten die Entscheidung, sich auf die optimale Größe annähernd festzulegen, obwohl damit die Olefinproduktion in der DDR auf das Vierfache anstieg und weitaus mehr Ethylen und Propylen erzeugt wurden, als zunächst in unserer Republik Bedarf und Weiterverarbeitungskapazitäten vorhanden waren.

Es galt also, einen Partner in den sozialistischen Bruderstaaten zu finden, der zu einer Kooperation mit uns bei der Olefinerzeugung und -verarbeitung in einem festgelegten Zeitraum bereit war. Dabei lag eine Zusammenarbeit mit der ČSSR von Anfang an sehr nahe, weil durch die relative Nachbarschaft der Kooperationsbetriebe Böhlen, Litvinov und Neratovice die Transportwege vertretbar waren, und vor allem, weil sich die ČSSR im Hinblick auf die Produktion petrolchemischer Erzeugnisse ähnliche Ziele gestellt hatte wie wir. Was im Hinblick auf optimale Kapazitätsgrößen bei der Olefinerzeugung gilt, trifft im übrigen auch auf die Weiterverarbeitung zu. Außerdem sind die Investkosten für die gesamten Weiterverarbeitungsstränge von Ethylen und Propylen noch bedeutend größer. Sie betragen – bis hin zum Endprodukt – etwa das Sechs- bis Achtfache der Aufwendungen für die Olefinerzeugung. So kann man ermessen, daß die DDR in einem notwendigen Aufbauzeitraum von drei bis vier Jahren kaum in der Lage gewesen wäre, diese großen Investitionsmittel für die gesamte Verarbeitungsstrecke bereitzustellen. Ein abgestimmtes, stufenweise realisierbares gemeinsames Programm für beide Staaten war notwendig.

Die Kooperation wurde, um auf die ökonomischen Vorteile großer Produktionskomplexe nicht verzichten zu müssen, in zwei verschiedenen Etappen geplant:

In der ersten Etappe entstanden die Olefinanlagen in Böhlen und weiterverarbeitende Anlagen für einen Teil der Olefine in der ČSSR. In einer zweiten Etappe – von 1976 bis 1980 – errichtete die ČSSR ebenfalls Olefinkapazitäten mit optimaler Größe, während in der DDR – im Buna-Kombinat – weiterverarbeitende Anlagen entstanden, die ja bekanntlich vom Generalsekretär des ZK der SED, Genossen Erich Honecker, im Frühjahr 1980 besucht und dem Betrieb übergeben worden sind.

Nachdem nun die ČSSR lieferbereit ist, kehrt sich praktisch die Olefinkooperation seit November 1980 um: Wir liefern die Olefine nicht mehr aus Böhlen in das Nachbarland, sondern verarbeiten sie selbst und beziehen darüber hinaus noch beträchtliche Mengen aus der ČSSR zur Verarbeitung in Buna. Die über den Kamm des Erzgebirges hinwegführende Ethylenleitung wurde schon von Anfang an so projektiert, daß sie in beiden Richtungen betrieben werden kann. Damit wird ihre technische Auslegung nicht nur den neuen Bedingungen der Olefinkooperation gerecht, sondern gestattet es auch, zum Beispiel in Havariefällen eine optimale Versorgung der Verarbeitungsbetriebe in beiden

Ländern zu gewährleisten. Durch diese Zusammenarbeit, die seither immer zuverlässig funktioniert hat und vom Streben beider Partner nach gegenseitigem Vorteil getragen ist, sind in der DDR und der ČSSR nicht nur Investkosten und Arbeitskräfte eingespart worden, sondern es verringerten sich auch die relativen Betriebskosten. Stellt man den Bedarf der DDR an Olefinen in Rechnung und wäre die Olefinkooperation nicht zustandegekommen, dann hätten wir etappenweise zwei Olefinanlagen von halber Leistung bauen müssen oder unsere Großanlage jahrelang nur zur Hälfte auslasten können. Dabei spielt eine Rolle, daß Ethylen als hochexplosives Gas in der Regel an den Pipelinetransport gebunden ist und deshalb nicht per Straße oder Schiene an beliebige Handelspartner versandt werden kann. Bei einer nur 50prozentigen Auslastung wären aber die Selbstkosten um ein Drittel je Tonne Produkt höher gewesen. Wir hätten dann obendrein – das haben Variantenrechnungen damals ergeben – bei der Olefinerzeugung nicht mit Gewinn, sondern mit Verlust gearbeitet, zumal davon auch Abschreibungen, Instandhaltungskosten und andere Faktoren negativ beeinflußt worden wären.

So hat sich dieses Beispiel der internationalen Zusammenarbeit sozialistischer Staaten nicht nur für unser Kombinat, sondern auch für die ganze Republik und natürlich für unser Nachbarland sehr bewährt. Ich bin der Auffassung, daß wir noch viel mehr den Weg solcher Investitions- und Produktionskooperation gehen müssen, wenn wir alle Möglichkeiten ausschöpfen wollen, die uns die sozialistische internationale Wirtschaftsintegration objektiv bietet. Im übrigen können wir hier nur auf für beide Seiten gute ökonomische Resultate zurückblicken. Im Rahmen der Olefinkooperation entwickelte sich auch ein gutes politische Klima der Gemeinsamkeit, das vom gegenseitigen Vertrauen und vom Verständnis des einen für die Probleme des anderen sowie vom gegenseitigen Wunsch geprägt ist, stets das Beste für die Zusammenarbeit zu geben.

Ich bin Leiter der DDR-Delegation in der Ständigen Kommission des RGW für Erdöl- und Gasindustrie, und ich verfolge natürlich sehr genau, wie sich die Zusammenarbeit nicht nur in unserem Zweig, sondern wie sie sich generell entwickelt. Auf der 34. RGW-Tagung im Juni 1980 in Prag waren sich im Prinzip die Repräsentanten sämtlicher Mitgliedsländer einig, daß das gegenwärtige Entwicklungstempo der Zusammenarbeit insgesamt weiter erhöht werden muß, um die komplizierten Probleme zu lösen, vor denen wir alle in den achtziger Jahren stehen und die sehr wesentlich mit der internationalen Rohstoff- und Energielage zusammenhängen. Wir gehen dabei stets von der Einheit nationaler Interessen der Mitgliedsländer und unserer gemeinsamen internationalistischen Interessen aus, die von der Absicht der schnelleren Entwicklung des sozialistischen Weltsystems und der Demonstration seiner Überlegenheit über den Kapitalismus geprägt sind. Dabei werden wir den höheren Anforderungen nur entsprechen können, wenn wir es verstehen, generell Erzeugnisse auf effektive Weise herzustellen, die dem wissenschaftlich-technischen Höchststand entsprechen. Damit meine ich, daß bei diesen hochentwickelten Erzeugnissen auch die kooperative und spezialisierte Fertigung quantitativ und qualitativ entwickelt werden muß. In diesem Zusammenhang sollte m. E. auch überlegt werden, wie die Vollmachten der Ständigen Kommissionen, Spezialorganisationen und Koordinierungszentren des RGW langfristig weiter vergrößert werden können und welches materielle Verfügungspotential dazu bereitgestellt werden kann.

Dazu möchte ich ein Beispiel aus meinem Verantwortungsbereich nennen: Im Mineralölwerk Lützkendorf, einem unserer Betriebsteile, wurde 1972 das Koordinierungszentrum des RGW für die Additivforschung und -produktion gegründet. Seine Aufgabe besteht darin, die Entwicklung und Produktionsüberführung jener qualitätsbestimmenden Zusätze zu koordinieren, ohne die heute hochwertige Kraftstoffe, Heizöle und

Schmierstoffe nicht mehr hergestellt werden können. Ein umfangreiches Sortiment dieser kleintonnagigen Produkte wird dabei einheitlich in allen oder zumindest mehreren sozialistischen Ländern benötigt, wobei die Effektivität ihrer Produktion sehr wesentlich von der Produktionsgröße, also auch von der Anlagengröße abhängt. Gegenwärtig produzieren die sozialistischen Staaten die meisten der von ihnen benötigten Additivs selbst und isoliert voneinander in kleinen Einheiten.

In den seither vergangenen acht Jahren wurden – was die Forschungsseite im Koordinierungszentrum anbelangt – große Erfolge erreicht und in gemeinsamer Arbeit der Mitgliedsländer neue Additivs entwickelt, die dem Weltstand entsprechen. Wir müssen allerdings dabei konstatieren, daß eine Produktion in den meisten Fällen nur dann effektiv ist, wenn sie zugleich für den Bedarf mehrerer sozialistischer Länder erfolgt. Bei der Vielzahl vorhandener Additivs sollten sich dabei die Länder – gemäß ihren Möglichkeiten – auf ausgewählte, spezialisierte Produkte konzentrieren. Bei dieser *Produktions*koordinierung ist ein noch schnelleres Tempo einzuschlagen. Oftmals ist das ein Investitionsproblem für die einzelnen Länder. Vielleicht kann eine Lösung darin bestehen, den Spezialorganisationen noch mehr gemeinsam eingebrachte materielle Fonds – vor allem Investmittel – zu übertragen, über die sie mit großer Eigenverantwortung verfügen können. Auch die Arbeit der Internationalen Investitionsbank könnte hier sicher noch ausgedehnt werden. Ich bin der Meinung, daß zur Lösung solcher Probleme, die unsere Erfolge durchaus nicht in den Schatten stellen, auch die wirtschaftswissenschaftliche Forschung mit beitragen kann.

C. Grote

Zu einigen Aspekten der Wissenschaftskooperation der Akademie der Wissenschaften der DDR mit den Akademien der Wissenschaften der Mitgliedsländer des RGW

Ich möchte mir in meinen Ausführungen die Beschränkung auferlegen, nicht über die wissenschaftlich-technische Integration allgemein, auch nicht über die Wissenschafts- oder Forschungskooperation der sozialistischen Länder überhaupt, sondern über die internationale sozialistische Zusammenarbeit der Akademien der Wissenschaften sozialistischer Länder auf dem Felde der Grundlagenforschung zu sprechen.

Diese Einschränkung oder besser gesagt Abhebung erscheint mir zweckmäßig und notwendig, weil

erstens die Grundlagenforschung sowohl theoretische Grundlage als auch Voraussetzung und Stimulator für den wissenschaftlich-technischen und sozialökonomischen Fortschritt ist,

zweitens die Grundlagenforschung im Rahmen des einheitlichen Komplexes Grundlagenforschung – angewandte Forschung – Entwicklung – Überführung – Produktion eine relativ selbständige Bedeutung hat, da ihre Forschungsarbeiten und Aufgaben den gegenwärtigen Produktions- und gesellschaftlichen Bedürfnissen oft wesentlich vorauseilen, ihnen eine gewisse Unbestimmtheit und daher auch ein höheres Risiko anhaftet,

drittens die Grundlagenforschung ihrem Wesen nach am stärksten international ist,

viertens die Grundlagenforschung gegenüber der angewandten Forschung und der technischen Entwicklung eine Reihe von Spezifika aufweist, z. B. daß ihre Ergebnisse vor der Überführung in die Produktion in der Regel das Stadium der angewandten Forschung und Entwicklung durchlaufen müssen, die Kommerzialisierung ihrer Ergebnisse und der internationalen Zusammenarbeit nicht möglich oder zumindest sehr schwierig ist und eine absolute internationale Spezialisierung schon wegen der engen Bindung zwischen Forschung und Ausbildung unzweckmäßig wäre,

fünftens die theoretische Durchdringung der Integrationsprozesse auf dem Gebiet der Grundlagenforschung noch vieles offen läßt. Das macht auch das dieser Konferenz vorliegende Arbeitsmaterial deutlich.

Ich gehe davon aus, daß die Grundlagenforschung die Aufgabe hat, Quelle neuer Erkenntnis über bisher noch nicht oder noch ungenügend bekannte grundlegende Gesetzmäßigkeiten in Natur und Gesellschaft zu sein sowie den in der Welt vorhandenen und im allgemeinen frei zugänglichen Wissenfundus gezielt zu erschließen, die dabei gewonnenen Erkenntnisse ständig auf ihre potentielle Nutzung zu prüfen und verwertbare Ergebnisse und Teilergebnisse rasch und unmittelbar der gesellschaftlichen Nutzung zuzuführen.

Naturwissenschaftliche Grundlagenforschung in diesem Sinne wird in den Mitgliedsländern des RGW in erster Linie von den Akademien der Wissenschaften und den Universitäten und Hochschulen betrieben und verantwortet. Obwohl die AdW und die Universitaten und Hochschulen der DDR nicht den größten Teil des Forschungspotentials der DDR stellen, tragen sie fast die gesamte Grundlagenforschung unserer Republik.

Daraus resultiert auch die Verantwortung der AdW der DDR, die ihr gemäß Beschluß des Ministerrates von 1971 für die Koordinierung und Durchführung der wissenschaftlichen Zusammenarbeit zwischen Forschungseinrichtungen der AdW, der Industrie und des Hochschulwesens der DDR und der AdW der UdSSR sowie den Akademien der Wissenschaften der anderen RGW-Länder auf dem Gebiet der naturwissenschaftlichen Grundlagenforschung übertragen wurde.

Die wissenschaftliche Zusammenarbeit mit den sozialistischen Ländern auf dem Gebiet der Grundlagenforschung hat einen hohen Stand erreicht. Sie ist in den Jahren 1976 bis 1980 durch weitere Fortschritte bei der Konzentration auf wissenschaftlich und volkswirtschaftlich bedeutsame Schwerpunkte, durch die Erhöhung des Anteils der arbeitsteiligen Zusammenarbeit und der Verbindlichkeit der eingegangenen Verpflichtungen auf vielen Gebieten effektiver geworden und hat wesentlich zur Sicherung des wissenschaftlichen Vorlaufs auf solchen Gebieten wie Interkosmos, Werkstoff-, Katalyse-, Erdöl- und Kernforschung, Kernenergetik, Elektronenmikroskopie, Molekularbiologie, Biotechnologie und medizinische Forschung beigetragen und die Erfüllung nationaler Forschungsaufgaben auch in anderen Wissenschaftsdisziplinen, darunter z. B. Gebieten der Gesellschaftswissenschaften, zum Teil bedeutend gefördert und unterstützt.

Die Vielzahl gemeinsam erzielter bemerkenswerter Ergebnisse, darunter auch eine Reihe, die bereits einer gesellschaftlichen Nutzung zugeführt wurden, machen es unmöglich, sie im Detail zu nennen. Eine besonders effektive Zusammenarbeit entwickelte sich vor allem auf den Gebieten, auf denen bereits langjährige Beziehungen bestanden, wo weitgehende Übereinstimmung der Interessen der Partner hinsichtlich der Zielstellung der Zusammenarbeit vorlag, der beiderseitige Einsatz hochqualifizierter Forscherkollektive und -persönlichkeiten möglich war und wo das persönliche Kennenlernen der Partner die Möglichkeit bot, die Leistungsfähigkeit des anderen real einzuschätzen und den Plänen der thematischen Zusammenarbeit zugrunde zu legen. Neben den direkten Auswirkungen der arbeitsteiligen Kooperation auf die nationalen Forschungsaufgaben wie Einsparung an Kadern, Zeit und Material, rationelle Nutzung der erreichten wissenschaftlichen Ergebnisse, zweckmäßige Nutzung bzw. Auslastung der vorhandenen unikalen wissenschaftlichen Geräte und Ausrüstungen usw. ergibt sich auch eine Vielzahl indirekter Effekte, die kaum meßbar sind, aber von den Beteiligten sehr hoch eingeschätzt werden. So können durch den systematischen Austausch von Informationen zwischen den Wissenschaftlern Irrtümer vermieden, bestimmte Forschungsetappen übersprungen, Methoden und Verfahren übernommen, neue Wege gewiesen werden. In der Kooperation mit der UdSSR ist darüber hinaus noch ein Aspekt ganz wesentlich:

Im Spektrum der sowjetischen Forschung werden viele Gebiete umfassend bearbeitet, die in der DDR nicht oder nur wenig verfolgt werden können. Dadurch ergeben sich für uns im Rahmen der Forschungskooperation günstige Bedingungen für die Konzentration unserer Kräfte auf ausgewählte Schwerpunktaufgaben.

Es gibt heute keine wesentliche Forschungsaufgabe aus dem Forschungsplan der AdW, eingeschlossen ihre Aufgaben im Staatsplan Wissenschaft und Technik sowie dem Zentralen Plan der gesellschaftswissenschaftlichen Forschung, die nicht in die internationale Kooperation einbezogen wäre. Dies widerspiegelt sich deutlich in den abgeschlossenen bilateralen Fünfjahrplänen der wissenschaftlichen Zusammenarbeit mit den befreundeten Akademien für die Jahre 1981 bis 1985. Dabei ist zu verzeichnen, daß in der Kooperation mit der AdW der UdSSR im Rahmen von weit über 200 Themen bedeutende Forschungsaufgaben aus allen Wissenschaftsgebieten gemeinsam bearbeitet werden, während sich bei den anderen Ländern eine deutliche Schwerpunktbildung herauskristallisiert hat, so z. B.

VRP – Mathematik, Festkörperphysik/Werkstofforschung, organische Chemie,

ČSSR – Chemie, Festkörperphysik/Werkstofforschung, insbesondere kristalline Festkörper, amorphe Magnetika, Biowissenschaften, speziell Nukleinsäureforschung,

UVR – Biowissenschaften, insbesondere Wirkstoff- und Steroidforschung, theoretische Mathematik.

Damit wurden die Anstrengungen zur Überwindung der bei einigen Einrichtungen früher vorhandenen Tendenzen zur Zersplitterung der Kräfte und Mittel in der internationalen Zusammenarbeit mit sichtbarem Erfolg weitergeführt.

Ein ganz entscheidendes Merkmal für den erreichten hohen Stand und die Qualität der Zusammenarbeit ist, daß von der gegenseitigen Information über die nationalen Pläne von Wissenschaft und Technik und der arbeitsteiligen Vereinbarungen einzelner Planaufgaben zur gemeinsamen Abstimmung und Herausarbeitung der Hauptentwicklungsrichtungen des wissenschaftlich-technischen Fortschritts und zur gemeinsamen und länger- bzw. langfristigen Planung der Kooperation übergegangen wurde. So werden, insbesondere mit der AdW der UdSSR, auf Präsidiumsebene regelmäßig Konsultationen und Abstimmungen zu Fragen der strategischen Entwicklung und Planung der Grundlagenforschung durchgeführt, erinnert sei hier nur an die Aktivitäten im Zusammenhang mit der Konzeption über die langfristige Entwicklung der Grundlagenforschung in der DDR bis 1990 bzw. ihrer Präzisierung bis 1995 sowie dem Komplexprogramm des wissenschaftlich-technischen Fortschritts der UdSSR.

Auf diesen Beziehungen aufbauend, wurden durch die Expertenberatungen, die zu wichtigen gemeinsamen wissenschaftsleitenden Gremien der Forschungskooperation geworden sind und in der Regel jeweils im Abstand von zwei Jahren auf den einzelnen Gebieten stattfinden, die perspektivischen Hauptrichtungen, Entwicklungstendenzen und Ziele auf den einzelnen Wissenschaftsgebieten abgestimmt und daraus die konkreten Themen für die gemeinsame Kooperation in den Jahren 1981 bis 1985 abgeleitet, bei gleichzeitiger Festlegung der entsprechenden gemeinsamen Schwerpunktaufgaben und ihrer Priorität.

Die Entwicklung der multilateralen Zusammenarbeit der Akademien der Wissenschaften sozialistischer Länder ist ebenfalls durch den Übergang zur gemeinsamen langfristigen Planung sowie die Einbeziehung weiterer Forschungsgebiete und die Erhöhung des Anteils arbeitsteiliger Formen gekennzeichnet.

So wurden erstmals ein langfristiges Programm der multilateralen Zusammenarbeit der Akademien der Wissenschaften sozialistischer Länder auf dem Gebiet der Naturwissenschaften bis 1990 sowie ein Plan für die Jahre 1981 bis 1985 unter Berücksichtigung des Dokumentes des RGW-Komitees für wissenschaftlich-technische Zusammenarbeit „Die Hauptrichtungen der wissenschaftlich-technischen Zusammenarbeit der RGW-Mitgliedsländer bis 1990 und die auf dieser Grundlage zu erwartenden technischen und ökonomischen Auswirkungen“ erarbeitet.

Dieses langfristige Programm, das ergänzt wird durch die Forschungsrichtungen aus dem Plan für wissenschaftlich-technische Zusammenarbeit der RGW-Mitgliedsländer, an deren Bearbeitung sich die Akademien der Wissenschaften aktiv beteiligen, enthält die perspektivischen Hauptrichtungen der Zusammenarbeit auf dem Gebiet der Grundlagenforschung. Es ist vorgesehen, das langfristige Programm der Akademien dem RGW zu übergeben, damit es bei der Koordinierung der Pläne der wissenschaftlich-technischen Zusammenarbeit für die Jahre 1981 bis 1985 berücksichtigt sowie in das RGW-Dokument als gesonderter Abschnitt aufgenommen werden kann.

Die qualitativ neue Stufe der internationalen sozialistischen Forschungskooperation der Akademien auf dem Gebiet der Gesellschaftswissenschaften drückt sich u. a. auch in dem 1980 verabschiedeten „Langfristigen Programm der multilateralen Zusammenarbeit der sozialistischen Länder auf dem Gebiet der Gesellschaftswissenschaften und die Vorhaben zu seiner Realisierung in den Jahren 1981–85“ aus. Dieses langfristige Programm enthält die Hauptrichtungen und Projekte, die im Rahmen der multilateralen gesellschaftswissenschaftlichen Problemkommissionen bearbeitet werden, sowie die Zielprogramme für die Jahre 1981 bis 1985. In das Programm sind die Pläne der Zusammenarbeit der Forschungseinrichtungen der Bruderparteien sowie der Forschungseinrichtungen des Hochschulwesens von Ländern der sozialistischen Staatengemeinschaft integriert. Darüber hinaus verzeichnet das Programm die wichtigsten internationalen Kongresse und Symposien, die ein gemeinsames und abgestimmtes Vorgehen unserer Akademien bei der Vorbereitung und Teilnahme erforderlich machen. Dieses langfristige Programm stellt damit ebenfalls zum ersten Male einen gemeinsamen Forschungsplan der sozialistischen Länder auf dem Gebiet der Gesellschaftswissenschaften dar.

In diesen gemeinsamen langfristigen bi- und multilateralen Plänen und Programmen der natur- und gesellschaftswissenschaftlichen Grundlagenforschung sind durch die Festlegung der Hauptrichtungen der gemeinsamen Forschung u. E. bereits etwas mehr als nur die Konturen einer abgestimmten wissenschaftlichen Strategie und Politik der Akademien der Wissenschaften sozialistischer Länder enthalten. Diese Schritte in Richtung einer abgestimmten Wissenschaftsstrategie beruhen auf der gemeinsamen Einschätzung der allgemeinen Entwicklungstendenzen der Grundlagenforschung bzw. Wissenschaft in der Welt und der folgerichtigen Berücksichtigung der nationalen Wissenschaftskonzeptionen jedes Teilnehmerstaates. Ihre wichtigsten Elemente sind u. E. dabei die Auswahl der Hauptrichtungen der Wissenschaftsentwicklung und die Fixierung eines Systems von Schwerpunkten bzw. Prioritäten bei der Durchführung der gemeinsamen Forschungsarbeiten, das deren materielle, finanzielle und personelle Realisierung absichert. Damit leisteten und leisten die Akademien der Wissenschaften der sozialistischen Länder einen weiteren Beitrag zur schrittweisen Herausbildung eines komplexen effektiven integrierten Wissenschaftspotentials der Mitgliedsländer des RGW.

Durch ihre Zusammenarbeit auf den Gebieten der Aus- und Weiterbildung wissenschaftlicher Kader, der Schaffung von internationalen wissenschaftlichen Zentren auf dem Gebiet der Grundlagenforschung, des Geräte- und Materialaustausches, der wissenschaftlichen Information und des Schutzrechts- und Lizenzwesens tragen die Akademien gleichzeitig zur allmählichen Entwicklung eines komplexen und geschlossenen Systems der wissenschaftlichen und wissenschaftlich-technischen Infrastruktur der sozialistischen Länder bei.

Eine besondere Rolle spielen dabei die gemeinsamen Einrichtungen und Unternehmungen der Akademien, wie das Internationale Laboratorium für hohe Magnetfelder und tiefe Temperaturen in Wroclaw, das Internationale Mathematische Zentrum in Warschau, die Internationalen Zentren zur Weiterbildung wissenschaftlicher Kader auf dem Gebiet des Wärme- und Stoffaustausches in Minsk und auf dem Gebiet der Elektronenmikroskopie in Halle, aber auch das Internationale System für Gesellschaftswissenschaftliche Information mit Sitz in Moskau sowie das Koordinierungskomitee für die Zusammenarbeit auf den Gebieten des wissenschaftlichen Gerätebaus und der Automatisierung wissenschaftlicher Experimente. Mit den von ihnen gegründeten Zentren in Wroclaw, Warschau, Minsk und Halle beschritten die Akademien einen neuen, wie wir meinen, der Spezifik der Grundlagenforschung adäquaten Weg, handelt es sich bei ihnen doch um internationale Einrichtungen, die im Rahmen eines bestehenden und weiter existierenden nationalen Instituts eingerichtet wurden, das hervorragende technische Ausrüstungen und wissenschaftlich erfahrene und auf ihrem Gebiet führende Kader besitzt. Ihre Bildung ergab sich folgerichtig aus der Notwendigkeit, im Zusammenhang mit den zunehmenden Aufwendungen für die Grundlagenforschung die Kräfte auch im internationalen Maßstab zu konzentrieren. Gleichzeitig ist mit der Bildung solcher Zentren eine unmittelbare Internationalisierung der Forschungsarbeit, die Herausbildung internationaler Forscherkollektive sowie die Einheit von Lehre und Forschung verknüpft.

Hinsichtlich der Finanzierung dieser Zentren sind zwei Grundtypen zu unterscheiden:

a) gemeinsame, anteilmäßige Finanzierung durch die beteiligten Akademien (Wrocław)

b) Finanzierung durch die „Gastgeber“-Einrichtung (Warschau, Minsk, Halle).

Während der Typ b) für die Bildung von Zentren auf dem Gebiet theoretischer Wissenschaften infolge des damit zusammenhängenden relativ geringen materiellen und finanziellen Aufwandes ideale Voraussetzungen hat, können sich bei längerfristiger Fortführung dieses Typs für experimentelle und entsprechend breit angelegte Forschungen doch erhebliche materielle und finanzielle Belastungen ergeben, denn die Wirksamkeit dieses experimentellen Zentrums hängt ganz wesentlich von der modernsten und hochleistungsfähigen geräte- und ausrüstungstechnischen Ausstattung ab.

Als neue, besondere Form der multilateralen Zusammenarbeit der Akademien entwickeln sich in Auswertung der Erfahrungen, die mit der Einrichtung und Arbeitsweise der internationalen Zentren gemacht wurden, in leistungsfähigen nationalen Einrichtungen Basislaboratorien. Das sind nationale Einrichtungen, die auf relativ eng begrenzten Wissenschaftsdisziplinen über ein hochqualifiziertes Personal und über moderne Ausrüstungen verfügen und zugleich bereit und in der Lage sind, Wissenschaftlern der beteiligten Länder die Durchführung gemeinsamer Untersuchungen und Studienaufenthalte zu ermöglichen, ohne daß es zur formellen Bildung eines internationalen Zentrums kommt. Gegenwärtig bestehen etwa 20 solcher Basislaboratorien in den Akademien der Wissenschaften sozialistischer Länder.

Wie bereits betont, sind entscheidende Voraussetzungen für eine effektive internationale Wissenschaftskooperation die hohe eigene Leistungsfähigkeit und die weitgehende Interessenübereinstimmung zwischen den Partnern. Immer stärker wird sichtbar, daß auch eine annähernd gleiche nationale Priorität der zu bearbeitenden Themen bei den beteiligten Partnern wesentlich für die erfolgreiche Realisierung der Kooperationsziele ist. So sind im Laufe des Fünfjahrplans 1976–1980 einige Themen nicht voll zum Tragen gekommen. In extremen Fällen führt darüber hinaus die Konzentration auf Schwerpunkte im nationalen Rahmen mitunter zu inhaltlichen und strukturellen Veränderungen, wodurch die Zusammenarbeit auf ein Minimum reduziert werden muß, obwohl sie für den Partner, bei dem eine entsprechende Umprofilierung nicht stattgefunden hat, notwendig ist.

Schwierigkeiten treten häufig dann auf, wenn die technischen Ausrüstungen beim Kooperationspartner unterschiedlich sind und/oder sich nicht ergänzen. Das heißt, auch ein etwa gleiches wissenschaftliches Niveau und gleiche gerätetechnische Voraussetzungen sind von besonderer Bedeutung.

Es ist bekannt, welche Schwierigkeiten im nationalen Rahmen bei der Überführung wissenschaftlicher Ergebnisse in die volkswirtschaftliche Praxis auftreten. Es ist offensichtlich, daß diese Schwierigkeiten bei der Nutzung von gemeinsam erzielten Ergebnissen der internationalen Forschungskooperation nicht geringer sind.

Eine Überwindung dieses Zustandes kann nur durch rechtzeitiges Einbeziehen der betreffenden Industrien der Partnerländer erfolgen, und dafür muß auch die entsprechende

Form genutzt werden, nämlich international verbindliche zwischenstaatliche Vereinbarungen. Die Akademieabkommen reichen hierzu erfahrungsgemäß nicht aus. Dies ist um so komplizierter, als zwischen den Ergebnissen der Grundlagenforschung und der Produktion meist noch viel angewandte Forschung und Entwicklung erforderlich ist, und wie Genosse Frohn bemerkt hat, ist auch nach der gemeinsamen Forschung und Entwicklung der Partnerindustrien eine Nutzung in der Produktion noch keineswegs gesichert.

Als Beispiel dafür, welche noch ungelösten theoretischen Probleme der Integration hierbei vor uns stehen, sei auf die Zusammenarbeit der RGW-Länder auf dem Gebiet der Kernfusionsforschung verwiesen.

Unzweifelhaft handelt es sich hier um eine extrem wichtige Forschungseinrichtung, die Lösung des Problems der gesteuerten Kernfusion wäre gleichbedeutend mit einer praktisch unerschöpflichen Energiequelle. Es handelt sich um eine typische Grundlagenforschung, langfristig angelegt, mit hohem Risiko, weil die noch zu lösenden Probleme nicht nur vom wissenschaftlich-technischen Aufwand abhängen, sondern auch prinzipielle wissenschaftliche Fragen noch nicht endgültig geklärt sind. Deshalb werden gegenwärtig mit etwa gleicher Intensität zwei alternative Lösungswege untersucht, einmal auf der Basis des Tokamak-Prinzips, zum zweiten mit Hilfe hochleistungsfähiger Laser. Welches der beiden Prinzipien letztlich günstiger ist, ob eines dieser Prinzipien überhaupt zu einer effektiven Nutzung führt, darüber kann man gegenwärtig nur Wahrscheinlichkeitsaussagen machen.

Unzweifelhaft ist auch, daß nach Lösung des wissenschaftlichen Problems wegen der außerordentlichen Dimensionen der zu schaffenden Ausrüstungen für die Energieproduktion mit Hilfe von Fusionsprozessen eine Arbeitsteilung der sozialistischen Länder mit allen Konsequenzen erforderlich sein wird.

Aber die gegenwärtige Forschungskooperation wirft noch keinerlei kommerzielle, rechtliche oder ähnliche Probleme auf oder geht an ihnen vorbei – beim heutigen Zustand völlig zu Recht. Wann der richtige Zeitpunkt herangereift ist, um diese Fragen aufzuwerfen und der Kooperation verbindliche Grundlagen mit kommerziellen oder völkerrechtlichen Konsequenzen zu geben, das ist noch unklar. Was hierzu getan werden muß, ist auch theoretisch überhaupt nicht vorbereitet, sollte aber bei der Bedeutung des Problems möglichst umgehend zum Gegenstand von Forschungen gemacht werden.

Der erreichte Stand der sozialistischen Forschungskooperation zwischen den Akademien der Wissenschaften sozialistischer Länder auf dem Gebiet der Grundlagenforschung macht zwingend die weitere Erhöhung der Effektivität der wissenschaftlichen Zusammenarbeit notwendig. Deshalb ist es erforderlich,

– die Konzentration auf wissenschaftlich und gesellschaftlich relevante Probleme und Themen konsequent fortzusetzen,

– die multilaterale Zusammenarbeit als die der Grundlagenforschung angemessenste Form der Kooperation weiter zu vertiefen und zu intensivieren und dabei den naturwissenschaftlichen Problemkommissionen neben der Koordinierungsfunktion für die Grundlagenforschung stärker die Verantwortung für projektgebundene praxisorientierte Arbeiten zu übertragen und damit die gemeinsame Schwerpunktbildung auch in der multilateralen Zusammenarbeit zu fördern,

– den Grad der Arbeitsteilung und der Verbindlichkeit weiter zu erhöhen,

– die internationalen Zentren und Basislaboratorien als Keime der Integration der Forschungspotentiale weiterzuentwickeln und in verstärktem Maße zur Bildung zeitweiliger Forschungskollektive überzugehen,

– bei Arbeiten, die unmittelbar Ergebnisse von volkswirtschaftlicher Bedeutung erwarten lassen, rechtzeitig den Abschluß von Regierungsabkommen zu initiieren, weil nur dadurch die planmäßige Einbeziehung der gesellschaftlichen Anwender- und Nutzerbereiche gesichert werden kann,

- die Zusammenarbeit auf dem Gebiet der gemeinsamen Prognose- und Planungstätigkeit zu verstärken,
- die technisch-organisatorische Abwicklung des Wissenschaftleraustausches stärker dem erreichten inhaltlichen Stand der Kooperation anzupassen und die Direktkontakte zwischen den Kooperationspartnern zu fördern.

Aus der Interkosmos-Kooperation sowie der Beteiligung an der Realisierung von Regierungsabkommen ergeben sich darüber hinaus wichtige Schlußfolgerungen, die insbesondere bei der Gestaltung der bi- und multilateralen internationalen Forschungskooperation zu fundamentalen und komplexen sowie volkswirtschaftlich vorrangigen Problemen und Aufgabenstellungen der Grundlagenforschung verstärkt berücksichtigt werden müssen:

1. Volle Übereinstimmung der Zielstellung des gemeinsamen Forschungsprogramms mit den Erfordernissen der sozialistischen ökonomischen Integration und die Ausrichtung daraus abgeleiteter Aufgaben auf eine direkte volkswirtschaftliche Nutzung der Ergebnisse bzw. deren Sekundärnutzung.

2. Konzentration der Länder auf ausgewählte, tragfähige wissenschaftliche Schwerpunktaufgaben innerhalb des Gesamtprogramms, die dem wissenschaftlichen und ökonomischen Profil sowie der Leistungsfähigkeit und den Erfahrungen des jeweiligen Landes angepaßt sind.

3. Langfristige gemeinsame Planung und Abstimmung der gemeinsam durchzuführenden Forschungen und Aufschlüsselung der konkreten bi- und multilateralen Verpflichtungen in Jahresplänen sowie die genaue Vorgabe und Vereinbarung von Parametern und Terminen für Teil- und Abschlußleistungen.

4. Zunehmende Einbeziehung von Forschungs- und Entwicklungskapazitäten der Industrie und anderer Bereiche in die Kooperation, um einerseits die vorhandene Leistungsfähigkeit geeigneter nationaler Potentiale im Interesse des Gesamtprogramms voll auszuschöpfen und andererseits die schnelle und direkte Überführung der Forschungsergebnisse in die Praxis einschließlich gewonnener technologischer Erfahrungen zu sichern.

5. Einsatz stabiler, leistungsfähiger und zum Teil interdisziplinär organisierter nationaler Kollektive, die ihre Aufgaben mit hohem politischem Bewußtsein und Einsatz erfüllen.

6. Klare Festlegungen der nationalen und internationalen Leitungsstruktur einschließlich der Verantwortungs- und Aufgabenabgrenzung und nicht zu vergessen,

7. Schaffung optimaler Bedingungen für die reibungslose und unkomplizierte organisatorisch-technische Realisierung der Arbeiten.

Ich möchte mich abschließend für die Möglichkeit bedanken, daß ich zu einigen Fragen des Standes und der Probleme der Wissenschaftskooperation der Akademie der Wissenschaften sozialistischer Länder auf dem Gebiet der Grundlagenforschung aus der Sicht des „Integrationspraktikers“ sprechen durfte. Ich möchte um Verständnis bitten, daß viele Aspekte nur angedeutet, auf manches gar nicht eingegangen werden konnte.

Die Leitung und Planung sowie die Spezifik der Einschätzung der Effektivität der internationalen sozialistischen Wissenschaftsintegration auf dem Felde der Grundlagenforschung bedarf der verstärkten und vor allem auch der theoretischen Durchdringung.

Wir glauben, daß auch diese Konferenz hierbei eine Hilfe und Unterstützung sein wird.

G. Grüner

Hohe Effektivität und Qualität der Integrationsprozesse

Zunächst möchte ich hervorheben, daß das von Prof. Kunz vorgetragene Referat ein verstärktes Hinwenden der wirtschaftswissenschaftlichen Forschung zur Analyse der Ergebnisse und Probleme der sozialistischen ökonomischen Integration erkennen läßt. Durch die wissenschaftliche Analyse der konkreten Integrationsprozesse, ihrer Ergebnisse, Probleme und Anforderungen an die Leitungs- und Planungstätigkeit in den Betrieben und Kombinaten unserer Republik wächst der Beitrag der wirtschaftswissenschaftlichen Forschung für die Lösung der auf dem Gebiet der sozialistischen ökonomischen Integration von der Partei gestellten Aufgaben.

Angesichts der Verschlechterung der Weltlage durch die imperialistische Politik der Konfrontation und Einmischung ist, wie der Generalsekretär des ZK der SED, Genosse Erich Honecker, vor dem Parteiaktiv des Bezirkes Gera hervorhob, die allseitige Festigung unseres Bruderbundes mit der UdSSR und den anderen Ländern der sozialistischen Staatengemeinschaft eine der vorrangigsten Aufgaben. Einen wichtigen Platz nimmt dabei der zielstrebige Ausbau der sozialistischen ökonomischen Integration entsprechend den Beschlüssen des IX. Parteitages ein. Unsere Partei sieht darin eine entscheidende Bedingung für die stabile und soziale Entwicklung in unserem Lande wie in den anderen Ländern der sozialistischen Staatengemeinschaft.

Die auf dem Weg der Integration erreichten Ergebnisse wurden im Referat eingehend gewürdigt. Wir stimmen diesen Ausführungen zu. Wir können feststellen, daß die Periode der siebziger Jahre durch eine hohe Dynamik der Entwicklung der ökonomischen und wissenschaftlich-technischen Zusammenarbeit der Mitgliedsländer des RGW gekennzeichnet wird. Das auf Initiative der KPdSU und der anderen Bruderparteien ausgearbeitete und 1971 einmütig angenommene RGW-Komplexprogramm hat eine neue Etappe dieser Zusammenarbeit eingeleitet, die durch ein unmittelbares, gegenseitig vorteilhaftes Zusammenwirken in Forschung und Produktion geprägt wird.

Blicken wir auf die siebziger Jahre zurück, so können wir nicht nur eine bedeutende Erhöhung des Außenhandelsumsatzes, eine Vielzahl neuer mehr- und zweiseitiger Spezialisierungsabkommen, gemeinsame Integrationsvorhaben in den Bereichen der Rohstoff- und Energieproduktion sowie bedeutende Ergebnisse der wissenschaftlich-technischen Zusammenarbeit feststellen, sondern – und das möchte ich hier besonders hervorheben – konnten auch bei der planmäßigen Gestaltung der ökonomischen Integration zwischen den sozialistischen Ländern reiche Erfahrungen sammeln. Gerade in dieser Hinsicht hat das vergangene Jahrzehnt uns mehr als frühere Zeiträume wertvolle Erkenntnisse gebracht. Sie gründlich auszuwerten, halten wir für eine vorrangige Aufgabe der Wissenschaft.

Gestützt auf diese praktischen Erkenntnisse und Erfahrungen, können wir heute feststellen, daß sich die im RGW-Komplexprogramm fixierte Integrationsstrategie voll bestätigt hat. Selbstverständlich gilt das nicht für jeden Absatz des RGW-Komplexprogramms. Diese oder jene These bedarf einer weiteren Präzisierung. Ich denke z. B. an die im RGW-Komplexprogramm genannten verschiedenen Formen der gemeinsamen Planungstätigkeit. Nicht jede dieser Formen hat in der Praxis den gewünschten Effekt gebracht. Andererseits sind neue Formen auf diesem Gebiet entstanden, die zum Zeitpunkt der Ausarbeitung des RGW-Komplexprogramms noch nicht konzipiert waren, wie z. B. die langfristigen Zielprogramme und die langfristigen zweiseitigen Spezialisierungsprogramme.

Mit aller Eindeutigkeit möchten wir feststellen, daß die dem RGW-Komplexprogramm zugrunde liegenden Erkenntnisse über die Grundbedingungen der sozialistischen Integration ihre volle Bestätigung erhalten haben. Eine dieser Grundbedingungen für die Nutzung der Möglichkeiten der sozialistischen ökonomischen Integration besteht darin, daß in den Mitgliedsländern des RGW die allgemeinen Gesetzmäßigkeiten des sozialistischen Aufbaus konsequent berücksichtigt werden müssen. „Die Mitgliedsländer des RGW gehen davon aus", wie es im „Komplexprogramm für die weitere Vertiefung und Vervollkommnung der Zusammenarbeit und Entwicklung der sozialistischen ökonomischen Integration" heißt, daß „das System der wirtschaftlichen und wissenschaftlich-technischen Zusammenarbeit der Mitgliedsländer des RGW auf den allgemeinen Gesetzmäßigkeiten des sozialistischen Aufbaus, den grundlegenden Prinzipien der sozialistischen Wirtschaftsführung ... beruht."[1] Das erfordert vor allem, die Rolle der Arbeiterklasse und ihrer Partei als führende Kraft der Gesellschaft ständig zu erhöhen sowie eine leistungsfähige materiell-technische Basis zu schaffen, die ein stabiles Wirtschaftswachstum, hohe Arbeitsproduktivität und Effektivität der gesellschaftlichen Tätigkeit ermöglicht. Der Weg dazu ist die Intensivierung der gesellschaftlichen Produktion. Die organische Verbindung der Errungenschaften der wissenschaftlich-technischen Revolution mit den Vorzügen des Sozialismus ist dafür eine entscheidende Grundlage.

Die strikte Beachtung dieser Erfordernisse hat maßgeblichen Einfluß auf die Entwicklung des Integrationsprozesses. Umgekehrt, ein Abweichen von diesen Erfordernissen, von den allgemeinen Gesetzmäßigkeiten des sozialistischen Aufbaus, Zugeständnisse an kleinbürgerliche Ideologien und Überreste des Kapitalismus können das Voranschreiten auf dem Weg der sozialistischen ökonomischen Integration erschweren und sogar zeitweilig verlangsamen. Die Integration hat sich als ein Prozeß erwiesen, der weitgehend von den äußeren und inneren Bedingungen der Gemeinschaft abhängt. Damit möchten wir in keiner Weise die aktive Rolle der sozialistischen ökonomischen Integration bei der Lösung unserer gemeinsamen Aufgaben schmälern. Im Gegenteil: Es geht uns darum, gestützt auf die Erkenntnisse und Erfahrungen der jüngsten Vergangenheit, noch klarer die Bedingungen für die volle Entfaltung dieser aktiven Rolle der sozialistischen Integration zu erkennen. Auch hierbei gibt es dialektische Zusammenhänge, deren wissenschaftliche Erforschung an Aktualität gewinnt.

Zu den Bedingungen, die in den achtziger Jahren die Dynamik der sozialistischen ökonomischen Integration maßgeblich beeinflussen werden, gehören zweifellos Umfang und Tempo der Intensivierung der Produktion in den Mitgliedsländern des RGW auf der Grundlage eines schnellen wissenschaftlich-technischen Fortschritts. Dabei dürfen wir eine gewisse, vor allem historisch bedingte Differenziertheit nicht außer acht lassen, wenn wir realistische Ausgangspositionen für die Entwicklung der sozialistischen ökonomischen Integration in den achtziger Jahren wissenschaftlich zu bestimmen haben.

Im Mittelpunkt der weiteren Vertiefung der sozialistischen ökonomischen Integration

[1] Vgl. Komplexprogramm für die weitere Vertiefung und Vervollkommnung der Zusammenarbeit und Entwicklung der sozialistischen ökonomischen Integration der Mitgliedsländer des RGW, in: Grunddokumente des RGW, Berlin 1978, S. 59.

steht auch in den achtziger Jahren die Zusammenarbeit mit der UdSSR. Auf einem bereits erreichten hohen Niveau unserer Zusammenarbeit wurden mit dem langfristigen Programm der Spezialisierung und Kooperation der Produktion die Perspektiven dieser Zusammenarbeit für das kommende Jahrzehnt abgestimmt. Das Programm widerspiegelt die feste Entschlossenheit unserer Partei und der KPdSU, die über Jahrzehnte bewährte Zusammenarbeit in neuen Dimensionen entsprechend den höheren Anforderungen der achtziger Jahre zu entwickeln. Damit tragen wir zugleich zur Stärkung und Festigung der sozialistischen Staatengemeinschaft und zur Erhöhung der Effektivität des Zusammenwirkens der Bruderländer bei.

Bedeutsame Schritte zur Realisierung des langfristigen Spezialisierungsprogramms wurden bereits getan. Erwähnt seien hier die im Juni 1980 in Moskau auf der 26. Tagung der Paritätischen Regierungskommission für ökonomische und wissenschaftlich-technische Zusammenarbeit DDR–UdSSR getroffenen Vereinbarungen über die Hauptrichtungen der Zusammenarbeit in solchen wichtigen Zweigen der Industrie wie dem Energiemaschinenbau, Schiffbau, Schwermaschinenbau, Chemieanlagenbau, Medizintechnik, Nachrichtentechnik, Mikrobiologie, Glas- und Keramikindustrie. Damit bestehen im wesentlichen für alle Zweige der Volkswirtschaft beider Länder für den Zeitraum der nächsten zwei Fünfjahrpläne konkrete Aufgaben zur Entwicklung der wissenschaftlich-technischen Zusammenarbeit sowie der Spezialisierung und Kooperation der Produktion. Sie sind darauf gerichtet, durch gemeinsame Anstrengungen die Leistungskraft und Effektivität des volkswirtschaftlichen Reproduktionsprozesses zu erhöhen.

Das gemeinsame Bestreben beider Länder ist vor allem auf eine höhere Qualität und Effektivität der Zusammenarbeit gerichtet. Ein Weg dazu besteht in der größeren Komplexität der Zusammenarbeit auf den einzelnen Gebieten. Angestrebt wird eine solche Zusammenarbeit, die auf den jeweiligen Gebieten alle Seiten des Reproduktionsprozesses umfaßt. Im Vordergrund steht dabei die direkte Verbindung zwischen wissenschaftlich-technischer Zusammenarbeit und Arbeitsteilung in der Produktion. Ein Beispiel hierfür ist das vor kurzem unterzeichnete Regierungsabkommen über die Zusammenarbeit im Schiffbau. Gegenseitige Lieferungen von Schiffen gehören seit langem zu den traditionellen Gebieten unserer Zusammenarbeit. Die DDR liefert vor allem große Serien von Fischereifahrzeugen, Trockenfrachtern, Fahrgastschiffen, Containerschiffen, während die UdSSR Tanker, Schlepper, Schiffsausrüstungen und andere Zulieferteile exportiert. Das neue Regierungsabkommen beinhaltet nicht nur eine langfristige Vereinbarung dieser gegenseitigen Lieferungen, sondern erfaßt alle damit verbundenen wichtigen Aufgabenkomplexe. So beinhaltet es die wissenschaftlich-technische Zusammenarbeit, beginnend mit der Vorbereitung der Produktion der Technologie und Konstruktion bis hin zu der Vervollkommnung des Erzeugnisses. In das Regierungsabkommen ist aber auch die Zusammenarbeit bei der Reparatur der Schiffe einbezogen, die gegenseitigen Lieferungen spezialisierter Ausrüstungen für den Schiffbau und nicht zuletzt die ökonomischen Fragen, wie Preise und dgl.

Solche komplexen Abkommen, wie sie auf dem Gebiet des Schiffbaus abgeschlossen wurden, erfordern auch eine neue Technologie ihrer Vorbereitung. Wichtig ist dabei die rechtzeitige Einbeziehung aller Beteiligten – sowohl der Produzenten als auch der Anwender, der wissenschaftlich-technischen Einrichtungen und auch der Außenhandelsorganisationen. Es sind noch große Anstrengungen erforderlich, um diese neue Technologie der Vorbereitung solcher komplexer Abkommen voll zu beherrschen.

Bei der weiteren Vertiefung der sozialistischen ökonomischen Integration mit der UdSSR und den anderen RGW-Ländern lassen wir uns stets davon leiten, daß – wie es in der von der 12. Tagung des ZK in Vorbereitung des X. Parteitages beschlossenen

Direktive für die Durchführung der Parteiwahlen 1980/81 heißt – eine hohe Effektivität und Qualität den Maßstab der Arbeit auch auf dem Gebiet der sozialistischen ökonomischen Integration bildet. Dazu gehört sowohl das gründliche Rechnen über Aufwand und Ergebnis als auch die Sicherung des notwendigen wissenschaftlich-technischen Vorlaufs und nicht zuletzt die Gewährleistung einer hohen Stabilität der vereinbarten Integrationsmaßnahmen. Wir sind gewiß, daß die wissenschaftliche Forschung ihren Beitrag zur Lösung dieser Aufgaben in der Praxis weiter erhöhen wird.

Chr. Luft

Zu einigen Ergebnissen und weiteren Schwerpunkten bei der organischen Verbindung von Plankoordinierung und Nutzung der Ware-Geld-Beziehungen im Integrationsprozeß

Die XXXV. Tagung des RGW wird sich im Sommer 1981 mit dem Verlauf der Realisierung des Komplexprogramms, der weiteren Vertiefung und Vervollkommnung der Zusammenarbeit und der Entwicklung der sozialistischen ökonomischen Integration der RGW-Länder sowie mit den Aufgaben auf diesem Gebiet in den 80er Jahren befassen.

Die Ständigen Kommissionen des RGW, das Internationale Institut für ökonomische Probleme des sozialistischen Weltsystems bereiten gegenwärtig – wie auch die zuständigen Organe der RGW-Länder – entsprechende Analysen und Orientierungen für die Zukunft vor. Zu den Schwerpunkten gehört dabei die Einschätzung der Wirksamkeit der Methoden zur Leitung und Planung der sozialistischen ökonomischen Integration.

Eine der Grundprämissen, von denen das RGW-Komplexprogramm ausging, besteht darin, „daß das System der wirtschaftlichen und wissenschaftlich-technischen Zusammenarbeit der Mitgliedsländer des RGW auf den allgemeinen Gesetzmäßigkeiten des sozialistischen Aufbaus, den grundlegenden Prinzipien der sozialistischen Wirtschaftsführung und der organischen Verbindung der Koordinierung der Pläne – als Hauptmethode für die Organisation der Zusammenarbeit – mit der breiteren Nutzung der Ware-Geld-Beziehungen beruht".[1]

Diese abgestimmte Position war als prinzipielle Antwort zu werten auf die während vieler Jahre von Spezialisten der Mitgliedsländer des RGW geführten Diskussionen um das Konzept der Leitung der internationalen Zusammenarbeit. Die hierzu unterbreiteten Vorschläge unterschieden sich bekanntlich hauptsächlich danach, welche Rolle sie den Planungs- und den Ware-Geld-Komponenten bei der Vertiefung der gegenseitigen Zusammenarbeit beimaßen.

Die in den ersten zehn Jahren der Umsetzung des Komplexprogramms erreichten Ergebnisse und gesammelten Erfahrungen bestätigen, daß die organische Verbindung von Plankoordinierung und breiterer Ausnutzung der Ware-Geld-Beziehungen sich als ein Grundprinzip der Leitung der Zusammenarbeit der RGW-Länder theoretisch und praktisch bewährt hat, daß es dazu keine Alternative gibt, die die politisch souveräne und ökonomisch stabile Entwicklung der Volkswirtschaften sichern hilft. Sowohl anhaltende Verleumdungen der sozialistischen Planwirtschaft und ihrer Wirksamkeit in den gegenseitigen Beziehungen der RGW-Länder durch bürgerliche Ideologien als auch vereinzelt auftauchende Stimmen marxistischer Ökonomen zur prinzipiellen Änderung der Grundidee des Mechanismus der sozialistischen ökonomischen Integration in Anbetracht der neuen inneren und äußeren Reproduktionsbedingungen erfordern es, immer von neuem folgende Erfahrungen zu betonen:

– Solche großen wirtschaftlichen Probleme wie die zuverlässige Versorgung der Volkswirtschaften mit Energie, Brenn- und Rohstoffen, die Verwirklichung erforderlicher

[1] Komplexprogramm für die weitere Vertiefung und Vervollkommnung der Zusammenarbeit und Entwicklung der sozialistischen ökonomischen Integration der Mitgliedsländer des RGW, in: Grunddokumente des RGW, Berlin 1978, S. 51.

Strukturveränderungen, die Schaffung notwendiger Proportionen, die Bestimmung der Strategie der Zusammenarbeit können mit hoher ökonomischer Effektivität und sozialer Wirksamkeit nur auf planmäßigen Grundlagen gelöst werden.

– Ware-Geld-Beziehungen sind in der sozialistischen internationalen Zusammenarbeit ein Element der geplanten Beziehungen. Der Ware-Geld-Charakter der Austauschbeziehungen widerspricht nicht dem planmäßigen Charakter der Zusammenarbeit. Die Wertkategorien werden auch in der sozialistischen ökonomischen Integration aktiv ausgenutzt zur bewußten Realisierung planmäßig abgesteckter Ziele.

– Die Leitung des Integrationsprozesses kann nur durch aufeinander abgestimmte Entwicklung *aller* ihrer Komponenten und nicht durch isolierte Gestaltung einzelner Elemente vervollkommnet werden.

– Die planmäßige Ausnutzung der Wertkategorien darf sich nicht auf die internationale Zirkulation beschränken, sondern muß sich auf alle Phasen der Reproduktion erstrecken (d. h. auch auf die internationale Zusammenarbeit in Forschung und Entwicklung, die Investitionskooperation und die Produktionsspezialisierung).

Natürlich kann man es nicht bei der allgemeinen Feststellung bewenden lassen, daß die organische Verbindung von Planung und Ware-Geld-Komponenten sich als Grundprinzip der praktischen Zusammenarbeit bewährt hat. Die hierbei erzielten Ergebnisse und auch die auftretenden Probleme bestätigen, daß die einzelnen Elemente des Leitungsmechanismus der sozialistischen ökonomischen Integration sich mit unterschiedlichem Tempo und mit verschiedenen Resultaten entwickelt haben.

Im Zuge der Vervollkommnung des Systems der Zusammenarbeit der RGW-Länder auf dem Gebiet der Planungstätigkeit, der Hauptmethode zur Organisation der Zusammenarbeit – haben sich zum Beispiel einige Formen schneller entwickelt, als das im Komplexprogramm vorgesehen war. Hier braucht man nur an die Ausarbeitung langfristiger Zielprogramme der Zusammenarbeit, der zweiseitigen langfristigen Generalabkommen zur Spezialisierung und Kooperation der Produktion zwischen der UdSSR und den europäischen Mitgliedsländern des RGW, des Abgestimmten Planes mehrseitiger Integrationsmaßnahmen zu erinnern.

Erweitert haben sich auf der Grundlage des RGW-Komplexprogramms auch die gegenseitigen Außenhandels-, die Valuta-, Finanz- und Kreditbeziehungen der RGW-Länder. Vervollkommnet wurden im bestimmten Umfang die dazugehörigen Instrumente (Weiterentwicklung der Prinzipien der Vertragspreisbildung, Herstellung begründeter Beziehungen zwischen den bei kommerziellen und nichtkommerziellen Zahlungen angewandten Kursen des transferablen Rubels, Erweiterung der Investitions-Kreditierung in transferablen Rubeln bei verringerter Zahl von Kreditarten und verlängerten Fristen der Kredittilgung, Erhöhung des Niveaus und Differenzierung der Zinssätze für Kredite usw.).

Zugleich sind einige der im Komplexprogramm vorgesehenen Aufgaben zur Vervollkommnung der Ware-Geld-Beziehungen noch zu lösen (Übergang zum mehrseitigen Verrechnungssystem, Einführung der Konvertierbarkeit des transferablen Rubels). Das betrifft auch die Aufgabe, ein in sich abgestimmtes System der Ware-Geld-Beziehungen der RGW-Länder zu schaffen, das die organische Verbindung solcher Instrumente untereinander sichert wie des Vertragspreises, des internationalen sozialistischen Kredits, des Zinssatzes, des Valutakurses, der auf der Wechselwirkung der Wertkategorien im staatlichen und internationalen Rahmen beruht.

All das ist vor allen Dingen mit dem Einfluß äußerer und innerer Faktoren verbunden, die sich wesentlich von den Bedingungen der 60er und Anfang der 70er Jahre unterscheiden, unter denen die vorgenannten Zielstellungen formuliert wurden.

In den letzen zehn Jahren haben sich die Formen der Zusammenarbeit auf dem Gebiet der Planungstätigkeit gefestigt, die eine langfristige Zusammenarbeit ermöglichen. Die Ware-Geld-Instrumente müssen immer besser den Aufgaben des Übergangs zur langfristigen Planung der gegenseitigen Wirtschaftsbeziehungen entsprechen. Die Realisierung der langfristigen Zielprogramme und der zweiseitigen langfristigen Programme der Zusammenarbeit stellt an sie neue Anforderungen, sowohl vom Standpunkt der Einschätzung der Effektivität der auf 10 bis 15 Jahre berechneten Maßnahmen als auch unter dem Aspekt der Sicherung solcher ökonomischen Bedingungen, die jedes beteiligte Land vor Verlusten schützen, die durch starke Veränderungen der Preisproportionen bei – über einen langen Zeitraum auszutauschenden – Erzeugnissen hervorgerufen werden können.

Erweitert hat sich die mehrseitige Zusammenarbeit auf dem Gebiet der Planungstätigkeit. Bei der Bestimmung der grundlegenden Ziele und der konkreten Aufgaben der Zusammenarbeit sollten die ökonomischen und organisatorischen Bedingungen ihrer Realisierung (Bildung der Vertragspreise, Bilanzierung und Verrechnung der gegenseitigen Lieferungen) zunehmend mehrseitig festgelegt werden. Ausgedehnt haben sich auch die Formen der Planungszusammenarbeit der RGW-Länder in den der Produktion vorgelagerten Sphären (wissenschaftlich-technische und Investitionszusammenarbeit). Dabei sind die Prinzipien und Methoden der planmäßigen Ausnutzung der Wertkategorien bei der Vorbereitung und Realisierung dieser Formen der Außenwirtschaftsbeziehungen noch präziser auszuarbeiten.

Aus dieser kurzen Analyse folgt bereits, daß auch im zweiten Jahrzehnt der Umsetzung des RGW-Komplexprogramms die weitere Festigung der organischen Verbindung von Plankoordinierung und breiterer Nutzung der Ware-Geld-Beziehungen auf der Tagesordnung bleibt. Dabei kann es allerdings m. E. nicht darum gehen, dem Buchstaben gerecht nach Realisierung all dessen zu streben, was an Aufgabenstellungen des RGW-Komplexprogramms seinerzeit vorgesehen war. Es kommt vielmehr darauf an, die Schwerpunkte entsprechend den veränderten inneren und äußeren Bedingungen der Zusammenarbeit zu setzen.

Im Vordergrund steht m. E. folgendes:

1. Die konsequente *Einhaltung der Einheit von gebrauchswertmäßigen, wertmäßigen und finanziellen Aspekten der Reproduktion bei allen Formen der Zusammenarbeit der RGW-Länder auf dem Gebiet der Planungstätigkeit.*

Notwendige Voraussetzung dafür ist die volle Ausnutzung der Ware-Geld-Kategorien im Stadium der Begründung und Vorbereitung von Integrationsmaßnahmen. Das ist die unerläßliche Basis, um die sich über 10 Jahre und zum Teil über mehrere Jahrzehnte erstreckenden, in der Regel sehr investitionsintensiven Projekte später erfolgreich zum gegenseitigen Vorteil realisieren zu können.

2. Eine weitere Aufgabe ist die *Vervollkommnung der Valuta-, Finanz- und Kreditbeziehungen unter Berücksichtigung der dafür in der Gemeinschaft* der RGW-Länder vorhandenen Voraussetzungen in der materiellen Produktion und in der Planungszusammenarbeit sowie ihres realen Gewichts im Welthandel.

Der Hauptakzent liegt dabei auf der Schaffung eines in sich geschlossenen Systems, bei dem die einzelnen Kategorien und Instrumente auf planmäßiger Grundlage logisch miteinander verbunden sind. Von größter Aktualität sind hierbei die Lösung der mit der Realität des Kurses der kollektiven Währung (transferablen Rubel) verbundenen Probleme, die Sicherung des realen Werts der in transferablen Rubeln ausgedrückten Forderungen und Verbindlichkeiten der RGW-Länder einschließlich der Geldfonds der Internationalen Bank für wirtschaftliche Zusammenarbeit und der Internationalen Investitionsbank unter den Bedingungen der jährlichen Veränderung des Niveaus der Vertragspreise sowie die Vervollkommnung der Verrechnungs- und Kreditbeziehungen der RGW-Länder.

3. Eine wichtige Aufgabe bleibt die *Erweiterung und Festigung des internationalen Marktes der RGW-Länder, die Erhöhung seiner Aufnahmefähigkeit und Stabilität.* Bei allen sichtbaren Fortschritten im gegenseitigen Handel sollten alle Möglichkeiten noch stärker genutzt werden.

Ausgehend von der Tatsache, daß sich natürlich auf dem internationalen Markt des RGW Probleme widerspiegeln, die in der Zusammenarbeit in der materiellen Produktion und auf dem Gebiet der Planungstätigkeit ihren Ursprung haben, gleichzeitig durch die Regulierung der internationalen Zirkulation aber auch ein eigenständiger Beitrag zur Vervollkommnung der Integrationsprozesse geleistet werden kann, halte ich die Beantwortung nachstehender Fragen durch die Theorie für wichtig:

Erstens: Welche Faktoren wirken auf das Entwicklungstempo des gegenseitigen Außenhandels der RGW-Länder gegenüber ihrem Gesamtaußenhandel ein, wie ist ihr Anteil an diesem Resultat und wie lassen sie sich künftig beeinflussen?

Natürlich ist in diesem Zusammenhang die Wirkung zweier Faktoren zweifelsfrei: die Zunahme der Beziehungen der RGW-Länder mit entwickelten kapitalistischen Ländern im Ergebnis der Gesundung des internationalen Klimas Anfang der 70er Jahre und die schnellere Erhöhung des Preisniveaus im Handel mit Drittländern als im gegenseitigen Handel.

Darüber hinaus sind in Betracht zu ziehen die bei Banken kapitalistischer Länder aufgenommenen Kredite zur Finanzierung von Investitionsvorhaben mit den zu ihrer Rückzahlung fällig werdenden Warenlieferungen.

Zweitens: Auf welchen Gebieten bilden sich – entsprechend dem Anteil der RGW-Länder an der Weltproduktion und dem Welthandel – bereits eigene Hauptwarenmärkte heraus, wie wird dieser Prozeß bis 1990 und bis 2000 im Zuge der Realisierung der langfristigen Zielprogramme der Zusammenarbeit und der zweiseitigen Programme der Spezialisierung und Kooperation verlaufen und wie kann dieser Fakt bei der Auswahl der grundlegenden Warenmärkte und damit bei der Vertragspreisbildung nutzbar gemacht werden?

Diese Problematik gewinnt m. E. vorrangig bezogen auf die Erzeugnisgruppen an Bedeutung, bei denen der Prozeß der Preisbildung auf dem kapitalistischen Weltmarkt unter besonderem Einfluß von außerökonomischen Faktoren steht. Das sind in erster Linie Energieträger einschließlich Erdöl und einige strategische Rohstoffe. Bei einer ganzen Reihe dieser Waren wird ein relativ hoher Grad der Eigenversorgung der Länder der sozialistischen Gemeinschaft erreicht.

Drittens: Welche Anforderungen werden *an das koordinierte Auftreten von RGW-Ländern auf dritten Märkten* durch die Verlängerung des Zeithorizonts der vertraglichen Zusammenarbeit gestellt? Offenbar bedarf es der Abstimmung zum Beispiel von Käufen an Ausrüstungen und Technologien bei kapitalistischen Firmen nicht nur, um die Effektivität der Handelsoperationen zu erhöhen, sondern vor allem um zu sichern, daß diese Käufe der konkreten technischen und technologischen Realisierung der langfristigen Zielprogramme und der zweiseitigen Programme der Zusammenarbeit dienen.

Viertens: Einer exakten wissenschaftlichen Bewertung bedarf die *Tendenz zur „Naturalisierung" des gegenseitigen Handels,* ihrer Ursachen, ihres Wesens, ihrer Perspektiven.

In der Literatur wird diese Erscheinung mitunter gleichgesetzt mit der langfristigen Vorherbestimmung der Außenhandelslieferungen hinsichtlich Umfang, Struktur und Termin dieser Formen der vertraglichen Zusammenarbeit in der Produktionssphäre und im Investitionsgeschehen. Auch der Aspekt der begrenzten Ressourcenverfügbarkeit wird in diesem Zusammenhang angeführt. Daraus wird der objektive Charakter der genannten

Tendenz abgeleitet. Meines Erachtens trifft eine solche Interpretation eine wichtige Seite des Problems, aber dennoch nur teilweise das Wesen des „Naturalisierungsprozesses". Er entspringt zu einem beträchtlichen Teil der noch nicht vollen planmäßigen Ausnutzung der Wertkategorien.

Im „naturalisierten" Außenhandel tauschen sich die Waren nicht nur auf der Grundlage des Äquivalenzprinzips aus entsprechend den in ihnen verkörperten international gesellschaftlich notwendigen Aufwendungen, sondern darüber hinaus gewinnt das Streben zum bilanzierten Austausch von Waren nach solchen Kriterien wie Fondsintensität, Materialintensität, Valutawertigkeit usw. an Bedeutung.

Fünftens: Angesichts der veränderten inneren und äußeren Bedingungen des Wirtschaftens in den einzelnen Ländern und damit auch für ihre internationale Zusammenarbeit scheint es angebracht, sich über einige Orientierungen, die das Komplexprogramm für die Regulierung des gegenseitigen Handels gegeben hat und die auch gegenwärtig von Ökonomen verschiedener Länder nachdrücklich unterstrichen werden, tiefer zu verständigen.

Das betrifft zunächst die schrittweise Ausweitung des kontingentfreien Handels bzw. den Abbau von Mengen- und Wertkontingenten. Natürlich ist nicht zu bestreiten, daß die Verwirklichung einer solchen Orientierung ihre Vorteile hat, aber inwieweit ist sie unter den gegebenen Bedingungen real?

Nach meiner Meinung sprechen viele Faktoren gegen eine wesentliche Lockerung der Kontingente im laufenden Jahrzehnt.

– Die Rückzahlung der in kapitalistischen Ländern aufgenommenen Kredite und der aufgelaufenen Zinsen bindet beträchtliche Exportwarenfonds, die für die Ausweitung des gegenseitigen Handels nicht zur Verfügung stehen.

– Der Prozeß der „Naturalisierung" des Warenaustausches zwischen den RGW-Ländern reproduziert ständig von neuem die Kontingentierung defizitärer Waren.

– Der Handel mit Erzeugnissen der Leichtindustrie, der sich am ehesten für die Aufhebung der Kontingente eignet, ist in der Mehrzahl der RGW-Länder weitgehend mit geprägt durch die Ausnutzung des Imports zur Deckung von Bedarfslücken auf dem Binnenmarkt. Dementsprechend verringerte sich von 1970 bis 1980 der Anteil von industriellen Konsumgütern am Export im gegenseitigen Handel um etwa 25 %.

Ein *weiteres Problem* betrifft die Einführung der mehrseitigen Bilanzierung des gegenseitigen Warenaustausches der RGW-Länder über die hierfür geschaffenen technischen Verrechnungsmöglichkeiten hinaus. Auch hier sind die Vorzüge einer solchen Lösung nicht in Zweifel zu ziehen. Und dennoch muß man folgendes beachten:

Infolge der – an den wachsenden Bedürfnissen gemessenen – angespannten Lage beim Bezug von Energieträgern, Roh- und Brennstoffen werden die Exportländer wahrscheinlich auch in Zukunft bestrebt sein, für ihre Lieferungen „äquivalente" Waren zu erhalten. Es wird sich die Tendenz zur Sicherung eines bestimmten Gleichgewichts zwischen dem Umfang des Ex- und Imports defizitärer Waren fortsetzen. Das wiederum stärkt den Trend zur zweiseitigen Bilanzierung. Da die mehrseitige Bilanzierung kein Selbstzweck ist, sondern sich nur in Übereinstimmung mit den ökonomischen Bedürfnissen der Länder entwickeln kann, besteht m. E. die Möglichkeit, daß sich das Streben zur Zweiseitigkeit fortsetzt, bis materielle Bedingungen geschaffen sind, die die Interessiertheit der beteiligten Länder an der Realisierung eines mehrseitigen Saldos sichern.

Abschließend sei mir die Bemerkung erlaubt, daß es dringend geboten scheint, die wissenschaftlichen Arbeiten zur Rolle, zu den Einflußfaktoren und Entwicklungstendenzen des internationalen Marktes des RGW unter den Bedingungen der sozialistischen ökonomischen Integration zu verstärken.

G. Kohlmey

Volkswirtschaftliche Strukturen und internationale Arbeitsteilung

Mit Recht wurde hier von den gegenwärtigen außenwirtschaftlichen Belastungen unserer Volkswirtschaft gesprochen. Wir sollten allerdings nicht übersehen, daß wir während eines großen Teils der sechziger und bis zur Mitte der siebziger Jahre außenwirtschaftliche Entlastungen zu verzeichnen hatten. (Gewiß waren sie relativ gering.) Diese Vorteile ergaben sich aus den damaligen Strukturen der Weltmarktpreise. Heute und morgen besteht unsere Aufgabe darin, durch verbesserte Produktion und intensivere internationale Wirtschaftsbeziehungen weitere (und dabei auch neuartige) außenwirtschaftliche Entlastungen herbeizuführen. Nur so können wir den für unsere Wirtschaft gegenwärtig ungünstigen Terms of Trade begegnen, werden doch die jetzigen Relationen der Weltmarktpreise für Rohstoffe und Fertigwaren im Grundsatz während der nächsten zehn Jahre bestehen bleiben.

In den letzten Jahrzehnten hat sich gezeigt, daß außenwirtschaftliche Effekte aus Veränderungen der Terms of Trade unsichere Faktoren sind. Langfristig stabiler und auch größer sind die Struktureffekte, die durch eine stärkere und rationellere Internationalisierung der Volkswirtschaft erreicht werden können. Auf diesem Wege werden wir zu stärkeren Produktionskonzentrationen kommen, was sich günstig auf Produktivität und Kosten in Forschung und Entwicklung, bei den Investitionen und in der Produktion auswirkt. Dabei geht es in erster Linie um mikrostrukturelle Effekte, die sich aus der internationalen Spezialisierung und Kooperation innerhalb von Erzeugnisgruppen ergeben (substitutive internationale Arbeitsteilung).

Intensivierung unserer Reproduktionsprozesse bedeutet (meiner Meinung nach) auch deren weitere Internationalisierung. Das entspricht einem der Grundzüge unserer Zeit, der zunehmenden Internationalisierung des gesellschaftlichen Lebens. Die gegenwärtigen außenwirtschaftlichen Belastungen sind ein zusätzlicher Schub, um unsere Wirtschaft dadurch weiter zu rationalisieren, daß wir sie noch stärker in die internationale Arbeitsteilung eingliedern.

Das ist ein notwendiges Element einer strukturpolitischen Strategie. Diese ist auf eine effektivere Gestaltung unserer Volkswirtschaftsstrukturen mittels weiterer Konzentration und Spezialisierung gerichtet. Das politische und ökonomische Fundament ist die sozialistische Internationalisierung, ist die noch effektivere Gestaltung der sozialistischen ökonomischen Integration. Es geht aber auch um eine höhere Wirksamkeit der weiter zu entwickelnden Wirtschaftsbeziehungen mit kapitalistischen Industrieländern und mit Entwicklungsländern. Die sich entwickelnde ökonomische Selbständigkeit vieler progressiver Entwicklungsländer und der Ausbau ihrer Beziehungen mit sozialistischen Staaten stellen neue Anforderungen an die Profilierung der volkswirtschaftlichen Strukturen nicht nur in diesen Entwicklungsländern, sondern auch in den sozialistischen Volkswirtschaften.

Wir können natürlich nicht übersehen, daß die zweckmäßige Veränderung unserer volkswirtschaftlichen Mikrostrukturen ein langer Prozeß ist. Die Innovations- und Investitionsschwellen (hierbei die Fondsvorschüsse) sind in der Regel hoch. Doch gibt es Möglichkeiten, sie unter anderem durch internationale Arbeitsteilung abzubauen. (Generaldirektor Frohn hat in seinem Diskussionsbeitrag das Beispiel der Olefin-Kooperation zwischen der ČSSR und der DDR angeführt.)

Es gibt, so scheint es mir, zwei Hauptwege, um unsere Produktion weiter und rationeller zu internationalisieren. Der erste ist die Zunahme der internationalen Mobilität von Produktionsfaktoren (der Arbeitskräfte, besonders aber der Information im weiteren Sinne und der Fonds). Der zweite Weg ist die Ausdehnung der internationalen Spezialisierung und Kooperation in den Bereichen Forschung und Entwicklung, Investitionen, Produktion, nichtproduktive Infrastruktur, Bezug und Absatz.

Drei kurze Bemerkungen zum ersten Weg:

1. Bei Beachtung aller sozialökonomischen Unterschiede können wir feststellen, daß sowohl im Kapitalismus als auch im Sozialismus der internationale Transfer von Produktionsfaktoren in der letzten Zeit im Durchschnitt ungefähr ebenso schnell wuchs wie der Außenhandel. Die internationale Mobilität der Produktionsfaktoren ist ein allgemeiner Trend in der heutigen Bewegung der Produktivkräfte, sie ist ein wichtig gewordenes Element der internationalen Arbeitsteilung.

2. Wie wir wissen, ist die innerbetriebliche und zwischenbetriebliche Organisation von Arbeit, Produktion und Verteilung ein ganz wichtiger Produktivitätsfaktor. Das gilt auch für den internationalen Transfer in diesem Bereich. Im System der sozialistischen ökonomischen Integration gibt es offensichtlich noch viele Möglichkeiten, um diesen Transfer im Interesse der beteiligten Volkswirtschaften auszubauen. Wie einige Erfahrungen zeigen, ist die gemeinsame Rekonstruktion und Rationalisierung von Betrieben einer der gangbaren Wege.

3. Zur Ausdehnung des internationalen Transfers von Produktionsfaktoren im RGW-Bereich gehört auch die Zunahme der zweiseitigen und mehrseitigen Kreditierungen. Gewiß gibt es hier heute einige Probleme, die noch nicht ausreichend gelöst sind. Vor allem sollte m. E. die sogenannte Hebelwirkung der Kreditierungen zwischen den RGW-Ländern noch weiter verbessert werden. Dann wäre ein stärkerer Einsatz der internationalen Kredite in der verarbeitenden Industrie der RGW-Länder zweifellos nützlich. Zweiseitige Kreditierungen gibt es bisher, wenn ich nichts übersehen habe, fast ausschließlich nur im Rohstoffbereich. Und von den Krediten der Internationalen Investitionsbank entfallen nur gut 10 % auf den Maschinenbau und die Elektrotechnik/Elektronik. Da es aber richtig ist, daß der Schlüssel, um allmählich die Schere zwischen der Energie- und Rohstoffbasis auf der einen Seite und der verarbeitenden Industrie auf der anderen Seite zu verengen und möglichst zu schließen, in der verarbeitenden Industrie liegt (Entwicklung von rohstoff- und energiesparenden Techniken und Technologien), dann sollten wir viele Wege suchen und gehen, um die Zusammenarbeit zwischen den RGW-Ländern mit dem Ziel voranzutreiben, den wissenschaftlich-technischen Fortschritt in der verarbeitenden Industrie zu beschleunigen.

Eine zweite Hauptrichtung der weiteren Internationalisierung sozialistischer Volkswirtschaften ist der Ausbau der internationalen Spezialisierung und Kooperation in den oben erwähnten Bereichen. Ich möchte zu drei Problemen dieser Spezialisierung/Kooperation sprechen.

Ein erstes Problem ist folgendes: Sollen wir uns vorrangig auf die Ausfuhr von Anlagen oder von Einzelmaschinen orientieren? Ganz allgemein lautet die Antwort: sowohl als auch. Allerdings geht dabei der moderne Trend im Export von Maschinen eindeutig dahin, schlüsselfertige Anlagen sowohl für die Produktionssphäre als auch für die nichtproduktive Infrastruktur zu liefern. Deshalb haben wir uns ja auch in der DDR auf einen stärkeren Anlagenexport eingerichtet.

Dabei achten wir mehr und mehr darauf, die Ausfuhr von energie- und materialintensiven Anlagen zugunsten des Exports von arbeitsintensiven Anlagen zu vermindern. Arbeitsintensiv aber natürlich nur in dem Sinn, daß diese Anlagen viel hochqualifizierte Arbeit aufgesaugt haben, zum Beispiel in Gestalt von Programmsteuerung oder auf andere moderne Weise. (Bei den im Jahre 1977 aus der BRD exportierten Werkzeugmaschinen – meist sind es Spezialmaschinen – betrug der Lohnanteil an den Produktionskosten etwas über 30 %.)

Derartige Anlagen – und das ist ein zweiter Gesichtspunkt, der zu beachten wäre – können aber nur günstig hergestellt und ausgeführt werden, wenn die Produktion bei hochgradiger volkswirtschaftlicher und internationaler Kooperation erfolgt.

Ein zweites Problem besteht in der Alternative, ob wir vorrangig Standardmaschinen oder Spezialmaschinen exportieren sollten. Bei Berücksichtigung internationaler Trends wäre es sicher zweckmäßig, den Anteil von Spezialmaschinen an unseren Maschinenausfuhren zu steigern. (Spezialmaschinen sind unter anderem nicht so preisempfindlich wie Standardmaschinen.) Aber natürlich kann dieser Anteil nur allmählich erhöht werden.

Auch Standardmaschinen haben nach wie vor ihre soliden Absatzmärkte, wenn Produktion und Lieferung von entsprechender Qualität sind. (Das beginnt oder endet, wie man nun will, bei den Löt- und Schweißstellen, beim Anstrich, der Verpackung usw.) Unsere Maschinenexporte haben aber nicht nur ihre qualitative, sondern auch ihre quantitative Seite. Bestimmte Mengen sind notwendig, um auswärtige Märkte zu halten oder um in sie einzudringen. Große Mengen sind in der Regel auch notwendig, um langfristig stabile internationale Spezialisierungen durchzusetzen.

Hier stoßen wir auf eine komplizierte Dialektik: Um unsere Produktions- und Ausfuhrsortimente zu vermindern, brauchen wir mehr internationale Spezialisierung. Für diese Spezialisierung aber brauchen wir wiederum größere Mengen, die nur über Spezialisierung und Konzentration in der Produktion zu erreichen sind. Hinzu kommt die schon erwähnte Problematik der Innovations- und Investitionsschwellen. Sprünge werden also wohl selten sein.

Schließlich ein drittes Problem: Sollen wir mehr Teile oder mehr Finalprodukte exportieren? Auch hier ist zunächst die allgemeine Antwort ein sowohl als auch. Der internationale Trend geht aber dahin, den Anteil der Baugruppenelemente, Teile usw. zu erhöhen. So nahm zum Beispiel von 1960 bis 1978 der Anteil der Teile an den Werkzeugmaschinenausfuhren der BRD von 6 auf 14 % zu. Für die USA lauten die entsprechenden Ziffern 19 und 30 %. Ein nicht ausgesprochen einzelner, aber doch extreme Werte ansteuernder Fall sind die Zunahme und die Höhe des Anteils der Teile an Großbritanniens Pkw-Exporten. Er nahm von 27 % im Jahre 1960 auf etwa 60 % Anfang der siebziger Jahre zu.

In den kapitalistischen Industrieländern gibt es vor allem drei Motive, die zu einer Erhöhung des Anteils der Teile führen. Der erste und wohl wichtigste Beweggrund ist die Zunahme der internationalen Firmenkooperation zwecks Herstellung moderner Finalprodukte. Ein zweites Motiv ist die Verlagerung von Produktionen in sogenannte Billiglohnländer. Schließlich besteht ein dritter Anreiz darin, die für Teile niedrigeren Frachtkosten und -sätze auszunutzen, ebenso günstigere Zoll- und Steuersätze. Auch gibt es in der Regel für Teile geringere nichttarifäre Barrieren.

Um abzuschließen: Es ging mir – bei Beachtung aller Probleme, die zu lösen sind – um die Anregung, unsere Volkswirtschaft weiter zu internationalisieren, sie noch stärker in die internationale sozialistische Arbeitsteilung zu integrieren. Dadurch könnten wir m. E. nennenswerte Struktureffekte erzielen. Diese sind sowohl Gleichgewichts- als auch Wachstumsfaktoren. Weitere Konzentration und Spezialisierung führen zu erhöhter Produktivität. Die Mittel sind vor allem internationale Faktormobilität und internationale Spezialisierung/Kooperation.

Es geht aber auch um Prioritäten im Kategoriensystem der Theorie der internationalen Arbeitsteilung. Wenn internationale Faktormobilität und internationale Spezialisierung/Kooperation wichtige und an Bedeutung zunehmende Elemente der internationalen Arbeitsteilung sind, dann reicht es m. E. nicht mehr aus, den Grad dieser internationalen Arbeitsteilung mit dem Quotienten Weltproduktion : Welthandel bzw. volkswirtschaftliche Produktion : Außenhandel zum Ausdruck zu bringen. Die neuen Prozesse sollten auch in der theoretischen Arbeit gebührend beachtet werden.

S. Möke

Zu perspektivischen Fragen der Zusammenarbeit der RGW-Länder auf der Grundlage der langfristigen Zielprogramme

Auf der Grundlage des 1971 von der XXV. Tagung des RGW beschlossenen Komplexprogramms sind in der Entwicklung der sozialistischen ökonomischen Integration sichtbare Fortschritte erreicht worden. Der Gedanke der Integration hat sich in der Zusammenarbeit auf allen Gebieten – politisch, ökonomisch, wissenschaftlich-technisch und kulturell – durchgesetzt.

In den 70er Jahren haben die RGW-Länder bei der quantitativen und qualitativen Erweiterung der materiell-technischen Basis ihrer Volkswirtschaften und der Entwicklung der Produktivkräfte bedeutende Erfolge erreicht. Das seit Jahrzehnten insgesamt höhere Wachstum des Nationaleinkommens und der Industrieproduktion ist auch für die zurückliegenden 10 Jahre kennzeichnend. So stieg das Nationaleinkommen der RGW-Länder 1979 gegenüber 1970 auf 162 %, während sich im gleichen Zeitraum das Nationaleinkommen der kapitalistischen Industrieländer auf 131 % erhöhte. Dabei ist allerdings nicht zu übersehen, daß in der zweiten Hälfte der 70er Jahre die Zuwachsraten der RGW-Länder eine sinkende Tendenz aufweisen. Auf diese Entwicklung wirkt eine Reihe bekannter einschneidender innerer und äußerer Faktoren ein, die die Umstellung der Volkswirtschaften auf die intensiv erweiterte Reproduktion außerordentlich kompliziert gestalten. Dieser Prozeß verläuft in den einzelnen Ländern in unterschiedlichem Tempo.

In dem der Konferenz vorliegenden Arbeitsmaterial werden nach meiner Auffassung die Aufgaben zur Vertiefung der sozialistischen ökonomischen Integration in der weiteren Perspektive sowohl theoretisch als auch, ausgehend von den Erfordernissen der Praxis, fundiert herausgearbeitet. Besonders hervorheben möchte ich die Feststellung, daß die Entwicklung der sozialistischen ökonomischen Integration wesentlich dazu beitragen muß, die Effektivität der gesellschaftlichen Produktion in den RGW-Ländern zu erhöhen.

Diesem Grundanliegen dienen die im RGW ausgearbeiteten langfristigen Zielprogramme sowie die zweiseitigen Programme der RGW-Länder mit der UdSSR über die langfristige Spezialisierung und Kooperation.

Während der auf der Krim stattgefundenen freundschaftlichen Begegnung zwischen den Genossen Leonid Breshnew und Erich Honecker wurde hervorgehoben: „Im kommenden Planjahrfünft soll ein umfassender Komplex von Integrationsmaßnahmen verwirklicht werden, die durch das Programm zur Spezialisierung und Kooperation der Produktion zwischen den beiden Ländern wie auch durch die langfristigen Zielprogramme der Zusammenarbeit vorgesehen sind, die im Rahmen des RGW ausgearbeitet wurden.“[1]

Worauf kommt es bei der Realisierung dieser Programme, insbesondere in Blick-

[1] Freundschaftliche Begegnung zwischen Leonid Breshnew und Erich Honecker, in: Neues Deutschland vom 12. August 1980, S. 1.

richtung auf die Sicherung eines auch für die längere Perspektive stabilen Wirtschaftswachstums unserer Länder, an?

1. Eine der entscheidenden Fragen ist die Sicherung der Rohstoff-, Brennstoff- und Energiebasis.

Von nicht zu unterschätzender Bedeutung war, daß in den 70er Jahren der wachsende Importbedarf der DDR an Rohstoffen und Energieträgern aus der UdSSR und den anderen RGW-Ländern gesichert wurde. Die hohen Steigerungsraten bei Erdöl- und Erdgasimporten wären nicht möglich gewesen ohne die bereits in den Jahren 1967 und 1968 vereinbarte Beteiligung der DDR an den Investitionen zum Ausbau dieser Zweige in der UdSSR. Weitere Beteiligungen bildeten die Grundlage für erhöhte Bezüge von Walzstahl, Eisenerz, Ferrolegierungen, Zellstoff und Asbest aus der UdSSR.

Die DDR geht davon aus, daß auch in Zukunft die Versorgung der Länder des RGW mit den wichtigsten Roh- und Brennstoffen aus dem Aufkommen der RGW-Gemeinschaft gesichert werden muß. Das ist eine grundlegende strategische Frage der Entwicklung der sozialistischen Staatengemeinschaft. Der Ausbau der Brenn- und Rohstoffwirtschaft unserer Länder schließt eine Zusammenarbeit mit Drittländern durchaus ein, wobei wir jedoch keine unvertretbaren Abhängigkeiten zulassen dürfen.

Es ist bekannt, daß bereits die Beibehaltung des Importniveaus an Roh- und Brennstoffen für die DDR mit außerordentlich hohen Anforderungen verbunden ist. Ein Schwerpunkt liegt in der Erhöhung der Produktion von Ausrüstungen für die Erkundung und den Aufschluß sowie die Produktion von Rohstoffen und Energieträgern.

Die Vorbereitung und Realisierung von Rohstoffobjekten stellt uns immer wieder vor die Tatsache, daß in einzelnen RGW-Ländern die Basis zur Deckung des wachsenden Bedarfs an Ausrüstungen allein nicht im erforderlichen Umfange vorhanden ist. So wächst zum Beispiel im Zusammenhang mit der verstärkten Nutzung eigener Brennstoffvorräte und dem damit verbundenen Aufschluß fester Brennstoffe in allen RGW-Ländern der Bedarf an Tagebauausrüstungen. Die DDR als einer der Hauptproduzenten im RGW-Bereich ist angesichts des wachsenden Eigenbedarfs nicht in der Lage, den Anforderungen der anderen RGW-Länder voll gerecht zu werden. Meines Erachtens sollte angestrebt werden, auf der Grundlage der bereits entwickelten und in der Praxis bewährten Anlagen eine Kooperation mit anderen RGW-Ländern auf Lizenzbasis durchzuführen mit dem Ziel, das Gesamtaufkommen an Tagebauausrüstungen zu erhöhen.

Ausgehend von den langfristigen Zielprogrammen, wird bekanntlich eine mehrseitige internationale Kooperation bei der Produktion von Ausrüstungen für Kernkraftwerke durchgeführt. Auch auf diesem Gebiet ist für die Erfüllung des im RGW verabschiedeten Programms zum Aufbau von Kernkraftwerken mit einer Kapazität von 37 000 MW bis 1990 eine derartige internationale Kooperation erforderlich.

Die ausrüstungsseitige Absicherung der Rohstoffgewinnung ist und bleibt eine kollektive Aufgabe unserer Länder. Die internationale Spezialisierung und Kooperation sollte gerade auch auf diesem Gebiet noch stärker genutzt werden, um die Produktion zu erweitern und bestehende Importabhängigkeiten von kapitalistischen Ländern schrittweise abzubauen.

2. Eine weitere Hauptrichtung der Zusammenarbeit – ausgehend von den langfristigen Zielprogrammen – ist die Kooperation bei der Entwicklung neuer Technologien, Ausrüstungen und Geräte für den rationellen Einsatz von Rohstoffen und Energie.

In der DDR wie auch in anderen RGW-Ländern werden in den nächsten Jahren auf diesem Gebiet umfangreiche Maßnahmen durchgeführt. Das betrifft die rationelle Energieumwandlung, die Entwicklung neuer energiesparender Technologien und Anlagen für energieintensive Produktion, die Ausarbeitung von Systemen und Geräten für die Überwachung und Steuerung des Energieverbrauchs in technologischen Prozessen.

Die Realisierung der hierzu in den nächsten Jahren in der DDR vorgesehenen Maßnahmen ist mit nicht unerheblichen Investitionen verbunden. Sie stellen hohe Anforderungen an den Maschinenbau. Diese Aufwendungen sind jedoch wesentlich geringer, als wenn für die eingesparte Menge an Primärenergie zusätzlich neue Kohlelagerstätten erschlossen werden müßten. Die Berechnungen sagen, daß für den Aufschluß und die Produktion der Kohle das zwei- bis dreifache mehr ausgegeben werden müßte, abgesehen von der Nichtreproduzierbarkeit der Energieträger.

Der auf diesem Gebiet zu schaffende wissenschaftlich-technische Vorlauf sowie die Produktion entsprechender Ausrüstungen ist ohne internationale Zusammenarbeit nicht bzw. nicht effektiv realisierbar. Erst vor kurzem wurde ein mehrseitiges Abkommen über die wissenschaftlich-technische Zusammenarbeit auf dem Gebiet der rationellen Energieanwendung und die Spezialisierung und Kooperation entsprechender Ausrüstungen abgeschlossen.

Die langfristigen Zielprogramme enthalten auf dem Gebiet des rationellen Einsatzes von Rohstoffen und Energie auch für die Zusammenarbeit in der Grundlagenforschung weitgesteckte Aufgaben, wie z. B. die Weiterentwicklung der Kernenergie, die Schaffung von Kernheizwerken bzw. kombinierten Kernkraftheizwerken. Für die Nutzung der bedeutenden Vorräte fester Brennstoffe im Osten der UdSSR ist auch die Entwicklung neuer wirtschaftlicher Übertragungstechnologien für größere Mengen Elektroenergie über weite Entfernungen für die Perspektive von nicht zu unterschätzender Bedeutung.

Ich möchte in diesem Zusammenhang auch auf den Beschluß der 34. Tagung des RGW verweisen, der vorsieht, in den Jahren bis 1984 eine wissenschaftlich-technische Prognose über die Lösung von Brennstoff- und Energieproblemen bis zum Jahre 2000 und darüber hinaus auszuarbeiten. Dabei wird besonders auf die Nutzung neuer perspektivischer Energiequellen orientiert. In dieser Prognose geht es nicht nur darum, den Bedarf einzuschätzen, sondern darum, neue Lösungsmöglichkeiten und die Voraussetzungen für deren Realisierung zu entwickeln.

3. Die langfristigen Zielprogramme enthalten für die Zusammenarbeit in anderen wichtigen Bereichen des Maschinenbaus und der Elektrotechnik umfassende und weitgesteckte Aufgaben. Ausgehend vom Komplexprogramm der RGW, wurde durch langfristige Vereinbarungen über Spezialisierung und Kooperation ein hoher Grad der Verflechtung der Volkswirtschaften der Mitgliedsländer des RGW erreicht.

Alle wichtigen Gebiete des Maschinenbaus und der Elektrotechnik/Elektronik der DDR sind in bedeutendem Umfang in die internationale Arbeitsteilung mit der UdSSR und den anderen RGW-Ländern einbezogen. Das Produktionsprofil der metallverarbeitenden Industrie der DDR ist in hohem Maße durch die Abkommen und Verträge über die internationale Spezialisierung und Kooperation bestimmt. Der Ex- und Import spezialisierter Erzeugnisse verläuft mit einer bedeutend höheren Dynamik als der Gesamtwarenaustausch. So wurde der Export spezialisierter Erzeugnisse der metallverarbeitenden Industrie der DDR auf der Grundlage langfristiger Spezialisierungsvereinbarungen von 1,3 Mrd. 1971 auf annähernd 10 Mrd. Mark 1980 erhöht. Allein im Zeitraum von 1975 bis 1979 wurde dieser Export annähernd verdoppelt.

Die Spezialisierung und Kooperation der Produktion hat die Entwicklung einer effektiven Produktions- und Außenhandelsstruktur der DDR positiv beeinflußt. In wichtigen Zweigen des Maschinenbaus konnten durch Konzentration in Forschung, Entwicklung und Produktion bedeutende ökonomische Effekte erreicht werden. So ist es zum Beispiel möglich, im Werkzeugmaschinenbau der DDR unter Ausnutzung der internationalen

Spezialisierung und Kooperation das Produktionsprofil durch Überleitung von 120 bis 130 Neuentwicklungen pro Jahr innerhalb von 5 Jahren zu erneuern. Die Produktionsstruktur wird immer stärker durch hochwertige Maschinen, wie Präzisionswerkzeugmaschinen, numerisch gesteuerte Werkzeugmaschinen, Taktstraßen usw., bestimmt. Damit werden gleichzeitig Voraussetzungen geschaffen, die Exportrentabilität zu erhöhen. Ähnliche Beispiele könnten auch für andere Zweige des Maschinenbaus aufgezeigt werden, wie z. B. den Landmaschinenbau, den Schiffbau, den polygrafischen Maschinenbau.

Zunehmend sind neue Ergebnisse, die Ergebnisse gemeinsamer Forschungs- und Entwicklungsarbeit sind, in die Spezialisierung und Kooperation einbezogen.

Bei der Realisierung der langfristigen Zielprogramme ist der Zusammenarbeit auf den Gebieten des Maschinenbaus und der Elektrotechnik besondere Aufmerksamkeit zu schenken, die den wissenschaftlich-technischen Fortschritt in der Breite der Volkswirtschaft im entscheidenden Maße bestimmen.

Das betrifft in hohem Maße die Mikroelektronik, die Rechen- und Steuertechnik, den Gerätebau, die Produktion von Robotern und Manipulatoren. Gegenwärtig werden für diese Gebiete Maßnahmen vorbereitet, um die Forschungs- und Produktionskooperation schneller voranzubringen, die Aufgaben komplex zu lösen, einschließlich der Entwicklung der Bauelementebasis bei einer weitgehenden Unifizierung.

Die Realisierung dieser Aufgaben erfordert, die Beziehungen zwischen den Kombinaten, Forschungseinrichtungen und Betrieben der RGW-Länder weiter auszubauen, auf vertraglicher Grundlage die arbeitsteilige Forschung zu verstärken, einschließlich abgestimmter Maßnahmen zur Überführung in die Produktion.

In Zukunft sollten auch die Lizenzbeziehungen zwischen den RGW-Ländern weiter ausgebaut werden. Sie wurden zwar in den letzten Jahren stärker genutzt, kommen jedoch gerade in den wissenschaftlich-technischen Fortschritt bestimmenden Bereichen des Maschinenbaus noch nicht im erforderlichen Maße zur Anwendung. Das Gleiche gilt auch für die Abstimmung von Lizenznahmen aus Drittländern.

4. Die Effektivität der internationalen Zusammenarbeit wird in hohem Maße von den damit unmittelbar zusammenhängenden Fragen des Transports und den Aufwendungen hierfür beeinflußt.

Bereits gegenwärtig bestehen Schwierigkeiten bei der Bewältigung der nationalen, vor allem auch der internationalen Transportaufgaben.

Auf der Grundlage der langfristigen Zielprogramme ist vorgesehen, für 18 internationale Eisenbahnmagistralen die Durchlaßfähigkeit durch Ausbau und Rekonstruktion wesentlich zu erhöhen, aber angesichts der angespannten Lage auf dem Gebiet der Investitionen in allen RGW-Ländern müssen wir damit rechnen, daß diese Maßnahmen erst nach längerer Zeit wirksam werden.

Der erhöhte Aufwand für internationale Eisenbahntransporte erfordert, auch von dieser Seite den Fragen der Effektivität der internationalen Spezialisierung und Kooperation der Produktion größere Aufmerksamkeit zu schenken.

Die gemeinsamen Anstrengungen, insbesondere mit der UdSSR, zur höheren Aufbereitung von Rohstoffen am Ort der Gewinnung und damit zur Minimierung des Transportaufwandes sollten unbedingt verstärkt werden.

Die Realisierung der in den langfristigen Zielprogrammen enthaltenen Aufgaben stellt für die DDR und die anderen RGW-Länder eine lebensnotwendige Grundlage dar, und es gilt, in allen Bereichen die festgelegten Aufgaben mit Leben zu erfüllen. Die Größe dieser Aufgaben, die Dringlichkeit ihrer Lösung auch im Hinblick auf die sich verschärfende internationale Klassenauseinandersetzung erfordern, die Möglichkeiten der sozialistischen internationalen Arbeitsteilung auch in Zukunft wirksamer zu nutzen.

G. Brendel

Effektivität der Integrationsmaßnahmen und planmäßige Nutzung der Wertkategorien

Im Arbeitsmaterial und im Einführungsreferat wurde auf Probleme und Aufgaben verwiesen, die vor der sozialistischen Ökonomik und der wirtschaftswissenschaftlichen Forschung infolge veränderter innerer und äußerer Reproduktionsbedingungen in den achtziger Jahren stehen.

Ich möchte dabei den Gedanken unterstützen, daß die komplizierter gewordenen Bedingungen und wachsenden Anforderungen der achtziger Jahre nicht nur aus veränderten weltwirtschaftlichen Bedingungen und damit einhergehenden außenwirtschaftlichen Belastungen erklärt werden können, obwohl diese selbstverständlich wichtiger Bestandteil derselben sind.

Die Effektivität des Wirtschaftens, die Intensivierung der sozialistischen Produktion wird in den achtziger Jahren noch mehr als bisher zum Schlüsselproblem der erfolgreichen Lösung der politischen, ökonomischen und sozialen Aufgaben unserer sozialistischen Länder. Unter diesem Aspekt ist auch an die Maßnahmen der sozialistischen ökonomischen Integration heranzugehen.

Die Wirksamkeit der Maßnahmen der sozialistischen ökonomischen Integration kann nicht an der Zahl der abgeschlossenen Vereinbarungen und Abkommen gemessen werden, sondern an den Effekten, die für die beteiligten sozialistischen Länder entstehen. Gradmesser für die Wirksamkeit der Maßnahmen der sozialistischen ökonomischen Integration kann nur die Einsparung an lebendiger und vergegenständlichter Arbeit, ihr Beitrag zur Erhöhung des verfügbaren Nationaleinkommens bei besserer Bedarfsdeckung (einschließlich der Exporterfordernisse gegenüber kapitalistischen Industrieländern und Entwicklungsländern) sein. Das setzt eine Vervollkommnung der inner- und zwischenstaatlichen Leitung, Planung und ökonomischen Stimulierung der Integrationsprozesse voraus. Ein Weg hierbei ist die noch wirksamere Nutzung der Ware-Geld-Beziehungen und der Wertinstrumente in der staatlichen Planung und internationalen Planungszusammenarbeit.

Es geht vor allem darum, im Prozeß der Planungszusammenarbeit der Einheit von gebrauchswertmäßiger, wertmäßiger und finanzieller Reproduktion noch stärker Rechnung zu tragen. Eine unzureichende Berücksichtigung der Wertkategorien hat bestimmte Widersprüche im Prozeß der Realisierung der koordinierten Maßnahmen zur Folge und ist mit Effektivitätsverlusten verbunden. Deshalb sind solche Lösungen zu finden, die dem Charakter der Arbeit im Sozialismus, dem Wesen der sozialistischen Produktionsverhältnisse und ökonomischen Beziehungen zwischen den sozialistischen Ländern entsprechen.

Das hat zugleich in konsequenter Auseinandersetzung mit bürgerlichen Ideologien zu erfolgen. So wird von einigen bürgerlichen Ökonomen dem Sozialismus die Fähigkeit abgesprochen, die gesellschaftliche Produktion und die sozialistische internationale Arbeitsteilung effektiv zu gestalten. Da die sozialistische Wirtschaft angeblich mit der Warenwirtschaft und deren Kategorien unvereinbar sei, fehle jeglicher Stimulus für rationelles Handeln.

Das äußert sich dann in folgenden konkreten Argumenten: „Das RGW-Preissystem ist damit nicht geeignet, die Arbeitsteilung zwischen den RGW-Mitgliedsländern so zu beeinflussen, daß absolute oder komparative Kostenvorteile ausgenutzt werden können."[1]

Horst Dieter Brezinski schreibt: „Der nicht kontingentierte Handel soll keine grundlegende Form des Intra-RGW-Handels werden, sondern nur den außerplanmäßigen Warenaustausch erfassen. Aus diesem Grunde ist kaum mit einer Erhöhung der Flexibilität des gegenseitigen Warenaustauschs zu rechnen ... Dadurch, daß die internationalen monetären Beziehungen noch nicht so weit entwickelt worden sind, daß die Konvertibilität zwischen den einzelnen Währungen bzw. zum transferablen Rubel hergestellt worden ist, wird die internationale Planung erheblich erschwert ..."[2]

Mit dem sogenannten Dreieck Liberalisierung des Warenaustauschs, freie Preisbildung, Konvertibilität wird die Entwicklung freier Marktkräfte für die Wirtschaftszusammenarbeit empfohlen und die Nutzung der Ware-Geld-Beziehungen der Planung gegenübergestellt.

Bessere Nutzung der Wertkategorien heißt doch aber für die sozialistische Wirtschaft: bessere Nutzung der Wertkategorien im Prozeß der Planvorbereitung, Planung und Planrealisierung. Dabei geht es konsequent um eine Orientierung an fortgeschrittenen Entwicklungstendenzen des wissenschaftlich-technischen Fortschritts, der Produktivität, des gesellschaftlichen Arbeitsaufwandes unter Beachtung gesellschaftlicher Intensivierungsprozesse im internationalen Maßstab.

Ich möchte dies am Beispiel der Preisbildung und Nutzung der Weltmarktpreise sichtbar machen.

Die Veränderungen der Niveaus, Relationen und Strukturen der Weltmarktpreise in den siebziger und zu Beginn der achtziger Jahre signalisieren wichtige qualitative Faktoren der Veränderungen ökonomischer Prozesse im internationalen Maßstab. Am deutlichsten sind diese Preisveränderungen auf dem Rohstoffsektor (vgl. Tabelle 1).

Tabelle 1
HWWA-Index der Weltmarktpreise für Rohstoffe (1975 = 100, Dollarbasis)

Jahr	Rohstoffpreise insgesamt	darunter: Energierohstoffe
1970	31,9	17,4
1971	33,0	21,3
1972	36,2	23,5
1973	52,2	30,3
1974	104,3	96,9
1975	100,0	100,0
1976	107,4	106,2
1977	117,3	115,6
1978	116,1	117,7
1979	152,7	161,1
1980[1]	219,4	256,1

[1] Januar bis Juli

Quelle: HWWA-Institut für Wirtschaftsforschung, Hamburg „Konjunktur von morgen", Nr. 568 vom 7. August 1980.

[1] H. Winter, Institutionalisierung, Methoden und Umfang der Integration im RGW, Stuttgart 1976, S. 164.

[2] H. D. Brezinski, Internationale Wirtschaftsplanung im RGW, Paderborn, München, Wien, Zürich, Schönigh 1978, S. 157.

Der Verdreifachung des Rohstoffpreisniveaus zwischen 1972 und 1974 folgte zwischen 1978 und 1980 erneut eine Verdopplung. Hieraus wird die enorme Belastung für Rohstoffnettoimporteure ersichtlich. Die Aussage ist jedoch weiter zu präzisieren. Im Mittelpunkt der Preisbewegung standen die Energierohstoffe. Ihre Weltmarktpreise vervierfachten sich zwischen 1972 und 1974, und auch zwischen 1978 und 1980 stiegen sie bedeutend schneller als das gesamte Rohstoffpreisniveau. Damit bin ich bei einem weiteren Problem.

In der Literatur begegnet man oft folgender unscharfer Formulierung: Die Rohstoffpreise steigen schneller als die Fertigwarenpreise. Aus dieser globalen Feststellung wird dann leicht der falsche Schluß gezogen: Alle Rohstoffpreise steigen schneller als alle Fertigwarenpreise. Meines Erachtens haben wir allen Grund, uns entschieden gegen solche Vereinfachungen zu wenden, bieten sie doch zu schnell und zu leicht das Alibi für unzureichende Effektivität der Arbeit in der eigenen Volkswirtschaft, im Kombinat, im Betrieb, verdecken unzureichende Ressourcennutzung (Grundfonds, Material, Arbeitskräfte), unzureichende äußere Marktarbeit usw. Zwischen 1975 und 1979 stiegen z. B. die Preise für Nahrungs- und Genußmittel, für Eisenerz, Schrott (um nur einige zu nennen) durchaus langsamer als die Preise für industrielle Fertigerzeugnisse. Im gleichen Zeitraum beobachten wir aber auch extreme Preisbewegungen bei einzelnen Fertigerzeugnissen im Ergebnis von Innovationen, der Markteinführung wissenschaftlich-technischer Spitzenergebnisse, die oftmals dem Tempo von Preisbewegungen auf den Rohstoffmärkten nicht nachstehen.

Welche Konsequenzen hat das für die sozialistische Wirtschaft?

1. Der Aufwand zur Deckung des Importbedarfs bei vielen Rohstoffen ist in den letzten Jahren sprunghaft angestiegen. Diese Tendenz wird sich fortsetzen.

Sparsamer Umgang mit Rohstoffen und Energie, hohe Rohstoffveredlung, bessere Rohstoffverwertung, Nutzung einheimischer Rohstoffe, weitgehende Erschließung von Sekundärrohstoffen und Substituten sind Aufgabenstellungen, die das Tempo der Intensivierung maßgeblich mitbestimmen werden. Die ökonomischen Regelungen, zum Beispiel auf dem Gebiet der Industriepreisbildung, müssen diese Prozesse noch aktiver unterstützen.

2. Eine Analyse der Weltmarktpreise für industrielle Fertigerzeugnisse zeigt, daß, obwohl sie insgesamt langsamer steigen als die Rohstoffpreise, im Ergebnis von wissenschaftlich-technischen Neuerungen, hohen Gebrauchswert- und Qualitätsparametern bei Einzelerzeugnissen durchaus auch erhebliche Preisveränderungen vorhanden sind. Die beschleunigte Umsetzung wissenschaftlich-technischer Erkenntnisse in der Produktion führt jedoch auch zu einer Verkürzung der Lebensdauer der Erzeugnisse, erhöht ihren moralischen Verschleiß. Die Höhe der erforderlichen Preisnachlässe für technisch überholte Erzeugnisse wächst dabei oft schneller, als sich die Qualität dieser Erzeugnisse im Verhältnis zum Spitzenniveau vermindert. Auch das erfordert Schlußfolgerungen für Innovations-, Erzeugnis- und Strukturpolitik der sozialistischen Volkswirtschaft und ihrer Kombinate. Wissenschaftlich-technischer Fortschritt muß sich immer zugleich auch als ökonomischer Fortschritt erweisen. Bei neuen und weiterentwickelten Erzeugnissen bedeutet das nicht nur ein hohes wissenschaftlich-technisches und Qualitätsniveau, sondern auch niedrigere Kosten, die insgesamt eine höhere Anwenderökonomie ermöglichen. Auch auf dem Gebiet der Kosten und Preise ist der konsequente Vergleich mit dem internationalen Niveau unerläßlich. Es geht um die Entwicklung und Produktion solcher Erzeugnisse, die in den maßgeblichen Gebrauchseigenschaften und im Kostenniveau den fortgeschrittenen internationalen Stand mitbestimmen und die zu einem Zeitpunkt auf den internationalen Märkten absetzbar sind, da die Nachfrage für hohe und

erzielbare Exportpreise günstig sind. Dem Zeitfaktor muß hierbei in Zukunft viel größere Aufmerksamkeit geschenkt werden. Es geht nicht um Neuerungen und wissenschaftlich-technische Spitzenleistungen schlechthin. Sie müssen zum richtigen Zeitpunkt – dann, wenn die Nachfrage nach ihnen groß ist –, produziert und abgesetzt werden und durch eine rechtzeitige Marktvorbereitung und -bearbeitung eine günstige Verwertung erfahren. Insofern sind internationale Erfordernisse und Erfahrungen bei der Gestaltung des Zyklus Forschung, Investitionen, technologische Vorbereitung, Produktion und Exportabsatz (einschließlich technischer Dienstleistungen und Service) stärker zu beachten. Bereits mit den Entscheidungen über Neu- und Weiterentwicklungen sind Kostennormative vorzugeben, die internationale Entwicklungen und Erfordernisse berücksichtigen.

Meines Erachtens werden auch in unserer Inlandspreisbildung bei vielen Erzeugnissen überhöhte Aufwendungen des Produzenten bei Neu- und Weiterentwicklungen noch zu großzügig honoriert.

Nur so ist zu erklären, daß – bei Beachtung internationaler Entwicklungstendenzen – der Industriepreis mitunter schneller wächst als der Gebrauchswertzuwachs. Da in der Regel der Gebrauchswertzuwachs im Export- bzw. Vertragspreis nicht voll zu realisieren ist, ist oft eine wesentliche Rentabilitätsverschlechterung die Folge.

3. Theoretische Überlegungen sind auch hinsichtlich der weiteren Vervollkommnung der RGW-Preisbildung, speziell unter dem Aspekt der Anwendung der Weltmarktpreise erforderlich.

Dabei sehe ich vor allem drei Aspekte:

a) Stärkere Analyse und wissenschaftliche Verallgemeinerung der Entwicklungstendenzen der Weltmarktpreise der siebziger und achtziger Jahre unter Berücksichtigung der Zusammenhänge von Produktivkraftentwicklung, kapitalistischen Produktionsverhältnissen und Überbaubeziehungen.

Wir können einerseits nicht daran vorbeigehen, daß sich im abgelaufenen Jahrzehnt wesentliche Veränderungen in den Relationen und Strukturen internationaler Werte vollzogen haben, die über viele Zwischenglieder vermittelt, in Veränderungen der Relationen der Weltmarktpreise reflektiert werden und die wichtige Intensivierungs- und Rationalisierungsaufgaben signalisieren. Im Verlauf der sechziger und siebziger Jahre haben sich Veränderungen in den Wertgrundlagen der Weltmarktpreise in einem Ausmaß vollzogen, wie sie in diesem Tempo, in diesen Dimensionen in diesem Jahrhundert bisher noch nicht auftraten (und das nicht nur im Rohstoffbereich).

An diesen Fakten können wir nicht vorbeigehen, und die Lösung kann auch nicht darin bestehen, daß wir die Kategorie „internationaler Wert" aus der marxistischen politischen Ökonomie verbannen, wie ich es neulich in einer Dissertation las. In dieser Arbeit wird festgestellt:

„Zusammenfassend ist zu sagen, daß es den ‚internationalen Wert' auf der Basis des international gesellschaftlich notwendigen Aufwands nicht gibt ... Da also keine ‚internationalen Werte' produziert werden, können auch keine ‚internationalen Werte' realisiert werden."[3]

Es ist gerade ein Verdienst von Marx, daß er in Auseinandersetzung mit dem Modell von Ricardo den internationalen Wert begründete und damit seine Arbeitswertlehre wesentlich bereicherte. Heute, da Internationalisierung der Produktion und damit auch Internationalisierung des Arbeits- und Wertbildungsprozesses viel größere Dimensionen

[3] S. Wohanka, Zu geldtheoretischen Grundlagen der Funktionsweise des transferablen Rubels als sozialistisches Weltgeld, Dissertation, Humboldt-Universität Berlin, November 1979, S. 38, 47.

angenommen haben als zu Marx' Zeiten, ist Marx' Theorie der internationalen Werte aktueller denn je. Ihre Ignorierung hieße, sich falsche Maßstäbe für effektives Wirtschaften zu setzen. Dabei übersehe ich nicht, daß in unserer theoretischen Verallgemeinerung der Bildung und Realisierung internationaler Werte unter den Bedingungen des weltweiten Überganges vom Kapitalismus zum Sozialismus, der Existenz des sozialistischen und kapitalistischen Weltwirtschaftssystems, durchaus noch weiße Flecken bestehen.

Nicht jede Veränderung der Weltmarktpreise der Gegenwart kann jedoch mit Veränderungen der internationalen Wertgrundlagen erklärt werden.

Wir bemerken gerade in den Jahren seit 1979 ein verstärktes Wirksamwerden außerökonomischer, spekulativer und parasitärer Faktoren in der Weltmarktpreisbildung, speziell auch im Rohstoffbereich, die meines Erachtens neue Anforderungen an die Bereinigung der Weltmarktpreise stellen und die Frage aufwerfen, ob jeder Weltmarktpreisentwicklung in der RGW-Preisbildung gefolgt werden muß. Dabei sind solche Fragen verstärkt zu untersuchen wie:

- Möglichkeiten der Bereinigung der Weltmarktpreise vom Einfluß von Preiskartellen;
- Möglichkeiten der Ausschaltung stark spekulativer Preisbewegungen;
- Möglichkeiten der Eliminierung inflationärer Preisbewegungen über die Kursgestaltung des transferablen Rubels.

Es erscheint auch nicht zweckmäßig, stark staatsmonopolistisch regulierte Märkte (wie etwa den Agrarhandel innerhalb der EG, der den Agrarmarktbedingungen unterliegt) als Hauptwarenmärkte zu verwenden.

Selbstverständlich ist hierbei gründlich zu analysieren, denn in ihren Wirtschaftsbeziehungen mit den kapitalistischen Ländern sind die RGW-Länder mit den realen Preisen konfrontiert. Unabhängig davon, welche Faktoren eine Preisbewegung verursacht haben, sind sie Aufwands- oder Erlösfaktor für die sozialistische Wirtschaft.

b) Die Fragen der Vervollkommnung der RGW-Preisbildung sind noch stärker als integraler Bestandteil der Weiterentwicklung der Leitung, Planung und ökonomischen Stimulierung mit dem Ziel der Verbesserung der Planmäßigkeit, Effektivität und Proportionalität der Wirtschaftszusammenarbeit zu behandeln. Eine wichtige Aufgabe hierbei ist die Berücksichtigung der Zusammenhänge zwischen den verschiedenen Wertkategorien, d. h. zwischen Vertragspreisen, planmäßiger Vervollkommnung des transferablen Rubels, Kurs, Verrechnungssystem, Kredit und Zins, da die Wertkategorien letztlich nur im Systemzusammenhang wirken. Fragen der Stabilität und der Sicherung der Kaufkraft des transferablen Rubels z. B. sind ohne Analysen und Konsequenzen auf dem Gebiet der RGW-Preisbildung, d. h. im Vorfeld des eigentlichen Problems, kaum zu lösen.

Für die Stärkung der Rolle des transferablen Rubels als kollektiver Währung ist die Ermittlung realer Kurse zu nichtsozialistischen Währungen (bei Eliminierung bestimmter inflationärer Faktoren) von besonderer Bedeutung.

c) Schließlich ist auch den Zusammenhängen zwischen Weltmarktpreisen, RGW-Vertragspreisen und Inlandspreisen verstärkte Aufmerksamkeit zu schenken.

Bereits im Stadium von Forschung und Entwicklung ist viel konsequenter vom Weltstandsvergleich (hinsichtlich der Parameter und Kosten – so wie sie objektiv existieren) auszugehen. 90 Prozent (vielleicht sogar mehr) der späteren Exportrentabilität unserer

Erzeugnisse werden mit der Forschung, der Entwicklung, dem Investitionsgeschehen, der Technologie, der Produktion, d. h. bevor die Ware in die Zirkulation geworfen wird, entschieden. Fragen des Exports und der Exportrentabilität sind als Fragen des gesamten Reproduktionszyklus und nicht nur der Absatzphase zu betrachten. Der Naturwissenschaftler, der Technologe, der Ingenieur entscheidet bereits wesentlich über die Rentabilität unserer Exporterzeugnisse. Es kommt offensichtlich auch bei der Aus- und Weiterbildung ingenieur-technischer Kader an unseren Hoch- und Fachschulen stärker darauf an, betriebs-, außen- und weltwirtschaftliche Kenntnisse zu vermitteln, damit sich der Naturwissenschaftler, der Ingenieur bei seinen Entscheidungen noch stärker von ökonomischen Aspekten leiten läßt.

M. Engert

Volkswirtschaftliches Wachstum – Volkswirtschaftliche Struktur – Intensivierung – Sozialistische ökonomische Integration

Die siebziger Jahre waren für die europäischen Mitgliedsländer des RGW mit einem beträchtlichen Anwachsen ihres ökonomischen und wissenschaftlich-technischen Potentials verbunden und – auf dieser Grundlage – mit einer spürbaren Erhöhung des materiellen sowie geistig-kulturellen Lebensniveaus. Das ist das Ergebnis der Wirtschafts- und Sozialpolitik der kommunistischen und Arbeiterparteien dieser Länder. Entscheidende Fortschritte bei der Gestaltung der entwickelten sozialistischen Gesellschaft und ein generell größeres und bestimmendes Gewicht der sozialistischen Länder in den internationalen Klassenauseinandersetzungen machen zudem deutlich, daß diese Periode zum erfolgreichsten Zeitabschnitt in der bisherigen Geschichte der Mitgliedsländer des RGW geworden ist.

Fester Teil dieser Entwicklung in den siebziger Jahren war die sozialistische ökonomische Integration als ein objektiver, dem entwickelten Sozialismus wesenseigener langfristiger Prozeß. Dieser Zeitraum umfaßt die erste Halbzeit des Komplexprogramms, das die gemeinsame Strategie der kommunistischen und Arbeiterparteien der Mitgliedsländer des RGW für alle Bereiche ihrer ökonomischen und wissenschaftlich-technischen Zusammenarbeit für zwei Jahrzehnte darstellt. Fortschritte, Entwicklungstendenzen und -probleme der Mitgliedsländer des RGW in den siebziger Jahre sind damit eng verbunden mit den Fortschritten, Entwicklungstendenzen und -problemen der sozialistischen ökonomischen Integration.

Die politische, ökonomische und geistig-kulturelle Aufwärtsentwicklung der sozialistischen Länder in den siebziger Jahren ist begleitet von tiefgreifenden Veränderungen in den inneren und äußeren Reproduktionsbedingungen. An der Schwelle zu den achtziger Jahren stehen wir daher vor der Notwendigkeit, bei der theoretischen Bestimmung der weiteren Entwicklung der sozialistischen ökonomischen Integration diese beiden genannten Aspekte zu beachten: einerseits das gewachsene Potential der Mitgliedsländer des RGW mit seinen vielfältiger und komplizierter gewordenen inneren und äußeren Verflechtungen und andererseits die veränderten Reproduktionsbedingungen.

Für das abgelaufene Jahrzehnt gilt die Aussage, daß der Rat für Gegenseitige Wirtschaftshilfe insgesamt durch ein hohes Entwicklungstempo charakterisiert ist, das ihn – im Vergleich zu anderen Wirtschaftsgebieten in der Welt – als die dynamischste Wirtschaftsregion qualifiziert.

Das zeigt sich u. a. beim Vergleich der Wachstumsraten der Industrieproduktion im

Jahresdurchschnitt:	1966–70	1971–75	1976–79
Mitgliedsländer des RGW	8,3 %	7,7 %	5,3 %
kapitalistische Industrieländer	5,4 %	2,3 %	5,2 %

Dieses Wachstum ist das Ergebnis der konsequenten Orientierung der Politik unserer Parteien auf die Intensivierung der Volkswirtschaft, es ist aber gleichzeitig ein Resultat der sozialistischen ökonomischen Integration. Das zeigt sich u. a. im rascheren Wachsen des gegenseitigen Außenhandels im Vergleich zur Produktion, im erheblichen Anstieg des Anteils spezialisierter Erzeugnisse am gesamten Außenhandel, besonders bei Erzeugnissen der metallverarbeitenden Industrie usw.

Ein Hauptproblem dieser bisherigen Entwicklung liegt in den Veränderungen der Wachstumsraten. Vor allem in der zweiten Hälfte der siebziger Jahre ist in allen europäischen Mitgliedsländern des RGW ein Absinken der Wachstumsraten bei wichtigen Leistungskennziffern zu beachten. Das gilt zeitlich in doppelter Hinsicht: einmal beim Vergleich der Durchschnittsraten beider Fünfjahreszeiträume und zum anderen beim Vergleich der Jahresraten seit 1976. Allein beim Nationaleinkommen ergibt sich folgendes Bild (Wachstumsraten aller europäischen Mitgliedsländer des RGW im Jahresdurchschnitt in Prozent):

1971–75	1976–79	1979
7,6 %	4,8 %	3,1 %

Die von den kommunistischen und Arbeiterparteien ergriffenen Maßnahmen haben aber im ersten Halbjahr 1980 schon dazu geführt, daß sich diese sinkende Tendenz nicht mehr allgemein fortgesetzt hat.

Ausmaß und Tempo dieses Sinkens sind von Land zu Land verschieden. Da aber alle europäischen Mitgliedsländer des RGW davon betroffen sind, ist hier ein generelles Problem entstanden, dessen Lösung von prinzipieller theoretischer und praktischer Bedeutung für den nächsten Entwicklungszeitraum der Volkswirtschaft und der sozialistischen ökonomischen Integration ist.

Zu den veränderten Reproduktionsbedingungen gehört die Entwicklung der Weltmarktpreise seit der ersten Hälfte der siebziger Jahre (Preisexplosion 1973/74 und 1979 für die Mehrzahl der Rohstoffe, Umkehrung der Preisschere für Rohstoffe und Fertigerzeugnisse). Als Folge dieser Situation sind – wie bekannt – zusätzliche Belastungen der Volkswirtschaft in zweistelliger Milliardenhöhe und erhebliche Vorbelastungen der Zahlungsbilanz für die achtziger Jahre entstanden. Es liegt auf der Hand, daß das tiefgreifende Wirkungen auf die Volkswirtschaft und ihr Wachstum haben muß.

Diese veränderten (äußeren) Reproduktionsbedingungen treffen aber die Mitgliedsländer des RGW in unterschiedlicher Weise.

Die Veränderungen der Weltmarktpreise haben sich direkt auf die Verteilung der Nationaleinkommen auf die verschiedenen Verwendungszwecke ausgewirkt und vor allem auf das Verhältnis zwischen produziertem und verfügbarem bzw. verbrauchtem Nationaleinkommen.

Das ökonomische und technische Niveau der Produktion und besonders die Arbeitsproduktivität und Effektivität der Produktion sind durch diese Auswirkungen zunächst nicht berührt. Die Partei orientiert auf die Erhöhung der Effektivität der Wirtschaft durch allseitige Intensivierung unter verstärkter Nutzung aller Formen der sozialistischen ökonomischen Integration. Die Verminderung der durch die Preisverschiebungen eingetretenen Belastungen durch operative Umverteilungen, kurzfristige Strukturverbesserungen des Exports, Valutapreisarbeit usw. ist eine wichtige Aufgabe. Auf die Dauer muß das künftige Wachstum der Volkswirtschaft aus dem eigenen Leistungsanstieg der Wirtschaft infolge konsequenter Intensivierung einschließlich vielfältiger Integrationsmaßnahmen kommen. Man kann sagen, daß die bisherigen Ergebnisse der Intensivierung in ihrem Gesamtergebnis noch nicht ausreichten, um das Wachstumstempo auf einem höheren Niveau zu halten und die außenwirtschaftlichen Belastungen besser bzw. kurzfristig in ihren Auswirkungen zu mildern. Umverteilungen des Nationaleinkommens innerhalb der einzelnen Länder im obengenannten Sinne gewannen dadurch an Gewicht angesichts ihrer ohnehin großen volkswirtschaftlichen Dimension.

Die entscheidende Ursache für die Wachstumsprobleme liegen also im noch unzureichenden Stand der Intensivierung der Volkswirtschaften. Das ist – bei allen Fortschritten auf diesem Gebiet – zu messen an den Anforderungen der Sozialpolitik der Partei einerseits sowie an den veränderten objektiven Reproduktionsbedingungen andererseits. Unsere Partei hat als zentrale Frage der wirtschaftlichen Strategie formuliert: Stärkung der materiell-technischen Basis, ständiges Wirtschaftswachstum, Steigerung der Arbeitsproduktivität. Die dazu notwendige volkswirtschaftliche Struktur ist ein wichtiger Ausgangspunkt für die Weiterentwicklung der internationalen Arbeitsteilung in Wissenschaft, Technik und Produktion gemeinsam mit der UdSSR und den anderen Mitgliedsländern des RGW.

Es läßt sich in der ökonomischen Literatur eine zunehmend einheitliche Bewertung dieser Situation in unseren Ländern feststellen. In der letzten Zeit sind verstärkt Fragen diskutiert bzw. in der Literatur behandelt worden, die mit der Arbeitsteilung (d. h. besonders mit der Spezialisierung und Kooperation) in der Mikrostruktur der Industrie zusammenhängen. Mit Recht wird auf die Feststellung auf der XXXIV. Tagung des RGW im Sommer 1980 verwiesen, daß die nächsten beiden Jahrfünfte zu einer Periode der intensiven Kooperation in Produktion, Wissenschaft und Technik gemacht werden müssen. Das entspricht den gemeinsamen Interessen der Mitgliedsländer des RGW an einer vertieften Intensivierung und an einem größeren Beitrag der Integration zu dieser Entwicklung. Hier ist ein breites Feld für eine für alle beteiligten Mitgliedsländer des RGW vorteilhafte Verknüpfung der gemeinsamen Interessen mit den spezifischen volkswirtschaftlichen Interessen der einzelnen Länder. Und es geht um einen abgestimmten Kurs unserer Parteien auch auf diesem Gebiet.

In diesem Zusammenhang spielte und spielt eine Rolle, inwiefern im RGW-Bereich ökonomisch effektive Produktionsvolumina (oft wird von optimalen Produktionsgrößen gesprochen) in wichtigen Bereichen des Maschinenbaus und anderer Zweige der metallverarbeitenden Industrie erreicht werden bzw. erreicht werden können. Das ist ein bekanntes Problem, besonders auch in der DDR mit ihrem breiten Produktionssortiment. Unbestritten liegen hier große Effektivitätsreserven. Das betrifft insbesondere auch den Konzentrationseffekt. Diese Reserven müssen erschlossen werden, zumal der geschilderte Tatbestand mit Abstufungen für andere Mitgliedsländer des RGW auch zutrifft.

Optimale Produktionsgrößen sind zunächst ökonomisch-technische Kategorien eines zweiglichen Reproduktionsprozesses oder auch des geschlossenen Reproduktionsprozesses eines Kombinats. Sie sind wichtige Orientierungen für das zweckmäßige Ausmaß einer Produktionsentwicklung mit entsprechenden Aufwendungen für Forschung, Entwicklung und Investitionen. Sie geben gleichzeitig auch eine Vorstellung vom möglichen Spielraum der betreffenden Produktionseinheit bei der Konzipierung von Maßnahmen zur internationalen sozialistischen Spezialisierung und Kooperation der Produktion (bei gegebenem Gesamtbedarf im RGW-Bereich). Und schließlich sind solche optimalen Produktionsgrößen wichtige Bezugspunkte für den effektiven Einsatz moderner Technologien. Sie haben also eine große Bedeutung für die weitere Intensivierung, soweit sie mit dem Konzentrationsprozeß verbunden ist.

Der Bezugspunkt bei einem solchen Herangehen ist der jeweilige zweigliche bzw. betriebliche Reproduktionsprozeß. Jeder Zweig, jede Produktion muß sich einordnen in das volkswirtschaftliche Proportionalitätsgefüge, das wiederum ein entscheidender Faktor der gesamtvolkswirtschaftlichen Effektivität ist. Diese Einordnung relativiert die Bedeutung optimaler Produktionsgrößen der einzelnen Zweige. Ein wichtiger – und in jüngster Zeit in der Diskussion meines Erachtens nicht genügend beachteter – Bestimmungsfaktor für effektive Produktionsgrößen und für davon abgeleitete Vorstellungen zur internationalen Spezialisierung und Kooperation der Produktion ist damit die zweckmäßige Struktur der einzelnen Volkswirtschaften. Aus den inneren gesetzmäßigen Entwicklungsbedürfnissen der sozialistischen Volkswirtschaft ergeben sich entscheidende Konsequenzen für die Auswahl der künftigen Integrationsschwerpunkte wie auch für das mögliche Ausmaß und die Tiefe der internationalen Spezialisierung der Produktion. Sie geben auch den Rahmen für den zu erhöhenden Konzentrationsgrad in der gemeinsam mit anderen Mitgliedsländern des RGW zu organisierenden arbeitsteiligen Produktion in ausgewählten Zweigen.

Die richtige Betonung der innerzweiglichen Spezialisierung (d. h. der vertieften Arbeitsteilung innerhalb der Mikrostruktur) darf nicht zu der Vorstellung verleiten, als sei die weitere gemeinsame Intensivierung der Volkswirtschaft das Ergebnis einer Summe von vorwiegend aus zweiglicher Sicht bestimmenden Konzentrationsmaßnahmen. Es zeigt sich in letzter Zeit eine gewisse Überbetonung dieser Seite der internationalen Spezialisierung. Der strategische Sinn der inzwischen gebilligten fünf langfristigen Zielprogramme sowie der zwischen der UdSSR und einer Reihe anderer Mitgliedsländer des RGW vereinbarten zweiseitigen Programme der Spezialisierung und Kooperation der Produktion besteht ja gerade darin, die für das weitere Wachstum sowie für die weitere Effektivitätserhöhung der beteiligten Volkswirtschaften entscheidenden Bereiche der materiellen Produktion gemeinsam zu vereinbaren und zum Ausgangspunkt von detaillierten Spezialisierungsmaßnahmen (einschließlich einer erhöhten Konzentration der Produktion) zu nehmen.

Für die DDR wird unter den veränderten inneren und äußeren Reproduktionsbedingungen sowie angesichts ihrer außerordentlich hohen und zunehmenden Außenhandelsintensität selbst die innerzweigliche Spezialisierung (d. h. die vertiefte internationale Arbeitsteilung in der Mikrostruktur) immer mehr ein volkswirtschaftliches Problem. Für die Kombinate mit ihren wachsenden Aufgaben bei der weiteren Gestaltung der sozialistischen ökonomischen Integration in ihrem Verantwortungsbereich bedeutet das eine verstärkte volkswirtschaftliche Verantwortung. Sie vertreten ja jeweils einen beträchtlichen Teil des volkswirtschaftlichen Potentials mit einer bestimmten inneren Strukturierung.

Die für das künftige Wachstum unserer Volkswirtschaft auf der Basis eines erheblichen Leistungsanstieges über die Intensivierung erforderliche Vertiefung der internationalen Spezialisierung und Kooperation erweist sich somit als eine erstrangige gesamtvolkswirtschaftliche Aufgabe. Das betrifft ihre Dimension, aber vor allem ihre für die erfolgreiche Realisierung der Wirtschafts- und Sozialpolitik zu ziehenden Konsequenzen. Die Anforderungen an die zentrale Leitung und Planung durch den sozialistischen Staat wachsen zusehends. Es ist wichtig, in diesem Zusammenhang zu betonen, daß die sozialistische ökonomische Integration ein objektiver Prozeß der langfristigen gegenseitigen Anpassung, Annäherung und schrittweisen Verflechtung sozialistischer Volkswirtschaften ist. Es geht also primär um die Zusammenarbeit und schrittweise Integration volkswirtschaftlicher Reproduktionsprozesse. Die Volkswirtschaften und ihre Effektivitätserfordernisse sind Grundelemente der sozialistischen ökonomischen Integration. Dazu gehört die zwischenzweigliche internationale Arbeitsteilung als ein für die nächste Zeit entscheidender, aber in die volkswirtschaftlichen Gesamterfordernisse immer einzuordnender Teilprozeß zur gemeinsamen Lösung der vor den Mitgliedsländern des RGW stehenden großen Aufgaben in Wissenschaft, Technik, Produktion und bei der Erhöhung des Lebensniveaus unserer Völker.

Für die im Interesse einer spürbaren Effektivitätserhöhung erforderliche volkswirtschaftliche Strukturentwicklung in der DDR sind die Eckpunkte markiert: Erhöhung des technischen und technologischen Niveaus der gesamten Produktion (vor allem durch Mechanisierung der Produktionsanlagen) sowie eine generell höhere Veredlung der Rohstoffe und Primärenergieträger. Die dazu notwendigen Produktionen (Mikroelektronik, elektronische Steuerungs- und Regelungstechnik, Anlagen zur Rohstoffveredelung u. a.) sind damit aus unserer Sicht wichtige Gebiete der künftigen internationalen Spezialisierung und Kooperation. Der Spielraum und das Ausmaß für entsprechende Spezialisierungsmaßnahmen wird wesentlich bestimmt von diesen volkswirtschaftlichen Erfordernissen.

Die Bestimmung der notwendigen Produktionsgrößen bei der gemeinsamen Konzipierung internationaler Spezialisierungsmaßnahmen muß auf einer ausgewogenen Berücksichtigung zweier Kategorien von Kennziffern beruhen: erstens auf den Erfordernissen der konkreten Technik, Technologie und Ökonomik des betreffenden Zweiges und zweitens auf den spezifischen Erfordernissen der beteiligten Volkswirtschaften. Dazu gehören vor allem die Größe des volkswirtschaftlichen Bedarfs (als Teil des zu deckenden Gesamtbedarfs der jeweils beteiligten Mitgliedsländer des RGW), die konkreten Akkumulations- bzw. Investitionsmöglichkeiten der einzelnen Volkswirtschaften, die Exportinteressen der einzelnen Länder und der konkret bestimmte Platz der zu spezialisierenden Produktion innerhalb der volkswirtschaftlichen Struktur.

Der Vergesellschaftungsprozeß von Produktion und Arbeit im Sozialismus (die internationale Spezialisierung, Kooperation und Konzentration der Produktion ist ein entscheidender Teil davon) ist in erster Linie ein volkswirtschaftlicher Prozeß; seine innervolkswirtschaftliche Komponente wird durch die internationale Arbeitsteilung fortgesetzt, ergänzt und in ihren Wirkungen effektiver gemacht. Zweige bzw. Produktionen usw. vergesellschaften sich, ausgehend von den ökonomisch-technischen Erfordernissen des jeweiligen Zweiges, als volkswirtschaftliche Strukturelemente. Daraus ist die hohe gemeinsame Verantwortung der Mitgliedsländer des RGW bei der für alle Seiten effektiven Verknüpfung gemeinsamer und spezifischer Interessen auf dem Gebiet der internationalen Spezialisierung und Kooperation der Produktion ersichtlich.

R. Sachse

Zu Fragen der internationalen sozialistischen Zusammenarbeit in der Landwirtschaft der Mitgliedsländer des RGW

Die Landwirtschaft nimmt als Rohstoffproduzent für die Nahrungsgütererzeugung einen wichtigen Platz bei der Lösung der Hauptaufgabe ein. Die Sicherung einer stabilen und sich stetig verbessernden Versorgung der Bevölkerung mit Nahrungsmitteln ist eine Grundfrage der Wirtschaftspolitik eines jeden Mitgliedslandes. Außerdem gewinnt die Ernährungsfrage im Rahmen der internationalen Klassenauseinandersetzung zunehmend an Bedeutung.

Im Zeitraum von 1970 bis 1978 konnte in den europäischen Mitgliedsländern des RGW ein beachtlicher Anstieg der Nahrungsgüterproduktion pro Kopf der Bevölkerung erzielt werden, so bei Getreide von 667 auf 815 kg (∅ 1966/70 : ∅ 1976/78), bei Fleisch von 56 auf 69 kg und bei Milch von 339 auf 364 kg.[1] Das Entwicklungstempo der Getreideproduktion reichte jedoch noch nicht aus, um den wachsenden Anforderungen aus der Produktionssteigerung von tierischen Erzeugnissen zu entsprechen. Demzufolge erhöhten sich die Getreideimporte der Mitgliedsländer des RGW aus Drittländern.

Das verfügbare Angebot an Nahrungsenergie lag 1974 im Durchschnitt der europäischen Mitgliedsländer des RGW bei 3 250 kcal und damit über der ernährungsphysiologischen Norm. Der Zuwachs von 1965 bis 1974 entfiel fast ausschließlich auf tierische Erzeugnisse, so daß sich der Anteil dieser Produkte am Kalorienangebot von 24 auf 29 % erhöhte. Damit liegt das tierische Eiweiß in einer Reihe von Mitgliedsländern aber noch unter dem geforderten Mindestanteil von 50 % des Gesamteiweißangebotes. Es steht deshalb die Forderung nach weiterer Steigerung der Produktion von Fleisch, Milch und Milcherzeugnissen, sie verlangt zugleich die beschleunigte Entwicklung der Getreideerzeugung.[2]

Die Steigerung der Nahrungsgütererzeugung konnte im wesentlichen bei gleichbleibender landwirtschaftlicher Nutzfläche (leichter Rückgang in der UVR, VRP und ČSSR; leichter Anstieg in der VRB und UdSSR) und bei beachtlicher Verminderung der Anzahl der Arbeitskräfte in der Landwirtschaft erzielt werden (in der Mehrzahl der Mitgliedsländer verringerten sich die AK/100 ha LN um 13–30 %; leichter Anstieg nur in der VRP).[3] Das führte zu einer deutlichen Erhöhung der Arbeitsproduktivität.

Durch steigende Investitionen vollzog sich eine weitere Erhöhung der Produktionsfondsausstattung je Beschäftigten. Trotzdem liegt der durchschnittliche Ausstattungsgrad der Landwirtschaft noch deutlich unter dem der Industrie (zwischen 60 und 75 %; in

[1] Statističeskij ežegodnik stran-členov Soveta Ėkonomičeskoji Vzaimopomošči 1979, Moskva, 1979, S. 8–9, 242, 264, 268. Statističeskij ežegodnik stran-členov Soveta Ėkonomičeskoj Vzaimopomošči 1972, RGW-Sekretariat, Moskva, 1972, S. 6–8, 188/189.

[2] Monthly Bulletin of Agricultural Economics and Statistics, FAO, Rom 1/1977, S. 28.

[3] Berechnet nach: Norodnoe chozjajstvo stran-členov Soveta Ėkonomičeskoj Vzaimopomošči v 1978 godu – Statističeskij sbornik –, RGW-Sekretariat, Moskva 1979, S. 410–411, 707–715; Norodnoe chozjajstvo SSSR v 1978 g. – Statističeskij ežegodnik –, Moskva 1979, S. 363, 365.

der SRR und VRB bei 30 bzw. 50 %).[4] Mit einem Anteil der Maschinen und Ausrüstungen von 30–40 % an den Gesamtinvestitionen bewirkten diese noch keine ausreichende Beschleunigung des wissenschaftlich-technischen Fortschritts.[5] Es wird deshalb darauf ankommen, durch Verbesserung der Investitionsstruktur und verstärkte Einführung des wissenschaftlich-technischen Fortschritts in der Produktionsmittelerzeugung die Effektivität der Investitionstätigkeit und damit der Intensivierung weiter zu erhöhen.

Auf diese Prozesse wirkte in zunehmendem Maße die sich vertiefende internationale sozialistische Zusammenarbeit ein. Der Forschungsplan der Ständigen Kommission Landwirtschaft umfaßt für 1976 bis 1980 112 komplexe Forschungsthemen, an denen insgesamt mehr als 300 Forschungs- und Entwicklungseinrichtungen der RGW-Länder arbeiten. Die größten Fortschritte in der wissenschaftlich-technischen Zusammenarbeit und der Überführung ihrer Ergebnisse in die Praxis zeichnen sich auf dem Gebiet der Pflanzenzüchtung ab (Züchtung von Gemeinschaftssorten, Arbeitsteilung in der Resistenz- und Qualitätsforschung, Saatguterzeugung und -vermehrung). Die Einführung von Intensivgetreidesorten beeinflußte die Steigerung der Hektarerträge in den Mitgliedsländern des RGW von 15,3 dt im Durchschnitt der Jahre 1966/70 auf 19,4 dt im Mittel der Jahre 1976/78.[6] Die Ergebnisse gemeinsamer Züchtung stellen bereits qualitativ neue, wirksame Produktionsmittel für die Landwirtschaft dar; ihre Einführung konnte zum größten Teil auf der vorhandenen materiell-technischen Basis erfolgen. Eine fruchtbare wissenschaftlich-technische Zusammenarbeit entwickelte sich zur verbesserten Ausnutzung landwirtschaftlicher Produktionsmittel (Anwendung von EDV-Programmen für Düngungsempfehlungen und Beregnungsberatung sowie von Futterbewertungssystemen) sowie zur Qualitätsverbesserung und wirksamen Anwendung einer Reihe von Produktionsmitteln unter verschiedenen Standortbedingungen (Durchführung internationaler Vergleichsprüfungen für Dünger- und Pflanzenschutzmittel sowie veterinärmedizinische Präparate; Austausch von Bakterien- und Virusstämmen sowie Herstellungsverfahren für die Impfstoffproduktion). Von großer praktischer Bedeutung sind auch die Ergebnisse wissenschaftlich-technischer Zusammenarbeit auf dem Gebiet der Schaderreger- und Bestandsüberwachung in der Pflanzenproduktion sowie der Überwachung und Kontrolle zum Schutz vor Ein- und Verschleppung von Tierseuchen. In geringerem Umfang hat sich, bei Fortschritten auf vielen Teilgebieten, die wissenschaftlich-technische Zusammenarbeit bei der Entwicklung neuer Verfahren und technischer Lösungen herausgebildet. Die Verfahrensforschung stellt hohe Anforderungen an die internationale Zusammenarbeit hinsichtlich der Komplexität der Themenbearbeitung und der Abstimmung einer Vielzahl von Detailfragen. Die Umsetzung ihrer Ergebnisse ist von der Leistungsfähigkeit der produktionsmittelerzeugenden Industrie abhängig. Fortschritte konnten dort erzielt werden, wo zwischen den Partnern Einigkeit über Grundlinien der Technologie herbeigeführt, die Forschung schrittweise arbeitsteilig entwickelt und die Abstimmungen bis zur Absicherung der Produktionsmittelbereitstellung geführt werden konnten. Als Beispiel sei dafür die Zusammenarbeit im Rahmen der Paritätischen Regierungskommission

4 Berechnet nach: Statističeskij ežegodnik stran-členov Soveta Ėkonomičeskoj Vzaimopomošči 1979, Moskva 1979, S. 52, 441–443; Narodnoe chozjajstvo SSSR v 1978 g. – Statističeskij ežegodnik –, Moskva 1979, S. 41, 363, 365;
Statistisches Jahrbuch der Deutschen Demokratischen Republik 1979, Berlin 1979, S. 81, 89.

5 Statističeskij ežegodnik stran-členov Soveta Ėkonomičeskoj Vzaimopomošči 1975, Moskva 1979, S. 167, 168.

6 berechnet nach: Statističeskij ežegodnik stran-členov Soveta Ėkonomičeskoj Vzaimopomošči 1979, Moskva 1979, S. 231, 242; Statističeskij ežegodnik stran-členov Soveta Ėkonomičeskoj Vzaimopomošči 1972, RGW-Sekretariat, Moskva 1972, S. 175, 188–189.

DDR–UdSSR zur Schaffung von Anlagen, Technologien, Ausrüstungen und Projekten für die Milch-, Rind- und Schweinefleischproduktion angeführt. Im Zeitraum von 1970 bis 1979 erweiterte sich in beträchtlichem Umfang der Austausch von Waren des agrarindustriellen Bereiches zwischen der DDR und den übrigen Mitgliedsländern des RGW. Der Export hat sich mehr als verdreifacht. 71 % der Gesamtexporte der DDR an AIK-Waren gehen in die RGW-Länder. Der Import wuchs auf 128 % an.[7] Aufgrund dessen konnte DDR-seitig im Rahmen des RGW der 1970 vorhandene Nettoimport im agrarindustriellen Bereich bis 1979 in einen Nettoexport umgewandelt werden.

Rund 30 % der technischen Grundausstattung der Landwirtschaft der DDR sind heute Ergebnis internationaler sozialistischer Zusammenarbeit. Von weittragender Bedeutung für die weitere Intensivierung der landwirtschaftlichen Produktion in allen Mitgliedsländern des RGW ist die Produktionskooperation bei der gemeinsamen Erschließung von Phosphatvorkommen in der UdSSR sowie beim Aufbau von Anlagen für die mikrobielle Eiweißgewinnung. Erste Schritte auf dem Weg der internationalen sozialistischen Arbeitsteilung und Kooperation wurden bei der Produktionsmittelherstellung für die Nahrungsgüterindustrie gegangen (die UVR übernahm die Herstellung von Schweineschlachtlinien; die DDR erzeugt die Ausrüstungen für die Backwarenindustrie).

Auf diesen Positionen aufbauend, steht heute die Frage, wie die internationale sozialistische Zusammenarbeit noch wirksamer für die weitere Leistungssteigerung in der Landwirtschaft und Nahrungsgüterwirtschaft in jedem Mitgliedsland und die gemeinsame Meisterung der komplizierten außenwirtschaftlichen Bedingungen genutzt werden kann.

Das langfristige Zielprogramm für die Landwirtschaft und Lebensmittelindustrie orientiert darauf, die wachsenden Bedürfnisse der Bevölkerung an Nahrungsmitteln und der Industrie an landwirtschaftlichen Rohstoffen aus dem Eigenaufkommen der einzelnen Länder immer besser zu befriedigen. Diese Forderung ergibt sich aus dem besonderen Charakter der landwirtschaftlichen Produktion. Sie ist im Unterschied zu anderen Zweigen der Volkswirtschaft durch den Boden als Hauptproduktionsmittel standortgebunden. Der Boden als natürliche Quelle des gesellschaftlichen Reichtums muß in jedem Mitgliedsland optimal für die Steigerung der landwirtschaftlichen Produktion genutzt werden. Die Pflanzenproduktion bildet zudem einen wesentlichen Bestandteil der primären Rohstofferzeugung in der Volkswirtschaft der einzelnen Länder. Diese Ressourcen müssen immer besser erschlossen und ökonomisch nutzbar gemacht werden, um so auf Rationalität und Effektivität der volkswirtschaftlichen Reproduktionsprozesse positiv einzuwirken. Der unmittelbare Warenaustausch von landwirtschaftlichen Produkten zwischen den Mitgliedsländern des RGW beschränkt sich auf Erzeugnisse, die auf Grund ihrer spezifischen Anforderungen an die bodenmäßigen und klimatischen Bedingungen in einzelnen Ländern verstärkt, in anderen nur in geringerem Umfang bzw. gar nicht angebaut werden können (Baumwolle, Tabak, Obst, Wein, Gemüse). Die Nahrungsgüterindustrie muß die Verarbeitung der anfallenden Rohstoffe in den einzelnen Ländern sichern. Sie wird sich demzufolge nur soweit spezialisieren, wie die landwirtschaftliche Produktion aus den o. a. Gründen spezialisiert ist. Das heißt: Der internationalen Produktionskooperation sind in den Sphären der Landwirtschaft und Nahrungsgüterindustrie natürliche und ökonomische Grenzen gesetzt. Die Entwicklung des Warenaustausches von unbearbeiteten und bearbeiteten landwirtschaftlichen Rohstoffen kann mithin die

7 Berechnet nach: Vnešnaja torgovlja stran-členov Soveta Ėkonomičeskoj Vzaimopomošči, RGW-Sekretariat, Moskva, 1971 und 1980.

Prozesse der sozialistischen ökonomischen Integration in der Nahrungsgütererzeugung nicht ausreichend widerspiegeln.

Ein weiterer Aspekt ergibt sich aus dem erreichten Stand der Produktivkraftentwicklung. In der Mehrzahl der europäischen Mitgliedsländer des RGW befindet sich die Landwirtschaft in der Periode des Übergangs zu industriemäßigen Produktionsmethoden. Dieser Prozeß ist ein gesetzmäßiges Erfordernis der weiteren Erhöhung von Produktion und Effektivität in der Nahrungsgütererzeugung und damit der planmäßig proportionalen Entwicklung der Volkswirtschaft sowie ein Erfordernis zur Überwindung der wesentlichen Unterschiede zwischen Stadt und Land. Das bedeutet, daß die weitere Intensivierung und die umfassende Anwendung des wissenschaftlich-technischen Fortschritts in der Landwirtschaft unter den gegenwärtigen Bedingungen maßgeblich von den Ergebnissen in Wissenschaft und Technik und der produktionsmittelerzeugenden Industrie bestimmt werden. Daraus leiten sich die grundlegenden Richtungen für die weitere Vertiefung der internationalen sozialistischen Zusammenarbeit sowie Konsequenzen für die planmäßige Gestaltung und umfassende Einschätzung der Integrationsprozesse in der Nahrungsgütererzeugung ab.

Die wissenschaftlich-technische Zusammenarbeit vollzieht sich in allen drei Sphären des Reproduktionsprozesses der Nahrungsgütererzeugung; die Umsetzung ihrer Ergebnisse ist jedoch weitgehend von der Leistungsfähigkeit der produktionsmittelerzeugenden Industrie in den einzelnen Mitgliedsländern und der Entwicklung der Produktionskooperation in dieser Sphäre abhängig. Bei der Gestaltung effektiver Wechselbeziehungen zwischen wissenschaftlich-technischem Fortschritt und der wirksamen Umsetzung seiner Ergebnisse treten gegenwärtig eine Reihe von Problemen auf:

– Zur weiteren Intensivierung der landwirtschaftlichen Produktion sind die Ergebnisse des biologischen wie des technischen Fortschrittes umfassend zu nutzen. Gute Ergebnisse wurden bisher bei der Verbesserung des genetischen Potentials der Pflanzen und Tiere erzielt. Dieser Vorlauf sollte weiter ausgebaut werden, denn der genetisch bedingte Ertragszuwachs ist energie-, rohstoff- und arbeitskräftesparend und damit volkswirtschaftlich effektiv. Das vorhandene Leistungspotential der Kulturpflanzensorten und Nutztierrassen wird jedoch gegenwärtig im landwirtschaftlichen Produktionsprozeß noch nicht genügend ausgeschöpft. Um den biologischen Fortschritt stärker produktionswirksam zu machen, ist die wissenschaftlich-technische Zusammenarbeit noch stärker auf solche Fragen zu orientieren wie Bodenfruchtbarkeit, Melioration, Pflanzen- und Tierernährung, Pflanzenschutz und veterinärmedizinische Betreuung. Hier liegen noch viele Reserven, auch hinsichtlich der Breitenanwendung bereits vorhandener wissenschaftlicher Erkenntnisse.

Gleichzeitg zeigen die Erfahrungen, daß der Nutzung des biologischen Fortschritts auf den vorhandenen materiell-technischen Grundlagen Grenzen gesetzt sind. Intensivsorten stellen höhere Anforderungen an die Wasser- und Nährstoffzufuhr wie an die Anbauverfahren insgesamt; bei leistungsfähigen Tierrassen erhalten die Tier-Umweltbedingungen zunehmend an Gewicht. Biologischer und technischer Fortschritt müssen sich deshalb in bestimmten Proportionen zueinander entwickeln. Das trifft u. E. auch für die Lösung der Getreidefrage im Rahmen des RGW zu. Gleichlaufend mit der Züchtung von Intensivsorten ist es notwendig, die materiell-technische Basis weiter zu entwickeln und zu vervollkommnen, um die gegebenen natürlichen Produktionsbedingungen optimal für die Produktionssteigerung nutzen zu können und Verluste sowie Qualitätsminderungen beim Transport, in der Lagerung und Verarbeitung so gering wie möglich zu halten.

– In der Nahrungsgüterwirtschaft werden bisher eine Reihe qualitativer Faktoren des Leistungsanstieges über die wissenschaftlich-technische Zusammenarbeit noch nicht ausreichend wirksam gemacht. Das betrifft insbesondere die Erhöhung der Rohstoffausbeute und verbesserten Rohstoffausnutzung in der Mischfutterproduktion, die Erhöhung der Erzeugnisqualität sowie die Verwertung von Abfällen. Hier liegt u. E. noch ein breites Feld für die Vertiefung der Zusammenarbeit, um die der Nahrungsgüterwirtschaft eigenen Reserven besser zu erschließen.

– Es gilt, die Proportionen zwischen der Entwicklung der wissenschaftlich-technischen und Produktionskooperation vor allem bei der Entwicklung neuer technischer Lösungen und Verfahren für die Landwirtschaft und Nahrungsgüterwirtschaft zu verbessern. In einer Reihe von Mitgliedsländern des RGW müssen derzeitig die Kapazitäten in der produktionsmittelliefernden Industrie noch weiter ausgebaut werden, um den Bedarf der Landwirtschaft und Nahrungsgüterwirtschaft zu decken. In gemeinsamer Arbeit erzielte wissenschaftliche Ergebnisse (z. B. bei Bodenbearbeitungsgeräten, Beregnungsmaschinen, industriemäßigen Verfahren der Gemüse- und Obstproduktion) werden oft noch über zu lange Zeiträume produktionswirksam umgesetzt. Zum Teil fehlt es mitunter an den erforderlichen Versuchsmaschinen für die wechselseitige Erprobung von technischen Lösungen und Verfahren in den Partnerländern. Auf diese Weise geht einmal erzielter wissenschaftlich-technischer Vorlauf wieder teilweise verloren, und die verstärkte Einführung des wissenschaftlich-technischen Fortschritts in der Nahrungsgütererzeugung wird gehemmt.

Das Schwergewicht in der Zusammenarbeit der Mitgliedsländer des RGW müßte vorrangig auf die Abstimmung von technologischen Grundlinien für die einzelnen Zweige und Stufen der Rohstofferzeugung und -verarbeitung sowie auf die Erarbeitung notwendiger technischer und technologischer Standards und Parameter gelegt werden. Damit würden Voraussetzungen für die schrittweise Organisation einer arbeitsteiligen Forschung geschaffen und Grundlagen für eine langfristige Orientierung der produktionsmittelliefernden Industrie gelegt. Hier käme es darauf an, in Abstimmung mit den Partnerländern die Produktionsstrukturen schrittweise zu profilieren, die Kapazitäten auf bestimmten Gebieten zu erweitern und damit notwendige Voraussetzungen für eine schnellere Umsetzung wissenschaftlicher Erkenntnisse und eine bessere Bedarfsdeckung zu schaffen. Gewisse Schritte in dieser Richtung werden mit der Erarbeitung des Internationalen Maschinensystems vollzogen.

Die wenigen Beispiele verdeutlichen, daß die weitere Vertiefung der internationalen sozialistischen Zusammenarbeit und die Erhöhung ihrer Effektivität ein stärkeres Herangehen an die Probleme aus der Sicht der Gesamtheit des Reproduktionsprozesses der Nahrungsgütererzeugung erforderlich machen.

Für die weitere Forschung bestehen vorrangige Aufgaben darin,

erstens, die Prozesse der intensiv erweiterten Reproduktion der landwirtschaftlichen Produktion in den Mitgliedsländern des RGW unter den veränderten Bedingungen tiefgründiger zu untersuchen, insbesondere die Wirkungsweise qualitativer Wachstumsfaktoren zu analysieren, Schlüsse über die Interessenlage in den Mitgliedsländern zu ziehen und Möglichkeiten für die weitere Vertiefung der internationalen sozialistischen Zusammenarbeit aufzuzeigen;

zweitens, methodologische Grundlagen zur Ermittlung der Effektivität internationaler Zusammenarbeit in der Landwirtschaft und Nahrungsgüterwirtschaft zu erarbeiten sowie Bedingungen und Zusammenhänge aufzudecken, die bei der Entwicklung einer effektiven internationalen Arbeitsteilung und Kooperation stärker beachtet werden müssen.

H. Matthes

Sozialistische ökonomische Integration und die Entwicklung der politischen Beziehungen zwischen den Ländern des RGW

Die sozialistische ökonomische Integration gehört zu den charakteristischen Merkmalen der entwickelten sozialistischen Gesellschaft. Die Herausbildung und Reifung dieser Gesellschaft ist ein revolutionärer Prozeß des engen Zusammenwirkens politischer, ökonomischer, ideologischer und anderer gesellschaftlicher Faktoren. Der Inhalt der sozialistischen ökonomischen Integration ist natürlich vor allem ökonomischer Natur, obwohl die sozialistische ökonomische Integration – wie alle ökonomischen Prozesse im Sozialismus – auch einen politischen Charakter hat, an politische Bedingungen gebunden ist und politische Konsequenzen hat. Die sozialistische ökonomische Integration ist ein Ergebnis des Zusammenwirkens der kommunistischen und Arbeiterparteien und der Staaten der an ihr beteiligten Länder, d. h. der Anwendung der politischen Macht der Arbeiterklasse und der mit ihr verbündeten Klassen und Schichten in ihrem politischen und ökonomischen Interesse. Sie betrifft die internationale Politik der Parteien und Staaten. Für die sozialistische ökonomische Integration gelten auf internationaler Ebene die marxistisch-leninistischen Grundsätze der Einheit und der Wechselbeziehungen von Politik und Ökonomie in der sozialistischen Revolution. Die Aufgaben und Bedingungen der sozialistischen ökonomischen Integration haben sich ökonomisch und politisch in den siebziger und zu Beginn der achtziger Jahre verändert. Das ist mit Veränderungen in den Beziehungen zwischen Politik und Ökonomie verbunden, die es für die Gestaltung der Politik unserer Parteien und Staaten in den achtziger Jahren aufzudecken gilt. „Die organische Verbindung von Ökonomie und Politik, von internationalen ökonomischen und politischen Beziehungen ist ein historischer Prozeß. In den verschiedenen Etappen der gesellschaftlichen Entwicklung weist diese Verbindung eine unterschiedliche Stärke auf. Die allgemeine Tendenz aber besteht in der Festigung dieser Verbindung, im Kompliziertwerden der Wechselwirkung zwischen den ökonomischen und den politischen Seiten des internationalen Lebens."[1]

Auf der einen Seite haben sich die politische Bedeutung, der politische Platz und die politischen Wirkungen der sozialistischen ökonomischen Integration in vielerlei Beziehungen nennenswert erhöht und werden sich weiter ausdehnen. Die Lösung der grundlegenden Aufgabe des Weltsozialismus – die Erhaltung und Sicherung des Friedens – wie auch die Erfüllung der Verpflichtungen des realen Sozialismus im weltrevolutionären Prozeß hängen zunehmend von der wirtschaftlichen Stärkung der sozialistischen Gemeinschaft ab, die immer stärker die Vertiefung der sozialistischen ökonomischen Integration voraussetzt.

Andererseits zeichnet sich in wachsendem Maße die Notwendigkeit ab, die Vertiefung der politischen Beziehungen zwischen den Parteien und Staaten für die Lösung der Aufgaben der sozialistischen ökonomischen Integration zu nutzen. Bei der Erfüllung des

[1] M. Maximowa, Weltwirtschaft, wissenschaftlich-technische Revolution und internationale Beziehungen, 2. Artikel, in: Sowjetwissenschaft, Gesellschaftswissenschaftliche Beiträge, 11/1979, S. 1 058.

Komplexprogramms unter den veränderten Bedingungen der siebziger Jahre sind ökonomische Probleme und Erfordernisse herangereift, die eine höhere Qualität des Zusammenwirkens der Parteien und Staaten bei der Lösung der wirtschaftspolitischen Aufgaben verlangen. Das stimmt voll mit den Feststellungen des Generalsekretärs des ZK der SED und Vorsitzenden des Staatsrates der DDR, Genossen Erich Honecker, überein, daß „das bestimmende Merkmal der Entwicklung des Weltsozialismus“ der „ständig engere Zusammenschluß sozialistischer Länder auf gemeinsamer ideologischer und politischer Basis“ ist, die „allseitige Zusammenarbeit der Bruderparteien die Triebkraft des Zusammenschlusses“ ist und die Bruderparteien gemeinsam danach streben, „die „Zusammenarbeit noch effektiver, mit noch größerem Nutzen für alle zu gestalten“.[2]

Die Dialektik dieser Problematik besteht darin, daß die erfolgreiche Lösung der Aufgaben der ökonomischen Zusammenarbeit hinsichtlich der Entwicklung der Produktivkräfte und Produktionsverhältnisse materielle Grundlage für die Festigung der politischen Gemeinschaft der Parteien und Staaten bildet, während die Tätigkeit der Parteien und Staaten, ihr politisches Zusammenwirken die entscheidenden Impulse für die Lösung herangereifter ökonomischer Probleme gibt. Auf der XXXIV. Tagung des Rates für Gegenseitige Wirtschaftshilfe sagte das Mitglied des Politbüros des ZK der SED, der Vorsitzende des Ministerrates der DDR, Genosse Willi Stoph: „Angesichts der Verschärfung der internationalen Lage und der vom USA-Imperialismus inszenierten Embargopolitik sind wir dafür, die Möglichkeiten der Zusammenarbeit im RGW in Verwirklichung der langfristigen Zielprogramme noch umfassender zu nutzen, um dadurch zur allseitigen Stärkung der Positionen der Mitgliedsländer des RGW in der internationalen Klassenauseinandersetzung beizutragen.“[3]

Worin bestehen die Hauptgründe dafür, daß man von wachsenden Anforderungen an die politische Zusammenarbeit der Parteien und Staaten im Prozeß der sozialistischen ökonomischen Integration sprechen kann?

1. Ausgangspunkt solcher Überlegungen ist der bedeutende Stellenwert der sozialistischen ökonomischen Integration in der Politik der sozialistischen Staaten, der sich im Ergebnis der bisherigen Erfüllung des Komplexprogramms ergeben hat und weiter ausgebaut wird. Der strategische Platz, den die Erfüllung der Hauptaufgabe in den Beschlüssen der Parteien und in der Wirklichkeit der sozialistischen Länder eingenommen hat, hat durch die damit verbundenen Erfordernisse der Intensivierung der Volkswirtschaften und der Meisterung des wissenschaftlich-technischen Fortschritts objektiv die sozialistische ökonomische Integration in eine Schlüsselstellung bei der Erfüllung der politischen und wirtschaftlichen Aufgaben der Staaten gebracht. Das wird ohne Zweifel dadurch in den achtziger Jahren weiter verstärkt, daß die sozialistischen Staaten ihre Hauptaufgabe unter den Bedingungen einer zunächst zunehmenden militärischen Bedrohung und Herausforderung des Sozialismus erfüllen müssen.

Der Stellenwert der sozialistischen ökonomischen Integration ist z. B. durch die erfüllten Maßnahmen des Planes der gemeinsamen Integrationsmaßnahmen für die Jahre 1976 bis 1980, die angenommenen langfristigen Zielprogramme der Zusammenarbeit und die Programme der Spezialisierung und Kooperation der Produktion einzelner RGW-Länder mit der UdSSR bis zum Jahre 1990, durch die zwischen den Staaten in wachsender Zahl abgeschlossenen Generalabkommen und Verträge auf den verschiedenen Ge-

[2] E. Honecker, Die nächsten Aufgaben der Partei bei der weiteren Durchführung der Beschlüsse des IX. Parteitages der SED, Berlin 1980, S. 15 f.

[3] W. Stoph, Zusammenwirken im RGW stärkt die Autorität des Sozialismus, in: Neues Deutschland vom 18. Juni 1980, S. 6.

bieten der Zusammenarbeit in Produktion, Wissenschaft und Technik mit ihren neuen Maßstäben sowie das Wachstum der Außenhandelsumsätze zwischen den Ländern charakterisiert. Die gegenseitigen Außenhandelsumsätze der RGW-Länder haben sich z. B. von 14,33 Milliarden transferable Rubel im Jahre 1960, über 33,49 Milliarden transferable Rubel im Jahre 1970 auf 110,89 Milliarden transferable Rubel im Jahre 1979 erhöht. Das wachsende Gewicht der Integrationsprozesse in den einzelnen Volkswirtschaften wird auch daran erkennbar, daß sich im Zeitraum vom Jahre 1970 bis zum Jahre 1979 die Nationaleinkommen der Länder des RGW auf 162 % erhöhten, während ihre gegenseitigen Außenhandelsumsätze auf 331 % gesteigert wurden.

Gleichzeitig traten qualitative Veränderungen von großer politischer Tragweite ein. Dazu gehören der neue Platz der wissenschaftlich-technischen Beziehungen, die enorm gewachsene Rolle der Effektivitäts- und Qualitätskriterien für die Begründung und Verwirklichung der Maßnahmen der Zusammenarbeit, der Strukturwandel der gegenseitigen Warenlieferungen und Leistungen, die Langfristigkeit und die Komplexität der vereinbarten und realisierten Vorhaben.

2. Im Zusammenhang mit dieser Entwicklung hat sich ein neuer Platz der materiellen Interessen der Länder ergeben, deren Koordinierung nicht nur entscheidend für die Einheit der ökonomischen Interessiertheit der Länder an der Zusammenarbeit ist, sondern große politische Tragweite hat. Das ist zunächst ein objektiv begründeter Prozeß, in dem es um die vollständigere Nutzung der materiellen Interessiertheit der Länder als Kriterium und Triebkraft der Integration geht. Die neuen Dimensionen der Zusammenarbeit, die Sicherung der höchsten Effektivität der Integrationsmaßnahmen und die Gewährleistung der gewachsenen Qualitätsansprüche verlangen gebieterisch, daß die Integrationsmaßnahmen den ökonomischen Interessen der Länder entsprechen und Ergebnis der Koordinierung dieser Interessen sind. Die wachsende Bedeutung der Probleme der Interessenkoordinierung ergibt sich gleichzeitig aus anderen aktuellen Entwicklungsprozessen. Mit dem allseitigen Aufschwung der Produktion und des Volkswohlstandes in den Ländern des RGW in den siebziger Jahren war auch die Lösung wirtschaftlicher Probleme wie des Ausgleichs von jährlichen Schwankungen in der landwirtschaftlichen Produktion, der Sicherung der Effektivität der Investitionen, Unterschiede in der Erfüllung der Produktions- und Konsumtionspläne der Länder und auch – nicht zuletzt unter dem Einfluß veränderter weltwirtschaftlicher Bedingungen – von Schwierigkeiten bei der vollständigen Erfüllung der Pläne verbunden. „Eine unzureichende Effektivität der Produktion und eine relativ langsame Überleitung der neuen Technik haben die Umstellung der Wirtschaft auf den intensiven Entwicklungsweg gehemmt und bei einigen Erzeugnissen und Waren Knappheit verursacht. Hinzu kommen noch die harten Winter und die Trockenheit im Sommer, die die meisten Bruderstaaten in den letzten Jahren erlebten. Unter dem Einfluß dieser Faktoren ist das wirtschaftliche Wachstumstempo der RGW-Länder in der zweiten Hälfte der 70er Jahre etwas zurückgegangen."[4] Insgesamt haben sich daraus angespannte Bilanzen der inneren ökonomischen Kräfte ergeben, die einen großen Druck auf die Nutzung der außenwirtschaftlichen Quellen im Interesse der Länder ausüben. Gleichzeitig haben die wachsenden außenwirtschaftlichen Belastungen durch die hohe Dynamik und Strukturveränderung der Weltmarktpreise sowie die Verschärfung der Konkurrenzbedingungen infolge der kapitalistischen Wirtschaftskrise die Bilanzierung der Handelsbeziehungen wesentlich erschwert. Daraus hat sich insgesamt ein wachsender ökonomischer Druck auf die Wahrnehmung nationaler ökonomischer Interessen ergeben. „Zu Beginn des neuen Jahrzehnts haben die kommunistischen Parteien

[4] O. T. Bogomolow, An der Schwelle zweier Jahrzehnte, in: Prawda vom 23. Juni 1980.

der sozialistischen Staaten darauf hingewiesen, daß ihre Länder aufgrund der neuen inneren und äußeren Entwicklungsbedingungen vor einer Reihe komplizierter Probleme stehen, die in nächster Zeit zu lösen sind. Die Hauptfrage ist die Beschleunigung des wissenschaftlich-technischen Fortschritts und die Erhöhung der Effektivität der Wirtschaft."[5]

Die Lösung dieser Probleme erfordert nicht nur die konsequentere Nutzung der vervollkommneten Formen und Mechanismen der RGW-Zusammenarbeit, sondern auch die Nutzung der bilateralen und multilateralen politischen Beziehungen der Parteien und Staaten für die Beantwortung in diesem Zusammenhang auftretender grundsätzlicher Probleme. Es geht dabei sowohl um die Interessenkoordinierung bei bi- oder multilateralen Vorhaben von besonderer Tragweite als auch um prinzipielle Lösungen herangereifter Probleme des Mechanismus der Interessenkoordinierung.

3. In der Vergangenheit wie in der Gegenwart hat sich meines Erachtens bei den internationalen ökonomischen Beziehungen zwischen den sozialistischen Staaten das Primat der Politik vor der Ökonomie auf der Grundlage des sozialistischen Internationalismus bewährt. Primat der Politik vor der Ökonomie bedeutet international, daß die Zusammenarbeit durch das politische Zusammenwirken der Parteien und Staaten bestimmt wird und daß diese Zusammenarbeit bei ständiger Wahrung der *Einheit von Politik und Ökonomie* das politische Gesamtinteresse über die ökonomischen Gesamtinteressen stellt. Das geschieht selbstverständlich bei Wahrung der Souveränität der Parteien und Staaten sowie ihrer nationalen politischen und ökonomischen Interessen auf gleichberechtigter Grundlage. Heute, da es um die sozialistische ökonomische Integration als Bestandteil der entwickelten sozialistischen Gesellschaft geht, hängt die Wahrnehmung der gemeinsamen politischen Interessen mehr denn je von der Erfüllung gemeinsamer ökonomischer Ziele ab. Gegenseitiger Vorteil, ökonomischer Effekt und nationale materielle Interessiertheit sind charakteristische Merkmale der ökonomischen und politischen Stärkung der Gemeinschaft. Zugleich darf nicht übersehen werden, daß – bei allen Bemühungen um gegenseitigen Vorteil auch in diesen Fällen für die weitere perspektivische Entwicklung – in den achtziger Jahren auch weiterhin politisch bestimmte zeitweilige solidarische Beiträge der Länder zur Lösung ökonomischer Aufgaben der Gemeinschaft erforderlich sind. Dabei sei nur an die unterschiedliche Verteilung der Belastungen aus der Systemauseinandersetzung mit dem Imperialismus, an die unterschiedlichen auszugleichenden Belastungen aus den Weltmarktpreisveränderungen, an die Probleme einzelner Länder bei der Bilanzierung der inneren ökonomischen Kräfte sowie an die Unterstützung einzelner Länder, die historisch bedingt ökonomische Niveaurückstände im Vergleich zum Durchschnitt der Gemeinschaft haben, gedacht. Das alles verlangt intensiveres politisches Zusammenwirken der Parteien und Staaten bei der sozialistischen ökonomischen Integration.

4. Schließlich ist die wachsende politische Bedeutung der ökonomischen Beziehungen der RGW-Staaten zu dritten Staaten zu berücksichtigen. Das rasche Wachstum der Ost-West-Wirtschaftsbeziehungen in den siebziger Jahren und die Vertiefung der ökonomischen Beziehungen mit den Entwicklungsländern wie auch die gegenwärtige Verschärfung der internationalen Beziehungen werfen für die Entwicklung der Außenwirtschaftsbeziehungen der sozialistischen Länder in den achtziger Jahren Fragen auf, die im Bereich der Wechselbeziehungen zwischen Ökonomie und Politik liegen. Dabei ist auch zu berücksichtigen, daß imperialistische Kräfte ihre Aktionen und Absichten zur Nutzung

[5] O. Reinhold, Zu einigen Problemen der internationalen Wirtschaftsbeziehungen unserer Zeit, in: Einheit, 6/1980, S. 604.

der wirtschaftlichen Beziehungen als politisches Instrument gegen den Sozialismus verstärkt haben. Es ist interessant, daß vor einigen Monaten ein Gremium der NATO in Brüssel sich ausführlich mit der wirtschaftlichen Entwicklung der sozialistischen Länder befaßt hat.

Zunächst ist unabhängig von den Perspektiven der Beziehungen zum nichtsozialistischen Wirtschaftsbereich im Ergebnis der Entwicklung in den siebziger Jahren klar, daß der Umfang und das Gewicht dieser Beziehungen – für die RGW-Länder erhöhte sich in den Jahren 1970 bis 1979 auf der Grundlage eines Wachstums um 346 % der Anteil des nichtsozialistischen Wirtschaftsbereiches am Außenhandelsumsatz von 32,8 % auf 38,8 %, wobei das dahinter stehende absolute Volumen eine bedeutende Größe erreicht hat – ökonomisch und politisch eine noch intensivere Koordinierung innerhalb des RGW erfordert. Bei der These, daß die Beziehungen innerhalb des RGW den Kern der Außenwirtschaftsbeziehungen der RGW-Staaten bilden, kann nicht stehengeblieben werden. Das volkswirtschaftliche Gewicht und die Rückwirkung der Beziehungen zum nichtsozialistischen Wirtschaftsgebiet erfordern, diese Beziehungen als festen Bestandteil der Außenwirtschaftsbeziehungen der RGW-Staaten in das koordinierte Vorgehen einzuschließen.[6]

Politisch geht es bei diesem koordinierten Vorgehen um die Gestaltung der Ost-West-Wirtschaftsbeziehungen als materielle Grundlage des Entspannungsprozesses, d. h. auch gegen Embargopolitik, Diskriminierung und politischen Mißbrauch ökonomischer Beziehungen. Dieses Streben steht in Übereinstimmung mit den ökonomischen Forderungen nach gegenseitigem Vorteil. In Anbetracht des bestehenden Umfangs und der Struktur der Beziehungen sowie vorhandener Ungleichgewichte in den Zahlungsbeziehungen verlangen die politischen Interessen, auch die kurz- und langfristigen strategischen Sicherheitsinteressen der sozialistischen Länder, gemeinsam zu bestimmen, in welchen Richtungen und mit welchem Tempo die Beziehungen weiterentwickelt werden können. Das erreichte Kräfteverhältnis in der Welt und der weitere Kräftezuwachs des Sozialismus sind Garantien dafür, daß selbst in Anbetracht der zur Zeit erkennbaren Störversuche der aggressivsten imperialistischen Kreise diese Koordinierung der Interessen der RGW-Staaten zur Fortsetzung der Politik der Förderung der Ost-West-Wirtschaftsbeziehungen und nicht zu einem Autarkiestreben führen wird. Das Fiasko des Carter-Getreide-Embargos gegenüber der UdSSR hat auch die Grenzen imperialistischer Politik offenbart. Das entspricht auch der Leninschen Voraussicht, daß „die Entwicklung normaler Handelsbeziehungen zwischen der Sowjetrepublik und der ganzen übrigen, der kapitalistischen Welt unausbleiblich weitergehen wird".[7] Selbst der Präsident des Deutschen Industrie- und Handelstages der BRD, Otto Wolf von Amerongen, mußte am 11. Januar 1980 eingestehen: „Generelle Boykotts und Embargos allgemeiner Art haben nie Erfolg gehabt, sondern führen eher zu unerwünschten internen Auseinandersetzungen, führen zu Desintegration der internationalen Arbeitsteilung und des Welthandels und sind keine Antwort auf politische Probleme. ... Rein wirtschaftliche Maßnahmen wie Sanktionen,

[6] Bereits Lenin hat auf diesen Zusammenhang verwiesen, als er sagte, daß „für die Erweiterung der wirtschaftlichen Zusammenarbeit und der politischen Verbindung mit anderen Völkern Sorge getragen und zugleich die Aufstellung eines einheitlichen Wirtschaftsplanes mit den Völkern angestrebt werden" muß, „die bereits zur Sowjetordnung übergegangen sind". W. I. Lenin, Programm der Kommunistischen Partei Rußlands (Bolschewiki), in: W. I. Lenin, Über die Außenwirtschaftsbeziehungen des Sowjetstaates, Moskau, 1977, S. 29.

[7] W. I. Lenin, Politischer Bericht des Zentralkomitees der KPR(B) auf dem XI. Parteitag der KPR(B), in: W. I. Lenin, Über die Außenwirtschaftsbeziehungen des Sowjetstaates, a. a. O., S. 224.

Boykotts und Embargos sind kein Ersatz für politische Reaktionen auf politische Fragen."[8]

Die Außenwirtschaftsbeziehungen der RGW-Länder zu den Entwicklungsländern haben differenzierte Grundlagen, die von der Gestaltung der Bündnisbeziehungen mit den sozialistisch orientierten Partnern über eine breite Skala sozialökonomisch unterschiedlich determiniert nichtpaktgebundener Staaten bis zu Ländern reicht, die an der Politik der imperialistischen Staaten in dieser oder jener Form beteiligt sind. Es handelt sich auch um die Region mit der größten politischen und sozialökonomischen Dynamik. Schließlich ist zu berücksichtigen, daß die Politik imperialistischer Staaten darauf gerichtet ist, die Abhängigkeit dieser Staaten von der kapitalistischen Weltwirtschaft für ihre Ziele in den achtziger Jahren entscheidend zu nutzen. Die Koordinierung der Beziehungen der RGW-Staaten zu den Entwicklungsländern ist daher Gegenstand der politischen Zusammenarbeit der Staaten als Grundlage der ökonomischen Koordinierung.

In diesem Zusammenhang soll noch darauf verwiesen werden, daß die Auseinandersetzungen über weltwirtschaftliche Probleme in internationalen Organisationen, vor allem in der UNO, ständig zunehmen und höhere Anforderungen an die politische Zusammenarbeit der sozialistischen Staaten stellen. Ähnliche Forderungen ergeben sich aus der Notwendigkeit, daß die Staaten des RGW koordiniert an weltweiten Schritten zur Lösung globaler Probleme der Menschheit teilnehmen müssen, die ihre politischen und ökonomischen Interessen der achtziger Jahre betreffen.[9] Die Mitwirkung des RGW in etwa 60 internationalen Organisationen ist dafür eine gute Grundlage.

Zusammenfassend kann festgestellt werden, daß die höheren Aufgaben, die in den achtziger Jahren an die Außenwirtschaftsbeziehungen der Staaten des RGW gestellt werden, nicht nur neue und erhöhte Anforderungen an die ökonomische Koordinierung stellen, sondern auch eine Intensivierung der politischen Zusammenarbeit zur Ausarbeitung und Lösung gemeinsamer ökonomischer Aufgaben hervorbringen.

Die Nutzung der Einheit und der Wechselbeziehungen von Ökonomie und Politik im Leninschen Sinne ist unverzichtbarer Bestandteil der weiteren Vertiefung der sozialistischen ökonomischen Integration als Wesensmerkmal der entwickelten sozialistischen Gesellschaft.

[8] O. Wolff von Amerongen, Gespräch mit Moskau fortsetzen, in: Ost-West-Kooperation aktuell, Berlin (West), 2/1980, S. 23.

[9] Vgl. dazu weitere Forderungen bei W. Sagladin und I. Frolow, Globale Probleme der Gegenwart und die Kommunisten, in: Probleme des Friedens und des Sozialismus, 3/1978, S. 369 ff.

K. Morgenstern

Zu einigen neuen Entwicklungsbedingungen und -problemen der sozialistischen internationalen Arbeitsteilung

Seit etwa 10 Jahren, z. T. bereits seit den 60er Jahren, sind für die sozialistische internationale Arbeitsteilung neue Bedingungen entstanden, aus denen sich veränderte Möglichkeiten und Anforderungen an ihre Gestaltung ergeben. Das wirft neue theoretische und praktische Fragen auf. Obwohl einige Probleme Gegenstand theoretischer Arbeiten in den RGW-Ländern sind und Eingang in verschiedene Materialien gefunden haben, bedarf die Gesamtheit der neuen Bedingungen offensichtlich weiterer und tiefgehender Untersuchungen, um fundierte Antworten geben und begründete Schlußfolgerungen ableiten zu können.

Die veränderten Umstände, die die neuen Reproduktionsbedingungen für die sozialistischen Volkswirtschaften und ihre gegenseitige Arbeitsteilung ausmachen, können in drei Gruppen gegliedert und zusammengefaßt werden:

erstens in die wesentlich veränderten inneren Entwicklungsbedingungen der sozialistischen Gemeinschaft, hervorgerufen vor allem durch das höhere wissenschaftlich-technische, ökonomische und gesamtgesellschaftliche Entwicklungsniveau insbesondere der europäischen RGW-Länder, durch ihren Übergang zur vorwiegend intensiv erweiterten Reproduktion – also durch grundlegend neue qualitative Seiten der Entwicklung –, aber auch durch das Hinzukommen neuer Länder – die quantitative Ausdehnung des sozialistischen Weltwirtschaftssystems;

zweitens in die mit dem hohen Tempo des wissenschaftlich-technischen Fortschritts, den wachsenden Aufwendungen, den Rohstoff- und Energieproblemen, dem Umweltschutz u. ä. verbundenen Faktoren und

drittens in die veränderte weltpolitische und weltwirtschaftliche Situation.

Aus dem letzten Komplex, der nicht isoliert von den ersten beiden gesehen werden kann, ergibt sich u. a. die Konsequenz, daß die sozialistische internationale Arbeitsteilung heute in ganz anderen Größenordnungen, als das etwa vor 20 oder mehr Jahren angenommen wurde oder angenommen werden konnte, bei gleichzeitiger Entwicklung von Wirtschaftsbeziehungen zu nichtsozialistischen Ländern, bei Vertiefung der weltweiten Arbeitsteilung gestaltet wird und weiter auszubauen ist. Und das bei den nunmehr über das sozialistische Weltsystem hinaus geforderten demokratischen Umgestaltungen der internationalen Wirtschaftsbeziehungen, bei immer breiterer und engerer Verbindung vor allem zu den sich in sozialistischer Richtung entwickelnden jungen Nationalstaaten.

Wie sind die neuen arbeitsteiligen Beziehungen zwischen sozialistischen Staaten und Entwicklungsländern auf gleichberechtigter und gegenseitig vorteilhafter Grundlage weiter auszubauen? In welchen gesetzmäßigen Richtungen entwickeln sich, bei aller Vielfalt, die Nationalwirtschaften in den Entwicklungsländern? Wie kann die Arbeitsteilung mit kapitalistischen Industrieländern am nutzbringendsten für unsere Volkswirtschaft, für die sozialistische Gemeinschaft, gestaltet werden? Das sind einige der Fragen, von deren richtiger Beantwortung die weitere Profilierung unserer Wirtschaft, der Export- und

Importstruktur – im Zusammenhang mit den Anforderungen des wissenschaftlich-technischen Fortschritts –, wesentlich abhängt.

Damit ist auch das Problem der Gestaltung eines ökonomisch und politisch begründeten Verhältnisses zwischen sozialistischer internationaler Arbeitsteilung und Arbeitsteilung mit nichtsozialistischen Ländern verbunden. Neben der quantitativen Seite – ausgedrückt im prozentualen Anteil des RGW-Handels am gesamten Außenhandel – sollten zur Gestaltung und Bewertung dieses Verhältnisses auch stärker qualitative Gradmesser dienen, wie der Einfluß der sozialistischen internationalen Arbeitsteilung, der sozialistischen ökonomischen Integration, auf Effektivität und wissenschaftlich-technischen Fortschritt, auf die Erringung von Spitzenleistungen; das Gewicht der Integrationsmaßnahmen für die Sicherung der entscheidenden volkswirtschaftlichen Proportionen, für ein stabiles Wirtschaftswachstum, für Kontinuität und Planmäßigkeit der ökonomischen und gesellschaftlichen Entwicklung und für die stete Verbesserung der Lebenslage des Volkes.

Ohne hier auf diesen Problemkreis weiter eingehen zu können, sollen einige Schlußfolgerungen bzw. Fragestellungen genannt werden:

– Die sozialistische internationale Arbeitsteilung kann auch in Zukunft nur erfolgreich gestaltet werden, wenn die ihr eigenen systembedingten Grundlagen und Vorzüge weiter ausgeprägt und immer effektiver genutzt werden und wenn dabei gleichzeitig die Arbeitsteilung zu kapitalistischen Industrieländern und jungen Nationalstaaten im erforderlichen und rationellen Maß und planmäßig entwickelt wird. Die sozialistische internationale Arbeitsteilung, die sozialistische ökonomische Integration, ist die entscheidende Grundlage der Außenwirtschaftsbeziehungen der RGW-Länder, aber Handel und Wirtschaftszusammenarbeit mit nichtsozialistischen Ländern sind nicht bloß eine „ergänzende Funktion", sie sind keine kurzfristige Sache. Dabei sind die Wirtschaftsbeziehungen zu den jungen Nationalstaaten von gänzlich anderer politischer und ökonomischer Natur als die zu kapitalistischen Industrieländern. Deshalb ist die grobe Unterteilung in sozialistisches Wirtschaftsgebiet und nichtsozialistisches Wirtschaftsgebiet und die Einordnung der Wirtschaftsbeziehungen zu den Entwicklungsländern insgesamt bzw. genauer zu den sich in sozialistischer Richtung entwickelnden Nationalstaaten in das nichtsozialistische Wirtschaftsgebiet m. E. fragwürdig geworden.

– Die intersystemaren arbeitsteiligen Beziehungen müssen für die einzelnen sozialistischen Länder und die ganze Gemeinschaft so nutzbringend wie möglich aufgebaut werden, die Gefahr von Störungen ist so gering wie möglich zu halten.

– Daraus ergibt sich die Konsequenz, bei der Organisierung der internationalen Spezialisierung und Kooperation zwischen den RGW-Ländern von vornherein mögliche und notwendige Wirtschaftsbeziehungen zu nichtsozialistischen Ländern zu erfassen, einzuplanen und soweit möglich und erforderlich abzustimmen und zu koordinieren (das betrifft insbesondere die Grundlinien dieser Beziehungen und wichtige Objekte der wissenschaftlich-technischen Zusammenarbeit, der Lizenztätigkeit, der Produktionskooperation, des Außenhandels und besonders des Anlagenexports und -imports).

Der erreichte Grad der sozialistischen internationalen Arbeitsteilung und der außenwirtschaftlichen Verflechtungen haben zur Folge, daß sich immer engere Wechselbeziehungen zwischen dem Wachstumstempo der Volkswirtschaften, der Gestaltung der Proportionen, dem notwendigen und möglichen Ausmaß der Intensivierung in den RGW-Ländern und der quantitativen und qualitativen Entwicklung ihrer ökonomischen Zusammenarbeit herausbilden. Die zunehmende Verbindung von „inneren" und „äußeren" Wachstumsfaktoren und -bedingungen sollte noch mehr Gegenstand der marxistischen Reproduktionstheorie im allgemeinen und der Integrationsforschung im besonderen sein; aus ihr ergeben sich große Anforderungen an die Leitung und Planung der Volkswirtschaften und der sozialistischen ökonomischen Integration.

Es besteht nicht nur ein Zusammenhang dergestalt, daß die Integrationsmaßnahmen Stabilität, Proportionalität und Effektivität der volkswirtschaftlichen Reproduktion zu sichern haben (wie in den vorliegenden Thesen vermerkt), sondern auch ein umgekehrter Zusammenhang: Die Stabilität und Effektivität von Maßnahmen der Integration, der sozialistischen internationalen Arbeitsteilung, wird ganz maßgeblich von der ausbilanzierten, planmäßig proportionalen Entwicklung der Volkswirtschaften, von einem optimalen Wachstumstempo beeinflußt, das bei voller und rationeller Ausnutzung der Ressourcen ökonomische Spannungen und Disproportionen vermeidet bzw. überwindet.

Die neuen Entwicklungsbedingungen erfordern und ermöglichen ein qualitativ höheres Niveau der internationalen Spezialisierung und Kooperation in Forschung, Entwicklung und Produktion zwischen den RGW-Ländern. Damit rücken objektiv als Maßstäbe für die internationale Spezialisierung und Kooperation und die Bewertung ihres Niveaus, bei weiterer Förderung des Prozesses der ökonomischen Angleichung zwischen den sozialistischen Volkswirtschaften, in den Vordergrund: planmäßige Bedarfsdeckung bei hoher Effektivität und Qualität, Beschleunigung des wissenschaftlich-technischen Fortschritts, Erreichung und Mitbestimmung des Weltniveaus in Kosten, Preisen und Gebrauchswertparametern, unbedingte Vertragstreue.

Es vollzieht sich der Übergang zur vorwiegend intensiv erweiterten Reproduktion in den europäischen RGW-Ländern. Jedoch ist das Niveau der Intensivierung in diesen Ländern objektiv bedingt unterschiedlich. Das gilt auch für die Möglichkeiten zur internationalen Spezialisierung und Kooperation und den inneren Druck auf Effektivität und Leistungsanstieg. Zielsetzungen, Ergebnisse und Probleme der sozialistischen ökonomischen Integration haben ihre Basis vor allem im Entwicklungsstand der beteiligten Volkswirtschaften.

Infolge der Zusammenhänge zwischen wissenschaftlich-technischem und ökonomischem Entwicklungsstand der Volkswirtschaften und dem Niveau ihrer wirtschaftlichen Zusammenarbeit, infolge der trotz beachtlicher Fortschritte in der Angleichung noch bestehenden Unterschiede im Reifegrad der Produktivkräfte und sozialistischen Produktionsverhältnisse, infolge der außenwirtschaftlichen Belastungen und der verschiedenartigen Ressourcenbegrenzungen sind für die Vertiefung und Erweiterung der internationalen Spezialisierung und Kooperation in den nächsten Jahren höhere Anforderungen an die Volkswirtschaften zu stellen. Zugleich spielt auch der subjektive Faktor bei der Ausnutzung konkreter Möglichkeiten eine große Rolle. Das schließt den Komplex der weiteren integrationsfördernden Gestaltung der Systeme der Leitung, Planung und ökonomischen Stimulierung in sich ein. Nicht jede Maßnahme der internationalen Spezialisierung und Kooperation erfordert große Investitionen und strukturelle Veränderungen. Die engere Verbindung zur Rationalisierung, die bessere Ausnutzung vorhandener Grundfonds bei teilweiser Modernisierung und Erweiterung kann mehr ins Spiel gebracht werden. Nicht die Zahl von Maßnahmen und Verträgen ist allein entscheidend, sondern hauptsächliches Kriterium sollte die Qualität, die Effektivitätswirkung der internationalen Spezialisierung und Kooperation sein.

Die sozialistische internationale Arbeitsteilung kann als unentbehrliche Quelle für Effektivitätssteigerung und Intensivierung wirksamer erschlossen werden durch

– eine noch strukturwirksamere, auf die Hauptgebiete der ökonomischen Entwicklung und auf ganze Wirtschaftskomplexe ausgerichtete internationale Spezialisierung und Kooperation, wie es mit den langfristigen Zielprogrammen und den zweiseitigen Programmen der internationalen Spezialisierung und Kooperation mit der UdSSR festgelegt wurde;

– optimale Konzentration in Forschung, Entwicklung und Produktion und tiefere Spezialisierung der Produktion, die auf hohem technisch-ökonomischem Niveau stattfindet;

– Organisierung komplexer, stabiler, zuverlässiger und flexibler Kooperationsbeziehungen, die Vervollkommnung der Formen und die Erhöhung des Stellenwertes der Kooperation in der sozialistischen internationalen Arbeitsteilung;

– ökonomisch begründete internationale Standortverteilung, bestmögliche Nutzung günstiger Bedingungen der Länder für Forschung, Entwicklung, Produktion, Absatz und Bezug;

– gemeinsamer Einsatz von materiellen, finanziellen und geistigen Kräften und Mitteln der RGW-Länder auf geeigneten und erforderlichen Gebieten.

Untrennbar damit verbunden ist die höhere Reaktionsfähigkeit der Volkswirtschaft auf den wissenschaftlich-technischen Fortschritt und die weltwirtschaftlichen Veränderungen. Wachstum, Stabilität, Flexibilität und Effektivität der Volkswirtschaft werden wesentlich von der strukturellen Anpassungsfähigkeit an wissenschaftlich-technische Neuerungen und an neue äußere Bedingungen beeinflußt. Die von unserer Partei in den letzten Jahren wiederholt gestellten Forderungen nach Verbesserung der Produktions- und Exportstruktur unserer Wirtschaft sollten in allen Zweigen und Kombinaten den gebührenden Rang in der Wirtschaftsführung einnehmen, so wie das bereits vielfach erfolgreich praktiziert wird. Werden nur objektive Schwierigkeiten und das „Beharrungsvermögen" eingefahrener Strukturen ins Feld geführt, dann wird dieser Prozeß gebremst. Die Möglichkeiten eines Strukturwandels sind natürlich differenziert. Aber es kommt – wie in den Thesen dargelegt – ja vornehmlich auf Veränderungen innerhalb der Zweige und der Erzeugnisstrukturen an, wofür die Voraussetzungen prinzipiell gegeben sind.

Um die potentiellen Nutzensmöglichkeiten der Arbeitsteilung in breiterem Umfang zu erschließen, sind gründliche Analysen, Nutzeffektsberechnungen und technisch-ökonomische Begründungen für die Varianten der internationalen Spezialisierung und Kooperation notwendig. Auf dieser Grundlage kann fundiert entschieden werden, auf welchem Gebiet und wie eine Spezialisierung erforderlich und sinnvoll ist, mit wem, in welchen Formen sowie unter welchen Bedingungen die Kooperation erfolgen sollte. Die richtige Entscheidung über Gegenstand, Partner und Form bestimmt – das lehrt die Erfahrung – wesentlich die tatsächlich erzielbaren Vorteile, das langfristige gute Funktionieren arbeitsteiliger Beziehungen.

Bei den technisch-ökonomischen Begründungen von internationalen Spezialisierungs- und Kooperationsmaßnahmen kommt bisher nicht selten die ökonomische Seite zu kurz. Aber gerade hier liegen oft die eigentlichen Schwierigkeiten, und gerade davon werden die Wirkungen am meisten beeinflußt. In Verbindung mit den Festlegungen zum wissenschaftlich-technischen Niveau der Erzeugnisse sollte daher u. a. folgenden Aspekten mehr Aufmerksamkeit gewidmet werden: den quantitativen und qualitativen Produktionsvoraussetzungen der Partner, den verfügbaren Ressourcen zur Produktionserweiterung im bedarfsgerechten Umfang; den Wirkungen und Anforderungen auf Kooperationspartner und Zulieferer im eigenen Land; den Kosten und Preisen; den Außenhandelsbilanzen, dem Einfluß der internationalen Spezialisierungs- und Kooperationsmaßnahmen auf die Bilanzen und Austauschrelationen; dem Transport und dem Grad der Materialveredlung bei der Kooperation.

Der Nutzeffekt einer Reihe von Kooperationsbeziehungen wird erheblich geschmälert oder sogar gänzlich in Frage gestellt, wenn die Transportaufwendungen im Verhältnis zu den erzielten Effekten zu groß sind und wenn die Materialien, Zwischenprodukte, Teile und Baugruppen nur gering veredelt werden. Eine grundlegende Bedingung für die praktische Realisierung der Vorzüge einer internationalen Spezialisierung und Kooperation besteht darin, daß der Partner entweder bereits über die erforderlichen Voraussetzungen verfügt bzw. diese in einer entsprechenden Frist geschaffen werden. Die zielgerichtete Unterstützung für den Produktionsanlauf und die Erreichung der geforderten Qualitätsparameter ist hierin auf den erforderlichen Gebieten eingeschlossen. Handelt es sich um komplizierte Produktionsprozesse, um komplizierte Teile von Erzeugnissen oder Anlagen, dann muß der in Frage kommende Betrieb bereits Erfahrungen und die nötigen technologischen, organisatorischen und ökonomischen Voraussetzungen besitzen.

Die Effektivität von Maßnahmen der internationalen Spezialisierung und Kooperation wird wesentlich davon beeinflußt, wie bei der Organisierung den objektiv existierenden Zusammenhängen zwischen den Reproduktionsphasen entsprochen wird, wie die Zusammenarbeit in Wissenschaft und Technik, Produktion und im Absatz, beim Export und Import, miteinander verbunden wird.

Erst die Berücksichtigung dieser Zusammenhänge und die komplexere Organisation, Leitung und Planung vermag die Interessen der Länder in Übereinstimmung zu bringen. Abstimmungen nicht nur in der Produktionssphäre, sondern unbedingt auch in der Zirkulationssphäre und koordiniertes Auftreten auf Drittmärkten gehören zu den dringenden Erfordernissen. Das schließt die Prüfung ein, ob und wie auf bestimmten Gebieten zur gemeinsamen Absatztätigkeit übergegangen werden kann.

Der Übergang zu einer neuen Qualität der sozialistischen internationalen Arbeitsteilung stellt an die Leitung und Planung, an den Mechanismus der sozialistischen ökonomischen Integration, große Anforderungen. Von entscheidender Bedeutung ist dabei die immer zwingendere Ausrichtung des Systems der Leitung, Planung und ökonomischen Stimulierung in den Volkswirtschaften auf Intensivierung und Leistungsanstieg. Dabei kann es nicht nur um entsprechende Regelungen gehen, sondern notwendig ist in Verbindung damit die weitere Herausbildung eines Klimas in allen Bereichen der Wirtschaft und Gesellschaft, das ein rationelles Wirtschaften und Verhalten im umfassenden Sinne als Grundnorm des Denkens und Handelns erfordert. Ohne dieses Fundament können die notwendigen Verbesserungen ökonomischer, organisatorischer und rechtlicher Art am zwischenstaatlichen Mechanismus der sozialistischen ökonomischen Integration (in der Planungszusammenarbeit, in der aktiveren Nutzung der Wertkategorien, in der Erhöhung der Wirksamkeit der Wirtschaftsverträge usw.) nicht die gewünschten Resultate zeitigen.

Wie in unserer Volkswirtschaft und anderen RGW-Ländern begonnen, müssen die qualitativen Wachstumsfaktoren entschieden in den Mittelpunkt der Planung, der wirtschaftlichen Rechnungsführung und Leistungsbewertung der Kombinate und Betriebe gestellt werden. Auf dieser Grundlage ist die stärkere materielle Interessiertheit an effektiven internationalen arbeitsteiligen Beziehungen und die Herbeiführung einer einheitlicheren Wirkungsrichtung dieser Interessiertheit auf den verschiedenen Ebenen der Wirtschaft von erheblichem Einfluß darauf, daß Varianten der internationalen Spezialisierung und Kooperation ermittelt und verwirklicht werden, die im betrieblichen und volkswirtschaftlichen Interesse liegen. Damit im Zusammenhang steht die konsequente Anwendung des Leistungsprinzips auf allen Ebenen und bis zum einzelnen Werktätigen in unseren Ländern. Wird durchgängig gute Arbeit gut und schlechte Arbeit schlecht bewertet, dann ist bei Vorhandensein weiterer Voraussetzungen eine günstigere Basis dafür gegeben, daß auch in der internationalen Spezialisierung und Kooperation technisches Niveau und Qualität den gebührenden Rang erhalten.

Die Kombinate tragen im Rahmen der zentralen Leitung und Planung eine große Verantwortung für die Organisation effektiver arbeitsteiliger Beziehungen zwischen den RGW-Ländern. Sie werden dieser Verantwortung noch besser gerecht werden können, wenn ihnen längerfristige Vorhaben für wenige, volkswirtschaftlich entscheidende Eckkennziffern übergeben werden. Die Kenntnis der volkswirtschaftlichen Rahmenbedingungen sind Grundbedingungen für vorausschauendes Denken und Disponieren, für eine rationelle und stabile internationale Spezialisierung und Kooperation.

4. Ausgewählte Diskussionsbeiträge in den Arbeitskreisen

Arbeitskreis 1:

Die sozialistische ökonomische Integration – eine Gesetzmäßigkeit der weiteren Gestaltung und Vervollkommnung der entwickelten sozialistischen Gesellschaft

K.-H. Stiemerling

Der gesellschaftliche Fortschritt und die Dialektik von Nationalem und Internationalem beim Aufbau des Sozialismus

Das Tempo des gesellschaftlichen Fortschritts in der Epoche des weltweiten Überganges vom Kapitalismus zum Sozialismus wird entscheidend von der Stärke, dem Einfluß und der Beispielwirkung des realen Sozialismus bestimmt. Die Gestaltung und Vervollkommnung der sozialistischen Gesellschaft ist eine wichtige Bedingung des Kampfes der antiimperialistischen Kräfte für Frieden und Entspannung, für die Schaffung günstiger äußerer Bedingungen für den sozialistischen und für den kommunistischen Aufbau. Sie erfordert zugleich eine effektive Nutzung der Wechselbeziehungen von Nationalem und Internationalem.

Die Erfahrungen des realen Sozialismus haben die Lebenskraft der marxistisch-leninistischen Prinzipien der zwischenstaatlichen Beziehungen neuen Typus bestätigt.

Im Programm der Sozialistischen Einheitspartei Deutschlands wird die SED als eine feste und untrennbare Abteilung der internationalen kommunistischen und Arbeiterbewegung, als eine Partei des proletarischen Internationalismus charakterisiert. Das Wesen des proletarischen Internationalismus als organischer Bestandteil der Ideologie und Politik der Arbeiterklasse und ihrer kommunistischen Parteien besteht darin, hingebungsvoll für die revolutionäre Umgestaltung im eigenen Lande zu arbeiten und die revolutionäre Bewegung durch Propaganda, durch moralische und materielle Hilfe in allen Ländern zu unterstützen.[1]

Der proletarische Internationalismus erwächst aus den objektiven Bedingungen des Kampfes der Arbeiterklasse gegen Ausbeutung und Unterdrückung, für Frieden, Demo-

[1] Vgl. W. I. Lenin, Die Aufgaben des Proletariats in unserer Revolution, in: Werke, Bd. 24, Berlin 1959, S .60.

kratie und Sozialismus aus der Tatsache, daß die Arbeiterklasse einen gemeinsamen Klassenfeind hat. Der proletarische Internationalismus bringt die gemeinsamen Ziele sowie die Notwendigkeit zum Ausdruck, der internationalen Vereinigung und gegenseitigen Unterstützung der Bourgeoisie im Kampf gegen die Arbeiterklasse die internationale Solidarität der Werktätigen entgegenzustellen. Er schließt das volle Vertrauen und die Gleichberechtigung zwischen den Werktätigen unterschiedlicher Nationen und Länder, die Einheit ihres Handelns, die Solidarität, gegenseitige Hilfe und Unterstützung im Kampf sowie das Streben nach Einheit in den prinzipiellen Fragen der Theorie und Politik ein.

Ein besonderes Merkmal des proletarischen Internationalismus ist die Haltung jeder Partei zur KPdSU und zur UdSSR.

Für die SED war und ist die Stellung zur KPdSU, der erprobten und erfahrensten Partei unserer kommunistischen Weltbewegung, der Prüfstein für die Treue zum Marxismus-Leninismus, zur historischen Mission der Arbeiterklasse. Die Erfahrungen der KPdSU sind für den Aufbau des Sozialismus und Kommunismus in jedem Land von grundsätzlicher Bedeutung. „Die umfassende Zusammenarbeit mit der KPdSU und der Sowjetunion weiter zu vertiefen wird auch künftig vorrangiges Anliegen, ja das Kernstück der internationalen Tätigkeit unserer Partei und der Außenpolitik unseres Staates sein“, heißt es in dem Bericht des ZK an den IX. Parteitag der SED.[2]

Bürgerliche Ideologen, Revisionisten vieler Schattierungen werden nicht müde zu behaupten, daß der proletarische Internationalismus veraltet und überholt sei. Doch die objektiven Ursachen des proletarischen Internationalismus existieren, solange es Klassen und Klassenkampf und eine dem Sozialismus entgegengesetzte Gesellschaftsordnung gibt. Deshalb ist es auch leicht, den Kern dieser Behauptung zu erkennen: Die Angriffe auf den proletarischen Internationalismus sind gegen die Arbeiterklasse und ihre marxistisch-leninistische Partei gerichtet. Sie sind eine Reaktion auf den wachsenden Einfluß des Sozialismus und der anderen antiimperialistischen Kräfte auf das Weltgeschehen. Vor allem sind sie darauf gerichtet, die sozialistischen Staaten voneinander zu trennen und einen Keil zwischen die verschiedenen antiimperialistischen Ströme zu treiben.

Der sozialistische Internationalismus charakterisiert die Beziehungen der sozialistischen Staaten, der marxistisch-leninistischen Parteien und der Völker dieser Staaten untereinander. Erstmalig entstanden mit der Entwicklung der Gemeinschaft sozialistischer Staaten zwischenstaatliche Beziehungen neuen Typs, die auf den Prinzipien der kameradschaftlichen Zusammenarbeit und der gegenseitigen Hilfe und Unterstützung, der vollen Gleichberechtigung, der Achtung der Souveränität und der staatlichen Interessen, der Nichteinmischung in die inneren Angelegenheiten beruhen. Auf wirtschaftlichem Gebiet werden diese Prinzipien erweitert um die Prinzipien des äquivalenten Austausches und des gegenseitigen Vorteils.

Diese Prinzipien eröffnen alle Möglichkeiten, das Aufblühen und die Entwicklung der sozialistischen Staaten und Nationen mit der objektiven Tendenz ihrer allseitigen Annäherung, ihres Zusammenschlusses und der schrittweisen Angleichung ihres ökonomischen Entwicklungsniveaus zu verbinden.

W. I. Lenin lehrt, beim Aufbau und bei der Verteidigung des Sozialismus stets die unzertrennliche Einheit von gemeinsamen und spezifischen, von internationalen und nationalen Aufgaben zu wahren. Der proletarische Internationalismus verpflichtet die Arbeiterklasse aller Länder, ihre Anstrengungen zu vereinen und die breiten Massen im

[2] Bericht des Zentralkomitees der Sozialistischen Einheitspartei Deutschlands an den IX. Parteitag der SED, Berichterstatter: Genosse Erich Honecker, Berlin 1976, S. 13.

Kampf für Frieden, Demokratie und Sozialismus zusammenzuschließen. „Ohne das freiwillige Streben des Proletariats, und dann auch aller werktätigen Massen aller Länder und der Nationen der ganzen Welt, nach einem Bund und nach Einheit kann das Werk des Sieges über den Kapitalismus nicht mit Erfolg vollendet werden."[3]

Der sozialistische Internationalismus, der die Zusammenarbeit und die Beziehungen der marxistisch-leninistischen Parteien, der Regierungen und der Völker der sozialistischen Länder zum Inhalt hat, ist Bestandteil und eine neue Stufe des proletarischen Internationalismus.

Die DDR ist ein untrennbarer Bestandteil der sozialistischen Staatengemeinschaft. Dabei beachten wir stets das Vermächtnis W. I. Lenins. „Das Wesentliche ist nicht die ‚Proklamierung' des Internationalismus, sondern die Fähigkeit, selbst in den schwierigsten Zeiten wirklicher Internationalist zu sein."[4]

Die Bedeutung des sozialistischen Internationalismus für die Entwicklung der sozialistischen Staaten legte L. I. Breshnew 1969 auf der Beratung der kommunistischen und Arbeiterparteien dar. Er hob hervor, daß „die Hauptrichtung beim Zusammenschluß des sozialistischen Systems darin besteht, die Prinzipien des sozialistischen Internationalismus unbeirrbar zu verwirklichen, die nationalen und die internationalen Aufgaben der sozialistischen Staaten richtig miteinander zu verknüpfen, einander brüderlich zu helfen und sich gegenseitig zu unterstützen, die Prinzipien der Gleichberechtigung aller Länder des Sozialismus, ihrer Souveränität und Unabhängigkeit sowie der Nichteinmischung in ihre inneren Angelegenheiten konsequent zu wahren".[5]

Zu den Grundprinzipien des sozialistischen Internationalismus gehören:

- die Verteidigung und Festigung des realen Sozialismus in der Welt als oberste internationale Pflicht;
- die Freundschaft und allseitige Zusammenarbeit der Völker der sozialistischen Staaten;
- die kameradschaftliche Zusammenarbeit und gegenseitige Hilfe sozialistischer Staaten;
- die Verknüpfung der internationalen und nationalen, der gemeinsamen und spezifischen Interessen sozialistischer Staaten;
- die Bereitschaft jedes sozialistischen Staates, seinen Beitrag zur Entwicklung des sozialistischen Weltsystems zu leisten.

Die weitere Stärkung des realen Sozialismus, die Festigung der sozialistischen Gemeinschaft und die Vertiefung der Zusammenarbeit der sozialistischen Länder beruhen auf zwei dialektisch miteinander verbundenen Tendenzen. Die eine Tendenz hat das Aufblühen, die Entwicklung und die Konsolidierung der sozialistischen Staaten und Nationen zum Inhalt. Die andere Tendenz zielt auf die brüderliche Zusammenarbeit und allmähliche Annäherung sozialistischer Staaten und Nationen auf politischem, wirtschaftlichem, sozialem und kulturellem Gebiet. Beide Tendenzen erfordern die schöpferische Anwendung der allgemeingültigen Gesetzmäßigkeiten der sozialistischen Revolution und des sozialistischen Aufbaus entsprechend den konkreten Bedingungen, spezifischen Gegebenheiten und nationalen Besonderheiten. Dabei ist zu berücksichtigen, daß diese Prozesse wesentlich vom Tempo der Erhöhung der Arbeitsproduktivität in jedem Land abhängen. Die allmähliche Angleichung des ökonomischen Entwicklungsniveaus auf der Grundlage eines hohen Niveaus der materiell-technischen Basis des Sozialismus und der

[3] W. I. Lenin, Entwurf der Thesen zur nationalen und zur kolonialen Frage, in: Werke, Bd. 31, Berlin 1959, S. 139.

[4] W. I. Lenin, Die Aufgaben des Proletariats in unserer Revolution, in: Werke, Bd. 24, a. a. O., S. 68.

[5] L. I. Breshnew, Rede auf der Internationalen Beratung 1969, in: Internationale Beratung der kommunistischen und Arbeiterparteien Moskau 1969, Berlin 1969, S. 185.

Zusammenarbeit der sozialistischen Staaten ist ein Kennzeichen dieser Prozesse. Die Nutzung der eigenen Ressourcen und Möglichkeiten, die Erhöhung der Anstrengungen im jeweiligen Land sind der entscheidende Faktor des ökonomischen und gesellschaftlichen Fortschritts.

Im Programm der SED heißt es, daß „die entwickelte sozialistische Gesellschaft das gemeinsame revolutionäre Werk der Arbeiterklasse und aller Werktätigen in den Ländern der sozialistischen Gemeinschaft (ist)".[6] Diese These beruht auf der Feststellung von W. I. Lenin, wonach der „vollständige Sozialismus ... aus der revolutionären Zusammenarbeit der Proletarier aller Länder"[7] entsteht, auf der Verallgemeinerung der Erfahrungen des realen Sozialismus, auf der unverrückbaren Verankerung der DDR in der sozialistischen Staatengemeinschaft, auf den gemeinsamen Interessen und Aufgaben der sozialistischen Länder, die entsprechend der marxistisch-leninistischen Theorie den sozialistischen und den kommunistischen Aufbau in Angriff genommen haben und erfolgreich verwirklichen.

W. I. Lenin hatte bereits 1920 die kommunistische Weltbewegung darauf aufmerksam gemacht, daß die Aufgabe darin besteht, „daß man es versteht, die allgemeinen und grundlegenden Prinzipien des Kommunismus auf jene Eigenart der Beziehungen zwischen den Klassen und Parteien, auf jene Eigenart in der objektiven Entwicklung zum Kommunismus anzuwenden, die jedes Land aufweist und die man zu studieren, zu erforschen, zu erraten fähig sein muß."[8]

Die erfolgreiche Durchführung der sozialistischen Revolution und der erfolgreiche Aufbau der sozialistischen Gesellschaft sind die wichtigste internationalistische Pflicht einer jeden Abteilung der internationalen Arbeiterklasse, einer jeden kommunistischen Partei. Genosse W. W. Sagladin betont in diesem Zusammenhang: „Unsere Partei tut nach wie vor alles, um ihre wichtigste internationalistische Pflicht – den Aufbau der kommunistischen Gesellschaft – so vollständig und erfolgreich wie möglich zu erfüllen. Sie berücksichtigt dabei voll und ganz die internationale Bedeutung des sowjetischen Volkes."[9]

Aus der staatlichen Organisationsform der sozialistischen Gesellschaft ergibt sich demzufolge, daß die Klasseninteressen der Arbeiterklasse als staatliche Interessen auftreten und verwirklicht werden, die sowohl internationale, gemeinsame und allgemeingültige Interessen, Bedingungen und Entwicklungsbedürfnisse der sozialistischen Länder als auch nationale, spezifische und besondere Interessen, Bedingungen und Prozesse enthalten. Die staatlichen Interessen als Klasseninteressen der führenden Arbeiterklasse der einzelnen sozialistischen Länder können somit nicht ausschließlich auf nationale Interessen reduziert werden.

Auf dem IX. Parteitag der SED hob Erich Honecker hervor: „Unser neues Programm geht aus von der Anerkennung der allgemeingültigen Gesetzmäßigkeiten beim Aufbau der sozialistischen Gesellschaft. Es ist durchdrungen von den für jeden Kommunisten heiligen Ideen des proletarischen Internationalismus. In unserer Politik sind Nationales und Internationales, sozialistischer Patriotismus und proletarischer Internationalismus unlösbar miteinander verbunden. Stets ist sich unsere Partei ihrer Verantwortung vor dem

6 Programm der Sozialistischen Einheitspartei Deutschlands, Berlin 1976, S. 21.

7 W. I. Lenin, Über „linke" Kinderei und über Kleinbürgerlichkeit, in: Werke, Bd. 27, Berlin 1960, S. 338.

8 W. I. Lenin, Der „linke Radikalismus", die Kinderkrankheit des Kommunismus, in: Werke, Bd. 31, Berlin 1959, S. 76.

9 W. W. Sagladin, Die Entwicklung des proletarischen Internationalismus unter den gegenwärtigen Bedingungen, in: Neues Deutschland vom 12./13. März 1977, S. 9.

eigenen Volk ebenso wie vor der internationalen Arbeiterklasse bewußt. Alles, was wir für den Aufbau der sozialistischen Gesellschaft in der DDR tun, das tun wir zugleich für die weitere Stärkung der sozialistischen Gesellschaft und der revolutionären Weltbewegung."[10]

Diese Worte beruhen auf dem Verständnis und der Anwendung der beiden objektiven Tendenzen für die Entwicklung sozialistischer Staaten und Nationen.

Der proletarische Internationalismus erfordert die schöpferische Anwendung des Marxismus-Leninismus entsprechend den spezifischen Gegebenheiten des jeweiligen Landes, worunter historische Bedingungen, Traditionen und auch nationale Besonderheiten zu verstehen sind. Deshalb ist die wirksame Verbindung von Internationalem und Nationalem in der sozialistischen Revolution und beim sozialistischen Aufbau eine Bedingung für den Erfolg der Sache der Arbeiterklasse. „Wenn wir jetzt für die sozialistische Gesellschaftsordnung in Rußland kämpfen", sagte W. I. Lenin im August 1918, „so kämpfen wir für den Sozialismus in der ganzen Welt."[11] Die Wechselbeziehungen von Nationalem und Internationalem im revolutionären Weltprozeß zeigen sich in zwei qualitativ unterschiedlichen Prozessen. Einmal ist es der reale Sozialismus, der den historischen Beweis angetreten hat, daß jede Nation erneuert aus der sozialistischen Revolution hervorgeht und ihren Beitrag zur Einheit der Nationen auf neuer Grundlage leistet. Dieser Prozeß, der sich auf der Basis der allgemeingültigen Gesetzmäßigkeiten der sozialistischen Revolution und des sozialistischen Aufbaus vollzieht, zeichnet sich durch mannigfaltige Formen des Übergangs der einzelnen Länder und Nationen zum Sozialismus aus, woraus sich interessante Aufgaben für die Analyse und Verallgemeinerung ergeben.

Zum anderen stellen die zunehmende Internationalisierung des Klassenkampfes, der Kampf der beiden Systeme für die Arbeiterbewegung neue Aufgaben. Sie werden vor allem hervorgerufen durch die Internationalisierung des Wirtschaftslebens und die Verschärfung des Kampfes zwischen Sozialismus und Kapitalismus, durch die globalen Ausmaße und Erfordernisse des Kampfes für den Frieden, für Rüstungsbegrenzung, Abrüstung, für nationale und soziale Befreiung und für die Lösung solcher globaler Fragen, wie die Überwindung von Hunger, Unterentwicklung, wie den Schutz der Umwelt, die Erschließung und den Schutz der natürlichen Ressourcen der Erde, der Meere und des Kosmos.

Die Lösung dieser Aufgaben erfordert folgerichtig die Verstärkung des proletarischen Internationalismus, der internationalistischen Solidarität. Das gilt vor allem für die Stellung zum realen Sozialismus, für die Propagierung seiner Errungenschaften.

Die im RGW vereinten sozialistischen Staaten tragen eine besondere Verantwortung für die Weiterentwicklung und Festigung des Sozialismus. Die Entwicklung ihrer Beziehungen wird durch enge und sich ständig vertiefende ökonomische Verbindungen, durch vielfältige Formen und Methoden der Zusammenarbeit gewährleistet.

„Die sozialistische ökonomische Integration im Rahmen des Rates für Gegenseitige Wirtschaftshilfe, dessen Mitglied die DDR vor 30 Jahren wurde, hat sich weiter vertieft. Als Beispiel sei hier vor allem die brüderliche Zusammenarbeit mit der Sowjetunion angeführt, unserem größten und wichtigsten Partner. Unser gegenseitiger Warenaustausch stieg von 1950 bis 1979 auf das 30fache und erreicht in diesem Jahr 9 Milliarden Rubel.

[10] Bericht des Zentralkomitees der Sozialistischen Einheitspartei Deutschlands an den IX. Parteitag der SED, Berichterstatter: Genosse Erich Honecker, a. a. O., S. 139.

[11] W. I. Lenin, Rede auf einer Kundgebung im Polytechnischen Museum in Moskau, in: Werke, Bd. 28, Berlin 1959, S. 69.

Das Programm der Spezialisierung und Kooperation der Produktion unserer beiden Länder bis 1990 öffnet dieser Gemeinsamkeit neue Perspektiven."[12]

Ausgehend von ihrer prinzipiellen Übereinstimmung in den Grundfragen, lösen die Bruderparteien und Regierungen der Mitgliedsländer des RGW auftretende Probleme und Widersprüche im ökonomischen Integrationsprozeß im Geiste des sozialistischen Internationalismus. Die in der RGW-Arbeit geltenden Prinzipien und vereinbarten Regeln gewährleisten, daß die sozialistischen Staaten, ausgehend von ihren gemeinsamen Interessen, die sozialistische ökonomische Integration zum Nutzen ihrer Völker und zur Stärkung der gesamten Gemeinschaft entwickeln und vertiefen können.

Die Verantwortung der Mitgliedsländer des RGW erfordert, die Gemeinsamkeit in den politischen und ökonomischen Grundlagen und Zielen zu betonen und zu entwickeln. In einem historischen Prozeß führen die Anstrengungen der Völker dazu, die Unterschiede in der Entwicklung der Produktivkräfte und in der Entwicklung der Produktionsverhältnisse in jedem Land entsprechend den im „Komplexprogramm" gewiesenen Wegen zu reduzieren.

Die strukturelle Anpassung, gegenseitige Ergänzung, beginnende Verflechtung und Durchdringung der Wirtschaften der Mitgliedsländer des RGW vor allem in den Bereichen, die den wissenschaftlich-technischen Fortschritt bestimmen, bei gleichzeitiger Sicherung der planmäßigen proportionalen Entwicklung in den Ländern, sind wesentliche Schritte zu einem höheren Nutzeffekt der gesellschaftlichen Arbeit. Dabei sind sozialistische ökonomische Integration und planmäßige Strukturveränderungen stets in ihrer wechselseitigen Bedingtheit zu betrachten und zu gestalten. Das gilt für alle Formen der Zusammenarbeit im Rahmen des RGW. Sie reichen vom traditionellen Außenhandel bis zur Kooperation in Wissenschaft und Produktion.

Die Möglichkeiten des ökonomischen Wachstums, die sich aus der sozialistischen ökonomischen Integration ergeben, werden offensichtlich dann vollständig und effektiv genutzt, wenn allgemeingültige Gesetzmäßigkeiten des sozialistischen Aufbaus und spezifische Gegebenheiten, gemeinsame und spezielle Aufgaben der sozialistischen Staaten in ihrer wechselseitigen Bedingtheit beachtet werden. Deshalb gehört die theoretische Klärung und praktikable Lösung der mit der Interessendialektik zusammenhängenden Probleme zu den wichtigsten Voraussetzungen für ein hohes Tempo der Verwirklichung der sozialistischen ökonomischen Integration. Erich Honecker sagte in diesem Zusammenhang, „daß es bei der ökonomischen Integration der sozialistischen Länder als einem neuen und komplizierten Prozeß darauf ankommt, an die Fragen der volkswirtschaftlichen Entwicklung mit entsprechender Sorgfalt heranzugehen. Die jeweils rationellsten Lösungen müssen sowohl den Interessen des eigenen Landes als auch denen der anderen Partner zum Nutzen gereichen. Unabdingbar ist die Orientierung auf die neuesten Erkenntnisse der Wissenschaft und Technik, auf die rentabelsten und fortgeschrittensten Produktionsverfahren."[13]

Für die theoretische und praktische Arbeit zur Vertiefung des wirtschaftlichen Integrationsprozesses der Mitgliedsländer des RGW kommt es darauf an, die Leitung, Planung und ökonomische Stimulierung entsprechend den besten Erfahrungen weiter einander anzunähern und die konkreten wirtschaftlichen Aufgaben (insbesondere auf den

[12] Zu aktuellen Fragen der Innen- und Außenpolitik der DDR, Aus der Rede des Generalsekretärs des ZK der SED und Vorsitzenden des Staatsrates der DDR, Erich Honecker, auf der Aktivtagung zur Eröffnung des Parteilehrjahres 1980/81 in Gera, in: Neues Deutschland vom 14. Oktober 1980, S. 4.

[13] E. Honecker, Die Beschlüsse des XXIV. Parteitages der KPdSU – das Kampfprogramm für Gegenwart und Zukunft, in: Reden und Aufsätze, Bd. 1, Berlin 1975, S. 12.

Gebieten der Investitions- und Strukturpolitik, der Außenwirtschaft) noch wirksamer zu koordinieren. „Im Mittelpunkt stehen so lebenswichtige Fragen wie unsere sichere Versorgung mit Roh- und Brennstoffen und die Verbindung der Vorzüge des Sozialismus mit den Errungenschaften der wissenschaftlich-technischen Revolution. Das Miteinander im RGW, in dem wir 70 Prozent unseres Außenhandels abwickeln, ist auch eine feste Basis für die Teilnahme der DDR an der internationalen Arbeitsteilung im weltweiten Rahmen."[14] Es ist notwendig, den demokratischen Zentralismus in der Wirtschaftstätigkeit der Mitgliedsländer zu vervollkommnen, die Rolle des Planes und dessen Autorität zu erhöhen und die Wertkategorien wirksam auszunutzen, damit durch die Anwendung vervollkommneter Planungsmethoden und wirksamer ökonomischer Regelungen die Effektivität und die Stabilität der sozialistischen Planwirtschaft in jedem Mitgliedsland erhöht werden.

Die allseitige Entwicklung und Festigung jedes einzelnen sozialistischen Landes ist eine entscheidende Bedingung für die allseitige Stärkung, für die Erhöhung der Anziehungskraft des realen Sozialismus.

Die Rolle des sozialistischen Internationalismus wird unablässig zunehmen, es entwickelt sich zugleich der sozialistische Patriotismus. In der Einheit und Geschlossenheit der sozialistischen Staaten und Nationen, in der Ausnutzung der Einheit und der Wechselbeziehungen von sozialistischem Patriotismus und sozialistischem Internationalismus, in der effektiven Verknüpfung gemeinsamer und spezifischer Interessen der sozialistischen Staaten liegen die großen Quellen für den Fortschritt der Völker, weil die sozialistischen Staaten entsprechend den Prinzipien des sozialistischen Internationalismus eng zusammenarbeiten und einander brüderlich helfen.

[14] Zu aktuellen Fragen der Innen- und Außenpolitik der DDR, Aus der Rede des Generalsekretärs des ZK der SED und Vorsitzenden des Staatsrates der DDR, Erich Honecker, auf der Aktivtagung zur Eröffnung des Parteilehrjahres 1980/81 in Gera, in: Neues Deutschland vom 14. Oktober 1980, S. 4.

H. Swoboda

Kritik der Angriffe bürgerlicher Ideologen auf die sozialistische ökonomische Integration

Zwischen Sozialismus und Imperialismus, zwischen den Kräften des Friedens und der Reaktion wird gegenwärtig eine erbitterte ideologische Auseinandersetzung geführt. „Gegenüber dem Anfang der siebziger Jahre", betonte der Generalsekretär des ZK der SED, Genosse Erich Honecker, „als der Entspannungsprozeß eingeleitet werden konnte, gegenüber der Zeit danach, in der es gerade auch in Europa zu vielen positiven Veränderungen kam, hat sich die internationale Lage erheblich verschlechtert."[1]

Das Widerspruchsvolle und zugleich Komplizierte in dieser Entwicklung besteht darin, daß der Klassenkampf zwischen Sozialismus und Kapitalismus in seinen verschiedenen Formen, besonders auf dem Gebiet der Ideologie, scharfe Kontroversen annimmt, zugleich aber die ökonomische Zusammenarbeit zwischen den beiden antagonistischen Systemen zum gegenseitigen ökonomischen Vorteil entwickelt und ausgedehnt wird.

Heute kann keine einzige Frage des gesellschaftlichen Fortschritts ohne maßgebliche Beteiligung der sozialistischen Länder, vor allem der Sowjetunion, gelöst werden. Das gilt besonders für die Periode der 70er Jahre, die mit der Annahme des Komplexprogramms für die weitere Vertiefung und Vervollkommnung der Zusammenarbeit und Entwicklung der sozialistischen ökonomischen Integration der Mitgliedsländer des RGW eingeleitet wurde. Die Zusammenarbeit im RGW hat maßgeblich dazu beigetragen, daß sich das Wirtschaftspotential der Mitgliedsländer des RGW in den vergangenen drei Jahrzehnten um ein Vielfaches erhöhte und die sozialistische Staatengemeinschaft politisch, ökonomisch und militärisch weiter gestärkt wurde.

Wenn wir heute feststellen können, daß in diesen drei Jahrzehnten das Nationaleinkommen der Mitgliedsländer des RGW auf mehr als das 7fache und die Industrieproduktion auf fast das 11fache angestiegen sind, so ist dies ein sichtbarer Ausdruck für die Vorzüge des sozialistischen Gesellschaftssystems und auch ein Ergebnis der engen brüderlichen Zusammenarbeit im Rahmen des RGW.

Die Stellung der Mitgliedsländer des RGW in der Weltwirtschaft hat sich gegenüber Anfang der 50er Jahre entscheidend gewandelt. Mehr als ein Drittel der Weltindustrieproduktion entfällt heute auf die Mitgliedsländer des RGW. Bei der Produktion vieler wichtiger Industrieerzeugnisse pro Kopf der Bevölkerung nehmen die Mitgliedsländer des RGW eine Spitzenposition im Weltmaßstab ein.

Die Bruderländer setzen den Kurs des stabilen Wirtschaftswachstums und der Hebung des materiellen und geistig-kulturellen Lebensniveaus der Bevölkerung konsequent fort. Kontinuierlich steigt das Realeinkommen der Bevölkerung, erhöht sich der Einzelhandelsumsatz, werden die materiellen Bedingungen auch für das geistig-kulturelle Le-

[1] Zu aktuellen Fragen der Innen- und Außenpolitik der DDR, Aus der Rede des Generalsekretärs des ZK der SED und Vorsitzenden des Staatsrates der DDR, Erich Honecker, auf der Aktivtagung zur Eröffnung des Parteilehrjahres 1980/81 in Gera, in: Neues Deutschland vom 14. Oktober 1980, S. 3.

ben verbessert. Eine solche Politik mit solchen Ergebnissen wirkt weltweit anziehend. Deshalb versuchen die imperialistischen Kräfte und ihre Ideologen diese Entwicklung durch ideologische Angriffe zu diffamieren und zu entstellen.

Für die Mitgliedsländer des RGW ist die sozialistische ökonomische Integration eine stabile Basis für die ökonomische Zusammenarbeit zwischen den sozialistischen und kapitalistischen Ländern. Es ist deshalb kein Zufall, daß mit den wachsenden Erfolgen und der zunehmenden Anziehungskraft der Mitgliedsländer des RGW sich die Angriffe der bürgerlichen Ideologen auf die sozialistische ökonomische Integration verschärfen.

Für die bürgerlichen Angriffe auf die sozialistische ökonomische Integration ist es charakteristisch, daß sie aus drei verschiedenen Richtungen vorgetragen werden.

Erstens: für die neoliberale Richtung ist kennzeichnend, daß sie die „Wirtschaftsintegration" als einen Prozeß betrachtet, der über den „freien" Marktaustausch von Waren, die Produktionsmittel und die Arbeitskräfte in jene Länder und Gebiete unseres Kontinents fließen läßt, wo ein höchstmöglicher Gewinn für die Partner einer solchen Integration zu erreichen sei. Wer folglich eine Wirtschaftsintegration anstrebt, müsse nach dieser Konzeption die Leitung und Planung durch die Staaten abbauen.

So schreibt dann auch M. Allais, daß die „Integration" einen Markt anstrebe, „auf dem es keine Zölle und keine Mengenbeschränkungen gibt, auf dem die Valuta frei konvertierbar ist, die verfügbaren Mittel dort investiert werden können, wo für sie die höchste Rentabilität erreichbar ist, einen Markt schließlich, auf dem die Arbeitskräfte Arbeit finden können, die ihren Neigungen entspricht".[2]

Die Rolle des Staates wird bei den Neoliberalen vor allem auf die Regulierung des Umfangs und des Tempos des Austausches, auf die Bestimmung der Zollbarrieren und auf die „Absicherung der Bedingungen" für eine hohe Effektivität des Kapitals reduziert. Dies führt, schreibt Ballása, zur „Intensivierung der Konkurrenz und der Wettbewerbsfähigkeit", was in der Endkonsequenz mit der Verringerung der staatlichen Eingriffe in die Produktionstätigkeit der Wirtschaftseinheiten verbunden sein muß.

Zweitens: Die „Neokeynesianisten" betrachten die Wirtschaftsintegration nicht nur vom Standpunkt eines gemeinsamen Marktes mit einer „gemischten Wirtschaft", sondern auch als „institutionellen Markt", mit einer „direkten Einmischung" des Staates und der zu schaffenden supranationalen Organe in die Produktions- und Verteilungsprozesse.[3] Sie vertreten die Auffassung, daß die ökonomischen Beziehungen nicht durch den Charakter der Eigentumsverhältnisse, sondern durch das Entwicklungsniveau der Produktivkräfte bestimmt werden.

Sie treten für eine „gemischte Wirtschaft" ein, und da sie nicht auf „die Vollkommenheit der Konkurrenz" bauen, messen sie den „nationalen und supranationalen Institutionen" zur Ausarbeitung einer entsprechenden Wirtschaftspolitik eine große Bedeutung bei.

In der „Integration der Märkte" sehen sie nur einen ersten Schritt zur Wirtschaftsintegration. Für die Neokeynesianisten ist das entscheidende Kriterium für die „Aufrechterhaltung des ökonomischen und sozialen Gleichgewichts" die Marktwirtschaft in Verbindung mit dem regulierenden Einfluß „nationaler und supranationaler Organe"[4] und Institutionen.

Drittens teilen Vertreter des Sozialreformismus im wesentlichen den Standpunkt der

2 M. Allais, L., Europe Unie, Paris, S. 19.

3 A. Delpérée, Politique sociale et integration européen, Paris, S. 33., J. Rueff, Une mutation dans les structures politiques; le marche institutionnel des Communautes européennes, in: Revue d'économie politique, Nr. 1.

4 P. Marlvestiti, Pourquoi le marche commun? Milano 1978, S. 25.

„Neokeynesianisten", betrachten aber zugleich den Prozeß der Wirtschaftsintegration als einen „Prozeß der sozialen Reorganisation"[5]. Dementsprechend messen sie der Durchführung einer koordinierten sozialökonomischen Politik eine erstrangige Bedeutung bei und verbinden die Wirtschaftsintegration mit der Idee der „Transformation" des Kapitalismus in den „demokratischen Sozialismus".

Bürgerliche Ideologen aller drei Richtungen versuchen nachzuweisen, daß die „Internationalisierung des Wirtschaftslebens", „Erschließung neuer Märkte, Kooperation nach internationalen Kriterien, Kostenminimierung durch internationale Standortwahl die Hauptmedien der Akteure in Ost und West" sind.

Der Ausgangspunkt dieser Plattform besteht darin, daß die bürgerlichen Ideologen den Eindruck erwecken wollen, als ob eine Internationalisierung des Wirtschaftslebens mit der kapitalistischen Wirtschaftsintegration identisch sei.

Als Subjekt dieser „Integrationskonzeption", die den sozialistischen Ländern empfohlen wird, sind selbständige Wirtschaftseinheiten vorgesehen, die weder die Leitung durch den Staat noch eine andere zentrale Leitung und Planung anerkennen. Ausschlaggebend sei die „Marktfreiheit". Diese soll die Grundlage bilden, „auf der eine weltwirtschaftliche Verflechtung vorangetrieben werden kann"[6].

Bei ihren Angriffen auf die sozialistische ökonomische Integration bedienen sich die bürgerlichen Ideologen aller drei Richtungen einer gemeinsamen Methode. Sie stellen die Planmäßigkeit der marktwirtschaftlichen Regulierung gegenüber und bezeichnen die zentrale Planung im Sozialismus als „unwirksam", als weniger wichtig, da sie angeblich das Wertgesetz und den Markt außer acht lasse und subjektiv sei.

Bei der Beurteilung dieser bürgerlichen Konzeption zur Wirtschaftsintegration und der Angriffe auf die sozialistische ökonomische Integration muß man von folgenden grundlegenden Positionen des Marxismus-Leninismus ausgehen:

Erstens, die Übertragung des kapitalistischen Regulierungsprinzips der Integrationsprozesse auf die sozialistische ökonomische Integration würde grundlegende, qualitative Eigenschaften des Sozialismus verändern, zerstören und damit die Existenz des realen Sozialismus bedrohen. Die sozialistische ökonomische Integration unterscheidet sich qualitativ grundsätzlich von den verschiedenen Formen der Integration in der kapitalistischen Wirtschaft. Sie ist eine neue sozialökonomische Qualität und resultiert objektiv aus den inneren Gesetzmäßigkeiten der sozialistischen Gesellschaft. Zu den Ursachen der sozialistischen ökonomischen Integration gehören vor allem die gleichartigen ökonomischen Grundlagen in den sozialistischen Ländern, das gesellschaftliche Eigentum an den Produktionsmitteln – der gleichartige Charakter der Staatsmacht mit der Arbeiterklasse als führende Klasse und die auf dem Marxismus-Leninismus beruhenden Vorstellungen über Ziele und Wege des sozialistischen und kommunistischen Aufbaus.

Unter diesen gesellschaftlichen Verhältnissen ist die Planmäßigkeit ein Ausdruck für die bewußte Gestaltung der gesellschaftlichen ökonomischen Verhältnisse durch die sozialistische Gesellschaft. Die Planmäßigkeit der Entwicklung im Sozialismus ist das wichtigste Instrument zur bewußten Ausnutzung der ökonomischen Gesetze des Sozialismus. Das gilt auch uneingeschränkt für den Prozeß der weiteren Vertiefung und Vervollkommnung der Zusammenarbeit und Entwicklung der sozialistischen ökonomischen Integration der Mitgliedsländer des RGW.

5 J. Myrdal, An International Economy, Problems and Prospects, New York 1976, S. 17–31; J. Tinbergen, On the International Division of Labour Published by the Federation of Swedish Industries, 1970.

6 M. Banner, H.-D. Jacobsen, Integration des RGW in die Weltwirtschaft, in: Außenpolitik, Hamburg, 1/1976, S. 39.

In diesem Prozeß bildet sich ein qualitativ neuer, sozialistischer Typ internationaler ökonomischer Beziehungen zwischen den sozialistischen Staaten heraus. Dementsprechend ist die sozialistische ökonomische Integration ein objektiver Prozeß, der von den kommunistischen und Arbeiterparteien und den Regierungen der Mitgliedsländer des RGW bewußt und planmäßig zum Wohle der Völker dieser Länder gestaltet wird. In einer Gesellschaft, in der sich die politische Macht in den Händen der Arbeiterklasse und deren Verbündeten befindet, in der gesellschaftliches Eigentum an Produktionsmitteln existiert und der Staat das Hauptinstrument zur Gestaltung der gesellschaftlichen Verhältnisse ist, müssen naturgemäß auch die Formen der Leitung und Planung und ökonomischen Stimulierung der Prozesse der sozialistischen ökonomischen Integration auf der Grundlage der Achtung der staatlichen Souveränität, der Unabhängigkeit und der nationalen Interessen, der Nichteinmischung in die inneren Angelegenheiten der Länder, der völligen Gleichberechtigung, des gegenseitigen Vorteils, der kameradschaftlichen Zusammenarbeit und der gegenseitigen Hilfe erfolgen. Würde man die Planmäßigkeit der Prozesse der sozialistischen ökonomischen Integration durch die „marktwirtschaftliche Regulierung" ersetzen, wie durch die bürgerlichen Ideologen immer wieder vorgeschlagen wird, würde das die sozialistische ökonomische Integration ihrer Vorzüge und Triebkraft berauben, die sich aus dem Charakter der Produktionsverhältnisse im Sozialismus und den sich daraus ergebenden Klassenbeziehungen ergeben.

Inhalt und Formen der sozialistischen ökonomischen Integration können ebensowenig auf die kapitalistische Wirtschaftsintegration übertragen und im Rahmen der kapitalistischen Gesellschaft verwirklicht werden. Unter den Bedingungen des monopolkapitalistischen Eigentums an den Produktionsmitteln und der politischen Macht der Bourgeoisie bleiben die Träger der Integrationsprozesse, selbst wenn sie staatsmonopolistischen Charakter tragen, immer die großen imperialistischen Monopole mit ihrer Jagd nach dem höchsten Profit durch die Ausbeutung der Werktätigen innerhalb des Landes und der Völker anderer Länder.

Zweitens ist planmäßiges bewußtes Handeln im Prozeß der sozialistischen ökonomischen Integration eine ideelle, bewußte Vorwegnahme künftiger ökonomischer Prozesse und Entwicklungen unter Berücksichtigung der objektiven Erfordernisse der ökonomischen Gesetze des Sozialismus innerhalb der einzelnen Volkswirtschaften der Mitgliedsländer des RGW. Insofern darf Planmäßigkeit als objektives Erfordernis der Gesetze nicht mit dieser oder jener Form der Zusammenarbeit auf dem Gebiet der Planungszusammenarbeit identifiziert werden, wie dies die Verleumder der sozialistischen ökonomischen Integration so gern tun. Die subjektive Vorausschau künftiger ökonomischer Entwicklungen, die in den Planungsdokumenten der Staaten vorhanden ist, kann sich im Einzelfall auch als falsch erweisen, wenn sie den objektiven Erfordernissen der ökonomischen Gesetze des Sozialismus zuwiderläuft. Bewußte Planmäßigkeit der Prozesse der sozialistischen ökonomischen Integration, wie Planmäßigkeit im Sozialismus überhaupt, ist jedoch objektiv bedingt, objektives gesellschaftliches Gesetz, das sich aus dem Entwicklungsniveau der Produktivkräfte und dem Charakter der sozialistischen Produktionsverhältnisse ergibt.

Dabei bezieht sich die planmäßige Entwicklung im Sozialismus immer auf alle Phasen des volkswirtschaftlichen Reproduktionsprozesses, also auch auf den Markt. Insofern ist die von den bürgerlichen Ideologen aufgeworfene Fragestellung, daß die Planung der Prozesse der sozialistischen ökonomischen Integration „unwirksam bleiben" muß, weil sie „den Markt außer acht" lasse, völlig gegenstandslos und eine gezielte Verleumdung der Vorzüge des Sozialismus. Der Markt ist eine bestimmte Phase des Reproduktionsprozesses – ein Teil der Zirkulationsphase, die in allen Formen der Zusammenarbeit auf dem Gebiet der Planungstätigkeit ihren Niederschlag findet. Planmäßige Entwicklung, die sich das Ziel stellt, die wachsenden materiellen und geistig-kulturellen Bedürfnisse der Bevölkerung zu befriedigen, ist überhaupt nicht denkbar, wenn die Beziehungen zwischen Produktion und Markt nicht beachtet werden. Gerade in dieser Verbindung unternehmen die Mitgliedsländer des RGW große Anstrengungen, um durch die Erweiterung der Zeithorizonte auf dem Gebiet der Planungstätigkeit, durch den Plan mehrseitiger Integrationsmaßnahmen, die langfristigen Zielprogramme, die Zusammenarbeit auf dem Gebiet der Planung auf ausgewählten Gebieten sowie durch wirksames Erfassen aller Phasen des Reproduktionsprozesses im Plan, insbesondere der der Produktion vorgelagerten Phasen der Reproduktion, eine strategische und aktive Planungszusammenarbeit zu entwickeln, die die Beziehungen zwischen Produktion und Markt aktiver und ökonomisch zwingender gestaltet.

Eine der elementaren Aussagen des Marxismus-Leninismus über die sozialistische Produktionsweise ist, daß ein entscheidender Vorzug dieser Ordnung in der Bewußtheit, Planmäßigkeit der gesellschaftlichen Entwicklung besteht. Die neue Gesellschaftsordnung, betonte Engels, wird „vor allen Dingen den Betrieb der Industrie und aller Produktionszweige überhaupt aus den Händen der einzelnen, einander Konkurrenz machenden Individuen nehmen und dafür alle diese Produktionszweige durch die ganze Gesellschaft, ... nach gemeinschaftlichem Plan und unter Beteiligung aller Mitglieder der Gesellschaft, betreiben lassen".[7] Lenin sprach von einer einheitlichen Weltgenossenschaft der Werktätigen, die nach einem gemeinsamen Plan von den Werktätigen aller Länder geregelt werden wird.[8]

Die Ablösung des privatkapitalistischen Eigentums an den Produktionsmitteln ist eben deshalb notwendig, um eine dem gesellschaftlichen Charakter der Produktion entsprechende gesellschaftliche Aneignungsweise zu ermöglichen, zu der vor allem auch die gesellschaftliche Bewußtheit und Planmäßigkeit der gesellschaftlichen Entwicklung – durch die Gesellschaft und in ihrem Interesse – gehört.

Die Leugnung der Notwendigkeit der Bewußtheit und Planmäßigkeit der gesellschaftlichen Entwicklung ist folglich gleichzusetzen mit der Leugnung des Sozialismus überhaupt.

Drittens wirken auf allen Gebieten der Zusammenarbeit der Mitgliedsländer des RGW die Ware-Geld-Beziehungen als Bestandteil des Planes. Die Notwendigkeit dieser Beziehungen im Sozialismus hat bereits Lenin begründet. Er charakterisierte die Warenproduktion als eine Erscheinung, die den verschiedenen Produktionsweisen eigen ist, und begründete, daß man aus der Kenntnis ihrer allgemeinen Kategorien keinesfalls die Wesensmerkmale dieser oder jener Produktionsweise ableiten darf.[9] Die bürgerlichen Ideologen tun dagegen so, als ob Preis, Rentabilität, Aufwand und Ergebnis nur dem Kapitalismus eigene Kategorien wären, und sobald sie in den sozialistischen Ländern angewendet werden, sehen die bürgerlichen Ideologen darin eine „Transformation des Sozialismus in den Kapitalismus". Das wirkliche Problem für die sozialistischen Länder besteht darin, die Ware-Geld-Beziehungen auf der Grundlage und im Rahmen des Planes noch wirksamer auszunutzen und nicht in der Fragestellung „Planung oder Marktregulierung". Das erste ist eine echte, fruchtbringende Fragestellung, das zweite eine verleumderische Fragestellung, die die Planungstätigkeit im Prozeß der sozialistischen

7 F. Engels, Grundsätze des Kommunismus, in: MEW, Bd. 4, Berlin 1964, S. 370.

8 W. I. Lenin, Ursprünglicher Entwurf der Thesen zur nationalen und kolonialen Frage, in: Werke, Bd. 31, Berlin 1964, S. 135.

9 W. I. Lenin, VII. Moskauer Gouvernements-Parteikonferenz, 29.–31. Oktober 1921, in: Werke, Bd. 33, Berlin 1965, S. 88–89.

ökonomischen Integration verunglimpfen soll. Die Aufgaben für die Ausnutzung der Ware-Geld-Beziehungen im Prozeß der sozialistischen ökonomischen Integration bestehen folglich in einer ökonomisch wirksamen Ausnutzung der Ware-Geld-Beziehungen auf der Grundlage und im Rahmen des Planes. Dazu bedarf es keiner „Hilfe" der bürgerlichen Ideologen. Die Ware-Geld-Beziehungen können weder der Planung übergeordnet noch von dieser isoliert werden. Die Praxis der Zusammenarbeit der Mitgliedsländer des RGW beweist, daß die Ware-Geld-Beziehungen in ihrer Planungstätigkeit ebenso gestaltet werden, wie die gebrauchswertmäßige Struktur und Dynamik der Produktion erfaßt wird. Dies erfolgt jedoch mit dem Ziel einer kontinuierlichen Entwicklung der gesellschaftlichen Produktion und Reproduktion im Interesse der ständigen Verbesserung der materiellen und geistig-kulturellen Bedürfnisse der Völker der Mitgliedsländer des RGW.

Viertens behindert die dem Sozialismus eigene Art und Weise der Anwendung der Ware-Geld-Beziehungen keineswegs die ökonomische Zusammenarbeit zwischen sozialistischen und kapitalistischen Ländern. Ein und dieselbe Außenhandelsoperation erscheint im Sozialismus als Phase des sozialistischen und im Kapitalismus als Phase des kapitalistischen Reproduktionsprozesses. Dieser Schluß ergibt sich daraus, daß für den sozialökonomischen Charakter des Zirkulationsprozesses die Gesamtheit der Produktionsverhältnisse, vor allem der Eigentumsverhältnisse, bestimmend sind. Die wirtschaftlichen Beziehungen zwischen den kapitalistischen und sozialistischen Ländern können folglich nicht zu irgendeiner „gemischten ökonomischen Basis" führen, die sowohl der sozialistischen als auch der kapitalistischen Produktionsweise immanent ist. Bestimmend für die ökonomische Zusammenarbeit der beiden Systeme sind die Produktionsverhältnisse der jeweiligen Produktionsweise. Es gibt keinen „Export" oder „Import" der sozialistischen oder kapitalistischen Produktionsverhältnisse, unabhängig davon, welche konkrete Formen in der ökonomischen Zusammenarbeit zwischen den beiden Systemen angewendet werden.

R. Weiß

Ökonomische Zwänge für die Vertiefung der internationalen wissenschaftlich-technischen Zusammenarbeit

Im Arbeitsmaterial der Konferenz wurden die komplizierten Bedingungen der 80er Jahre, mit denen wir uns auseinanderzusetzen haben, herausgearbeitet. Eine Schlüsselfrage besteht in der Beschleunigung des wissenschaftlich-technischen Fortschritts und seiner Realisierung zum Wohle der Menschen.

Zur Verwirklichung der potentiellen Möglichkeiten des wissenschaftlich-technischen Fortschritts sind materielle und finanzielle Voraussetzungen in Größenordnungen erforderlich. Diesen Erfordernissen ist in Verbindung mit den Möglichkeiten des wissenschaftlich-technischen Fortschritts und den sozialpolitischen Aufgabenstellungen in der Wissenschaft eine größere Aufmerksamkeit zu schenken.

Eine wesentliche Voraussetzung für die Erhöhung der Wirksamkeit des in der DDR vorhandenen Forschungspotentials ist die Konzentration auf Schwerpunkte, und zwar in einem solchen Maße, daß dem Tempo, den strukturellen und quantitativen Anforderungen des wissenschaftlich-technischen Fortschritts entsprochen werden kann. Diesen Anforderungen des wissenschaftlich-technischen Fortschritts hinsichtlich der Konzentration der Forschungspotentiale kann man in zunehmendem Maße nur noch durch eine langfristige Abstimmung der Strukturlinien in Forschung, Produktion und Absatz im Rahmen des RGW gerecht werden.

Die Auseinandersetzung zwischen den beiden Gesellschaftssystemen wird letztendlich dadurch entschieden, wie es uns gelingt, den wissenschaftlich-technischen Fortschritt durch die Vorzüge des Sozialismus besser ökonomisch wirksam zu machen, als es im Kapitalismus möglich ist. Dazu ist eine reale Einschätzung des Kräfteverhältnisses auch auf diesem Gebiet notwendig.

Der Anteil des Aufwandes für Wissenschaft und Technik am Nationaleinkommen hat sich in der DDR im letzten Fünfjahrplan bedeutend erhöht, 1978 waren es bereits 4,5 % des Nationaleinkommens.[1] „In den Jahren seit 1965 ist der Anteil der Aufwendungen für Wissenschaft und Technik am Nationaleinkommen der DDR von 2,15 % auf 4,2 % (1976) gestiegen."[2]

Das jährliche Wachstumstempo der Aufwendungen für Forschung und Entwicklung war in der DDR im letzten Fünfjahrplan höher als das der Investitionen und des Nationaleinkommens.

Es muß aber auch berücksichtigt werden, *seit wann* ein bestimmtes Niveau der anteiligen Aufwendungen für Forschung und Entwicklung am Nationaleinkommen erreicht wurde. Während die DDR erst im letzten Fünfjahrplan einen Anteil von 4 bis 4,5 % Aufwendungen am Nationaleinkommen für die Forschung einsetzen konnte, beträgt der

[1] E. Honecker, Die Aufgaben der Partei bei der weiteren Verwirklichung der Beschlüsse des IX. Parteitages der SED, Berlin 1978, S. 38.

[2] H. Nick, Probleme der Vervollkommnung der gesellschaftlichen Leitung des wissenschaftlich-technischen Fortschritts, in: Wirtschaftswissenschaft, 4/1978, S. 400.

Anteil der Forschungsaufwendungen am Nationaleinkommen in der UdSSR seit 1971 etwa 4,3 %, ansteigend auf 4,6 % in den Jahren 1972 bis 1980. Die USA verausgabten bereits 1960 4,3 % des Nationaleinkommens als Forschungsaufwand und steigerten diesen bis 1967 auf 4,8 %. In den 70er Jahren war eine etwas rückläufige Tendenz zu verzeichnen, aber es waren immer etwa 4,2 bis 4,3 % des Nationaleinkommens, bei wiederum steigender Tendenz seit 1976.

Verglichen mit anderen Ländern (UdSSR, USA) erreichte die DDR ein Niveau von über 4 % am Nationaleinkommen mit einer Zeitverschiebung von 10 bis 15 Jahren.

Unter Beachtung dieser Bedingungen (und der zur Verfügung stehenden Investmittel) wird deutlich, wie anspruchsvoll die Ziele auf dem Gebiet der Mikroelektronik, Robotertechnik u. a. sind, welche große Anstrengungen notwendig sind, um sie zu erreichen.

Diese wenigen Zahlen erhellen den ökonomischen Zwang für die DDR, besonders auf einigen ausgewählten Gebieten sowohl in der Forschung als auch in der Produktion Spitzenleistungen zu erreichen, um mit diesen Erzeugnissen ein interessanter Partner für die anderen RGW-Länder zu sein und auf den Außenmärkten günstige Resultate zu erzielen.

Berechnungen zeigen, daß die USA über ein Forschungspotential verfügen, das etwa dem aller Mitgliedsländer des RGW entspricht.[3] Das heißt, auch oder gerade auf diesem Gebiet ist ein gemeinsames Handeln der sozialistischen Länder notwendig, um das uns unter den gegenwärtigen Bedingungen zur Verfügung stehende Potential im Interesse des Sozialismus, der RGW-Länder und im Interesse jedes einzelnen Landes so effektiv wie möglich für die sozialpolitischen Ziele einzusetzen. Dabei kommt der wissenschaftlich-technischen Zusammenarbeit mit der UdSSR eine erstrangige Rolle zu. Kein Land ist heute mehr allein in der Lage, auf allen Gebieten die unermeßlichen Möglichkeiten des wissenschaftlich-technischen Fortschritts zu nutzen. Das trifft für solche relativ kleinen Länder wie die UVR, VRB, DDR u. a. in besonderem Maße zu.

Die gestiegenen Aufwendungen für Forschung und Entwicklung in der DDR äußern sich in einem höheren Qualifikationsniveau (steigende Zahl der Beschäftigten in den Forschungsbereichen, insbesondere Hoch- und Fachschulkader), in einer quantitativ und qualitativ verbesserten technischen Ausrüstung der Forschung u. a.

Diese Entwicklung des Forschungspotentials zeitigt aber noch nicht immer die erforderliche Wirksamkeit, d. h. die Produktion qualitativ hochwertiger Erzeugnisse bei geringem gesellschaftlich notwendigem Aufwand. Das deutlichste Merkmal für die Wirksamkeit des Forschungspotentials ist die Bewährung der Erzeugnisse auf dem Weltmarkt.

In zunehmendem Maße rückt die Problematik der Effektivität von Forschung und Entwicklung in den Mittelpunkt der Überlegungen. Das betrifft zum einen das Verhältnis zwischen Aufwand und Ergebnis für Forschung und Entwicklung, als relativ selbständigen Bereich der arbeitsteiligen Produktion. Zum anderen betrifft es die Effektivität der Produktion. Beide Fragestellungen sind eng miteinander verknüpft. Die Effektivität der Forschung spiegelt sich in der Qualität der Erzeugnisse, der Produktionstechnik und -technologie und somit also in den Produktionskosten wider.

Die erheblichen Aufwendungen, die für Forschung und Entwicklung notwendig sind, stehen nicht in unbegrenztem Umfang zur Verfügung. Sie müssen so eingesetzt werden, daß sie einen hohen Beitrag zur Steigerung der Arbeitsproduktivität gewährleisten.

Die Wirksamkeit des Forschungspotentials äußert sich letztendlich im wissenschaftlich-

[3] O. T. Bogomolow, 30 Jahre RGW und die wissenschaftlich-technische und ökonomische Zusammenarbeit zwischen der UdSSR und der DDR, in: Wirtschaftswissenschaft, 11/1979, S. 1286.

technischen und ökonomischen Niveau der Erzeugnisse auf dem Binnenmarkt und den internationalen Märkten. Entsprechend den Entwicklungstendenzen des wissenschaftlich-technischen Fortschritts werden die Exportgüter industriell hochentwickelter Länder in zunehmendem Maße durch eine hohe Forschungsintensität gekennzeichnet.

Eine Analyse zeigt jedoch, daß in der DDR die forschungsintensiven Zweige noch nicht zugleich immer die exportintensivsten und exportrentabelsten sind.

„Für die DDR besteht das Hauptproblem darin, die Produktion und das Angebot der exportrentabelsten Erzeugnisse unserer Industrie in bedeutenden Größenordnungen zu erhöhen. Das heißt zugleich, über die dafür notwendige Umstellung von Produktionssortimenten zu entscheiden und sie vorzubereiten."[4] Eine solche Produktion in „bedeutenden Größenordnungen", wie sie bereits auf der 8. Tagung des ZK der SED gefordert wurde, ist nur in einer planmäßig organisierten Produktion in Zusammenarbeit mit den anderen RGW-Ländern möglich. Sie setzt eine langfristige planmäßig organisierte stabile Zusammenarbeit in Forschung und Produktion voraus.

Die Erkenntnis der Notwendigkeit zur Konzentration der Forschungspotentiale mit Hilfe der internationalen Spezialisierung und Kooperation ist noch nicht in gleichem Maße wie für die Produktionskonzentration ausgeprägt, obwohl auch in der Forschung ähnliche Entwicklungstendenzen bezüglich der Größenordnungen wie in der Produktion zu beobachten sind. Die Notwendigkeit der Konzentration auf Schwerpunkte in Forschung und Entwicklung sowie die internationale Spezialisierung entsprechend den Erfordernissen eines effektiven Produktionsprofils sind vordringliche Aufgaben und erfordern entsprechende Leitungsformen und -methoden. Dabei kann bereits an vorhandenen Erfahrungen gut arbeitender Kombinate wie z. B. Zeiss Jena, Umformtechnik „Herbert Warnke", Erfurt, Werkzeugmaschinen „Fritz Heckert" u. a. angeknüpft werden.

[4] Aus dem Bericht des Politbüros an die 8. Tagung des ZK der SED, Berichterstatter: Genosse Erich Honecker, Berlin 1978, S. 31.

H.-G. Haupt

Die allseitige Annäherung der sozialistischen Staaten und die schrittweise Angleichung ihres ökonomischen Entwicklungsniveaus – Gesetzmäßigkeiten des Sozialismus

Die dialektischen Wechselbeziehungen von Internationalem und Nationalem, von allgemeingültigen Gesetzmäßigkeiten und spezifischen Bedingungen in der Entwicklung des Sozialismus finden ihren besonderen und konzentrierten Ausdruck im Prozeß der allseitigen Annäherung der sozialistischen Staaten, der Ausdruck der sozialistischen Internationalisierung der Produktion und des gesamten gesellschaftlichen Lebens ist. Die allseitige Annäherung der sozialistischen Staaten ist eine Gesetzmäßigkeit des Sozialismus, die seinem internationalen Charakter sowie den objektiven Erfordernissen des sozialistischen und kommunistischen Aufbaus entspricht.

Als langfristiger historischer Prozeß vollzieht sich die Annäherung der sozialistischen Staaten über bestimmte Etappen, in denen die dafür erforderlichen objektiven und subjektiven Bedingungen geschaffen und vervollkommnet und in denen „die Formen dieses Bündnisses entsprechend der jeweiligen Entwicklungsstufe der kommunistischen Bewegung“[1] gestaltet werden.

Die Existenz des Sozialismus als System souveräner Staaten bestimmt die große theoretische und praktische Bedeutung der marxistisch-leninistischen Lehre vom Inhalt, von den Formen und Methoden der Zusammenarbeit zwischen den sozialistischen Staaten, über das Verhältnis von Internationalem und Nationalem, von Allgemeinem und Besonderem beim sozialistischen Aufbau.

W. I. Lenin verwies darauf, daß „nationale und staatliche Unterschiede zwischen den Völkern und Ländern bestehen – diese Unterschiede werden ... aber noch sehr, sehr lange sogar nach der Verwirklichung der Diktatur des Proletariats im Weltmaßstab erhalten ...“[2] bleiben. Deshalb geht Lenins Konzeption von der politischen und ökonomischen Annäherung der sozialistischen Staaten davon aus, daß sich die Entwicklung des sozialistischen Weltsystems durch die allseitige Zusammenarbeit souveräner Staaten vollziehen wird, in denen staatlich-sozialistisches Eigentum an den Produktionsmitteln existiert.

Die allseitige Annäherung sozialistischer Staaten und die schrittweise Angleichung ihres ökonomischen Entwicklungsniveaus sind Gesetzmäßigkeiten in der Entwicklung des sozialistischen Weltsystems, die auf den allgemeinen Gesetzmäßigkeiten der sozialistischen Revolution und des sozialistischen Aufbaus sowie auf dem Wirken der ökonomischen Gesetze des Sozialismus beruhen.

Mit dem Aufblühen jeder sozialistischen Nation und dem Erstarken der Souveränität der sozialistischen Staaten werden ihre gegenseitigen Beziehungen immer enger, es entstehen immer mehr gemeinsame Elemente in ihrer Politik, Wirtschaft und ihrem sozialen

[1] I. W. Lenin, Ursprünglicher Entwurf der Thesen zur nationalen und kolonialen Frage, in: Werke, Bd. 31, Berlin 1959, S. 134.

[2] W. I. Lenin, Der „linke Radikalismus“, die Kinderkrankheit im Kommunismus, in: Werke, Bd. 31, Berlin 1959, S. 79.

Leben. Ihr Entwicklungsniveau gleicht sich allmählich einander an. Dieser Prozeß der allmählichen, allseitigen Annäherung der sozialistischen Staaten und Nationen tritt heute mit aller Deutlichkeit als Gesetzmäßigkeit in Erscheinung.

„Das Aufblühen eines jeden der Länder der sozialistischen Gemeinschaft ist untrennbar verbunden mit der Festigung ihrer politisch-ideologischen Einheit, der wachsenden Gemeinsamkeit in Politik, Wirtschaft und sozialem Leben, mit der Entwicklung der fruchtbaren, gleichberechtigten Zusammenarbeit auf allen Gebieten. Ein Beispiel für eine derartige Zusammenarbeit der Bruderländer ist das Zusammenwirken im Rahmen der Organisation des Warschauer Vertrages und des Rates für Gegenseitige Wirtschaftshilfe, die auf den Leninschen Prinzipien der internationalen Solidarität basieren."[3]

Die Gesetzmäßigkeit der allseitigen Annäherung wird durch das Wesen des Sozialismus als Gesellschaftsordnung bestimmt, deren Hauptmerkmale das gesellschaftliche Eigentum an den Produktionsmitteln und der sozialistische Charakter der Produktions- und der anderen gesellschaftlichen Verhältnisse sind. Sie widerspiegelt das internationale Wesen des Sozialismus auf einer bestimmten Stufe seiner Entwicklung. Der Prozeß der wachsenden Vergesellschaftung der Produktion und der Arbeit in jedem sozialistischen Land und im Rahmen der Gemeinschaft dieser Länder bildet die objektive Grundlage der allseitigen Annäherung. Die Gesetzmäßigkeit der allseitigen Annäherung der sozialistischen Staaten und Nationen beinhaltet das Anwachsen des Umfangs der allgemeinen, gleichartigen Aufgaben des Aufbaus der neuen Gesellschaftsordnung in den einzelnen sozialistischen Ländern, die zunehmende Vertiefung ihrer Zusammenarbeit auf allen gesellschaftlichen Gebieten und ihre Entwicklung als organischer Bestandteil der Gemeinschaft sozialistischer Länder.

Die Gesetzmäßigkeit der allseitigen Annäherung der sozialistischen Staaten und Nationen trägt historischen Charakter. Wirkt die Annäherung der sozialistischen Staaten und Nationen als Tendenz von Beginn der Existenz des sozialistischen Weltsystems an, so entwickelt sie sich zur Gesetzmäßigkeit mit dem Übergang mehrer sozialistischer Länder zur Gestaltung bzw. zur Vervollkommnung der entwickelten sozialistischen Gesellschaft. Die entscheidenden Prozesse vollziehen sich dabei im Bereich der materiellen Produktion und der damit verbundenen schrittweisen Angleichung des ökonomischen Entwicklungsniveaus sozialistischer Staaten.

Die wechselseitig miteinander verbundenen Grundprozesse der allseitigen Annäherung bestehen in folgendem:

Erstens nimmt die Herausbildung gleichartiger politischer, ökonomischer und sozialer Merkmale und Entwicklungszüge zu, die sich auf die bewußte Verwirklichung der allgemeingültigen Gesetzmäßigkeiten des sozialistischen Aufbaus und der dabei von allen Ländern gesammelten Erfahrungen gründen. Das widerspiegelt sich in den weitgehend übereinstimmenden Aufgabenstellungen der Bruderparteien, in der gleichartigen Entwicklung der Sozial- und Klassenstruktur, in den Ergebnissen der kulturellen und ideologischen Entwicklung, der Hauptrichtungen zur Vervollkommnung des politischen Systems der Gesellschaft sowie in der Herausbildung der sozialistischen Lebensweise.

Zweitens vertieft sich die Zusammenarbeit der sozialistischen Staaten auf allen Gebieten auf der Basis wachsender gemeinsamer Interessen ständig. Das widerspiegelt sich in der Festigung der Bündnisbeziehungen und dem koordinierten außen- und sicherheitspolitischen Vorgehen, bei der Entwicklung der sozialistischen ökonomischen Integration

[3] Beschluß des ZK der KPdSU zum 110. Geburtstag von Wladimir Iljitsch Lenin: Die Veränderungen der Welt beweisen die unbesiegbare Lebenskraft des Leninismus, in: Neues Deutschland vom 19. Dezember 1979, S. 6.

und in den immer vielfältiger werdenden Kontakten im ideologischen und kulturellen Bereich.

Die historischen Erfahrungen der sozialistischen Staaten zeigen, daß die Entwicklung der sozialistischen Staaten und ihre allseitige Annäherung unmittelbar verbunden sind mit der schrittweisen Angleichung ihres ökonomischen Entwicklungsniveaus. Dieser Zusammenhang ist vor allem darin begründet, daß die im Prozeß der allseitigen Annäherungen durch die Parteien und Regierungen zu lösenden Aufgaben sowie das mögliche Tempo dieses Prozesses maßgeblich durch die herangereiften materiellen Bedingungen bestimmt werden. Die dialektischen Wechselbeziehungen von gemeinsamen und spezifischen Interessen der sozialistischen Länder als einer besonderen Erscheinungsform des Internationalen und Nationalen werden wesentlich durch das erreichte ökonomische Entwicklungsniveau und den Grad der vollzogenen Angleichung beeinflußt.

Die Unterschiede im ökonomischen Entwicklungsniveau allmählich zu überwinden ist heute eine Forderung, die immer zwingender und nachdrücklicher von den Ländern erhoben wird, die als Folge des Gesetzes der ungleichmäßigen ökonomischen und politischen Entwicklung sowie der neokolonialistischen Praktiken des Imperialismus weit in ihrer ökonomischen und sozialen Entwicklung zurückgeblieben sind. Im Ergebnis des Strebens der Entwicklungsländer, ihre Kräfte im Kampf für die Überwindung dieses ökonomischen Gefälles zu vereinigen, aber auch der Bemühungen der imperialistischen Hauptländer, der ehemaligen Metropole, ihre Verantwortung und historische Schuld für diese Entwicklung zu verschleiern, werden gegenwärtig die verschiedensten „Theorien" entwickelt, in denen sich Ursachen und Wesen dieser Niveauunterschiede widerspiegeln sollen. Solche unmarxistischen theoretischen Konzeptionen, wie zum Beispiel die Einteilung der Länder der Welt in „Arme und Reiche", der sogenannte „Nord-Süd-Konflikt" oder die maoistische „Drei-Welten-Theorie", verschleiern die objektiven Ursachen und dienen zugleich dazu, eine allgemeine Verantwortung der höherentwickelten Länder, unabhängig ihres sozialistischen oder kapitalistischen Charakters, zu postulieren.

Bürgerliche Ideologen versuchen in ihrer Polemik gegen das sozialistische Weltwirtschaftssystem im allgemeinen und die Gemeinschaft des RGW im besonderen den Anschein zu erwecken, daß eine ungleichmäßige politische und ökonomische Entwicklung der Staaten ein weltweites, unabhängig von der Gesellschaftsordnung bestehendes Problem sei, das auch durch den Sozialismus nicht zu lösen sei.

Weil die Überwindung der ökonomischen Niveauunterschiede immer mehr in den Blickpunkt der internationalen Beziehungen rückt und zu einer Hauptfrage des Kampfes um eine neue Weltwirtschaftsordnung wird, dienen solche Theorien auch der Verschleierung der Tatsache, daß der Sozialismus nicht nur eine theoretische Lösung für dieses Problem gefunden hat, sondern bereits in der Praxis erfolgreich das ökonomische Entwicklungsniveau der sozialistischen Länder schrittweise angleicht.

Mit der sozialistischen Revolution und der Schaffung des gesellschaftlichen Eigentums an den Produktionsmitteln werden nicht nur die ökonomischen Grundlagen der Ausbeutung, sondern auch die des Gesetzes der ungleichmäßigen ökonomischen und politischen Entwicklung überwunden.

Die Angleichung des ökonomischen Entwicklungsniveaus ist im Wesen des Sozialismus bedingt. Sie ist zugleich ein Prozeß, der in der sozialistischen Produktionsweise zu lösen ist.

Die Angleichung ist stets einzuordnen in die Gesamterfordernisse des sozialistischen und kommunistischen Aufbaus, das heißt, Ziel, Kriterien und Aufgaben dieses Prozesses werden durch die inneren Entwicklungserfordernisse des Sozialismus, besonders des ökonomischen Grundgesetzes, aber auch durch die Anforderungen des ökonomischen

Wettbewerbs und der Klassenauseinandersetzung mit dem Kapitalismus bestimmt. Daraus ergibt sich die Konsequenz, daß der Angleichungsprozeß weder als Selbstzweck noch als das Ziel der sozialistischen ökonomischen Integration aufgefaßt werden kann, wie dies mitunter noch geschieht. Des weiteren ergibt sich aus dieser Einordnung des Angleichungsprozesses, daß sein Ziel nur darin gesehen werden kann, die bestehenden Niveauunterschiede auf einem sehr hohen Niveau der Produktivität der gesellschaftlichen Arbeit, der Effektivität der Wirtschaftstätigkeit und der Bedürfnisbefriedigung auszugleichen. Und schließlich ergibt sich aus den hohen Anforderungen, die unter diesen Gesichtspunkten an die Akkumulationskraft und an die dynamische Leistungsentwicklung der Volkswirtschaft eines jeden Mitgliedslandes des RGW gestellt werden müssen, daß die Angleichung vorrangig auf dem Wege der Höherentwicklung jeder einzelnen Volkswirtschaft aus eigener Kraft und auf der Grundlage des äquivalenten Austauschs und des Leistungsprinzips erfolgen und gefördert werden kann.

Der bisherige Verlauf der Angleichung des ökonomischen Entwicklungsniveaus der europäischen Mitgliedsländer des RGW hat vollauf bestätigt, daß das Tempo und die Ergebnisse dieses Prozesses vor allem durch die Fortschritte bestimmt werden, die die Mitgliedsländer des RGW in der planmäßigen Ausnutzung der ökonomischen Gesetze des Sozialismus im volkswirtschaftlichen Reproduktionsprozeß und in ihren gegenseitigen ökonomischen Beziehungen erreichen. Im Ergebnis der Nutzung und Mobilisierung der eigenen Ressourcen und Anstrengungen, das heißt, durch eine grundlegende Veränderung der Volkswirtschaftsstruktur, hohe Akkumulationsraten und die Mobilisierung quantitativer Wachstumsfaktoren, durch die Nutzung der Vorzüge der internationalen sozialistischen Arbeitsteilung sowie durch die Hilfe und Unterstützung der industriell entwickelten Länder, besonders seitens der Sowjetunion, erzielten die industriell weniger entwickelten Länder über einen längeren Zeitraum hohe ökonomische Wachstumsraten. Diese Entwicklung führte zu einer zunehmenden Gleichartigkeit der ökonomischen und sozialen Entwicklungsprozesse, einer wachsenden Ähnlichkeit grundlegender volkswirtschaftlicher Proportionen und Strukturen, einer fortschreitenden Angleichung bei wichtigen Kennziffern des volkswirtschaftlichen Reproduktionsprozesses.

Mit dieser erfolgreichen Entwicklung des Angleichungsprozesses haben die europäischen Mitgliedsländer des RGW überzeugend demonstriert, daß der Sozialismus auf der Grundlage des gesellschaftlichen Eigentums an den Produktionsmitteln in der Lage ist, die Folgen des kapitalistischen Gesetzes der ungleichmäßigen ökonomischen und politischen Entwicklung allmählich zu überwinden. Die Entwicklung des Angleichungsprozesses der europäischen Mitgliedsländer des RGW zeigt aber auch die Langfristigkeit und die erforderlichen historischen Zeiträume. Die Entwicklung des absoluten Umfanges der produzierten Nationaleinkommen macht deutlich, daß die unterschiedlichen historischen Ausgangsbedingungen der einzelnen Länder für den sozialistischen Aufbau nur allmählich überwunden werden können und demzufolge noch lange Zeit direkt oder indirekt die Entwicklung der Wachstumsfaktoren des Nationaleinkommens, besonders die der qualitativen Faktoren, beeinflussen. Die komplizierter werdenden Probleme des ökonomischen Wachstums in den einzelnen Mitgliedsländern des RGW, vor allem die beim Übergang zur intensiv erweiterten Reproduktion zu lösenden Aufgaben, die zunehmende Begrenzung quantitativer Wachstumsfaktoren und die veränderten außenwirtschaftlichen Bedingungen, beeinflußten den Angleichungsprozeß und führten dazu, daß sein Tempo sich seit Mitte der siebziger Jahre zeitweilig verlangsamte.

Mit der Gestaltung des entwickelten Sozialismus wachsen die Maßstäbe und die Kompliziertheit der Aufgaben, die im Prozeß der schrittweisen Angleichung des ökonomischen Entwicklungsniveaus zu lösen sind. Tempo und Fortschritt, die die einzelnen

Länder bei der Intensivierung der gesellschaftlichen Produktion, der Beschleunigung des wissenschaftlich-technischen Fortschritts, der Erhöhung der Produktivität der gesellschaftlichen Arbeit und der Effektivität erzielen, bestimmen die Voraussetzungen für die weitere erfolgreiche Verwirklichung der von den Bruderparteien beschlossenen Hauptaufgaben in ihrer Einheit von Wirtschafts- und Sozialpolitik und für die weitere Angleichung des ökonomischen Entwicklungsniveaus.

Die maximale Mobilisierung und effektive Nutzung der eigenen Anstrengungen und Ressourcen bleiben auch in der Periode der Gestaltung des entwickelten Sozialismus der entscheidende Weg zur Angleichung. In zunehmendem Maße wird dieser Weg durch die Aufgaben geprägt, die zur Schaffung der Wirtschaft des entwickelten Sozialismus zu lösen sind. Eine höhere Wirksamkeit dieses Weges erfordert vor allem

– die Vervollkommnung der sozialistischen Produktionsverhältnisse, besonders die weitere Vergesellschaftung von Produktion und Arbeit als Resultat und entscheidende Bedingung der dynamischen Entwicklung der Produktivkräfte;

– die Höherentwicklung der materiell-technischen Basis des Sozialismus durch die Intensivierung der gesellschaftlichen Produktion und die Beschleunigung des wissenschaftlich-technischen Fortschritts;

– eine auf die Verwirklichung der intensiv erweiterten Reproduktion gerichtete Vervollkommnung der Leitung, Planung und ökonomischen Stimulierung der Wirtschaftstätigkeit.

Die Intensivierung der gesellschaftlichen Produktion umfaßt die im weiteren Angleichungsprozeß zu lösenden grundlegenden Aufgaben – die Erhöhung der Produktivität des gesellschaftlichen Gesamtarbeiters, des wissenschaftlich-technischen Niveaus der Produktion und der Effektivität der Wirtschaftstätigkeit insgesamt. Die in den einzelnen Ländern bestehenden differenzierten Bedingungen und Voraussetzungen für die Intensivierung der gesellschaftlichen Produktion wirken ebenfalls im Angleichungsprozeß, indem sie die konkreten Aufgaben und Formen der Hauptwege zur schrittweisen Angleichung, vor allem der Mobilisierung und effektiven Nutzung der eigenen Anstrengungen und Ressourcen, mitbestimmen. Besonders in den industriell weniger entwickelten Ländern kommt es darauf an, die Intensivierung der gesellschaftlichen Produktion zu verbinden mit der Mobilisierung bestehender Reserven in der Nutzung von quantitativen Wachstumsfaktoren. Die gesamte Entwicklung des Angleichungsprozesses der europäischen Mitgliedsländer des RGW führt zu der Schlußfolgerung, daß das Ziel dieses Prozesses nur auf der Grundlage der intensiv erweiterten Reproduktion als des dem entwickelten Sozialismus entsprechenden Reproduktionstyps und eines hohen und dynamischen Wirtschaftswachstums verwirklicht werden kann.

Für die Lösung dieser Aufgaben nutzen die RGW-Länder immer zielstrebiger den Prozeß der sozialistischen ökonomischen Integration. Seine bewußte und planmäßige Entwicklung, einer der entscheidenden Vorzüge des Sozialismus, ist eine wesentliche Bedingung für das stabile und dynamische Wirtschaftswachstum eines jeden RGW-Landes und zugleich für ein höheres ökonomisches Wachstumstempo der industriell weniger entwickelten Mitgliedsländer. Die Praxis zeigt, daß nur durch höhere Zuwachsraten über einen längeren Zeitraum die bestehenden absoluten Unterschiede überwunden werden können.

Ein Schlüsselproblem besteht demzufolge darin, den Einfluß der sozialistischen ökonomischen Integration auf die Intensivierung der gesellschaftlichen Produktion und auf die Wirksamkeit der qualitativen Wachstumsfaktoren spürbar zu erhöhen. Dabei rücken immer mehr die wissenschaftlich-technische Zusammenarbeit der RGW-Länder, die zunehmende Ergänzung und Verflechtung ihrer Volkswirtschaften sowie die Stabilität,

Komplexität und Langfristigkeit ihrer Zusammenarbeit in den Mittelpunkt. Ein Grundanliegen besteht dabei darin, die spezifischen ökonomischen Interessen der einzelnen Mitgliedsländer des RGW mit den gemeinsamen Interessen der sozialistischen Gemeinschaft so in Übereinstimmung zu bringen, daß für jedes Mitgliedsland und damit für die Gemeinschaft insgesamt eine hohe Effektivität erreicht wird. Dies erfordert die strikte Anwendung der Prinzipien der Äquivalenz und des gegenseitigen Vorteils sowie des Leistungsprinzips, weil nur auf dieser Grundlage eine wirksame und stabile Verknüpfung der gemeinsamen und spezifischen Interessen der RGW-Länder erreicht werden kann. Dies ist um so dringlicher erforderlich, weil der Angleichungsprozeß, seine erforderlichen Maßstäbe und sein Niveau zwar aus den inneren Entwicklungsbedingungen des Sozialismus resultieren, aber auch durch die Bedingungen des ökonomischen Wettbewerbs mit dem Kapitalismus beeinflußt werden.

Mit der Gestaltung des entwickelten Sozialismus stehen somit vor den RGW-Ländern wechselseitig miteinander verbundene Aufgaben, die beweisen, daß auf der Grundlage des gesellschaftlichen Eigentums an den Produktionsmitteln der Sozialismus fähig ist, die Folgen des Gesetzes der ungleichmäßigen ökonomischen und politischen Entwicklung schrittweise und letztlich endgültig zu überwinden sowie eine höhere Arbeitsproduktivität als der Kapitalismus zu erreichen. Ihre schrittweise Lösung ist eine wesentliche materielle Bedingung für die allseitige Annäherung der sozialistischen Staaten, weil im Sozialismus das stetig sich erhöhende materielle und kulturelle Lebensniveau der Völker und ihre allseitige Annäherung unmittelbar miteinander verbunden sind.

E. Maier

Zu den Entwicklungsbedingungen der sozialistischen ökonomischen Integration

In Thesen, Referat und Diskussion wurde wiederholt festgestellt, daß die gegenwärtigen Entwicklungsbedingungen der Mitgliedsländer des RGW (innere wie äußere; ökonomische wie politische) Tempo und konkreten Verlauf der sozialistischen ökonomischen Integration beträchtlich beeinflussen. Die Analyse dieser Bedingungen ist deshalb notwendig und verdient erhöhte Aufmerksamkeit. Die Politische Ökonomie kann zur Erkenntnis dieser Bedingungen, die bekanntlich die Interessen der sozialistischen Staaten und damit deren Handeln entscheidend beeinflussen, beitragen.

Im Folgenden einige Überlegungen zur Analyse dieser Bedingungen.

Für die Aufbereitung und Bewertung der vielfältigen realen Bedingungen ist es notwendig, die bestimmenden Faktoren im System der Bedingungen, und davon abgeleitet, den inneren ursächlichen Zusammenhang zwischen ihnen aufzufinden.

Wir unterscheiden deshalb im Folgenden erstens, die allgemeinen sozialökonomischen Bedingungen, zweitens, die stabilen dauerhaften konkret-historischen Bedingungen und drittens, die real existierenden, vielfältigen konkret-historischen Bedingungen mit ihrer Differenziertheit in Zeit und Raum.

Bestimmenden und stabilen Einfluß innerhalb der Gesamtheit der realen Bedingungen haben erstens, die allgemeinen sozialökonomischen Bedingungen, die das Wesen der Gesellschaft bestimmen: die Existenz sozialistischer Produktionsverhältnisse (als Verhältnisse der kameradschaftlichen Zusammenarbeit und gegenseitigen Hilfe) und die Diktatur des Proletariats. Da die sozialistische Gesellschaft auf dem einzelstaatlichen Eigentum (nicht auf dem universellen Eigentum aller Werktätigen des sozialistischen Weltsystems) und auf der Realisierung der Diktatur des Proletariats jeweils im Maßstab des entsprechenden Staates basiert, gehört auch dieser Tatbestand zu den das Wesen der sozialistischen Gesellschaft bestimmenden stabilen Bedingungen.

Aus diesen allgemeinen sozialökonomischen Bedingungen resultieren die allgemeinen Gesetzmäßigkeiten des sozialistischen Aufbaus, die ökonomischen Gesetze und Vorzüge des Sozialismus, in sich einschließend die Vorzüge der sozialistischen ökonomischen Integration. Diese allgemeinen sozialökonomischen Bedingungen begründen auch die große Kraft des subjektiven Faktors in der sozialistischen Gesellschaft, insbesondere die Masseninitiative der Werktätigen und die Führungsrolle der kommunistischen und Arbeiterparteien. Sie bestimmen das sozialökonomische Wesen der Gesamtheit der konkret-historischen Bedingungen, auch jener Bedingungen, die vorrangig aus der Entwicklung der Produktivkräfte, aus natürlichen Bedingungen resultieren (z. B. Umwelt, Begrenztheit der Ressourcen, wissenschaftlich-technische Revolution usw.).

Zweitens existieren stabile dauerhafte konkret-historische Entwicklungsbedingungen der sozialistischen Staaten. Diese repräsentieren das Allgemeingültige in den konkret-historischen Bedingungen. Es handelt sich hierbei um jene Bedingungen, die nicht aus dem Wesen des Sozialismus resultieren, aber aufgrund der gegebenen historischen und natürlichen Gegebenheiten mit Zwangsläufigkeit objektiv existieren. Aus der Sicht der sozialistischen ökonomischen Integration sind das m. E. solche Bedingungen wie

– die Existenz der UdSSR als erfahrenstes und politisch wie ökonomisch mächtigstes Land, weshalb der Hauptweg zur Verwirklichung der sozialistischen ökonomischen Integration die allseitige Annäherung und Verflechtung jedes Landes mit der Volkswirtschaft der UdSSR ist;

– die Entwicklung des Sozialismus und so auch der sozialistischen ökonomischen Integration in der ständigen Konfrontation mit dem Imperialismus, woraus hohe militärische Ausgaben, Störversuche und Diskriminierung gegenüber unseren Ländern, aber auch als notwendige Konsequenz der Existenz zweier Weltsysteme vielfältige ökonomische Beziehungen mit kapitalistischen Ländern resultieren;

– die Existenz der Entwicklungsländer im revolutionären Weltprozeß, deren Unterstützung unter anderem durch stabile ökonomische Beziehungen und die Berücksichtigung ihrer Belange bei der Gestaltung der sozialistischen ökonomischen Integration zwischen den Mitgliedsländern des RGW erforderlich ist;

– die relativ ungünstigen Ausgangsbedingungen jener Länder, die die sozialistische Gesellschaft errichtet bzw. in den letzten Jahren den Aufbau des Sozialismus begonnen haben. (Kriegszerstörungen, relativ niedriger Reifegrad der Produktivkräfte, Unterschiede im Entwicklungsniveau usw.) Im Resultat dieser Bedingungen, beeinflußt durch eine Reihe anderer Faktoren, ist – trotz bedeutender Fortschritte – das Niveau der Arbeitsproduktivität in den Mitgliedsländern z. Z. noch niedriger als in den hochentwickelten kapitalistischen Industrieländern.

Alle diese Bedingungen haben m. E. Einfluß auf die ökonomische Entwicklung der Mitgliedsländer des RGW und deren Zusammenarbeit. Allein der letzte Punkt hat zur Konsequenz, daß Spitzenerzeugnisse, die den wissenschaftlich-technischen Höchststand verkörpern, nicht selten zuerst in jenen kapitalistischen Industrieländern in die industrielle Nutzung überführt werden, die uns in der Arbeitsproduktivität und damit zugleich in der Investitionskraft noch voraus sind. Auch Vergleiche zwischen den Systemen in bezug auf die optimalen Produktionsmaßstäbe, Anteil der Baugruppenspezialisierung, das Masse-Leistungs-Verhältnis, die für uns sehr wichtig sind, müssen den Einfluß des unterschiedlichen Produktivitätsniveaus berücksichtigen. Beachtet man die Unterschiede im Produktivitätsniveau – und gleiches gilt für die anderen genannten Bedingungen – nicht genügend, so kann es zu falschen Einschätzungen der großen Leistungen und Erfolge unserer Gemeinschaft kommen. Die aus den sozialökonomisch determinierten Bedingungen resultierenden Vorzüge sind gewaltig, und wir müssen sie sicher noch allseitiger wirksam machen. Zugleich ist zu beachten, daß ihre Durchsetzung unter konkreten Bedingungen vollzogen wird, die auf die Entwicklung beschleunigenden Einfluß (z. B. Erfahrungen und Leistungskraft der UdSSR) als auch erschwerenden Einfluß (z. B. Ausgaben zur Landesverteidigung) besitzen können.

Auch für diese hier dargestellten stabilen dauerhaften Entwicklungsbedingungen trifft zu, daß sie die Gesamtheit der vielfältigen konkret-historischen Bedingungen prägen.

Die real existierenden, vielfältigen konkret-historischen Bedingungen der sozialistischen Staaten sind unterschiedlich sowohl zwischen den einzelnen Ländern als auch in den einzelnen Entwicklungsetappen jedes sozialistischen Landes. Wir haben es im Prozeß der sozialistischen ökonomischen Integration nicht nur mit den nationalen Besonderheiten jeweils eines Landes (die natürlich für jedes Land auch die äußeren Bedingungen einschließen) zu tun, sondern diese jeweiligen konkret-historischen Besonderheiten umfassen a) die Bedingungen in mehreren Ländern, b) die Bedingungen hinsichtlich des Reifegrades der Beziehungen zwischen den Ländern (Grad und Effektivität der Spezialisierung und Kooperation, der Planungszusammenarbeit), c) die Bedingungen in den Ländern der kapitalistischen Weltwirtschaft, d) in den Beziehungen zwischen diesen und e) den Stand der Beziehungen unserer Länder zu den Ländern der kapitalistischen Weltwirtschaft.

Verständlich ist also, daß allein durch den möglichen unterschiedlichen Reifegrad der Bedingungen in den Ländern, den Beziehungen zwischen ihnen etc., die Vertiefung der Arbeitsteilung zwischen unseren Ländern teilweise ein komplizierter, aber notwendiger Prozeß ist.

Die vielschichtigen, sich verändernden real existierenden Entwicklungsbedingungen aus der Sicht der DDR zu untersuchen macht zunächst deren Untergliederung nach verschiedenen Aspekten erforderlich, z. B. nach Bedingungen, die vorrangig aus den Produktionsverhältnissen oder vorrangig aus den Produktivkräften resultieren, nach inneren und äußeren Bedingungen, nach ökonomischen und politischen Bedingungen, nach stabilen, dauerhaften oder veränderlichen bzw. zeitweiligen Bedingungen.

Für die Lösung der Aufgaben der sozialistischen ökonomischen Integration ist m. E. die Unterteilung nach inneren und äußeren Bedingungen besonders geeignet, weil gerade in dieser Dialektik die Triebkraft der sozialistischen ökonomischen Integration liegen muß. Daraus läßt sich dann die Subgliederung entsprechend den anderen Gesichtspunkten ableiten.

Ausgehend von diesem Prinzip, wäre folgende Systematisierung der Bedingungen möglich:

1. *Bedingungen innerhalb des Landes (in der DDR):*
   a) ökonomische Bedingungen, vor allem natürliche Bedingungen, Entwicklungsbedingungen (Produktivkräfte und Produktionsverhältnisse);
   b) klassenmäßige, politische, militärische, ideologische Bedingungen im Land.

2. *Bedingungen in den anderen sozialistischen Staaten, und in der Gemeinschaft der Staaten insgesamt:*
   a) ökonomische Bedingungen, darunter natürliche Bedingungen, Entwicklungsbedingungen in den anderen sozialistischen Ländern und Entwicklungsländern, im Reifeprozeß der Zusammenarbeit zwischen den Ländern;
   b) klassenmäßige, militärische, ideologische Bedingungen in den anderen sozialistischen Ländern und in der Gemeinschaft insgesamt.

3. *Bedingungen in der kapitalistischen Weltwirtschaft:*
   a) ökonomische Bedingungen, Entwicklungsbedingungen in den kapitalistischen Ländern, in den Beziehungen zwischen ihnen, in den Beziehungen kapitalistischer Industrieländer zu Entwicklungsländern, in den Beziehungen zwischen den RGW-Ländern und den kapitalistischen Industrieländern bzw. Entwicklungsländern;
   b) klassenmäßige, militärische, ideologische Bedingungen in den kapitalistischen Ländern, im kapitalistischen Weltsystem, in der Auseinandersetzung zwischen Sozialismus und Kapitalismus.

Sicher enthält diese Gruppierung Lücken und auch Widersprüche, die in der Diskussion lösbar sind. Eine solche oder ähnliche Systematisierung, die in schriftlichen Ausarbeitungen noch weiter untergliedert wurden, könnte für die Praxis einen Ansatz für die Erfassung der Bedingungen der Länder (insgesamt, aber auch für spezielle Zweige und Prozesse) für die Gegenwart und orientiert auf die zukünftige Entwicklung schaffen.

Analysiert man die Veränderung der konkret-historischen Bedingungen beim Übergang in die 80er Jahre, so sind diese in der Mehrzahl der Mitgliedsländer des RGW vor allem durch zweierlei geprägt, erstens, durch die Notwendigkeit, noch anspruchsvollere Aufgaben bei der Durchsetzung der Intensivierung der Produktion, des wissenschaftlich-technischen Fortschritts, der Vervollkommnung vor allem der materiell-technischen Basis zu lösen, und, zweitens, durch die kompliziertere außenpolitische und außenwirtschaftliche Lage und Begrenztheit der Ressourcen (Rohstoffe, Arbeitskräfte, Investitionen).

Im einzelnen sind diese Bedingungen wiederum differenziert (z. B. hinsichtlich der Rohstoffsituation, der Wirkung von Preiserhöhungen bei Rohstoffen, der Wachstumsraten usw.). Ganz offensichtlich verlangt aber die Gleichartigkeit der Bedingungen besondere Aufmerksamkeit, weil von diesen mit Sicherheit Wirkungen auf die weitere Vertiefung der sozialistischen ökonomischen Integration ausgehen.

Eindeutig drängen beide Tendenzen zur Vertiefung der Arbeitsteilung, zur Erhöhung ihrer Wirksamkeit in allen beteiligten Ländern. Es liegt auf der Hand, daß sowohl die Durchsetzung des wissenschaftlich-technischen Fortschritts als auch die zusätzlichen äußeren Belastungen und die Begrenztheit der Fonds beim heute erreichten Entwicklungsstand der Produktivkräfte zur Internationalisierung zwingen.

Zugleich ist zu beachten, daß die Belastungen und Anspannungen auch erschwerend auf die Vertiefung der Integration wirken können. Jede Integrationsmaßnahme bringt nicht nur Nutzen, sondern verlangt in der Regel zunächst einen hohen einmaligen Aufwand. Für die Kooperation gilt, daß „diese gesteigerte Produktivkraft durch vermehrte Arbeitsausgabe auf der anderen Seite erkauft wird"[1].

Ich halte den in der Konferenz entwickelten Gedanken von der verstärkten Entfaltung der intensiven Faktoren auch im Prozeß der sozialistischen ökonomischen Integration für die bestimmende Entwicklungsrichtung zur Vertiefung der Integration unter den gegenwärtigen Bedingungen. Eine bedeutsame Quelle für weitere Fortschritte kann dadurch erschlossen werden, wenn noch umfassender die vielfältigen und differenzierten Entwicklungsbedingungen aller beteiligten Länder analysiert und bei der Entscheidungsfindung zugrunde gelegt werden können. Dabei können sowohl Gemeinsamkeiten (z. B. hinsichtlich der Durchsetzung der Intensivierung) als auch Unterschiede (z. B. in der Struktur der Länder) günstige Voraussetzungen für die Zusammenarbeit sein.

[1] K. Marx, Das Kapital, Erster Band, in: MEW, Bd. 23, Berlin 1962, S. 407.

N. Lehmann

Zu einigen Widersprüchen der staatsmonopolistischen Integration im Rahmen der Europäischen Gemeinschaft

In den mehr als drei Jahrzehnten seiner Existenz hat der Rat für gegenseitige Wirtschaftshilfe vielfältige Beweise für die Überlegenheit der sozialistischen Produktionsweise über die kapitalistische Ordnung erbracht. Vor allem wurde offensichtlich, daß allein der Sozialismus in der Lage ist, die Entwicklung der Staaten und Nationen, ihre Annäherung und Verflechtung im Prozeß der ökonomischen Integration zum Nutzen aller beteiligten Völker und ohne Diskriminierung der Interessen anderer zu gestalten. All dies wurzelt in den neuen Eigentumsverhältnissen, die in den sozialistischen Ländern entstanden sind und sich weiter entwickeln. Auf deren Bedeutung für das Zusammenleben der Völker wies bereits Karl Marx hin: „Damit die Völker sich wirklich vereinigen können, muß ihr Interesse ein gemeinschaftliches sein. Damit ihr Interesse gemeinschaftlich sein könne, müssen die jetzigen Eigentumsverhältnisse abgeschafft sein, denn die jetzigen Eigentumsverhältnisse bedingen die Exploitation der Völker unter sich ... Der Sieg des Proletariats über die Bourgeoisie ist zugleich der Sieg über die nationalen und industriellen Konflikte, die heutzutage die verschiedenen Völker feindlich einander gegenüberstellen."[1]

Die Entscheidung der Macht- und Eigentumsfrage im Interesse der Arbeiterklasse und der mit ihr verbündeten Schichten hat in den sozialistischen Ländern alle Voraussetzungen geschaffen, daß auch die Beziehungen, die die Länder untereinander eingehen, frei von Ausbeutung und Unterdrückung sind. Der sozialistischen ökonomischen Integration sollen in folgendem einige Aspekte gegenübergestellt werden, die die staatsmonopolistische Integration im Rahmen der Europäischen Gemeinschaft kennzeichnen.

Der Prozeß der ökonomischen Integration in Westeuropa basiert auf den objektiven Gesetzmäßigkeiten der Entwicklung der Produktivkräfte, die die Internationalisierung vorantreiben. Als Entfaltungsform internationaler Produktionsverhältnisse ist die westeuropäische Integration Teil der staatsmonopolistischen Anpassung an die veränderten politischen und ökonomischen Existenzbedingungen des Imperialismus in der Welt von heute. In dieser Anpassung vertieft sich der Grundwiderspruch des Kapitalismus, verschärft sich auf internationaler Ebene der Widerspruch zwischen Kapital und Arbeit.

Zutiefst zwiespältig gestaltet sich dabei unter den Bedingungen unserer Epoche das Verhältnis Kapital–Kapital, das der imperialistischen Staaten untereinander. Einerseits schließen sie sich in Verteidigung gemeinsamer Klasseninteressen zusammen; aber dies hebt andererseits die tiefen Widersprüche nicht auf, die Konkurrenz und die Rivalität, die auf dem Boden des Privateigentums sich ständig erneuern. Beide Aspekte prägen im Übergang zu den 80er Jahren die Möglichkeiten und Grenzen der Reaktion der Europäischen Gemeinschaft. Die internationale Lage wird gekennzeichnet durch

- die Veränderung der internationalen Kräfteverhältnisse zugunsten des Sozialismus und der nationalen Befreiungsbewegung sowie
- die tiefen wirtschaftlichen Krisenerscheinungen in der Welt des Kapitals.

[1] K. Marx, F. Engels, Reden über Polen, in: MEW, Bd. 4, Berlin 1959, S. 416.

Hervorzuheben ist zunächst der politische Gesichtspunkt. Die westeuropäische Integration hatte immer eine politische Funktion und eine politische Dimension. „Die europäische Einigung ist Politik, in welcher Verkleidung und auf welchen Gebieten sie immer erscheint", definierte W. Hallstein. „Sie ist die Zusammenfassung der Politiken der (sechs) Mitgliedsländer, die die Bedingungen des Wirtschaftens bestimmen. Die Europäische Wirtschaftsgemeinschaft ist die erste Hälfte der soviel genannten ‚Politischen Union', nämlich die innenpolitische: sie ist die wirtschafts- und sozialpolitische Union."[2]

Seit Mitte der 70er Jahre muß man zweifellos feststellen, daß die politischen Elemente der westeuropäischen Integration immer stärker hervortreten. Dem liegt vor allem die weitere Stärkung der Kräfte des Sozialismus und der nationalen Befreiungsbewegung zugrunde, sowie der Aufschwung der demokratischen und Arbeiterbewegung in Westeuropa selbst. Wesentliche Herausforderungen, mit denen in den 70er Jahren die EG auf ökonomischem Gebiet konfrontiert wurden, waren zutiefst politischer Natur. So hat die Energiekrise eine ihrer Ursachen in den Aktionen und Forderungen der ölproduzierenden Länder, die danach streben, Veränderungen in der internationalen kapitalistischen Arbeitsteilung durchzusetzen, die ihren berechtigten Interessen zur Entwicklung ihrer Wirtschaft und zur Festigung ihrer Souveränität entsprechen sowie zur Demokratisierung der internationalen Wirtschaftsbeziehungen beitragen sollen. Nicht weniger als dies erfordert auch die Nutzung der Möglichkeiten der ökonomischen Zusammenarbeit mit den sozialistischen Ländern ein politisches Konzept.

Aber die Verträge von Rom, 1957 unterzeichnet, enthielten gar nicht oder nur sehr allgemein die notwendigen Voraussetzungen, um den Prozeß der Integration unter den neuen Bedingungen aktiv zu gestalten, ihn vor allem unter dem Gesichtspunkt der inneren und äußeren Bedingungen des Klassenkampfes und auch der veränderten zwischenimperialistischen Machtverhältnisse zielstrebig im Interesse des Monopolkapitals zu organisieren. Geschaffen wurde daher, gewissermaßen in Ausfüllung der politischen Lücke, außerhalb der Verträge, der sogenannte Europäische Rat, in dem die Staats- und Regierungschefs der Neun Entscheidungen strategischer Natur treffen. Erheblich zugenommen hat die außenpolitische Zusammenarbeit; innenpolitisch ist vor allem auf das direkt gewählte Europäische Parlament zu verweisen und auf die weitergehenden Bestrebungen zur Schaffung eines westeuropäischen Rechtsraums.

Wenn hier einige Gesichtspunkte hervorgehoben wurden, in denen sich Tendenzen widerspiegeln, die den Prozeß der Integration vertiefen und die auf einen engeren Zusammenschluß hinzielen, darf man nicht die entgegenwirkenden Kräfte außer acht lassen. Unterschiedliche Auffassungen sind nicht nur kennzeichnend in bezug auf das Verhältnis von nationalstaatlicher und gemeinschaftlicher Politik und die institutionelle Verwirklichung dieser Komponenten (erinnert sei an solche zentrale Fragen wie Mehrheitsentscheidungen, die Übertragung von Souveränitätsrechten, die Rolle des Parlaments); tiefe Widersprüche kennzeichnen auch die Haltung zur Fortsetzung des Entspannungsprozesses, zur Lösung der Probleme des Nahen und Mittleren Ostens, der Beziehungen zu den USA usw.

Zusammenfassend kann festgestellt werden, daß das Bestreben führender Kräfte des westeuropäischen Monopolkapitals dahin geht,

– durch Abstimmung und Koordinierung in den internationalen Beziehungen an Aktionsfähigkeit und Einfluß zu gewinnen,

– einen arbeitsteiligen Beitrag in der internationalen Klassenauseinandersetzung zu

[2] W. Hallstein, Die echten Probleme der westeuropäischen Integration, in: Kieler Forschungshefte, Neue Folge, Nr. 37, Kiel 1965, S. 3.

leisten, um alle die Prozesse zu stoppen, die der Verwirklichung der weltweiten Verwertungsinteressen des Monopolkapitals entgegenstehen und die Bedingungen zur Ausübung ihrer Herrschaft verschlechtern,

– schließlich im Integrationsraum die politischen Bedingungen im Interesse der größten Monopole zu stabilisieren und durch die weitere ökonomische Integration zusätzlich Quellen für Monopolprofit zu erschließen: d. h. vertiefte Ausbeutung, Umverteilung von Profit zugunsten der stärksten Monopole und Länder, Einsatz des EG-Potentials für die äußere Expansion und die monopolistische Bewältigung struktureller Veränderungen.

Im letzten Jahrzehnt haben sich nicht nur die politischen Existenzbedingungen für das Monopolkapital verändert. Die tiefen Krisenprozesse in der kapitalistischen Weltwirtschaft stellten gleichermaßen einen tiefen Einschnitt dar. Energieprobleme, außenwirtschaftliche Ungleichgewichte, industrielle Strukturkrisen, gegenüber den sechziger Jahren halbierte Wachstumsraten bei verdoppelter Inflationsrate und verdoppelter Arbeitslosenquote drücken schwer auf alle Seiten der Integration. Gegenwärtig wird kein Hehl daraus gemacht, daß man in den EG angesichts dessen kein umfassendes Konzept hat, keine „große Strategie“ in Sicht ist, um der vielfältigen Schwierigkeiten Herr zu werden. Die Grundstimmung drückte der Leiter der Europa-Abteilung im Bundesministerium für Wirtschaft wie folgt aus: „Man wird sich darauf einrichten müssen, daß die Gemeinschaft für die überschaubare Zukunft im wesentlichen in der gegenwärtigen Gestalt fortbestehen und sich nur begrenzt weiterentwickeln wird.“[3] Das heißt, es geht – nach ihrer Terminologie – um eine an Sachzwängen orientierte pragmatische Politik der kleinen Schritte; die Verbesserung der Bedingungen für das Funktionieren vergemeinschafteter Bereiche, Fortsetzung der Harmonisierungsarbeiten, Weiterführung der Ansätze industrieller Strukturpolitik und der Regionalpolitik.

Obwohl es zweifellos Bereiche wie den EG-Agrarmarkt gibt, wo die Widersprüche besonders groß sind, ist es nicht so, daß man bei der EG schlechthin von Stagnation sprechen könnte:

– Mit der Errichtung des Europäischen Währungssystems wurde 1979 zumindest ein Schritt unternommen, der davon zeugt, daß das Fernziel der Währungs- und Wirtschaftsunion nicht aufgegeben ist.

– Die Erweiterung um Griechenland, Portugal und Spanien demonstriert trotz aller damit verbundenen inneren und äußeren Konflikte den politischen und ökonomischen Expansionsdrang.

– Im Rahmen der neokolonialistischen Assoziierungspolitik festigte die EG ihre äußere Einflußsphäre, schaltet sich in die Industrialisierung der Entwicklungsländer mit dem Ziel ein, in modifizierter Form Ausbeutungs- und Abhängigkeitsverhältnisse zu bewahren und sich Rohstoffe zu sichern. Neben wichtigen politischen Aspekten ist auch der Abschluß eines Handels- und Kooperationsabkommens mit den ASEAN-Staaten in diese Strategie einzuordnen.

Zunehmendes Gewicht hat für die EG das Problem erlangt, einen ausreichenden, sicheren und ökonomisch tragbaren Bezug von Energie, insbesondere Öl, zu gewährleisten. Im Grunde genommen gibt es jedoch keine zusammenhängende, gemeinsame Energiepolitik. Bisher ist man über Vereinbarungen für die Anlage von Notstandsvorräten und Verteilungsregeln in Fällen plötzlicher Verknappung nicht weiter hinausgekommen. Das Geschäft wird weitgehend von den internationalen Ölkonzernen beherrscht, die sich weder durch Forderungen der imperialistischen Gipfeltreffen, die Öl-

[3] K. Everling, Überlegungen zum Fortgang der Europäischen Integration, in: Europa-Archiv, Bonn, Nr. 24 vom 25. Dezember 1979.

und Finanztraditionen transparenter zu gestalten, noch von Aufrufen zum preispolitischen Wohlverhalten im Rahmen der Wettbewerbsregeln der EWG beeindrucken lassen. Großbritannien wehrt sich gegen alle auf Umwegen vorgebrachten Bestrebungen, den britischen Anteil an den Ölvorkommen der Nordsee in irgendeiner Weise als gemeinschaftliche Ressource ansehen zu lassen, für die die übrigen Länder der EG Präferenzen in Anspruch nehmen könnten. In bezug auf die verstärkte Nutzung von Kohle gibt es tiefe Differenzen hinsichtlich der Subventionen für den Kohleabbau.

Seit Existenz der Euratom ist auch die in ihrem Rahmen betriebene Nuklearforschung ständiger Gegenstand von Auseinandersetzungen um den Standort von Forschungseinrichtungen, Finanzlastenteilung u. a. Entwicklung, Produktion und Export von Nukleartechnik sind ein äußerst umkämpfter Gegenstand der Konkurrenz, in dem sich alle imperialistischen Staaten – nicht zuletzt wegen der politisch-militärischen Bedeutung – im Interesse ihrer Monopole engagieren. Die Folgen sind (wie auch auf dem wichtigen Sektor Datenverarbeitung) Zersplitterung wissenschaftlicher, technologischer und produktionstechnischer Potenzen, unproduktive Parallelentwicklungen und auf wichtigen Gebieten ein Rückstand in der internationalen Konkurrenz insbesondere gegenüber den USA, aber auch Japan.

Dennoch gibt es eine Reihe gemeinschaftlicher Maßnahmen. So unterstützen die EG gegenwärtig unter dem Gesichtspunkt besonders riskanter und die Energieversorgung der Gemeinschaft fördernder Investitionen 144 Vorhaben im Bereich der Ölexploration mit zusammen 136 Mio ERE und die Uranschürfung mit 16 Mio ERE. Es gibt langfristige Programme für die Energieforschung auf verschiedenen Gebieten, u. a. für alternative Energiequellen, sowie Leitlinien für Energiesparmaßnahmen.[4]

Die Mitgliedsländer der EG vollziehen gegenwärtig einen schwierigen Anpassungsprozeß volkswirtschaftlicher Strukturen. Gerade auch durch die erwähnten Energieprobleme vorangetrieben, sucht man nach Konzepten, Wegen und Mitteln für die Bestimmung des eigenen Platzes in einer sich wandelnden internationalen Arbeitsteilung und für die Umverteilung finanzieller und materieller Ressourcen auf die vom wissenschaftlich-technischen Fortschritt bestimmten Bereiche und Zweige. Dieser Prozeß und seine Folgen sind zutiefst durch den Charakter der Produktionsweise geprägt, dessen „ultima ratio" der Profit ist. Die Herausbildung neuer Strukturen, die vom Verfall ganzer Zweige begleitet wird, versetzt Millionen Werktätige der Textil-, der Eisen- und Stahlindustrie, der Chemiefaserindustrie, des Schiffbaus usw. in das Heer der Arbeitslosen, sei es durch Betriebsverlagerung in Billiglohnländer, durch Bankrott oder rücksichtslose Rationalisierung. Außenwirtschaftlich ist dieser Umstrukturierungsprozeß durch eine Fülle protektionistischer Maßnahmen charakterisiert, von denen nicht zuletzt auch sozialistische Länder in ihren wirtschaftlichen Interessen betroffen sind.

Im Verlauf der 70er Jahre haben die Institutionen der EG Bemühungen unternommen, auf den industriellen Strukturwandel Einfluß zu nehmen. Aber Vorschlägen wie dem „Aktionsprogramm auf dem Gebiet der Industrie- und Technologiepolitik" (1973), den „Leitlinien einer gemeinsamen Politik im Bereich der Wissenschaft und Technologie für 1977–1980" und den Vorstellungen über die „Intensivierung der industriellen Sektorpolitik der EG zur Umstrukturierung und Umstellung gefährdeter Industriezweige" (1977/79) war wenig Erfolg beschieden. Erheblich divergierende wirtschaftspolitische Auffassungen und Zielstellungen, resultierend aus der ungleichen Wirtschaftsentwicklung

[4] Amtsblatt der Europäischen Gemeinschaft, Luxemburg, Anhang 1–255, Verhandlungen des Europäischen Parlaments, Sitzungsperiode 1980/81, Ausführliche Sitzungsberichte vom 16. 4.–18. 4. 1980, S. 11.

und außenwirtschaftlichen Konkurrenzfähigkeit der Länder sowie den konkurrierenden Monopolinteressen, lassen auch gegenwärtig kein einheitliches Konzept zustande kommen. So existieren nur kurzfristige Hilfsprogramme mit begrenzter finanzieller Ausgestaltung und von der EG-Kommission initiierte oder gebilligte kartellartige Konzernabsprachen, wie z. B. in der Stahlindustrie über Produktionsquoten, Mindestpreise und Einfuhrbeschränkungen.[5]

Unter den gegebenen Machtverhältnissen wird der industrielle Strukturwandel in den EG sich auch weiterhin als ein Prozeß vollziehen, dessen Lasten auf die Schultern der Werktätigen abgewälzt werden, der die wirtschaftlichen Interessen dritter Länder schädigt, mit gesamtgesellschaftlichen Verlusten verbunden ist und die Profite der größten Monopole und die Macht der stärksten imperialistischen Länder erhöht. Der EG-Kommissar für Energiefragen, Guido Brunner, nannte unlängst den wirklichen Kern der Hindernisse beim Namen, die einer ökonomischen Integration im Wege stehen, die im Interesse aller berührten Völker und Staaten verläuft. Es sind dies die Verwertungsinteressen des Monopolkapitals: „Und wir wollen uns einen gemeinsamen Markt auch so vorstellen dürfen, daß wir unser Geld dort anlegen können, wo wir das für richtig halten – ohne daß uns hinterher die französische Notenbank eine Liste von Auflagen vorlegt, die alle Rentabilitätsüberlegungen über den Haufen werfen. Mit einem Wort: Wir brauchen einen freien Kapitalverkehr."[6]

Gerade aus der „Freiheit des Kapitals" resultieren die jetzt zum Ausbruch kommenden strukturellen und regionalen Disproportionen, die tiefen sozialen Widersprüche und Konflikte zwischen den EG-Ländern im Integrationsverlauf. So wenig sie in der kapitalistischen Gesellschaft gelöst werden können, so groß sind die Möglichkeiten der Entwicklung der Produktivkräfte im Prozeß der sozialistischen ökonomischen Integration zum Wohle aller beteiligten Völker und Länder.

5 Vgl. R. Klockmann, EG-Industriepolitik mit großen Widersprüchen und geringen Erfolgen, in: IPW-Berichte, Berlin, 7/1980, S. 51 ff.

6 Zitiert nach: Die Welt, Berlin (West), Hamburg vom 18. Juli 1980.

Arbeitskreis 2:

Die zunehmende Ergänzung und Verflechtung mit den Volkswirtschaften der Mitgliedsländer des RGW – ein wesentlicher Prozeß der intensiv erweiterten Reproduktion in der DDR

G. Fröhlich

Zur Rolle der Kombinate in der sozialistischen ökonomischen Integration

Einer der Abschnitte der Rede, die Genosse Erich Honecker in Gera hielt, lautet: „Die Möglichkeiten der Kombinate noch kühner nutzen."[1]

Auch für das Gebiet der sozialistischen ökonomischen Integration gilt diese Forderung. Die Bedeutung der Arbeit eines Kombinats bei der Vorbereitung und Realisierung einer wichtigen arbeitsteiligen Maßnahme machte bereits der Diskussionsbeitrag von Genossen W. Frohn sichtbar. Solche Erfahrungen, wie sie mit der „Olefin-Kooperation" zwischen der DDR und der ČSSR gesammelt wurden, gilt es auszuwerten und zu verallgemeinern. Besonders betrifft das die politisch-ideologische Haltung im Kombinat und die Leitung der Vorbereitungsphase.

Mein Anliegen besteht darin, einige Überlegungen zur Arbeit der Kombinate bei der verstärkten Nutzung der Vorzüge der sozialistischen internationalen Arbeitsteilung unter den Bedingungen der achtziger Jahre zur Diskussion zu stellen. Es geht dabei besonders um die Frage, wie die sozialistische ökonomische Integration noch stärker für die Intensivierung des volkswirtschaftlichen Reproduktionsprozesses wirksam gemacht werden kann.

In dem Arbeitsmaterial dieser Konferenz wird betont, daß „die weitere Vervollkommnung der zentralen staatlichen Planung ... nur bei Einbeziehung der Kombinate in den Entscheidungsprozeß zu verwirklichen" ist. Ich stimme dieser Feststellung voll zu. Nach

[1] Zu aktuellen Fragen der Innen- und Außenpolitik der DDR, Aus der Rede des Generalsekretärs des ZK der SED und Vorsitzenden des Staatsrates der DDR, Erich Honecker, auf der Aktivtagung zur Eröffnung des Parteilehrjahres 1980/81 in Gera, in: Neues Deutschland vom 14. Oktober 1980, S. 4.

meinen Erfahrungen ist sie aber ihrer tatsächlichen Tragweite nach nur zu verstehen, wenn man die grundsätzlich veränderten Bedingungen, die sich seit Beginn der siebziger Jahre und mit einschneidenden Konsequenzen besonders nach 1975 ergeben haben, in Rechnung stellt. Diese veränderten Bedingungen bestehen nicht nur in den erhöhten Weltmarktpreisen für Energieträger und andere Rohstoffe im Vergleich zu vielen Fertigwaren. Konfrontiert sind wir darüber hinaus mit einer raschen Verbreiterung neuer Erzeugnisse, Techniken und Technologien. Die Mikroelektronik ist hierfür lediglich ein Beispiel. Das führt zu neuen Maßstäben für die Produktivität, die Aufwendungen, die Qualifiziertheit der Arbeit und ihre Widerspiegelung im Wert und im Weltmarktpreis.

Die neuen Reproduktionsbedingungen haben in Theorie und Praxis zu vielen Fragen geführt. So wird nicht selten geschlußfolgert, aus der Außenwirtschaft resultieren so viele Probleme und Schwierigkeiten, daß die internationale Arbeitsteilung nur mit vermindertem Tempo fortgeführt werden sollte. Ich halte diese Ansicht für falsch und möchte versuchen, das zu beweisen.

Das Tempo der internationalen Arbeitsteilung wird häufiger zu einseitig aus globalen Entwicklungsreihen des Wachstums im Außenhandelsumsatz und in der Produktion abgeleitet. So gesehen, scheint sich tatsächlich in früheren Perioden die DDR schneller in die internationale Arbeitsteilung eingegliedert zu haben. So läßt sich aus Angaben des Statistischen Jahrbuchs berechnen, mit wieviel Prozent Wachstum im Außenhandelsumsatz in bestimmten Perioden ein Prozent der Nettoproduktionszunahme verbunden war.[2] Notwendig ist es dabei natürlich, konstante Preise anzuwenden. Die Rechnung ergibt folgende Wachstumsrelationen:

1950 bis 1970:	Auf 1 % Nettoproduktionszuwachs entfielen rd. 2 % Wachstum im Außenhandelsumsatz
1970 bis 1975:	1 zu 1,6
1975 bis 1979:	1 zu 1,4.

Für die Jahre von 1981 bis 1985 ergab die Plankoordinierung ein Jahresdurchschnittswachstum des Außenhandelsumsatzes mit unseren Hauptpartnern im RGW von 5,4 % – es liegt damit um 1 % unter der in den vergangenen 9 Jahren erreichten Wachstumsrate[3].

In früheren Perioden ergab die Ermittlung der Wachstumsrelationen nach dem geschilderten Verfahren ein durchaus realistisches Bild über die fortschreitende Eingliederung der Volkswirtschaft der DDR in die Arbeitsteilung im RGW-Bereich. Unter den neuen Bedingungen muß man aber differenzierter vorgehen. Notwendig ist es mindestens, anstelle des Außenhandelsumsatzes die Einfuhr und die Ausfuhr getrennt zu betrachten. Tatsächlich entwickelte sich nur das Einfuhrvolumen in verlangsamtem Tempo. Bekanntlich erhöhten sich die Valutapreise für die von der DDR aus RGW-Staaten importierten Güter wesentlich schneller als die der Ausfuhrwaren. Deshalb mußte das Volumen des Exports bedeutend stärker wachsen als das Volumen der Einfuhr – immer gemessen in konstanten Preisen.

Außerdem fanden strukturelle Veränderungen statt, die ebenfalls erhebliche Auswirkungen der internationalen Arbeitsteilung auf das verfügbare materielle Nettoprodukt brachten. Man könnte das vom Gesichtspunkt der Volkswirtschaft als qualitative Prozesse werten. Solche Prozesse sind ebenfalls im Statistischen Jahrbuch nachgewiesen. Seit 1975 stieg z. B. die Position „Maschinen, Ausrüstungen, Transportmittel" von einem Anteil von 51 % auf 56 % des Gesamtexports der DDR.[4] Diese Strukturveränderung

[2] Statistisches Taschenbuch der Deutschen Demokratischen Republik 1980, Berlin 1980, S. 23, 24, 90, 91.

[3] G. Grüner, Kontinuierlicher Übergang ins neue Planjahrfünft in: Die Wirtschaft, 7/1980, S. 28.

[4] Statistisches Taschenbuch der Deutschen Demokratischen Republik 1980, a. a. O., S. 90.

erfolgte in erster Linie im Warenaustausch mit dem sozialistischen Wirtschaftsgebiet. Gleichzeitig erfolgte eine beträchtliche Verminderung des Ausfuhranteils der „industriellen Konsumgüter", besonders der Leichtindustrie. Das hatte positive Wirkungen, denn die Erwirtschaftung der erforderlichen Valutamittel mit Erzeugnissen der Leichtindustrie muß zu immer größeren Belastungen führen. Die Weltmarktpreise für viele dieser Erzeugnisse werden zunehmend durch sogenannte Billiglohnländer bestimmt. Da die Valutapreise im RGW auf Hauptwarenmarktpreisen beruhen, wird m. E. bei diesen Waren auch die von der DDR aufgewendete gesellschaftliche Arbeitszeit nicht voll gewertet. Zwangsläufig entwickelt sich das Verhältnis zwischen Erlös und Aufwand beim Export vieler dieser Erzeugnisse rückläufig. Andererseits erhöht sich der Nutzeffekt beim Export qualitativ hochwertiger, wissenschaftsintensiver, von den Anwendern gefragter Güter, die vor allem aus der metallverarbeitenden Industrie kommen. Hier ist natürlich die allgemeine Tendenz beschrieben. Vor Maßnahmen zur Strukturprofilierung ist immer eine genaue Analyse, bezogen auf das Einzelerzeugnis, erforderlich.

Diese Struktur- und Effektivitätsverbesserung wirkte sich in Aufwandsenkungen in volkswirtschaftlich bedeutsamen Größenordnungen aus. Das ergibt sich aus einem Vergleich

- einerseits der Aufwendungen zur Erwirtschaftung der erforderlichen Valuten im Handel mit den sozialistischen Ländern bei der Exportstruktur und Effektivität des Jahres 1979;
- andererseits der Aufwendungen, wie sie 1979 erforderlich gewesen wären, wenn eine solche Warenstruktur und eine solche Effektivität angenommen wird, wie sie 1970 vorhanden war.

Bei einer zu globalen Betrachtungsweise können diese und viele andere Wirkungen der sozialistischen internationalen Arbeitsteilung nicht erfaßt werden. Die von mir vorgenommenen Analysen beweisen insgesamt eindeutig: Das Gewicht der Integrationsprozesse in der Volkswirtschaft der DDR hat auch in den letzten Jahren bedeutend zugenommen.

Es gibt weitere Erscheinungen im Zusammenhang mit der veränderten außenwirtschaftlichen Situation, die Meinungen entstehen lassen, die Aktivität der Kombinate für die weiteren Maßnahmen der internationalen Arbeitsteilung könnte oder müßte verringert werden. Diese Erscheinungen resultieren aus der Tatsache, daß sich die Lage in der Außenwirtschaft innerhalb eines sehr kurzen Zeitraumes grundlegend geändert hat. Dadurch wurden auch kurzfristige Reaktionen der zentralen staatlichen Leitung notwendig. Häufig mußten z. B. Exportaufgaben festgelegt werden, die durch die Kombinate selbst nicht konzeptionell vorbereitet wurden. Für die Energiegewinnung und -verwendung müssen außerdem hohe Investitionen eingesetzt werden. Das begrenzte die Möglichkeiten, noch schnellere Veränderungen der Exportstruktur zugunsten wissenschaftsintensiver Zweige vorzunehmen. In hohem Maße mußten und müssen die erforderlichen Exportsteigerungen auf der Basis einer Struktur realisiert werden, die durch Entscheidungen vor Sichtbarwerden der außenwirtschaftlichen Veränderungen entstanden ist. Daraus erklärt sich die oft mit kritischen Anmerkungen versehene Tatsache, daß mancher internationale Spezialisierungsvertrag vorwiegend auf die Absicherung vorhandener Strukturen gerichtet ist und zu wenig der Konzentration von Forschung, Entwicklung und Produktion diente. Das würde also kaum zur Vermeidung unökonomischer Parallelproduktion in den RGW-Ländern und zur Einschränkung der zu breiten Erzeugnispalette führen. Aus dieser kritischen Betrachtung wird dann auch in der internationalen Diskussion unter Ökonomen oft die Forderung nach einem neuen Herangehen an die internationale Kooperation mit dem Ziel grundsätzlicher oder – wie auch gesagt wird – großflächiger Strukturmaßnahmen erhoben.

Es ist meines Erachtens notwendig, die Vielfalt der Diskussion, wie sie vor allem um die sozialistische internationale Spezialisierung und Kooperation geführt wird und wie sie hier nur angedeutet werden konnte, zur Kenntnis zu nehmen, zu analysieren und konstruktive Antworten zu finden. Häufig wird m. E. etwas vereinfacht von großen Reserven der internationalen Spezialisierung und Kooperation gesprochen. Als einziger Beweis dafür wird angeführt, eine Produktion in größeren Serien könne zu geringeren Aufwendungen pro Stück, Tonne usw. führen. So richtig das auch sein mag, darf nicht der meist vorher notwendige große einmalige Aufwand, besonders an Investitionen, übersehen werden. Von „Reserven" der Spezialisierung kann doch nur gesprochen werden, wenn auch die Vorleistungen bereitgestellt werden können.

Mein Standpunkt ist, alle Schritte der sozialistischen internationalen Arbeitsteilung müssen mehr denn je sorgfältig vorbereitet werden. Notwendig ist es, bei jeder Einschätzung die erreichbaren Ergebnisse, aber gleichzeitig auch die Ressourcen und Bedingungen darzustellen. So verlangt beispielsweise so gut wie jede Erweiterung einer effektiven Exportlinie einmalige Aufwendungen nicht nur in Gestalt von Investitionen im jeweiligen Exportzweig, sondern in einer zumeist sehr langen Kooperationskette. Deshalb können Maßnahmen der internationalen Arbeitsteilung kaum im Nachhinein in einen Fünfjahrplan eingefügt werden – selbst wenn der Nutzen hoch erscheint. In besonderem Maße wird das für den Zeitraum 1981 bis 1985 gelten, da ein großer Teil des Investitionsfonds für den Energiesektor zur Verfügung stehen muß, also jetzt bereits zweckgebunden disponiert ist.

Die Anstrengungen in der DDR zur Intensivierung im Reproduktionsprozeß müssen sich gegenwärtig zwangsläufig in hohem Maße auf das Erschließen innerer Potenzen und Ressourcen richten. Viele gute Ergebnisse wurden auf diesem Weg in diesem Jahr bereits erzielt. Wichtig und geradezu lebensnotwendig für die Zukunft ist es aber nach meiner Meinung, trotzdem auch aktiv an Maßnahmen der sozialistischen internationalen Arbeitsteilung zu arbeiten, die in der zweiten Hälfte der 80er Jahre realisiert werden müssen. Natürlich werden auch dann Investitionen und andere Ressourcen, wie sie für eine stärkere Förderung effektiver Exporte und Importe erforderlich sind, begrenzt sein. Gegenwärtig kann aber noch über den konkreten Einsatz großer Teile der Gesamtfonds entschieden werden. Rationell und effektiv kann das aber nur erfolgen, wenn Arbeiten zur zukünftigen Gestaltung der Außenwirtschaft nicht als ferne Zukunftsaufgaben verstanden werden, die hinter den operativen Tagesaufgaben zurücktreten.

Die Gestaltung der Arbeitsteilung nach 1985 wird durch die Arbeit in diesem Jahr bis etwa 1982 wesentlich vorausbestimmt. Entscheidend für die praktischen Ergebnisse wird dabei ein volles Engagement der Kombinate in enger Koordinierung mit den zentralen Organen und durch sie sein. Dabei wäre eine Haltung, die von vornherein von der Unmöglichkeit intensiverer Nutzung der internationalen Arbeitsteilung wegen nicht ausreichender Ressourcen ausgeht, äußerst schädlich. Nur, wenn die zentralen Organe über begründete Einschätzungen verfügen, in welchen Fällen ein bestimmter Ressourceneinsatz höchstmögliche Ergebnisse bringt, können letztlich Entscheidungen mit Effektivitätsgewinn getroffen werden.

Maßnahmen zur Verbesserung der Exportstruktur der DDR sind meines Erachtens unumgänglich. Vor allem muß ein höherer Veredlungsgrad erreicht werden. Die Rohstoffe für die Beibehaltung der gegenwärtigen Exportstruktur werden zukünftig nicht zur Verfügung stehen.

Besonders notwendig erscheint eine wesentlich intensivere Arbeitsteilung auf der Basis standardisierter Zulieferteile in der metallverarbeitenden Industrie, die in Zukunft sicher auch durch die in großen Maßstäben produzierende Industrie der UdSSR verstärkt bereitgestellt werden können. Auf der Tagesordnung steht die Schaffung einer einheitlichen elektronischen Bauelementenbasis der RGW-Länder. Strukturelle Veränderungen wird auch die Realisierung weiterer Entwicklungsrichtungen, auf die das Programm der Spezialisierung und Kooperation mit der UdSSR orientiert, mit sich bringen. Es wurde vereinbart, Maßnahmen zur spezialisierten Produktion neuer Erzeugnisse, Maschinen- und Gerätesysteme einzuleiten, die den Anforderungen der Entwicklung von Wissenschaft und Technik und der Anwendung neuer technologischer Verfahren und Lösungen entsprechen.[5] Ausdrücklich ist als Ziel die Erreichung optimaler Produktionsserien zur Erhöhung der Effektivität genannt. Dabei sind die jeweils bestehenden günstigen Produktionsbedingungen, Produktionserfahrungen, die vorhandenen qualifizierten Kader sowie hochproduktiven Ausrüstungen, Rohstoffe und Materialien zu berücksichtigen.

Die Maßstäbe von Forschung, Entwicklung und Produktion erfordern objektiv eine weitere internationale Vergesellschaftung von Produktion und Arbeit. Es läßt sich voraussehen, daß Produktivitäts- und Zeitgewinn im internationalen Wettbewerb nur auf der Basis verstärkter Konzentration der Kräfte im Rahmen des RGW möglich ist, was sich im bevorstehenden Jahrzehnt auch im vorrangigen Wachstum des internationalen Warenaustausches gegenüber der Produktion ausdrücken muß.

Bei der Vorbereitung von Maßnahmen der internationalen Arbeitsteilung werden Zusammenhänge stärker zu beachten sein, die nur in den Kombinaten überhaupt erfaßt werden können. So gilt das z. B. für die Beziehungen zwischen Produktionsmaßstab und Aufwand, für rationelle Proportionen zwischen Produktion, Ein- und Ausfuhr bei voller Bedarfsdeckung, für einzuschätzende Gebrauchswert- und Valutapreisentwicklung, für Forschungsvorleistungen und günstigste Investitionszeitpunkte und vieles andere mehr. Das sind aber Zusammenhänge, die entscheidend sind für den hohen Leistungsanstieg, den die Kombinate zu erbringen haben.

Die genannten Bedingungen können nur auf eine Art und Weise rechtzeitig und überschaubar für die Entscheidungsfindung sichtbar gemacht werden, d. h. durch ein hohes Niveau der konzeptionellen Arbeit der Kombinate unter Einschluß der Möglichkeiten und der Anforderungen der sozialistischen internationalen Arbeitsteilung. Diese konzeptionelle Arbeit muß jetzt bereits einen Zeitraum umfassen, der über das Jahr 1985 hinausgeht, da bis dahin durch die Fünfjahrplankoordinierung die wesentlichen Prämissen für strukturelle Veränderungen gesetzt sind.

Es ist sehr zu begrüßen, daß in der neuen „Ordnung der Planung der Volkswirtschaft“[6] sowie in der „Rahmenrichtlinie“[7] für die Planung in den Kombinaten und Betrieben die konzeptionelle Arbeit als Bestandteil der Planung verstanden und entsprechend geregelt wird. Für sehr wichtig halte ich die konsequente Durchsetzung der getroffenen Festlegungen, wonach nicht nur bei den Planverteidigungen ein Nachweis hinsichtlich des effektivsten Einsatzes aller verfügbaren Ressourcen verlangt wird, sondern auch bereits mit den Konzeptionen. Zu den Ressourcen gehören auch die Potenzen der sozialistischen internationalen Arbeitsteilung. Hierzu konstruktive Vorstellungen zu entwickeln ist

5 Programm der Spezialisierung und Kooperation zwischen der DDR und der Sowjetunion bis 1990, in: Neues Deutschland vom 6. Oktober 1979, S. 1.

6 Anordnung über die Ordnung der Planung der Volkswirtschaft der DDR 1981 bis 1985 vom 28. November 1979, Teil I, Konzeptionelle Vorbereitung des Fünfjahrplanes, in: GBl., Sonderdruck Nr. 1020 I.

7 Anordnung über die Rahmenrichtlinie für die Planung in den Kombinaten und Betrieben der Industrie und des Bauwesens – Rahmenrichtlinie – vom 30. November 1979, in GBl., Sonderdruck Nr. 1021.

meines Erachtens die wichtigste Verpflichtung, die in die außenwirtschaftliche Verantwortung der Kombinate eingeschlossen ist.

Die Praxis hat einen engen Zusammenhang zwischen dem Wahrnehmen außenwirtschaftlicher Verantwortung und der Bereitschaft zum kompromißlosen Weltstandsvergleich bei den Erzeugnissen und den Aufwendungen gezeigt. Ein solcher Vergleich ist eine der unabdingbaren Ausgangspositionen für die Festlegung von Exportlinien sowie rationeller Proportionen zwischen Eigenproduktion, Ein- und Ausfuhr zur effektivsten Bedarfsdeckung. Vom Kombinat Carl Zeiss Jena wurden in der Zeitschrift „Einheit" zu dem Weltstandsvergleich wesentliche Erfahrungen vermittelt. „Im Ergebnis all dieser Vergleiche", so wird gesagt, „werden bei Entwicklungsbeginn diejenigen Anforderungen hinsichtlich der Gebrauchswertfaktoren und der Kosten des neuen Erzeugnisses festgelegt, die aus der Sicht auf den Zeitpunkt der Markteinführung erkennbar sind."[8]

Dieses konsequente Herangehen ist bei weitem noch nicht allgemein durchgesetzte Praxis. Häufig wird der internationale Vergleich des Aufwandes als unrealisierbar eingeschätzt, das eigene Niveau wird überschätzt, oder hoher Aufwand wird ohne tiefere Analyse als unvermeidbar angesehen.

Die ideologische Bereitschaft der konsequenten Messung der Aufwendungen am Weltstand wird nach meiner Auffassung noch zu wenig durch die gegenwärtige Art der Messung des Beitrags der Kombinate zur volkswirtschaftlichen Leistungsentwicklung gefördert.

Eine Messung zu Inlandpreisen läßt hohe oder niedrige Aufwendungen bei der Erwirtschaftung von Valutamitteln nicht als Beitrag zum materiellen volkswirtschaftlichen Nettoprodukt erscheinen, obwohl sie aber genauso wirken. Zum Reproduktionsprozeß des Kombinats gehört die außenwirtschaftliche Tätigkeit, ebenso wie die Volkswirtschaft auch die Außenwirtschaft umschließt. Auf die Exportrentabilität hat nicht nur die Effektivität der Zirkulationsphase Einfluß, sondern die gesamte Reproduktionskette, beginnend bei Forschung und Entwicklung. Es zeigen sich hier Einflüsse der angewendeten technischen und technologischen Verfahren, der Erzeugniseigenschaften, gemessen an den Erfordernissen der Abnehmer, sowie der Grad der internationalen Anerkennung unserer Arbeit als wissenschaftsintensiv oder auch als weniger qualifiziert. An der Exportrentabilität werden volkswirtschaftliche Wirkungen, nicht nur die „Außenhandelseffektivität" in engem Sinn sichtbar.

Wie sich zeigt, verfügen die Kombinate der DDR für das Wahrnehmen ihrer außenwirtschaftlichen Verantwortung über alle erforderlichen Vollmachten. So stehen sie in Direktbeziehungen mit entsprechenden Wirtschaftseinheiten in den anderen Ländern. Sie arbeiten als geachtete Partner in Internationalen Organisationen und anderen RGW-Organen mit. Die Kombinate bereiten Spezialisierungs- und Kooperationsverträge vor und unterschreiben sie. Bereits die bisherige Entwicklung läßt die Einschätzung zu: Mit der erhöhten Rolle der Kombinate in der sozialistischen ökonomischen Integration wird die Leitung dieses bedeutungsvollen Prozesses durch die Gesellschaft nicht eingeschränkt, sondern auf diese Weise wird die volle Nutzung der Vorzüge der internationalen Arbeitsteilung für die Volkswirtschaft unter den neuen Bedingungen überhaupt erst möglich.

[8] H. Kügler, K. Mütze, Spitzenleistungen erfordern zielstrebige Schutzrechtsarbeit, in: Einheit 10/1980, S. 1031.

K. Steinitz

Zu einigen Erfordernissen und Kriterien der Vertiefung der sozialistischen ökonomischen Integration

Ein Grundproblem der gegenwärtigen internationalen Auseinandersetzung zwischen Sozialismus und Imperialismus besteht darin, die Vorzüge und Möglichkeiten der sozialistischen Produktionsverhältnisse in einem höheren Grad real zu nutzen, das heißt, sie vor allem in einem hohen Tempo des wissenschaftlich-technischen Fortschritts und der Effektivitätserhöhung zu verwirklichen.

Diese Problematik trifft auch voll auf die sozialistische ökonomische Integration zu, insbesondere auf die bedeutenden Fortschritte, die bei der Verwirklichung des Komplexprogramms der sozialistischen ökonomischen Integration erzielt wurden. Dabei muß berücksichtigt werden, daß in den letzten Jahren die Anforderungen an die Vertiefung und höhere Wirksamkeit der sozialistischen ökonomischen Integration – infolge der Beschleunigung des wissenschaftlich-technischen Fortschritts, der zunehmenden Rolle grundlegender Bedingungen der Energie- und Rohstoffsicherung, der größeren Verpflichtungen zur Unterstützung der Entwicklungsländer sowie der Verschärfung des Konkurrenzkampfes auf den internationalen Märkten – bedeutend gewachsen sind. Insbesondere auf den für die perspektivische Entwicklung entscheidenden Gebieten des wissenschaftlich-technischen Fortschritts und der Strukturentwicklung müssen Niveau und Dynamik der internationalen sozialistischen Spezialisierung und Kooperation in stärkerem Maße den neuen Erfordernissen entsprechen. Im Zusammenhang mit den veränderten Reproduktionsbedingungen sind in den Ländern des RGW komplizierte Aufgaben zu bewältigen.

Hier soll nur auf einige Aspekte dieser Problematik im Zusammenhang mit der zunehmenden Rolle von Innovationen, insbesondere von Basisinnovationen, und der höheren Strukturdynamik hingewiesen werden. Ein grundlegendes Erfordernis der effektiven Beherrschung von Innovationen in einer den internationalen Maßstäben entsprechenden Zeit besteht darin, einen hohen Grad der Gemeinsamkeit der jeweils interessierten RGW-Länder im gesamten Prozeß der Prognose und Forschung bis zur Ausarbeitung und Realisierung der jeweiligen Herstellungs- und Absatzstrategie zu gewährleisten. Die bisherigen Erfahrungen zeigen, daß dabei vor allem ein höherer Grad der Komplexität, der Verbindlichkeit und eine Verkürzung der Zeit, die die gemeinsame Entscheidung und insbesondere die praktische, breitenwirksame Umsetzung in Anspruch nehmen, erforderlich sind. Von besonderer Bedeutung sind dabei die Nahtstellen zwischen den Erkenntnissen aus den Prognosen und der Ausarbeitung einer gemeinsamen Realisierungsstrategie sowie zwischen dem überführungsreifen Forschungsergebnis und den Bedingungen ihrer volkswirtschaftlichen Umsetzung (Investitionen, Qualifikation der Arbeitskräfte, Dynamik und Flexibilität der Produktionsstruktur).

Eine weitere äußerst wichtige Aufgabe, die angesichts der Kompliziertheit und Größe der zu lösenden wissenschaftlich-technischen und Strukturprobleme weiter an Bedeutung gewinnt, besteht darin, ein höheres Niveau der Konzentration, Spezialisierung und Kooperation in Forschung und Produktion der RGW-Länder zu erreichen. Es gilt Zeit- und

Effektivitätsverluste infolge nicht notwendiger Parallelproduktionen, zu geringer Stückzahlen der hergestellten Erzeugnisse, unzureichender Konzentration der Forschungs-, Investitions- und Produktionspotentiale auf entscheidende neue Erzeugnisse und Technologien zu überwinden. Schließlich soll noch die sich wesentlich verschärfende Notwendigkeit hervorgehoben werden, im Rahmen des RGW auf den perspektivisch entscheidenden Gebieten eigene Lösungen zu erarbeiten und praktisch anzuwenden. Die Verminderung von Abhängigkeiten von den imperialistischen Staaten auf strategisch wichtigen Gebieten, ohne damit einen Zeitverlust oder ein geringeres technisch-ökonomisches Niveau in Kauf nehmen zu müssen, wird zu einem immer wichtigeren Erfordernis der internationalen sozialistischen Zusammenarbeit.

Um diesen objektiven Erfordernissen der Internationalisierung der Produktion der sozialistischen Länder in den 80er Jahren besser gerecht zu werden, ist es erforderlich, die einer höheren Wirksamkeit der internationalen sozialistischen Zusammenarbeit für das Tempo des wissenschaftlich-technischen Fortschritts und die Steigerung der Effektivität entgegenstehenden Hemmnisse und Probleme aufzudecken sowie Wege zu ihrer Überwindung zu untersuchen. Hierzu wurden in dem vorliegenden Konferenzmaterial, im Referat von Genossen Prof. Kunz und in der Diskussion im Plenum viele Vorschläge und Lösungsansätze unterbreitet. Hier sollen noch einige ergänzende Überlegungen dargelegt werden.

1. Für ein langfristig stabiles, effektives und auf die bessere Bedürfnisbefriedigung gerichtetes Wirtschaftswachstum ist die Beherrschung der Beziehungen zwischen kurz- und langfristigen Wirkungen und Interessen von besonderer Bedeutung. Die Wirtschafts- und Sozialpolitik der sozialistischen Staaten ist darauf gerichtet, die auf dem sozialistischen Eigentum beruhende Übereinstimmung zwischen kurz- und langfristigen Interessen auf der Grundlage der planmäßigen Entwicklung besser und vollständiger zu gewährleisten und optimale Lösungen zu finden. Dabei sind in jedem sozialistischen Staat noch vielfältige, komplizierte Probleme zu lösen.

Die Beziehungen zwischen kurz- und langfristigen Wirkungen sind in den zwischenstaatlichen Beziehungen wesentlich komplizierter und weitreichender als im Rahmen der nationalen Wirtschaften. Erstens tragen die Integrationsmaßnahmen überwiegend von vornherein einen langfristigen Charakter. Ihre Wirksamkeit wird entscheidend davon bestimmt, daß sie langfristig stabil sind und auf langfristig effektive Lösungen gerichtet sind. Sie stellen somit hohe Anforderungen an die Bestimmung der langfristigen Ziele und insbesondere der Strategie ihrer Realisierung. Zweitens sind (im Vergleich zur Problematik auf nationaler Ebene) Veränderungen und Korrekturen mit weitaus schwereren Folgewirkungen verbunden. Drittens ist im Zusammenhang mit der Existenz des sozialistischen Eigentums, als Eigentum im Rahmen des jeweiligen Staates, die Bewertung und der Vergleich der kurz- und langfristigen Effekte sowie der zeitlich differenzierten Vor- und Nachteile verschiedener Varianten wesentlich schwieriger als im nationalen Rahmen. Zusammengefaßt besteht das Problem darin, daß einerseits die Beziehungen zwischen kurz- und langfristigen Wirkungen in der internationalen Zusammenarbeit eine herausragende Rolle spielen, daß aber andererseits die Bedingungen ihrer richtigen Verbindung besonders kompliziert sind.

Diese Problematik, für die es keine allgemeingültige Lösung geben kann, zeigt sich z. B. in der Alternative bei der Verwirklichung von Prozessen des wissenschaftlich-technischen Fortschritts auf ausgewählten Gebieten durch Lizenznahme bzw. Technologieimport aus kapitalistischen Ländern (in der Regel schnellere Lösung, aber Gefahr von Abhängigkeiten und Belastungen durch weitere NSW-Importe) oder durch gemeinsame Lösungen im Rahmen des RGW. Natürlich existiert diese Problematik als echte Alternative nur dann, wenn der Import aus dem NSW mit Vorteilen hinsichtlich Zeit und (oder) technologischem Niveau verbunden ist.

2. Entscheidungen über die Spezialisierung und Kooperation der Produktion und damit über die Durchführung spezialisierter Exporte und Importe werden – soweit es nicht um traditionelle, sondern um neue Richtungen geht – oft dadurch erschwert, daß die meisten europäischen RGW-Länder auf der einen Seite dieselben Grundinteressen haben an wenig energie- und materialintensiven bzw. höher veredelten Produktionen und auf der anderen Seite ähnliche Restriktionen bzw. Probleme bestehen beim konzentrierten Einsatz von Investitionen zur Errichtung von Produktionskapazitäten, die den Bedarf der interessierten RGW-Länder an den jeweiligen Erzeugnissen in einer angemessenen Frist voll decken. Hinzu kommt, daß für die sozialistischen Länder die von den imperialistischen Staaten praktizierte Verlagerung einfacher Massenproduktionen in die sogenannten „Billiglohnländer" prinzipiell nicht gangbar ist.

Zugleich zeigen aber auch die praktischen Ergebnisse der internationalen Spezialisierung, daß noch bedeutende Reserven und Möglichkeiten eines höheren Grades der Arbeitsteilung zwischen hochindustrialisierten sozialistischen Ländern bei Finalerzeugnissen (kompletten Anlagen, Maschinen und Ausrüstungen, industriellen Konsumgütern) sowie bei Baugruppen und Bauteilen bestehen. Die Möglichkeiten der langfristigen Zielprogramme des RGW sollten noch stärker für die Ausarbeitung und Realisierung einer gemeinsamen, auf einem höheren Grad der Spezialisierung und Kooperation beruhenden Strategie der Strukturentwicklung auf ausgewählten, für die langfristige Entwicklung entscheidenden Gebieten der verarbeitenden Industrie genutzt werden. Fortschritte auf diesem Gebiet sind wiederum eng mit der weiteren Vervollkommnung der Planung und ökonomischen Stimulierung von Integrationsmaßnahmen verbunden.

3. Die Bestimmung der Effektivität von Integrationsmaßnahmen, insbesondere der Zusammenarbeit zur Sicherung der Energie- und Rohstoffbasis, der Spezialisierung und Kooperation in der verarbeitenden Industrie, der Zusammenarbeit in Forschung und Entwicklung, spielt eine wachsende Rolle bei der Ausarbeitung der Wirtschaftsstrategie durch die Mitgliedsländer des RGW. Es gilt, immer bessere theoretische und praktische Lösungen zur realen Ermittlung und Bewertung der volkswirtschaftlichen Effektivität von Integrationsmaßnahmen zu erarbeiten. Zu den im Rahmen der jeweiligen Volkswirtschaften bestehenden Problemen der volkswirtschaftlichen Effektivitätsrechnung, wie der Verbindung der verschiedenen Anforderungen zu einer komplexen Aussage, der Bewertung der Gebrauchswertentwicklung und des Zeitfaktors, kommen bei Maßnahmen der internationalen Zusammenarbeit noch weitere spezifische Probleme hinzu. Hierzu gehören u. a.:

– Die Frage der Übereinstimmung zwischen den Interessen der Hersteller und der Anwender, die bei Integrationsmaßnahmen noch größere Auswirkungen als im nationalen Maßstab hat. Im Rahmen der Volkswirtschaft können sich Widersprüche, z. B. eine ungleiche Verteilung der Aufwendungen und des Nutzens, hemmend auf die ökonomische Stimulierung auswirken. Es handelt sich dann aber in der Regel um eine ungleiche Verteilung auf verschiedene Partner im Rahmen des einheitlichen staatlichen Eigentums. Bei internationalen Maßnahmen führen solche Widersprüche zu einer ungleichen Teilnahme der verschiedenen Volkswirtschaften (verschiedener sozialistischer Eigentümer) an den Aufwendungen und am Nutzen.

– Die Entwicklung der Preise für die Import- bzw. Exporterzeugnisse ist von entscheidender Bedeutung für den volkswirtschaftlichen Effekt (während die Dynamik der Inlandspreise sich vor allem auf die Verteilung des Nutzens zwischen den sozialistischen

Betrieben auswirkt). Wenn keine langfristigen Vereinbarungen über die Höhe der Preise erfolgen, können Effektivitätsrechnungen große Unsicherheiten aufweisen.

– An Effektivitätsrechnungen zu Integrationsmaßnahmen müssen in der Regel noch höhere Anforderungen hinsichtlich ihrer Langfristigkeit und Komplexität gestellt werden, als es bei Effektivitätsrechnungen im nationalen Maßstab erforderlich ist. Hinzu kommen noch spezifische Probleme infolge des multilateralen Charakters eines großen Teils der Maßnahmen der internationalen sozialistischen Zusammenarbeit. Selbstverständlich gibt es auch im nationalen Rahmen Probleme der Effektivitätsentwicklung, die zielstrebig gelöst werden müssen. Mir geht es bei dieser Betrachtung vor allem um die spezifischen Aspekte der Effektivität im Rahmen der sozialistischen ökonomischen Integration.

4. Entscheidungen zur Vertiefung der sozialistischen ökonomischen Integration müssen einen hohen Grad der Stabilität aufweisen und die Kontinuität der ökonomischen Entwicklung der daran beteiligten Länder – soweit sie von den jeweiligen Maßnahmen betroffen wird – gewährleisten. Das gilt sowohl für die Höhe der vereinbarten Exporte und Importe, den vereinbarten Zeitpunkt bzw. Zeitraum ihrer Wirksamkeit für die beteiligten Partner als auch für das festgelegte wissenschaftlich-technische Niveau der Lieferungen bzw. Leistungen.

Es kommt darauf an, daß diese Erfordernisse insbesondere auch bei komplizierten inneren und außenwirtschaftlichen Problemen eingehalten werden. Verstöße gegen sie wirken sich hemmend auf den Fortschritt der Integration aus.

Die Erfahrungen, insbesondere der letzten Jahre, zeigen, daß das Erreichen von Spitzenleistungen und ihre beständige Sicherung zu den wichtigsten Bedingungen für weitere Fortschritte der sozialistischen ökonomischen Integration und für die Stabilität der Vereinbarungen gehören.

Im Zusammenhang mit diesen Problemen, den veränderten Reproduktionsbedingungen und insbesondere dem Übergang zur vorwiegend intensiv erweiterten Reproduktion in den europäischen Ländern des RGW, ist es notwendig, unsere Auffassung über die Kriterien, in denen die Vertiefung der sozialistischen ökonomischen Integration zum Ausdruck kommt, zu präzisieren. Der Ausgangspunkt hierfür ist meines Erachtens der Zusammenhang zwischen sozialistischer ökonomischer Integration und der Intensivierung der gesellschaftlichen Reproduktion. Für die Charakterisierung der Fortschritte in der internationalen sozialistischen Arbeitsteilung müßten insbesondere folgende Aspekte berücksichtigt werden:

1. Die Rolle des Außenhandels als Kriterium der internationalen Arbeitsteilung unterliegt wesentlichen Änderungen. Während es bisher allgemein üblich war, die Außenhandelsintensität – die Höhe der Export- und Importquoten – und das Wachstumstempo des Außenhandelsumsatzes als quantitativen Ausdruck für die internationale Arbeitsteilung anzusehen, genügt dieses Kriterium unter den Bedingungen der vorwiegend intensiv erweiterten Reproduktion nicht mehr. Auch in der vor uns liegenden Periode gilt es, über eine hohe Dynamik des Außenhandels die Möglichkeiten der internationalen sozialistischen Zusammenarbeit verstärkt zu nutzen. Es wäre aber falsch, aus einer Verlangsamung des Wachstumstempos des Außenhandels auf ein geringeres Fortschrittstempo bei der Vertiefung der sozialistischen ökonomischen Integration zu schließen. Beim Export und Import von Erzeugnissen der verarbeitenden Industrie ist entscheidend, inwieweit sie zum Ausgleich von Bilanzdefiziten erfolgen oder inwieweit sie tatsächlich zu einem höheren Grad der Spezialisierung und Konzentration der Produktion beitragen. Es reicht nicht mehr aus, die allgemeinen Wachstums- und Intensitätskennziffern des Außenhandelsumsatzes zugrunde zu legen. Entscheidend für die Vertiefung der sozialistischen ökonomischen Integration ist der Inhalt der Exponate und Importe. Intensiv

erweitere Reproduktion bedeutet für den Außenhandel, je Einheit Export und Import einen höheren Grad der Konzentration und Spezialisierung der Produktion zu bewirken.

Hinzu kommt, daß ein wachsender Bereich der Integration, wie die wissenschaftlich-technische Zusammenarbeit, die gemeinsame Rekonstruktion von Betrieben u. a., nicht oder nur beschränkt im Außenhandelsumsatz zum Ausdruck kommen.

2. Unter den Bedingungen der intensiv erweiterten Reproduktion müssen die Fortschritte der sozialistischen ökonomischen Integration insbesondere nach folgenden Gesichtspunkten beurteilt werden:

– Wie werden Dynamik und Niveau der Strukturentwicklung und der Innovationsprozesse in der Gemeinschaft der RGW-Staaten und in jedem einzelnen Mitgliedsland unterstützt und stimuliert? Es geht z. B. darum, daß mit dem Anteil des Außenhandelsumsatzes zwischen den RGW-Ländern von 60 bis 70 % auch erreicht werden muß, daß der entscheidende Teil der importierten Spitzentechnologien bzw. Spitzenerzeugnisse realisiert wird.

– Wie werden durch die jeweiligen Integrationsmaßnahmen die Bedingungen für die Erhöhung der volkswirtschaftlichen Effektivität verbessert? Dabei sollten stets beide Seiten der Effektivität berücksichtigt werden, die Einwirkungen auf die Ergebnisse (Qualität, wissenschaftlich-technisches Niveau der Erzeugnisse und Produktionsvolumen von Erzeugnissen mit wissenschaftlich-technischem Höchststand) und auf die Aufwendungen (Realisierung einer modernen, effektiven Fertigung, Anwendung leistungsfähiger Technologien).

– Wie sind die langfristigen Wirkungen einzuschätzen, inwieweit tragen sie zu stabilen perspektivischen Lösungen bei?

3. Auch in den internationalen Beziehungen verschiebt sich das Gewicht zunehmend von den quantitativen zu den qualitativen Prozessen und Faktoren. Im Vordergrund wird in Zukunft z. B. nicht mehr die Vergrößerung der Anzahl der Spezialisierungsvereinbarungen stehen, sondern die Erhöhung ihrer Wirksamkeit für die rasche und breitenwirksame Realisierung progressiver Strukturveränderungen. Bei der wissenschaftlich-technischen Zusammenarbeit wird es auch nicht so sehr um mehr gemeinsame wissenschaftlich-technische Arbeiten gehen, sondern um ihre konsequente Orientierung am internationalen wissenschaftlich-technischen Höchststand, um eine höhere Komplexität und um eine engere Verbindung mit dem Investitionsprozeß zur Sicherung eines hohen Tempos der Realisierung und Ausbreitung neuer wissenschaftlich-technischer Erkenntnisse.

K. Werner

Einige Zusammenhänge zwischen der Zusammenarbeit der RGW-Länder bei ihrer Roh- und Brennstoffversorgung und der Effektivität des volkswirtschaftlichen Reproduktionsprozesses

In den Thesen wird mit Recht die Zusammenarbeit der Mitgliedsländer des RGW bei der Roh- und Brennstoffversorgung als außerordentlich wichtiger Bestandteil der sozialistischen ökonomischen Integration im allgemeinen und der Planungsarbeit im besonderen hervorgehoben. Es werden Prämissen und Anforderungen genannt, die auch ich zum Ausgangspunkt nehme.

Sowohl auf theoretischem als auch auf praktischem Gebiet hat sich die Erkenntnis durchgesetzt, daß für diesen Bereich der Zusammenarbeit in gleicher Weise das Kriterium der höchsten volkswirtschaftlichen Effektivität gilt. Darüber wurde auf einer Sitzung des Wissenschaftlichen Rates für Fragen der sozialistischen ökonomischen Integration vom Dezember 1979 beraten, und das soll hier nicht wiederholt werden.

Demzufolge bilden volkswirtschaftliche Proportionalitäts- und Effektivitätserfordernisse objektiv den Ausgangspunkt für die zentrale staatliche Planung, wenn Probleme der internationalen Zusammenarbeit zur Sicherung der Versorgung mit Energie, Brenn- und Rohstoffen behandelt werden. Charakteristisch ist dabei die besondere Langfristigkeit dieser Zusammenarbeit. Bei der Suche nach Lösungen für die perspektivische Bedarfsdeckung für Roh- und Brennstoffe ist jeder Zeitverlust zwangsläufig mit Effektivitätsverlusten verbunden.

Die Situation der Zusammenarbeit auf diesem Gebiet ist aus der Sicht der DDR gegenwärtig durch folgende Momente charakterisiert:

– Der Hauptteil unserer importierten Rohstoffe kommt aus der UdSSR und ist bis 1985 durch die Ergebnisse der Plankoordinierung gesichert. Die Zahlen dazu hat Genosse E. Honecker auf dem 11. Plenum genannt.[1]

– Der Austausch von Rohstoffen mit anderen RGW-Ländern ist nahezu ausgeglichen und bewegt sich auf einem im wesentlichen gleichen Niveau.

– Die bedeutungsvollsten Integrationsmaßnahmen der RGW-Länder wurden und werden für die Roh- und Brennstoffsicherung verwirklicht.

– Mit dem langfristigen Zielprogramm „Energie, Brenn- und Rohstoffe", das unter den Zielprogrammen zweifellos die zentrale Position einnimmt, verfügen die RGW-Länder über eine langfristige gemeinsame Strategie. Auch das Programm der Spezialisierung und Kooperation der Produktion zwischen der UdSSR und der DDR bis 1990 geht von der gemeinsamen Verantwortung beider Länder für die Roh- und Brennstoffversorgung aus. Die in beiden Programmen enthaltenen Maßnahmen stellen hohe Ansprüche an die Leistungskraft der beteiligten Volkswirtschaften und charakterisieren in etwa die vorhandenen Möglichkeiten und Grenzen.

Das gegenwärtige und konzipierte Niveau der Zusammenarbeit auf diesem Gebiet

[1] Aus dem Bericht des Politbüros an die 11. Tagung des ZK der SED, Berichterstatter: Genosse Erich Honecker, Berlin 1979, S. 32.

zeigt, daß für die RGW-Länder die Lösung der Roh- und Brennstoffversorgung auch zukünftig eine wichtige Aufgabe ihrer gegenseitigen Beziehungen bleiben wird.

Die zentralen Planungsorgane stehen in diesem Zusammenhang vor zwei Gruppen von Effektivitätsproblemen, die im Entscheidungsprozeß relativ getrennt voneinander auftreten.

Zum einen handelt es sich um die Bestimmung der Höhe des Bedarfs als Ausgangspunkt der Pläne und um die Sicherung der effektivsten Verwendung der importierten Rohstoffe. Das ist eng mit der Lösung solcher bedeutender wirtschaftspolitischer Aufgaben verbunden, wie der langfristigen Strukturgestaltung der verarbeitenden Industrie, der zunehmenden Veredelung der zur Verfügung stehenden Rohstoffe und Materialien sowie der beständigen Verringerung des spezifischen Energie- und Materialeinsatzes.

Auf der anderen Seite geht es darum, ausgehend vom planmäßig zu deckenden Bedarf, die volkswirtschaftlichen Aufwendungen für die Beschaffung des erforderlichen Rohstoffonds zu minimieren. Dazu gehört, diese Aufwendungen möglichst weit vorausschauend zu berechnen und durch den Vergleich mit verschiedenen Varianten der Bedarfsdeckung die effektivste Möglichkeit auszuwählen. Zugleich geht es darum, die für die Bezahlung der Rohstoffe erforderlichen Exportfonds zu sichern, und zwar in einer solchen Struktur, die eine hohe Exportrentabilität gewährleistet. Und schließlich erweist es sich als notwendig, den Beitrag der Volkswirtschaft der DDR zur Sicherung der Rohstoffversorgung im RGW zu gewährleisten und zu erhöhen, und zwar in erster Linie durch die Bereitstellung hochproduktiver Anlagen und Ausrüstungen für die Gewinnung, Verarbeitung und den Transport von Rohstoffen.

Die außerordentliche Kompliziertheit und Komplexität der damit verbundenen Fragen sind auf den ersten Blick erkennbar. Nach den vorliegenden Erfahrungen liegt die Lösung in einem iterativen Herangehen, in der Aufgliederung der Entscheidung in verschiedene Etappen und Teilprobleme, auch auf die Gefahr hin, das optimale Ergebnis nicht in einem Zuge erreichen zu können.

Zu zwei Problemen in diesem Zusammenhang, die m. E. sowohl theoretische wie praktische Bedeutung haben, möchte ich Bemerkungen machen.

1. *Zur Veredelung von Rohstoffen.*

Bei der Bestimmung des Bedarfs wird in letzter Zeit häufig von der notwendig höheren Veredelung der Rohstoffe gesprochen. Bedarfsentwicklung und Veredelung von Rohstoffen stehen miteinander in einem engen Zusammenhang. Grundlegende Ausführungen sind dazu von H. Koziolek gemacht worden.[2] Zu den komplizierten wirtschaftlichen Beziehungen, die noch gründlicher zu untersuchen sind, gehören auch die Schlußfolgerungen für die sozialistische internationale Arbeitsteilung. Möglichst hohe Veredelung des vorhandenen Rohstoffs ist eine Forderung, vor der alle RGW-Länder stehen, ist eine Aufgabe des wissenschaftlich-technischen Fortschritts schlechthin, die nicht nach Ländern, die über mehr, und nach solchen, die über weniger Rohstoffe verfügen, unterschieden werden kann. Die neuen Bedingungen auf den Rohstoffmärkten stellen diese Forderung jedoch offensichtlich mit besonderem Nachdruck gegenüber denjenigen Ländern, die einen großen Teil ihres Rohstoffbedarfs über den Import zu decken haben.

Veredelung der Rohstoffe an sich kann gleichzeitig nicht als wirtschaftspolitischer Selbstzweck gelten, sondern im Innern der Volkswirtschaft ebenso wie in der internationalen Arbeitsteilung geht es um die Befriedigung konkreter Bedürfnisse, um die Produktion und den Austausch konkreter Gebrauchswerte. Insofern kann z. B. der „Veredelungs-

[2] H. Koziolek, Höhere Veredlung der Rohstoffe, in: Einheit, 6/1980, S. 587 ff.

grad" eines mikroelektronischen Bauelementes nicht mit dem einer Tagebauausrüstung verglichen, noch weniger ein solcher Vergleich zum Ausdruck für Strukturentscheidungen gemacht werden.

Veredelung ist m. E. der Maßstab für die Anzahl der nach dem wissenschaftlich-technischen Höchststand erforderlichen Produktionsstufen, um zu einem Endprodukt zu gelangen, das volkswirtschaftlichen oder internationalen Bedürfnissen entspricht. Jede Produktionsstufe muß auf der Grundlage neuester wissenschaftlich-technischer Erkenntnisse einen möglichst hohen Beitrag für dieses Endprodukt erbringen. Vom Standpunkt der Politischen Ökonomie handelt es sich also um die Größe des Neuwertes, der, bezogen auf die eingesetzten Fonds, dem Erzeugnis in einer Produktionsstufe und zusammengefaßt im volkswirtschaftlichen Reproduktionsprozeß zugesetzt wird und – im Falle international arbeitsteiliger Beziehungen – im Außenhandel realisiert werden kann.

Ein enger Zusammenhang besteht zwischen Veredelung und der ständig notwendigen Erhöhung der Energie- und Materialökonomie. Während erstere den Wirkungsgrad insbesondere der lebendigen Arbeit, bezogen auf die eingesetzten Arbeitsgegenstände und ihre Vervollkommnung, charakterisiert, zeigt letztere, wieviel dieser Arbeitsgegenstände für die Herstellung einer Einheit Endprodukt erforderlich sind. Damit gehören beide Aufgaben eng zusammen und üben aufeinander wechselseitige Beeinflussungen aus.

Eine solche Interpretation der Veredelung rückt dieses Problem in die Nähe der generellen Aufgabe, die Effektivität und Qualität der gesellschaftlichen Produktion in jedem RGW-Land zu erhöhen. Sie schließt Überlegungen der Art aus, daß ein oder mehrere Länder sich überwiegend mit hochveredelten Produkten, andere dagegen mit weniger veredelten Produkten an der internationalen Arbeitsteilung beteiligen könnten. Jede Produktionsstufe ist ein Teil des Veredelungsprozesses, der insgesamt mit dem Produkt bis zu seiner endgültigen Gestalt vor sich geht und erfordert ein Höchstmaß an wissenschaftlich-technischem und ökonomischem Niveau, das auf darauf folgenden Produktionsstufen ständig zu mehren ist und nicht verschenkt werden darf.

Arbeitsteilige Beziehungen aber – sowohl im volkswirtschaftlichen als auch im internationalen Rahmen – sind sowohl zwischen den einzelnen Produktionsstufen als auch zwischen den einzelnen Endprodukten möglich und erforderlich. Natürlich schließt diese Feststellung die Möglichkeit und Notwendigkeit eines durchaus verschiedenen Beitrags der einzelnen Länder (auch hinsichtlich der Energie- und Materialintensität der Erzeugnisse sowie hinsichtlich ihrer Rolle als Rohstoffexporteure bzw. -importeure) für die internationale Arbeitsteilung ein. Jedoch zeigt sich insgesamt, daß auch die höhere Veredelung der Rohstoffe eine wirtschaftspolitische Aufgabe ist, die letztendlich von den RGW-Ländern nur gemeinsam gelöst werden kann. Wird aber diese Aufgabe mit ihren sehr verschiedenen Seiten gemeistert, erfolgt also die Veredelung der Rohstoffe auf allen Stufen des Produktionsprozesses mit dem gegebenen höchsten wissenschaftlich-technischen Niveau und insgesamt in einem solchen Ausmaß, wie es die Verknappungs- und Verteuerungsprozesse bei der Produktion und dem Import von Rohstoffen erfordern, so kann die in den Thesen gemachte Feststellung von der „progressiven Steigerung des auszuführenden Erzeugnisvolumens" für den Rohstoffimport nur als zeitweilige, jedoch nicht gesetzmäßige Erscheinung interpretiert werden.

Die Problematik des Veredelungsprozesses auf den verschiedenen Produktionsstufen zeigt sich übrigens auch dann, wenn man das Niveau der Exportrentabilität der Stufen im einzelnen untersucht. Es ist sicher bekannt, daß vielstufig bearbeitete – in diesem Sinne veredelte – Erzeugnisse nicht a priori eine höhere Exportrentabilität erbringen als weniger veredelte Erzeugnisse. Dort, wo sich der Grad der Veredelung relativ exakt nachweisen läßt, werden im Gegenteil gelegentlich die günstigsten Rentabilitätskennziffern für Erzeugnisse mit niedrigem Veredelungsgrad ausgewiesen. Sieht man einmal von den Unsicherheiten der Aussage, die durch die Verwendung der verschiedenen Kennziffern entstehen, ab, so gibt es dafür m. E. zwei Gründe, die zum Teil kombiniert miteinander auftreten.

Erstens führt die weitere Veredelung eines Erzeugnisses nur dann zu höheren außenwirtschaftlichen Effekten, wenn bei der Erhöhung des Gebrauchswertes dieses Erzeugnisses und bei der Technologie, mit der diese Gebrauchswerterhöhung erzielt wird, tatsächlich weltmarktfähige Maßstäbe angelegt und verwirklicht werden. Und zweitens darf der Zuwachs an Neuwert, der bei den gegebenen Veredelungsstufen entsteht, ausgedrückt in volkswirtschaftlichen Wertgrößen, nicht den Wertzuwachs übersteigen, der auf den internationalen Märkten anerkannt wird und zugleich realisiert werden kann. Auch unter diesem Gesichtspunkt erweist es sich als richtig, wenn bewährte Instrumente, wie die Gebrauchswert-Kosten-Analyse oder das Preis-Leistungs-Verhältnis konsequent an internationalen Maßstäben orientiert werden.

2. *Zum Vergleich verschiedener Varianten der Deckung des Bedarfs der Volkswirtschaft an Rohstoffen.*

Konsequente Effektivitätsbetrachtung schließt immer das Vorhandensein verschiedener Varianten der Lösung eines wirtschaftspolitischen Problems ein. Das gilt auch für die Zusammenarbeit der RGW-Länder auf dem Gebiet der Rohstoffsicherung.

Damit entsteht ein wichtiges theoretisches und methodisches Problem, wie nämlich die unterschiedlichen Möglichkeiten zur Deckung eines gegebenen Rohstoffbedarfs miteinander verglichen und hinsichtlich einer Minimierung des mit ihnen verbundenen volkswirtschaftlichen Aufwandes gründlich untersucht werden können.

Meines Erachtens sollte die Berechtigung eines solchen Vergleichs grundsätzlich anerkannt werden, wenn die qualitativen Merkmale der Rohstoffe im wesentlichen übereinstimmen und die Sicherung einer kontinuierlichen Versorgung der Volkswirtschaft mit ihnen prinzipiell gegeben ist. Voraussetzung dafür ist allerdings, daß es gelingt, die Schwierigkeiten bei der Herstellung der Vergleichbarkeit weitgehend zu überwinden und die mit der Realisierung verschiedener Varianten der Bedarfsdeckung entstehenden volkswirtschaftlichen Aufwendungen mit der erforderlichen Genauigkeit zu erfassen.

Dafür wurden in der letzten Zeit entsprechende methodische Empfehlungen ausgearbeitet. Ausgangspunkt ist der Gedanke, die volkswirtschaftlichen Aufwendungen der Varianten für die Deckung einer bestimmten Bedarfsgröße so einander gegenüberzustellen, wie sie durch Industrieabgabepreise der DDR ausgedrückt werden können. Es werden sowohl die einmaligen als auch die laufenden Aufwendungen miteinander verglichen. Dadurch ist es möglich, die einzelnen Faktoren des einmaligen und laufenden volkswirtschaftlichen Aufwandes gründlicher zu untersuchen und daraus Schlußfolgerungen abzuleiten. Mit Hilfe der Vergleiche kann eine Unterstützung für die entsprechenden Entscheidungen gegeben werden.

Mit derartigen Vergleichen trat jedoch auch eine Vielzahl von theoretischen und methodischen Problemen auf, an deren Klärung weiter gearbeitet werden muß. Zu ihnen gehören:

1. die Erfassung der einmaligen volkswirtschaftlichen Aufwendungen auch bei den Varianten, bei denen keine direkten Investitionen oder Kreditvergaben vorgesehen sind. Hier wurden Untersuchungen unter Zuhilfenahme des Investitionskoeffizienten für die erforderlichen Exportfonds durchgeführt;

2. die Verwendung solcher Währungskurse bzw. Umrechnungskoeffizienten, die es ermöglichen, internationale Wertkennziffern unterschiedlicher Währungsgebiete mitein-

ander zu vergleichen und die volkswirtschaftlichen Aufwendungen für die Erwirtschaftung einer Valutaeinheit realistisch auszuweisen;

3. die Ausarbeitung relativ zuverlässiger Methoden für die Prognose der für die Berechnungen und den Vergleich benötigten Wertkoeffizienten, insbesondere der Außenhandelspreise, unter Berücksichtigung solcher schwierig einzuschätzender Faktoren wie der Kostenentwicklung, des Verhältnisses von Angebot und Nachfrage sowie der Inflation auf den kapitalistischen Hauptmärkten.

Die theoretische Durchdringung und methodische Lösung dieser und weiterer Zusammenhänge wird dazu beitragen, die Grundlagen für das Treffen ökonomisch begründeter Entscheidungen in der Zusammenarbeit der RGW-Länder auf dem Gebiet der Deckung ihres Roh- und Brennstoffbedarfs weiter zu festigen.

E. Faude

Zur perspektivischen Entwicklung der sozialistischen ökonomischen Integration und zur Rolle der Strukturpolitik

Zu den Hauptaufgaben der Integrationsforschung gehört ohne Zweifel die wissenschaftliche Einschätzung der Bedingungen, Erfordernisse und Tendenzen bei der Entwicklung der sozialistischen ökonomischen Integration in den 80er und 90er Jahren. Eine solche Einschätzung setzt eine umfassende Analyse der Ergebnisse und Erfahrungen der Wirtschaftsintegration in den 70er Jahren voraus.

Versucht man eine zusammengefaßte Wertung ihrer bisherigen Ergebnisse, so kann eingeschätzt werden, daß die sozialistische ökonomische Integration wesentlichen Anteil an der stabilen und dynamischen Entwicklung der RGW-Länder, ihrer zunehmenden weltwirtschaftlichen Rolle und ihrer wachsenden Annäherung hat. Sie sicherte in entscheidendem Maße die ökonomische Unabhängigkeit der Länder der sozialistischen Gemeinschaft und schuf damit den notwendigen Spielraum für die Verwirklichung der innen- und außenpolitischen Ziele dieser Länder. Die sozialistische ökonomische Integration war und ist eine wesentliche Voraussetzung dafür, daß die RGW-Länder die in der Mitte der 70er Jahre eingetretene weltweite Zuspitzung des Rohstoff-, Brennstoff- und Energieproblems in einer solchen Art und Weise meistern konnten, daß für die rohstoffimportierenden Länder eine wirtschaftliche Krisenlage von vornherein ausgeschlossen war.

Gleichzeitig kann und muß jedoch auch eingeschätzt werden, daß die Möglichkeiten, die die sozialistische ökonomische Integration für die Erhöhung der Effektivität der Wirtschaftstätigkeit in den beteiligten Ländern bietet, noch nicht voll genutzt worden sind. Ebenso wie im Inneren der sozialistischen Volkswirtschaften der Übergang vom extensiven zum intensiven Typ der erweiterten Reproduktion noch nicht bewältigt wurde, ist dies auch in den wissenschaftlich-technischen Beziehungen zwischen ihnen der Fall. Die Sozialistische Einheitspartei Deutschlands hat daher wiederholt die Aufgabe gestellt, die sozialistische ökonomische Integration noch nachhaltiger und konsequenter als bisher für die Beschleunigung des wissenschaftlich-technischen Fortschritts, die Erzielung von technisch-technologischen Spitzenleistungen und die allseitige Erhöhung der Effektivität des Reproduktionsprozesses wirksam zu machen.

Die umfassendere Nutzung der sozialistischen ökonomischen Integration als eine Hauptrichtung der Intensivierung der RGW-Volkswirtschaften ist nur möglich, wenn die Wirtschaftszusammenarbeit zwischen den RGW-Ländern, gestützt auf übereinstimmende politische Grundziele und Wirtschaftsprinzipien, das notwendige Maß an Stabilität und Zuverlässigkeit besitzt. Die weitere Erhöhung der Zuverlässigkeit der Integrationspartner bei der gegenseitigen Erfüllung der getroffenen Vereinbarungen gehört somit zu den grundlegenden Aufgaben bei der weiteren Entwicklung der sozialistischen ökonomischen Integration. Notwendig ist weiterhin, den Mechanismus der sozialistischen ökonomischen Integration so zu vervollkommnen, daß er den Erfordernissen der Intensivierung noch besser entspricht. Es kommt dabei darauf an, daß der Integrationsprozeß nicht schlechthin zur besseren Bedarfsdeckung auf gegebenem wissenschaftlich-technischem Niveau, sondern zur schnellen Entwicklung des wissenschaftlich-technischen Fortschritts und zu einer Verbesserung des Verhältnisses zwischen Produktionsergebnis und Ressourcenaufwand in allen beteiligten Volkswirtschaften führt.

Bezüglich der künftigen Entwicklung der sozialistischen ökonomischen Integration sind zwei Aspekte zu beachten: Einerseits erfordert die Komplizierung der inneren und äußeren Reproduktionsbedingungen sowie auch die Zuspitzung der Auseinandersetzung zwischen Imperialismus und Sozialismus objektiv eine weitere Beschleunigung der internationalen Vergesellschaftung von Produktion und Arbeit innerhalb der RGW-Gemeinschaft. Es wächst die Zahl der Probleme, deren Lösung der Vereingung der Anstrengungen und Potenzen mehrerer sozialistischer Länder bedarf und zur Beschleunigung des Ausbaus der sozialistischen internationalen Arbeitsteilung drängt.

Andererseits wirken die komplizierten Reproduktionsbedingungen erschwerend auf den weiteren Fortgang der Integrationsbemühungen ein. Bestimmte Engpässe bei der Versorgung der Volkswirtschaften beeinträchtigen verschiedentlich auch die Bilanzierung und Realisierung von Integrationsvorhaben. Sie bewirken auch teilweise eine bilaterale gegenseitige Warenbindung im Handel und erschweren die mehrseitige Wirtschaftszusammenarbeit. Die für verschiedene RGW-Länder im Gefolge der Rohstoffverteuerung und der kapitalistischen Wirtschaftskrise entstehenden Probleme bei der Sicherung des ständigen Zahlungsbilanzausgleiches nach Währungsgebieten ruft unter Umständen Handlungszwänge hervor, die nicht immer integrationsfördernd sind.

Hieraus ergibt sich die Frage nach dem möglichen Tempo der weiteren Entwicklung der sozialistischen ökonomischen Integration. Sie schließt ein, sich über die Kriterien klar zu werden, an Hand derer der Integrationsprozeß zu charakterisieren ist.

Das Voranschreiten der sozialistischen ökonomischen Integration ist m. E. vor allem daran zu messen, wie sich ihr spezifischer Inhalt, die internationale Vergesellschaftung von Produktion und Arbeit in der RGW-Gemeinschaft, d. h. die Vertiefung der arbeitsteiligen Beziehungen zwischen den Integrationspartnern durch internationale Spezialisierung und Kooperation in Wissenschaft, Technik und Produktion sowie durch die Ausdehnung des gegenseitigen Waren- und Leistungsaustausches ausprägt. Im Hinblick auf die Entwicklung der arbeitsteiligen Beziehungen muß m. E. damit gerechnet werden, daß sie sich angesichts des in den letzten Jahren bereits erreichten hohen Standes vertraglicher Vereinbarungen über die bi- und multilaterale Wirtschaftszusammenarbeit sowie der notwendigen Einstellung auf die neuen komplizierten Reproduktionsbedingungen quantitativ zunächst nicht wesentlich erweitern werden. Das schließt nicht aus, daß speziell in der Zusammenarbeit der europäischen RGW-Länder mit den außereuropäischen Mitgliedsländern des RGW in den kommenden Jahren mit einer starken quantitativen Ausweitung der Wirtschaftsbeziehungen zu rechnen ist. Aber der Umfang der gegenseitigen Warenlieferungen aus Spezialisierung und Kooperation, des gegenseitigen Handels insgesamt sowie der Investitionsbeteiligung wird sich in den kommenden Jahren voraussichtlich nicht mit den gleichen Wachstumsraten entwickeln können wie in den beiden vorangegangenen Fünfjahrplanperioden.

Gleichzeitig ist aber davon auszugehen, daß sich der Beitrag der sozialistischen ökonomischen Integration zur Erhöhung der Effektivität und zur Gewährleistung eines hohen Wirtschaftswachstums weiter verstärken muß. Die sozialistische ökonomische Integration ist nicht Selbstzweck, sondern hat vor allen Dingen zur Sicherung und Erhöhung des materiellen und kulturellen Lebensniveaus der Völker der RGW-Länder maximal beizutragen. Es gilt daher, die Integrationsmaßnahmen konsequenter darauf auszurichten, ihre Wirksamkeit hinsichtlich einer effektiven volkswirtschaftlichen Strukturentwicklung, des wissenschaftlich-technischen Fortschritts, der Senkung des spezifischen Rohstoff-,

Brennstoff-, Energie- und Werkstoffverbrauchs, der Erhöhung der Arbeitsproduktivität und der Einsparung von Arbeitsplätzen, der Verbesserung der Fonds- und Investitionseffektivität sowie der Steigerung der Exportkraft allseitig zu verstärken.

In der qualitativ und quantitativ besseren Befriedigung der Bedürfnisse der Völker der RGW-Gemeinschaft und der gleichzeitigen Senkung des hierfür erforderlichen Ressourceneinsatzes liegen letzten Endes die Grundmotive und Ziele der sozialistischen ökonomischen Integration begründet. An der Erfüllung dieser Ziele sind daher auch die Ergebnisse der sozialistischen ökonomischen Integration in letzter Instanz zu messen.

Für den weiteren Fortgang des Integrationsprozesses kann somit m. E. die Schlußfolgerung gezogen werden: Auch wenn aus einer Reihe von Gründen die quantitativen Dimensionen der sozialistischen ökonomischen Integration in der kommenden Fünfjahrplanperiode nicht im gleichen Maße zunehmen werden wie in der abgelaufenen, so werden doch die qualitativen Anforderungen an die sozialistische ökonomische Integration, an ihre Wirksamkeit als Intensivierungsfaktor bedeutend anwachsen. Dabei werden sich auch bestimmte Veränderungen in den Schwerpunkten und Richtungen der sozialistischen ökonomischen Integration und im Integrationsmechanismus vollziehen. Die Entwicklung von Wissenschaft und Technik und die schnelle Überleitung neuer wissenschaftlich-technischer Ergebnisse in die Produktion werden immer mehr zum Schwerpunkt der sozialistischen ökonomischen Integration. Die wissenschaftlich-technische Zusammenarbeit wird zu dem am meisten dynamischen Bereich der ökonomischen Zusammenarbeit zwischen den RGW-Ländern. Die Zusammenarbeit vollzieht sich zunehmend auf der Basis gemeinsamer bzw. detailliert abgestimmter langfristiger ökonomischer und wissenschaftlich-technischer Strategien, die eine wirksame gegenseitige Ergänzung der Wirtschaftsstrukturen zwischen den Integrationspartnern ermöglichen. Besonders bedeutsam sind in diesem Zusammenhang die langfristigen Programme der Spezialisierung und Kooperation, die zwischen der UdSSR und einer Reihe von RGW-Ländern vereinbart wurden. In den Wirtschaftsbeziehungen zwischen den RGW-Ländern gewinnen die Fragen der Erhöhung der Leistungsfähigkeit und der Modernisierung von bereits bestehenden Produktionsanlagen einen wachsenden Stellenwert (z. B. durch Vereinbarungen über die gemeinsame Rekonstruktion von Produktionsstätten, die Schaffung gemeinsamer Rationalisierungsbrigaden, den Aufbau internationaler Reparaturdienste, die gemeinsame Förderung des Baus von Rationalisierungsmitteln usw.). Einen hervorragenden Platz in der Wirtschaftszusammenarbeit nehmen die Probleme der rationellen Nutzung von Roh- und Brennstoffen, der Erhöhung des Veredelungsgrades und der Qualität der Erzeugnisse sowie der Verbesserung der Material- und Energieökonomie der Produktion ein. In den Blickpunkt der Zusammenarbeit treten auch immer mehr die Fragen der Vervollkommnung der Struktur des gegenseitigen Warenaustausches und der Kooperation bei der Gestaltung der Beziehungen der RGW-Länder zu Drittländern. Wie in allen Bereichen der sozialistischen Ökonomik geht es somit auch bei der sozialistischen ökonomischen Integration nicht in erster Linie um eine extensive Ausweitung, sondern vor allem um eine *Intensivierung*, d. h. um eine Erhöhung des Wirkungsgrades.

Die verstärkte Nutzung der sozialistischen ökonomischen Integration als Intensivierungsfaktor macht es notwendig, die möglichen Struktureffekte der sozialistischen internationalen Arbeitsteilung für die beteiligten Volkswirtschaften noch besser wirksam zu machen. In den vorliegenden Thesen wird hierzu u. a. festgestellt, daß die Nutzung der ökonomischen Integration für die Gestaltung rationeller Produktions- und Außenhandelsstrukturen eine wichtige Quelle ist, um die Qualität der Erzeugnisse zu erhöhen, die Selbstkosten zu senken, die Produktionsfonds effektiver einzusetzen sowie den Anteil hochveredelter und dem wissenschaftlich-technischem Höchststand entsprechender Erzeugnisse an der Gesamtproduktion entscheidend zu erhöhen.

Ich möchte zur Frage der Strukturentwicklung nur einige wenige thesenhafte Ausführungen machen:

1. Analysen bezüglich der Entwicklung der Makrostruktur der Wirtschaft kapitalistischer Industriestaaten zeigen, daß ca. 20 bis 25 % des Produktivitätswachstums dieser Länder einzig und allein auf Rechnung von Veränderungen in der Zweigstruktur zugunsten solcher Zweige kommen, die eng mit dem wissenschaftlich-technischen Fortschritt verbunden sind. Weitere enorme Produktivitätseffekte ergeben sich aus der Vervollkommnung der Produktionsstruktur innerhalb der Zweige. Dies gilt auch grundsätzlich für die RGW-Volkswirtschaften. Jedoch ist festzustellen, daß die Strukturen der Produktion und des Exports der RGW-Länder teilweise eine noch zu geringe Dynamik aufweisen. Während z. B. der Anteil des Maschinenbaus und der chemischen Industrie am Gesamtexport der kapitalistischen Industrieländer seit 1970 deutlich zunahm, sind in der RGW-Region in dieser Hinsicht noch weitere Aufgaben zu lösen.

2. Speziell für die DDR besteht das Problem einer zu großen Breite der Nomenklatur der Produktion und des Exports. Ein an Hand der UN-Handelsstatistik durchgeführter Vergleich der Exportstruktur der DDR mit der von neun kapitalistischen und sozialistischen Ländern (Frankreich, Japan, Italien, BRD, Österreich, Schweiz, Belgien, Polen, ČSSR) ergab, daß der DDR-Maschinenexport einen noch zu niedrigen Konzentrationsgrad aufweist.

Die relativ große Breite im Sortiment des Maschinenexports verringert zwar das Absatzrisiko auf den internationalen Märkten, erschwert jedoch den Kampf um hohe Arbeitsproduktivität und wissenschaftlich-technischen Höchststand. Der an Hand verschiedener Kennziffern durchgeführte Vergleich des Konzentrationsgrades des Maschinenexports deutet darauf hin, daß die in der DDR-Volkswirtschaft nur begrenzt vorhandenen Ressourcen sowie wirtschaftlichen und wissenschaftlich-technischen Potentiale stärker konzentriert werden sollten. Hierbei muß die Komplexität von Produktionskonzentration, Konzentration im Exportabsatz, in der Forschung und Entwicklung, im Investitionsgeschehen und auf dem Gebiet der Spezialisierung und Kooperation der Produktion entsprechend beachtet werden.

3. Bezüglich des Ausmaßes und der Richtung der Strukturkonzentration muß sowohl von den eigenen volkswirtschaftlichen Bedingungen und Möglichkeiten als auch von den Möglichkeiten und Bedürfnissen der Integrationspartner ausgegangen werden. Zu berücksichtigen sind auch die Erfordernisse der Wirtschaftsbeziehungen mit den Entwicklungsländern und kapitalistischen Industrieländern. Eine Strukturkonzentration setzt voraus, daß der Inlandsbedarf stabil und effektiv durch Importe aus den Bruderländern gedeckt werden kann und daß ausfallende Exporte des eigenen Landes durch mehr und effektivere Exporte anderer Erzeugnisse ausgeglichen werden können.

Wichtige Kriterien der Strukturgestaltung beim Export müssen m. E. sein:

- die bestmögliche Ausnutzung vorhandener günstiger Produktionsvoraussetzungen in der eigenen Volkswirtschaft,
- die Ausrichtung der Exportstruktur auf die Erfordernisse des wissenschaftlich-technischen Fortschritts;
- die zielgerichtete Beachtung der Importbedürfnisse der Integrationspartner sowie der Absatzmöglichkeiten auf dem Weltmarkt;
- die Gewährleistung einer möglichst langfristig günstigen Devisenrentabilität des Exports unter Beachtung der Preisentwicklung auf dem Weltmarkt;

– die Erreichung eines hohen Veredelungsgrades der Exporterzeugnisse;
– die Verringerung der Importmaterialintensität bzw. Importabhängigkeit des Exports;
– die Senkung der Fonds- bzw. Investitionsintensität des Exports.

Bei der Gestaltung der Exportstruktur ist sowohl eine langfristige Stabilität in den Exportlinien (Nutzung von Traditionen, von Marktinvestitionen und eines entsprechenden Ansehens als leistungsfähiger Exporteur) als auch eine hohe Dynamik in der konkreten Erzeugnisstruktur erforderlich. Durch die systematische und rechtzeitige Ablösung veralteter Erzeugnisse durch Neuentwicklungen müssen die Voraussetzungen für eine wirkungsvolle Ausnutzung der Marktperiode von Erzeugnissen und Erzeugnissystemen auf dem Weltmarkt geschaffen werden.

Zu berücksichtigen sind in jedem Falle auch die Wechselbeziehungen zwischen Ex- und Import, auf die aber hier nicht näher eingegangen werden soll.

4. Obwohl die Spezialisierung und Kooperation der Produktion zwischen den Mitgliedsländern des RGW bereits einen starken Einfluß auf die Produktions- und Außenhandelsstruktur dieser Länder ausübt, birgt sie noch große Möglichkeiten zur Erhöhung des Konzentrationsgrades von Produktion und Export. Eine genauere Betrachtung der Exportstruktur des Maschinenbaus der RGW-Länder führt zu der Erkenntnis, daß trotz wachsender Anteile der aus Spezialisierungs- und Kooperationsverträgen resultierenden Lieferungen am gegenseitigen Warenaustausch eine zunehmende Ähnlichkeit in den Strukturen des Maschinenexports der RGW-Länder festzustellen ist. Die Ermittlung der Koeffizienten der relativen Spezialisierung in der Exportstruktur der RGW-Länder auf dem Gebiet des Maschinenbaus weist auf beträchtliche Reserven bei der Vertiefung der sozialistischen internationalen Arbeitsteilung in diesem Bereich hin.

5. Eine Kernfrage bei der Ausnutzung der sozialistischen internationalen Arbeitsteilung für die Vervollkommnung der Produktions- und Außenhandelsstruktur der DDR ist die tiefgehende Abstimmung ihrer strukturpolitischen Vorstellungen und die Vertiefung der arbeitsteiligen Beziehungen mit dem Zentrum der sozialistischen ökonomischen Integration, der Sowjetunion.

Während die UdSSR, ausgehend von der Größe ihres inneren Marktes, der enormen natürlichen Ressourcen und des gewaltigen wissenschaftlich-technischen Potentials, in der Lage ist, den wissenschaftlich-technischen Fortschritt und die Produktion in einer sehr großen Breite zu entwickeln, ist es für die anderen RGW-Länder notwendig, eine ihrem Wirtschaftspotential angemessene Strukturkonzentration herbeizuführen. Für die DDR kommt es dabei darauf an, sich bei der Gestaltung ihrer Exportstruktur konsequent auf langfristige Hauptlinien der Entwicklung des Importbedarfs der UdSSR, speziell bei Erzeugnissen der metallverarbeitenden Industrie, der chemischen Industrie und der Leichtindustrie, auszurichten.

G. Kraft

Zu einigen Problemen der weiteren Intensivierung der internationalen sozialistischen Arbeitsteilung

Ich möchte in diesem Arbeitskreis, an dem sich Wissenschaftler und Praktiker auf dem Gebiet der sozialistischen internationalen Zusammenarbeit beteiligten, unterstreichen, daß die Vorzüge der internationalen Arbeitsteilung, einem Teilprozeß der Vergesellschaftung von Produktion und Arbeit, unbestreitbar sind.

Tatsächlich sprengen bei dem gegenwärtigen Tempo und der unvergleichlichen Intensität der Entwicklung der Produktivkräfte viele Arten der modernen Produktion (besonders in kleinen und mittleren Ländern) den Rahmen der nationalen Wirtschaft. Die Vorzüge bestehen darin, daß die Produktion vergleichbarer Güter billiger, umfangreicher und mannigfaltiger wird. Die organische Zusammensetzung der Produktionsfonds steigt, der Anteil der lebendigen Arbeit am Gesamtaufwand sinkt. Die Materialintensität des Einzelerzeugnisses geht zurück, während der Anteil der Forschungs-, Entwicklungs- und Projektierungsarbeiten sich erhöht. Die Wirksamkeit der Arbeitsteilung in der Produktion ist vergleichbar mit der Hebelkraft in der Technik.

Jedoch vollzieht sich der Prozeß der Spezialisierung und Kooperation nicht automatisch und unabhängig von den Interessen der Länder.

Im Arbeitsmaterial für die wirtschaftswissenschaftliche Konferenz wird dargelegt, wie sich der weitere Fortgang der ökonomischen Integration im Vergleich zu den 70er Jahren vollzieht. Es wird gesagt, daß „sich die volkswirtschaftlichen Kreisläufe in den einzelnen RGW-Ländern bei Unterschieden zwischen den Integrationspartnern im Einfluß der außenwirtschaftlichen Beziehungen auf die volkswirtschaftliche Reproduktion, in der Größe der wissenschaftlich-technischen und ökonomischen Potentiale und auch im ökonomischen Entwicklungsniveau vollziehen".

Ausgehend davon möchte ich zu drei Problemkreisen meine Auffassung darlegen.

Erstens: Zum Verhältnis von Qualität und Quantität in der Arbeitsteilung. Die Intensivierung und veränderten Reproduktionsbedingungen zwingen zu einer Beschleunigung der Integration, zu einer Vertiefung der internationalen Arbeitsteilung, damit auch zu einer Vorrangigkeit des Wachstums des Außenhandelsumsatzes. Etwa so:

$$\Delta \text{AHU} > \Delta \text{IP} > \Delta \text{NE}.$$

Es gibt bekanntlich hierzu auch andere Auffassungen, nicht zuletzt deshalb, weil die These vom vorrangigen Wachstum des Außenhandels erheblich beeinflußt wird durch den qualitativen Faktor des Austauschs. Schließlich deswegen, weil in der ökonomischen und wissenschaftlich-technischen Zusammenarbeit eine Sphäre von Vorhaben existiert (Grundlagenforschung, Formen des Technik- und Technologietransfers), die sich nicht im Kauf und Verkauf von Waren und Leistungen erschöpft, folglich kein vollständiges quantitatives Äquivalent hat. Der Außenhandelsumsatz allein kann deshalb auch nicht

Indiz oder funktionsfähige Formel (J. Kleer) für den Grad der Arbeitsteilung sein. Er bleibt aber ein wesentlicher Maßstab.

Unbestritten bleibt: Erfolgt die Vorrangigkeit des Wachstums des Außenhandelsumsatzes aber mit dem gegenwärtigen relativ niedrigen Veredlungsgrad und mit der für uns ungünstigen Exportstruktur sowie mit geringen Stückzahlen, dann treten Effektivitätsverluste für die Volkswirtschaft auf. Am Beispiel der kg-Preiserlöse wird das deutlich (vgl. Tabelle 1).

Tabelle 1

DDR-Export an Maschinen und Fahrzeugen (ohne Wasserfahrzeuge) in die EWG-Länder (kg-Preiserlöse 1976)

Anteil der DDR am Weltexport in den EWG-Raum	0,4 Prozent
kg-Preiserlös	
Welt = 1	0,42
EG = 1	0,47
Welthöchststand (USA) = 1	0,15
Position bei 18 Industrieländern	15. Stelle in der Tonnage
	15. Stelle im Wertvolumen
	14. Stelle im kg-Preiserlös

Quelle: Vgl. OECD-Länderstatistik

Unsere beste Position: 8. Stelle im kg-Preiserlös bei elektromedizinischen Geräten (0,08 % der Tonnage und 0,09 % des Wertes des gesamten Weltexports!).

Unsere schlechteste Position: 18. Stelle im kg-Preiserlös bei Büromaschinen (0,4 % der Tonnage und 0,09 % des Wertvolumens des gesamten Weltexports). Die Differenz im kg-Preiserlös zur Weltspitze (Frankreich) beträgt 74,20 Dollar pro kg-Nettomaterialeinsatz.

Als Fazit daraus wurden einige Auffassungen vertreten, die in der Diskussion bisher unwidersprochen blieben, etwa wie: „tiefere internationale Arbeitsteilung unbedingt, aber nur wenn sie effektiv ist." Oder: „Qualität vor Quantität." Oder: „Löste die Zusammenarbeit im RGW bisher vorwiegend Mengenprobleme, so muß sie jetzt und künftig vorrangig Qualitätsprobleme lösen." Ist das so richtig?

Die Forderung nach Qualität und Effektivität der Arbeitsteilung ist ausdrücklich zu unterstreichen. Qualität und Quantität der internationalen Arbeitsteilung bilden aber eine Einheit. Das heißt, daß – will Arbeitsteilung als Wachstumsfaktor der Volkswirtschaft wirksam werden – ein bestimmter Grad der Teilnahme eines Landes an der internationalen Arbeitsteilung notwendig ist. Folglich kann man die Inhalte der beiden Begriffe nicht gegeneinander stellen. Die Volkswirtschaft hat allen Grund, die Ausdehnung der Arbeitssteilung zu fördern, immer natürlich unter dem Gesichtspunkt einer notwendigen höheren Effektivität. Aber eine höhere Qualität und Effektivität sind doch ohne tiefere Arbeitsteilung nicht realisierbar. Schließlich ist Massenproduktion, die wir auf vielen Gebieten brauchen, immer Resultat von Arbeitsteilung. Wir brauchen eine höhere Qualität und eine größere Ausdehnung der Arbeitsteilung. Anders ausgedrückt: Mittels Spezialisierung und Kooperation sind die qualitativen Faktoren des Wachstums zu einer größeren Breitenwirksamkeit zu führen. Dazu gehören:

– die Koppelung einer infolge der Spezialisierung eingetretenen Konzentration der Produktion mit den, dem höheren Niveau adäquaten technologischen Prozessen und Formen der Produktionsleitung;

– die Erneuerung der Erzeugnisse.

Die Ausführungen des Genossen Frohn vor dem Plenum der Konferenz über die Zusammenarbeit der Chemiekombinate der DDR und der ČSSR bestärkten mich in der Auffassung, die folgenden zwei Problemkreise, die sehr eng mit der Wirksamkeit von Direktbeziehungen zwischen Kombinaten zweier oder mehrer Länder korrespondieren, zur Diskussion zu stellen.

Zweitens: Zur Anwendung effektiver Formen der Produktionszusammenarbeit. Bei den Investitionsvorhaben in unserer Volkswirtschaft hat in der Rang- und Reihenfolge das „an erster Stelle zu stehen, was schnell zu einem Gewinn an Produktivität und Effektivität führt".[1] Damit wird von unserer Partei unmißverständlich auf die forcierte Rekonstruktion bestehender Produktionskapazitäten verwiesen, in deren Ergebnis nicht nur das alte Leistungsvermögen wiederherzustellen, sondern vielmehr eine höhere Arbeitsproduktivität, Effektivität und Kapazität zu erreichen ist. Verständlich deshalb, daß es zu unseren Aufgaben gehört, Möglichkeiten der sozialistischen internationalen ökonomischen Zusammenarbeit zu erschließen und zu nutzen, um daraus ökonomische Vorteile für die umfassende Rationalisierung zu ziehen. Das gilt für die DDR wie für andere RGW-Länder.

Eine relativ neue und perspektivreiche Form der sozialistischen internationalen Arbeitsteilung und Kooperation ist die gemeinsame Rationalisierung und Rekonstruktion von Betrieben oder Produktionsabschnitten.

Die ersten vorliegenden Ergebnisse – bei der Fertigung von Armaturen, Elektromotoren, in der Möbelindustrie u. a. – zeigen, daß die Vorzüge, die dieser Form der Zusammenarbeit eigen sind – vereinfacht dargestellt – vor allem in der Möglichkeit der engen Verknüpfung der Arbeitsteilung mit den konkreten betrieblichen, aber auch volkswirtschaftlichen Reproduktionsbedingungen bestehen. Von ökonomischem Vorteil ist auch der bei einer gemeinsamen Rekonstruktion mögliche, abgestimmte, zielgerichtete oder maßgeschneiderte Einsatz der Investitionen. Schließlich ist die Zeitökonomie vorrangig zu vermerken.

Die Vorzüge der gemeinsamen Rekonstruktion bestehen infolge der Konzentration des Forschungs- und Entwicklungspotentials und der gegenseitigen Nutzung der Erfahrungen vor allem in der Einsparung von Zeit. Bereits $2^1/_2$ Jahre nach Abschluß des Regierungsabkommens über die Rekonstruktion der Armaturenbetriebe Magdeburg und Pensa konnte in beiden Werken nach gemeinsam erarbeiteten Projekten und technologischen Lösungen mit der Realisierungsphase der Rekonstruktion begonnen werden. Das gesamte Verfahren der Realisierung der Rekonstruktion ist durch die gemeinsame Arbeit um etwa zwei Jahre verkürzt worden.

Nach Vergleichen mit international führenden Armaturenherstellern im Verlaufe der Funktionsmustererprobung konnte nachgewiesen werden, daß hinsichtlich Funktions- und Dichtverhalten sowie Werkstoffeinsatz und Parameter die rekonstruierten Erzeugnisse dem internationalen Qualitäts- und Konstruktionsniveau entsprechen. Durch die wissenschaftlich-technische Zusammenarbeit mit der UdSSR konnte auf dem Gebiet der Forschung und Entwicklung eine erhebliche Kostenreduzierung erreicht werden.

Bei der Rationalisierung und Rekonstruktion von Produktionskapazitäten kommt dem Merkmal technologische Veränderung eine besondere Bedeutung zu, da wesentliche Fortschritte in der Ökonomie nur mit Hilfe einer Revolution der Technologie erreicht werden können. Wissenschaftlich-technischer Fortschritt bedeutet qualitative Veränderung aller Elemente der Produktivkräfte, vorrangig Veränderung in der maschinellen

[1] E. Honecker, Die nächsten Aufgaben der Partei bei der weiteren Durchführung der Beschlüsse des IX. Parteitages der SED, Berlin 1980, S. 40.

Technik, in der Anwendung neuer Werkstoffe sowie in der Fertigungstechnologie. Will man das erreichen, muß der wissenschaftlich-technische Fortschritt auch oder vor allem Veränderungen in den technologischen Systemen bringen. Für die gemeinsame Rationalisierung und Rekonstruktion ergäbe sich somit vom Standpunkt der Technologie ein weites Wirkungsfeld, vor allem zur Veränderung mechanischer Arbeitsprinzipien mit allen ihren Trägheitsgrenzen, zum Austausch von Erfahrungen beim Einsatz sich ergänzender Handhabe-, Manipulator- und Robotertechnik in der Fertigung und Montage sowie bei Transport-, Umschlags- und Lagerprozessen.

Häufig ist die Schaffung integrierter Fertigungsabschnitte rotationssymmetrischer oder prismatischer Teile, einschließlich der Transport-, Lager- und Umschlagprozesse, ein Schlüsselproblem der Leistungssteigerung in Maschinenbaubetrieben. Da ließe sich vieles gemeinsam tun, weil auch eine Vergleichbarkeit gegeben ist. Gemeinsame Rationalisierung auf diesem Gebiet wäre zugleich auch ein Impuls für eine gemeinsame Kooperation und Spezialisierung.

Meines Erachtens ist die Ausdehnung einer solchen Form der Zusammenarbeit von der Erweiterung der Rechte der Betriebe und Kombinate auf dem Gebiet der Außenwirtschaft, die ja in den Mitgliedsländern des RGW schrittweise erfolgt, abhängig. Das betrifft die Durchsetzung einer komplexen Leitungsverantwortung für den Reproduktionsprozeß ebenso wie die Einbeziehung der langjährigen Außenhandelserfahrungen der Außenhandelsbetriebe in die Leitungstätigkeit der Kombinate und ihre Umsetzung bei der Fortführung der internationalen Spezialisierung und Kooperation unter den neuen Bedingungen der gewachsenen Verantwortung der Wirtschaftseinheiten.

Drittens: Die gegenseitige Adaptation der Territorialstrukturen.

Die sozialistische ökonomische Integration kann man m. E. auch als eine „besondere Intensität, Vielseitigkeit und starke territoriale Konzentration der zwischenstaatlichen Wirtschaftsbeziehungen sozialistischer Länder ansehen“.[2] Die Produktivkräfte sind im Produktions- und Reproduktionsprozeß an Räume und Standorte, an räumliche Existenz- und Bewegungsformen der Reproduktion gebunden. Territorien benachbarter Länder sind durch Arbeitsteilung und Welthandel, durch territoriale Konzentration der Produktivkräfte in Grenzgebieten, durch die Infrastruktur (Verkehrswege usw.) ohnehin miteinander verflochten und kommunizieren miteinander. Um wieviel stärker kann sich der räumliche Prozeß der Kommunikation der Arbeitsergebnisse unter sozialistischen Bedingungen durch eine planmäßige Kooperation, Spezialisierung und Kombination verbunden mit gemeinsamen Investitionen vollziehen.

Mit der gegenseitigen Adaptation ist die Standortverteilung der Produktivkräfte gemeint, ebenso aber auch die Geographie der Wirtschaftsbeziehungen, die Herausbildung einzelner Wirtschaftsbezirke, die sich durch eine relativ größere Beteiligung an den entsprechenden Prozessen der Arbeitsteilung auszeichnen.[3]

Wenn wir diesen besonderen Aspekt der internationalen sozialistischen Arbeitsteilung, der sich durch die territoriale Nähe ergibt, besser nutzen, sind größere Einflüsse auf die volkswirtschaftliche Effektivität zu erwarten. Dazu sind:

– praktische Wege zu bestimmen, um die wirtschaftlichen Potenzen der Grenzgebiete zu nutzen;

2 I. M. Maergoiz, Einige territorial-geographische Aspekte der ökonomischen Integration der sozialistischen Länder, in: Geographische Berichte Nr. 60, Gotha/Leipzig, 3/1971, S. 172.

3 Vgl. P. M. Alampiev, Der Einfluß der sozialistischen ökonomischen Integration auf die Territorialstruktur der nationalen Wirtschaften, in: Territoriale Probleme der SÖI, Gotha 1979, S. 9.

– Fragen der rationellen Standortverteilung der Produktivkräfte sowie der weiteren Industrialisierung weniger entwickelter Gebiete zu lösen;

– unter Berücksichtigung der natürlichen Bedingungen und der vorhandenen Produktionskapazitäten wichtige Grundlagen für internationale territoriale Produktionskomplexe optimalen Ausmaßes zu schaffen;

– gemeinsame Investitionen zum Schutz der Umwelt, in die Energie- und Wasserwirtschaft und zur Verbesserung der Infrastruktur (Verkehrswesen, Leitungsnetze usw.) zu realisieren.

In benachbarten Gebieten europäischer sozialistischer Länder sind alle Voraussetzungen dafür vorhanden, daß die internationale Arbeitsteilung besser mit der innerstaatlichen Arbeitsteilung koordiniert werden kann. Die Nähe ermöglicht eine weitreichende Migration der Arbeitskräfte und ihre Verbindung mit der Investitionszusammenarbeit, die künftig viel stärker in Form des Austausches von Spezialfirmen für bestimmte Industriebauten, Wohnungsbauten, Objekte des Umweltschutzes usw. erfolgen sollte. Die vielfältigen unmittelbaren Kontakte zwischen den Betrieben, Arbeitskollektiven usw. können wesentlich zur Interessenübereinstimmung beitragen.

Im Arbeitsmaterial der Konferenz wird gefordert, daß wir uns stärker theoretisch und empirisch u. a. mit der weiteren Ausarbeitung eines wirksamen Systems von Kriterien für die weitere Profilierung und Erneuerung von Zweigstrukturen beschäftigen sollten. Die beiden genannten Probleme: gemeinsame Rationalisierung und Rekonstruktion von Betrieben und territoriale Nähe als Aspekt der Arbeitsteilung sind – obwohl von gänzlich verschiedener Qualität – m. E. diesem Problemkreis mit entsprechender Aufmerksamkeit zuzuordnen.

H. Einhorn

Die sozialistische militärökonomische Integration – ein wichtiges Erfordernis im Kampf um Frieden, Sicherheit und Sozialismus

Das wichtigste in unserer Zeit ist die Sicherung des Friedens. Der Zyklus Krieg-Frieden-Krieg, der durch das Wirken der Sowjetunion und der sozialistischen Gemeinschaft in den letzten Jahrzehnten durchbrochen wurde, darf sich nicht wiederholen.

Die Genossen Breshnew und Honecker stellten auf dem Krimtreffen fest, daß die Lage „weiterhin kompliziert und angespannt ist. Allerdings erreichten die reaktionärsten imperialistischen Kreise und die Pekinger Hegemonisten mit ihrem Kurs, die internationalen Spannungen anzuheizen, nicht die Ziele, die sie sich vorgenommen haben."[1]

Mit Deutlichkeit wurde betont, daß wir keinen Grund zur Sorglosigkeit haben. Im Streben nach militärischer Überlegenheit über die sozialistischen Staaten verstärken die USA und ihre Partner das Wettrüsten und gehen davon ab, komplizierte internationale Fragen auf dem Verhandlungswege zu lösen.

In zwei Hauptstoßrichtungen wird die militärische Macht in der Globalstrategie des Imperialismus angesetzt:[2]

Erstens wird der bisher umfassendste Versuch unternommen, den Sozialismus durch militärische Machtentfaltung einzudämmen, zurückzudrängen und „totzurüsten". Das ist verbunden mit der Bereitschaft, gegebenenfalls die Völker der aktiven Gefahr eines atomaren Krieges auszusetzen.

Zweitens soll mittels militärischer Gewalt – einschließlich Intervention – die Ausplünderung der Rohstoff- und Energieressourcen der Nationalstaaten gesichert werden.

Hauptbestandteile dieser abenteuerlichen Politik sind das Langzeitrüstungsprogramm der NATO, der Brüsseler Raketenbeschluß, die sogenannte neue Nuklear-Strategie der USA, die der militärischen Stützpunktsysteme, der demonstrative Flottenaufmarsch im indischen Ozean und die Verstärkung der USA-Präsenz am persischen Golf.

Im Hintergrund dessen zeichnet sich eine tiefgreifende Internationalisierung der ökonomischen Sicherstellung der aggressiven Macht des Imperialismus ab. Dazu gehören u. a. die Integration der NATO-Rüstungsproduktion, der gemeinsame Ausbau des Forschungs- und Entwicklungspotentials, die militärtechnische Standardisierung und die schrittweise Verwirklichung einer einheitlichen Logistik. All das führt zu den größten Rüstungsaufwendungen in der Geschichte des Imperialismus. „Allein in diesem Jahr

[1] Zu aktuellen Fragen der Innen- und Außenpolitik der DDR, Aus der Rede des Generalsekretärs des ZK der SED und Vorsitzenden des Staatsrates der DDR, Erich Honecker, auf der Aktivtagung zur Eröffnung des Parteilehrjahres 1980/81 in Gera, in: Neues Deutschland vom 14. Oktober 1980, S. 3.

[2] Vgl. A. Charisius, NATO – Hauptinstrument der aggressivsten Kräfte des Imperialismus, in: Einheit, 9/1980, S. 921.

erreichen die direkten Militärausgaben der NATO die enorme Summe von fast 200 Mrd. Dollar. Zusammen mit den Geldern, die für die Realisierung der 180 langfristigen Modernisierungsprogramme der NATO veranschlagt werden, werden etwa 300 Milliarden Dollar von den NATO-Ländern für militärische Zwecke ausgegeben."[3]

Die sozialistische Staatengemeinschaft muß dieser aggressiven Herausforderung des Imperialismus mit allen Mitteln, d. h. diplomatisch, ökonomisch und militärisch entgegentreten. Mit der Warschauer Deklaration, dem realistischen Aktionsprogramm zur Festigung des Friedens hat sie ihr Eintreten für das wichtigste aller Menschenrechte unbeirrt fortgesetzt.

Vor aller Welt wird bewiesen: Frieden und Sozialismus gehören untrennbar zusammen.

Friedenserhaltung und Sicherheit verlangen unter diesen Bedingungen die weitere Stärkung der Landesverteidigung.

Erinnert sei an die Worte des Genossen Erich Honecker: „Natürlich wird die Rechnung des Imperialismus, das militärische Gleichgewicht in Europa zu seinen Gunsten zu verändern, niemals aufgehen. Denn die Sowjetunion und die anderen sozialistischen Bruderstaaten werden alles Notwendige tun, um die Verteidigungsfähigkeit unserer Länder jederzeit auf dem erforderlichen Niveau zu gewährleisten."[4]

Das gemeinsame Manöver „Waffenbrüderschaft 80" der Vereinten Streitkräfte des Warschauer Vertrages demonstrierte das anschaulich. Es wurde bewiesen, daß die sozialistische Gemeinschaft von starken, einsatzbereiten und geschlossen handelnden Verbänden der Streitkräfte zu Lande, zu Wasser und in der Luft zuverlässig geschützt wird.[5]

Die wachsenden Ansprüche an die kollektive Verteidigung der Staaten des Warschauer Vertrages erfordert auch die rasche und zuverlässige Erfüllung der beschlossenen Maßnahmen zur gemeinsamen ökonomischen Sicherstellung der Landesverteidigung und deren weitere Vertiefung. Die ökonomische Sicherstellung der Landesverteidigung im Rahmen der sozialistischen Militärkoalition entspricht dem internationalen Wesen des Sozialismus, den Gesetzmäßigkeiten der ökonomischen Integration und des kollektiven militärischen Schutzes.

Getreu den Lehren des Marxismus-Leninismus wurde und wird darum analog zur sozialistischen ökonomischen Integration und mit ihr die sozialistische militärökonomische Integration als ein planmäßig geleiteter Prozeß der Verflechtung der militärökonomischen Potenzen der einzelnen Länder zu einem Ganzen entwickelt. Am prägnantesten kommt das darin zum Ausdruck, daß der ökonomischen Sicherstellung der militärischen Verteidigung der Länder des Warschauer Vertrages einheitliche, abgestimmte militärpolitische und militärische Zielstellungen zugrunde liegen.

Die Entwicklung der sozialistischen militärökonomischen Integration von den Anfängen der Zusammenarbeit bis zum gegenwärtigen Stand ihrer Herausbildung war ein

[3] In der Gemeinsamkeit der revolutionären Kräfte unserer Zeit liegt unsere Stärke, Rede von Erich Honecker, Generalsekretär des ZK der SED und Vorsitzender des Staatsrates der DDR, zur Eröffnung der Internationalen Wissenschaftlichen Konferenz in Berlin, in: Neues Deutschland vom 21. Oktober 1980, S. 3.

[4] E. Honecker, Die nächsten Aufgaben der Partei bei der weiteren Durchführung der Beschlüsse des IX. Parteitages der SED, Berlin 1980, S. 7 f.

[5] Zu aktuellen Fragen der Innen- und Außenpolitik der DDR, Aus der Rede des Generalsekretärs des ZK der SED und Vorsitzenden des Staatsrates der DDR, Erich Honecker, auf der Aktivtagung zur Eröffnung des Parteilehrjahres 1980/81 in Gera, in: Neues Deutschland vom 14. Oktober 1980, S. 4.

komplizierter, sich aber auch ständig vertiefender Prozeß. Als wesentliche Kennzeichen dafür können angesehen werden:

1. Die militärische Forschung und die Entwicklung neuer Bewaffnung und Ausrüstung wird zwischen den Ländern der Koalition abgestimmt und in Kooperation oder entsprechend der Spezialisierung der einzelnen Länder durchgeführt. Hauptfom dabei ist die Erarbeitung einheitlicher taktisch-technischer Forderungen (ETTF) als Grundlage für die Durchführung von Forschungs- und Entwicklungsaufgaben. Als Zielstellung gelten:

- die Schaffung moderner maximal unifizierter und standardisierter Bewaffnung und Ausrüstung für alle Armeen der Koalition;
- die Verhinderung von parallelen Forschungs- und Entwicklungsarbeiten;
- die Organisation der gemeinsamen Lösung von Forschungs- und Entwicklungsaufgaben.

Weitere Formen sind: die gemeinsame Erprobung neu entwickelter Bewaffnung und Ausrüstung, die gegenseitige Konsultation und die zwei- und mehrseitige Beratung wissenschaftlich-technischer Probleme, die Qualifizierung von Spezialisten in den Herstellerländern der Technik, die Bereitstellung von Dokumentationen und Vorschriften, die Lizenzvergabe usw. Darüber hinaus erfolgt eine breite wissenschaftlich-technische Zusammenarbeit zwischen den Ländern der Koalition mit dem Ziel, neue wissenschaftlich-technische Erkenntnisse – wenn nötig – auch für die Sicherung des Friedens und den Schutz des Sozialismus zu nutzen.

2. Für die Produktion und Instandsetzung von Bewaffnung und Ausrüstung ist eine planmäßige internationale sozialistische Arbeitsteilung – insbesondere die Kooperation und die Spezialisierung – charakteristisch.

3. In den einzelnen Ländern der Koalition werden militärische und militärökonomische Erfordernisse bei den Strukturentscheidungen berücksichtigt. Dazu gehören abgestimmte Maßnahmen zur langfristigen Einwirkung auf die Standortverteilung der Produktivkräfte im Gesamtrahmen der Koalition.

4. Die einzelnen Länder führen nach einheitlichen Grundsätzen Maßnahmen zur Erhöhung der Verteidigungsfähigkeit ihrer Territorien durch.

5. Die Länder der Koalition organisieren die ökonomische Sicherstellung eines möglichen Krieges im Gesamtrahmen der Koalition.

Jedes Land des Warschauer Vertrages verfügt über ein solches militärökonomisches Potential, auf dessen Basis es Bewaffnung und Ausrüstung sowie Versorgungsgüter herstellen und Leistungen für die ökonomische Sicherstellung der Landesverteidigung erbringen kann. Diese Potentiale werden abgestimmt genutzt.

Das für alle Staaten des Warschauer Vertrages jedoch entscheidende militärökonomische Potential besitzt die Sowjetunion. Sie mußte sich, um die zahlreichen gegen ihre Existenz gerichteten militärischen Angriffe abwehren zu können, im Verlauf ihrer Geschichte eine solche Verteidigungsindustrie schaffen, die in der Lage ist, quantitativ und qualitativ die Mittel zur Führung eines Krieges unter den verschiedenartigen Bedingungen zu produzieren. Die dementsprechend große militärökonomische Leistungskraft in Verbindung mit dem fortgeschrittensten gesellschaftlichen Entwicklungsstand macht die Sowjetunion zur wesentlichsten Kraft für den sicheren Schutz der sozialistischen Staatengemeinschaft und bei der Durchsetzung der sozialistischen militärökonomischen Integration.

Auch für die Verteidigungsfähigkeit der DDR ist unter anderem die Lieferung moderner Bewaffnung und Ausrüstung durch die UdSSR – und aus anderen Bruderländern – von erstrangiger Bedeutung. Damit erfolgt die Ausstattung der Nationalen Volksarmee bei den Hauptarten der Militärtechnik auf modernstem Niveau und in voller Übereinstimmung mit der Koalition. Die hieraus erwachsenden Vorteile bestehen neben der einheitlichen Nutzung, Wartung und Instandhaltung vor allem in einem hohen Standardisierungsgrad und im Einsatz der Kampftechnik nach einheitlichen Prinzipien, was günstige militärische und ökonomische Bedingungen schafft.

Selbstverständlich leistet auch unsere Wirtschaft einen bedeutsamen Beitrag zur ökonomischen Sicherstellung der sozialistischen Militärmacht.

Der Minister für Nationale Verteidigung, Armeegeneral H. Hoffmann, begründet das mit den Worten: „Auf militärökonomischem Gebiet ist es für jedes Land Ehrensache, keine militärtechnische Überlegenheit der NATO zuzulassen. Wir können nicht als passive Beobachter den von den NATO-Staaten unternommenen Schritten zur Eskalation der Kriegsvorbereitungen, zur Weiterentwicklung der wissenschaftlichen, technischen und ökonomischen Basis für die Schaffung neuester Waffenarten und für die Ausrüstung der Streitkräfte mit diesen Waffen zusehen."[6]

So leistet auch die Industrie der DDR entsprechend den getroffenen Vereinbarungen einen wichtigen Beitrag. Neben der Industrie haben auch andere Bereiche der Volkswirtschaft Anteil an der ökonomischen Sicherstellung, wie das Bauwesen, die Landwirtschaft, das Transport- und Verkehrswesen, das Post- und Fernmeldewesen, das Gesundheitswesen, wissenschaftliche Einrichtungen u. a. m.

Bei der Weiterentwicklung der sozialistischen militärökonomischen Integration sind zahlreiche Probleme zu lösen. Darunter fallen solche, die wir bereits kennen, aber auch solche, die sich erst jetzt, z. B. im Zusammenhang mit der gegenwärtigen Phase der wissenschaftlich-technischen Revolution und der Revolution im Militärwesen, ergeben werden.

Auf wesentlichen Gebieten wurde bei der sozialistischen militärökonomischen Integration bereits ein hoher Entwicklungsstand erreicht.

Bei den gegenseitigen Lieferungen von Bewaffnung und Ausrüstung konnten bedeutende Integrationsfortschritte erzielt werden.

Ähnlich verhält es sich bei der Instandsetzung von Militärtechnik. Die Instandsetzung der Haupttechnik erfolgt in allen Ländern, wobei sich eine breite internationale Zusammenarbeit zwischen den Betrieben der einzelnen Länder entwickelt. Bezüglich komplizierter Technik, die in geringer Stückzahl zur Instandsetzung gelangt, setzt sich die Spezialisierung einzelner Länder durch. In bezug auf den Transport und die damit verbundene Ausfallzeit der Technik werden territoriale Gesichtspunkte berücksichtigt.

Unter dem Einfluß der immer schneller fortschreitenden wissenschaftlich-technischen Revolution sowie der Revolution im Militärwesen gilt es, die sozialistische militärökonomische Integration zielstrebig weiter zu entwickeln, um damit zu verhindern, daß die NATO eine militärökonomische Überlegenheit über die sozialistische Militärkoalition erreicht. Damit begegnet die sozialistische Staatengemeinschaft gleichzeitig der imperialistischen Strategie, den Sozialismus „totzurüsten" und leistet einen wichtigen Beitrag zur Sicherung des Friedens in der Welt.

[6] H. Hoffmann, Anforderungen an den Schutz des Sozialismus wachsen, in: 11. Tagung des ZK der SED, Aus den Diskussionsreden, Berlin 1979, S. 110.

Arbeitskreis 3:

Die Vervollkommnung des Inhalts, der Methoden und Instrumentarien der Leitung, Planung und ökonomischen Stimulierung unter den Bedingungen der sozialistischen ökonomischen Integration

G. Proft

Die weitere Erhöhung der Qualität der Entscheidungsvorbereitungen bei Integrationsmaßnahmen – eine wichtige Aufgabe der zentralen Staatsorgane und Kombinate

Die planmäßige Verwirklichung der von der SED auf dem IX. Parteitag beschlossenen gesamtgesellschaftlichen Zielstellungen und die Lösung der damit verbundenen Aufgaben zur umfassenden Intensivierung der volkswirtschaftlichen Reproduktion erfordert zwingend die weitere Vertiefung der sozialistischen ökonomischen Integration mit der UdSSR und den anderen RGW-Ländern. Besonders hervorzuheben ist in diesem Zusammenhang die Notwendigkeit der weiteren Vervollkommnung der Zusammenarbeit auf dem Gebiet der Planungstätigkeit vor allem im Hinblick auf die Ausarbeitung und Verwirklichung gemeinsamer langfristiger Entwicklungskonzeptionen, Strategien und Programme. Eine wichtige Voraussetzung dafür ist die weitere Qualifizierung der Entscheidungsvorbereitung bei langfristigen Integrationsmaßnahmen durch die zentralen Staatsorgane und Kombinate.

Für die Lösung dieser Aufgabe ist es auch wichtig, nochmals in aller Kürze einige Überlegungen zur Funktion der Planungszusammenarbeit darzulegen. Als gesicherte Erkenntnis gilt, daß die Planungszusammenarbeit der Mittler zwischen den Plänen bzw. Planungsprozessen der einzelnen Länder ist. Indem die Planungszusammenarbeit diese Mittlerrolle verwirklicht, wird sie als ökonomisch-organisatorische Erscheinung sichtbar, die durch zwei Seiten charakterisiert wird: Sie ist einerseits Element der staatlichen Planung, das auf die zwischenstaatliche Zusammenarbeit bezogen ist, andererseits ist sie zugleich Element der internationalen Zusammenarbeit, das in den Bereich der staatlich organisierten Volkswirtschaft mündet. Die wesentlichen ökonomischen und organisatorischen Prämissen hängen von der innerstaatlichen Planung, den notwendigen Entscheidungen einschließlich ihrer qualifizierten Vorbereitung, ab. Ihre Ergebnisse lassen sich nur realisieren, wenn innerhalb der beteiligten Volkswirtschaften paßfähige, d. h.

entsprechende organisatorische, leitungsmäßige, planungstechnische und andere Bedingungen bestehen.[1]

Die Anforderungen an die Leitung und Planung bei der weiteren Entwicklung der sozialistischen ökonomischen Integration in den 80er Jahren sind wesentlich durch den erreichten Stand der sozialökonomischen, der wissenschaftlich-technischen und der ökonomischen Entwicklung der DDR, der UdSSR und der anderen Mitgliedsländer des RGW bedingt. Diese Anforderungen und die veränderten Reproduktionsbedingungen, die sich entwickelt haben, stellen die DDR und die anderen Mitgliedsländer des RGW vor qualitativ neue Aufgaben in gewachsenen Dimensionen, die sich vor allem in folgenden Erscheinungen zeigen:

– Die planmäßige Nutzung des wissenschaftlich-technischen Fortschritts ist zu einem entscheidenden Faktor bei der durchgreifenden Intensivierung der sozialistischen Produktion geworden. Zur vollen Ausschöpfung seiner Möglichkeiten bedarf es zunehmend gemeinsamer Anstrengungen der RGW-Länder.

– Umfang und Qualität der ökonomischen Potentiale haben neue Maßstäbe der sozialistischen Reproduktion hervorgebracht, die auf entscheidenden Gebieten – z. B. der Roh- und Brennstoffversorgung – ein gemeinsames Herangehen der Staatengemeinschaft des RGW an die Lösung der Probleme der weiteren Entwicklung erfordern, insbesondere unter Beachtung der Veränderungen in der Weltwirtschaft.

– Die volkswirtschaftlichen Strukturen weisen zunehmende Vielfalt und Kompliziertheit auf und setzen eine bedeutende Vertiefung der internationalen Spezialisierung und Kooperation in Wissenschaft und Produktion auf die Tagesordnung.

Die Lösung dieser Aufgaben muß unter Beachtung des allgemeinen Zieles der Leitung und Planung der ökonomischen Integrationsprozesse erfolgen, die für alle RGW-Länder identisch mit dem Ziel der sozialistischen Produktion überhaupt sind: die materiellen und kulturellen Bedürfnisse der Menschen zu befriedigen und die allseitige Entwicklung der sozialistischen Persönlichkeiten zu erreichen. Die davon ausgehende Hauptaufgabe gilt als langfristige strategische Orientierung und bestimmt in der Einheit ihrer beiden Seiten vor allem die wissenschaftlich-technischen und ökonomischen Maßnahmen zur Entwicklung der Volkswirtschaften in den RGW-Ländern. Der erreichte Stand der gegenseitigen Verflechtung der Volkswirtschaften der RGW-Länder hat zu einem hohen Grad gegenseitiger ökonomischer Abhängigkeit geführt, was insbesondere hohe Anforderungen an Langfristigkeit, Komplexität und Stabilität in den gegenseitigen Beziehungen stellt.

Die Erkenntnis, daß die Wirksamkeit der Planungszusammenarbeit wesentlich von der Qualität und dem erreichten Niveau der innerstaatlichen Planung der RGW-Länder beeinflußt wird, macht die große Verantwortung der zentralen Staatsorgane deutlich. „Unsere ökonomische Politik stellt höhere Ansprüche an die zentrale Leitung und Planung. Die festgelegten perspektivischen Grundrichtungen für die Stärkung unserer materiell-technischen Basis müssen mit Hilfe des Planes und der wirtschaftlichen Rechnungsführung fest mit dem Reproduktionsprozeß jedes Kombinates und Betriebes verbunden werden."[2]

Eine der dabei zu lösenden Aufgaben betrifft die weitere Qualifizierung der Vorbereitung von Entscheidungen zu langfristigen Integrationsmaßnahmen. Dabei muß insbesondere die volle Einbeziehung der Kombinate durch die zentralen Staatsorgane in

[1] Vgl. Autorenkollektiv, Planung im RGW, Berlin 1980, S. 24/25.

[2] E. Honecker, Die nächsten Aufgaben der Partei bei der weiteren Durchführung der Beschlüsse des IX. Parteitages der SED, Berlin 1980, S. 41.

den Entscheidungsprozeß als wesentlicher Schritt zur Erhöhung der Effektivität und Qualität der Planungszusammenarbeit gesichert werden.

Dazu möchte ich einige Bemerkungen machen:

1. Die sozialistische ökonomische Integration, die zunehmend viele wichtige Bereiche der Volkswirtschaft in der ganzen Reproduktionskette und allen Ebenen ihrer Leitung durchdringt, erfordert innerhalb des Systems von ökonomischer und wissenschaftlich-technischer Zusammenarbeit der RGW-Länder die gemeinsame Ausarbeitung von Materialien grundsätzlicher Natur, die vorausschauend komplexe Ausschnitte aus der Entwicklung der Volkswirtschaft der Mitgliedsländer in weiterer gegenseitiger Verflechtung vorgeben und damit einen wichtigen Beitrag zur Qualifizierung der langfristigen Planung in den Ländern und zur Stabilität ihrer wirtschaftlichen Entwicklung leisten. Die von unserer Partei und den Bruderparteien ausgelöste Orientierung zur Erweiterung der Horizonte der Wirtschaftsplanung, zur perspektivischen langfristigen Planung der Entwicklung der Volkswirtschaft fand in der Tätigkeit der Mitgliedsländer des RGW – insbesondere seit Mitte der siebziger Jahre – ihre spezifische Umsetzung in dem wachsenden Bestreben, langfristige Konzeptionen und Pläne auszuarbeiten, die zwischen den Ländern weitgehend abgestimmt sind. Das Erfordernis nach Zusammenarbeit auf dem Gebiet der Planungstätigkeit für langfristige Zeiträume tritt nicht von Anfang an gleichmäßig auf den einzelnen Gebieten, für jede einzelne Entwicklung und Produktion und auf der ganzen Breite der Volkswirtschaft in Erscheinung. Vielmehr haben sich einige Schwerpunkte herausgebildet, deren Lösung in den 80er Jahren mit vereinten Anstrengungen aller RGW-Länder angefaßt und gelöst werden sollen. Dazu gehören solche komplexe und große Aufgaben, wie

- die perspektivische und rationellste Deckung des Bedarfs an Rohstoffen, Brennstoffen und Energie,
- die Entwicklung einer effektiven Arbeitsteilung durch Spezialisierung und Kooperation im hohen Tempo, besonders in den Zweigen des Maschinenbaus,
- die perspektivische und rationellste Deckung des Bedarfs an Nahrungsgütern durch die effektive Entwicklung der Land- und Nahrungsgüterwirtschaft,
- die Entwicklung des Transportsystems der RGW-Länder einschließlich dazu erforderlicher materiell-technischer Mittel,
- die Entwicklung einer leistungsfähigen Konsumgüterproduktion.

Diese Aufgaben, die ihren Niederschlag in der Ausarbeitung und Bestätigung der langfristigen Zielprogramme und auch des zweiseitigen Programms der Spezialisierung und Kooperation der DDR mit der UdSSR bis 1990 gefunden haben und deren Realisierung begonnen wurde, wird in bestimmten Fällen den Zeitraum von zwei oder mehreren Fünfjahrplänen beanspruchen. Die Beherrschung der Leitung und Planung solcher langfristigen Integrationsmaßnahmen ist auch deshalb so kompliziert, weil es dabei auch um die Lösung der anspruchsvollen Aufgabe geht, im Zusammenhang mit internationalen Vergesellschaftungsprozessen die ökonomischen Prozesse in ihrem komplexen Zusammenwirken bewußt und planmäßig auszunutzen. Dabei ist das Primat der zentralen Leitung und Planung und des staatlichen Außenhandelsmonopols unbestritten und eindeutig fixiert. Gleichzeitig muß aber darauf hingewiesen werden, daß das staatliche Außenhandelsmonopol auch seine volle Gültigkeit unter den Bedingungen der in immer stärkerem Maße erfolgenden sachkundigen Mitwirkung der Kombinate und Betriebe an der Realisierung der Aufgaben der sozialistischen ökonomischen Integration behält. In diesem Zusammenhang wird auch die steigende Verantwortung der Kombinate bei der Wahrnehmung immer größerer Aufgaben gegenüber den Außenmärkten, vor allem der sozialistischen ökonomischen Integration deutlich.

2. Die langfristig-konzeptionelle Arbeit der zentralen staatlichen Leitung muß den Kombinaten zuverlässige Prämissen für die Wahrnehmung auch ihrer volkswirtschaftlichen Verantwortung zur komplexen Leitung ihres Reproduktionsprozesses geben. Auf einer solchen Grundlage werden die Kombinate noch besser befähigt, Pläne zur Leitung ihres jeweiligen Reproduktionsprozesses in seiner ganzen Komplexität, einschließlich für langfristige Zeiträume, auszuarbeiten. Bei der Entwicklung dieser Wechselbeziehungen zwischen zentraler Leitung und Planung und der eigenverantwortlichen Leitung der Reproduktionsprozesse der Kombinate kommt der zentralen Leitung und Planung die große Verantwortung zu, die Potenzen der internationalen Zusammenarbeit auf dem Gebiet der Planung im RGW verstärkt unter aktiver Teilnahme der Kombinate zu nutzen. Darunter verstehen wir: Durch die Entwicklung einer noch stärkeren Teilnahme an der Planungszusammenarbeit können auch die Kombinate besser als bisher die vielfältigen Möglichkeiten der sozialistischen ökonomischen Integration in ihren strategischen Planungsarbeiten für die Entwicklung einer effektiven Struktur, der Erreichung des wissenschaftlich-technischen Höchststandes, der Sicherung eines hohen Leistungsanstieges einbeziehen. Dabei muß der Erreichung des wissenschaftlich-technischen Höchststandes für immer weitere Erzeugnisse größte Aufmerksamkeit geschenkt werden. Die Herausbildung und Nutzung progressiver Technologien, die Entwicklung neuer weltmarktfähiger Erzeugnisse, die Konzentration der internationalen Spezialisierung und Kooperation zwischen den Mitgliedsländern des RGW auf solche und ähnliche Fragen, müssen ebenfalls und in voller Einbeziehung der Kombinate bearbeitet werden. Alle hier angesprochenen Fragen, die bei weitem nicht vollständig sind, machen deutlich sichtbar, daß die neue Rolle der Kombinate und ihre eigenständige Verantwortung für die Leitung ihres komplexen Reproduktionsprozesses auch bedeutende Auswirkungen auf die Beziehungen zwischen zentraler Leitung und Planung der Volkswirtschaft, Leitung und Planung der Kombinate und der internationalen Zusammenarbeit auf dem Gebiet der Planung haben wird. Die Aufgabe der zentralen staatlichen Planung besteht jetzt darin, den Kombinaten bei der Leitung ihres Reproduktionsprozesses gesicherte und feste Planaufgaben für den Fünfjahres- und Jahreszeitraum zu stellen, Orientierungen über wissenschaftlich-technische und Strukturentwicklungen für längerfristige Zeiträume gemeinsam mit den Kombinaten auszuarbeiten und diesen ganzen Prozeß gleichzeitig international mit den Partnerländern des RGW, insbesondere der UdSSR zu beraten und abzustimmen.

3. Im Zentrum der Bemühungen um die weitere Erhöhung der Qualität von Entscheidungen zu langfristigen Integrationsmaßnahmen muß die durchgängige Ermittlung der volkswirtschaftlichen Effektivität der betreffenden Maßnahme zu einem frühestmöglichen Zeitpunkt stehen. Dabei werden von den zentralen Planungsorganen als den hauptsächlichsten Verantwortlichen für die Planungszusammenarbeit bei der Realisierung der genannten Aufgaben weitere Möglichkeiten für die Erhöhung der Effektivität der gesellschaftlichen Produktion erschlossen. Außerhalb der eigenen Volkswirtschaft müssen sie bestimmte Bezugspunkte berücksichtigen, weil diese in bestimmten Fällen für die zu treffende Entscheidung von großer Bedeutung sein können.

Die Vorarbeiten, das Prüfen und Berechnen der Voraussetzungen und Ergebnisse für die Teilnahme der eigenen Volkswirtschaft an bestimmten Integrationsmaßnahmen bzw. für bestimmte strukturelle Verflechtungen mit anderen Ländern sollten zu einem in Hinsicht auf die Planausarbeitung möglichst frühen Zeitpunkt beginnen. Dadurch ist eine umfassende Vorbereitung möglich und es kann die langfristige strategische Arbeit der zentralen staatlichen Planung verbessert werden. Eine wesentliche Potenz dafür liegt in einem engen Zusammenwirken aller Planungsebenen und insbesondere in einer stärkeren und planmäßigen Einbeziehung der Kombinate in die planvorbereitende Phase.

Solche im Zusammenhang mit Entscheidungen zur Vertiefung der internationalen sozialistischen Arbeitsteilung auftretenden Fragen wie Varianten der Strukturentwicklung, d. h. der Proportionen zwischen den Zweigen und Erzeugnisgruppen, der Erhöhung der Exportmöglichkeiten, der Anwendung moderner Technologien und der Entwicklung neuer Erzeugnisse, können durch die enge Zusammenarbeit zwischen zentralen Planungsorganen und Kombinaten mit hohem volkswirtschaftlichem Effekt vorbereitet und der Planungszusammenarbeit zugrunde gelegt werden. Je gründlicher dadurch die Entscheidungen vorbereitet werden, desto wirkungsvoller kann die Planungszusammenarbeit zur Lösung volkswirtschaftlicher Probleme beitragen. Der Wirkungsgrad der Planungszusammenarbeit hängt aus der Sicht der einzelnen Volkswirtschaften im großen Maße von der Qualität der Vorbereitung der Fragen ab, die in der internationalen Sphäre der Planungszusammenarbeit beraten und vereinbart werden. Gegenstand von Effektivitätsermittlungen im Rahmen der Entscheidungsvorbereitung für die Beteiligung der DDR an Maßnahmen der sozialistischen ökonomischen Integration sind sowohl Auswirkungen auf die Erhöhung der Effektivität der gesellschaftlichen Produktion in ihrer Gesamtheit (soweit sie nachweisbar sind) als auch Vergleiche der mit der Maßnahme (dem Objekt) unmittelbar verbundenen Ergebnisse und Aufwendungen.

Eine qualifizierte Entscheidungsvorbereitung erfordert aus der Sicht der zentralen Planungsorgane hinreichend genaue, die Effektivität widerspiegelnde Faktoren bzw. Meßgrößen. Eine solche volkswirtschaftliche Betrachtung reicht vom Bedarf (und seiner Begründetheit) an den vorgesehenen Importen bis zu den Auswirkungen der vorgesehenen Exporte auf den NSW-Export; sie kann außer Faktoren der Produktion und des Außenhandels gegebenenfalls auch Untersuchungen zur Effektivität von Forschung und Entwicklung einschließen; sie bedient sich der Mengen- und Wertkennziffern. Zu den entsprechenden, konkret vom jeweiligen Objekt abhängigen Entscheidungen sind für die Effektivitätsermittlung vorwiegend erzeugnisbezogene Berechnungen notwendig. Damit wird auch aus dieser Sicht die Zusammenarbeit zwischen den zentralen Planungsorganen und den Kombinaten zu einem Grundsatz der Planungstätigkeit. Die Verantwortung der Kombinate erstreckt sich von der Vorbereitung von Entscheidungen des ihren Bereich betreffenden Produktions-, Export- und Importprofils bis zur Realisierung der entsprechenden Produktions- und Exportaufgabe. Das schließt ihre teilweise oder volle Verantwortung für die Effektivitätsermittlungen im Prozeß der Entscheidungsvorbereitung ein.

Darüber hinaus trägt eine breitere Arbeit an Effektivitätsfragen, bezogen auf Entscheidungen in Vorbereitung einer Teilnahme an der internationalen Zusammenarbeit, zu einer Präzisierung und Weiterentwicklung der Vorstellungen in den Kombinaten bei. Es werden Impulse für weiterführende Vorschläge, insbesondere zur Spezialisierung und Kooperation der Produktion mit anderen Mitgliedsländern des RGW ausgelöst, die zur materiellen Ausfüllung bestehender zentraler Vereinbarungen genutzt oder Ausgangspunkte für neue Vereinbarungen werden können.

4. Die Verantwortung für Effektivitätsermittlungen im Rahmen der Entscheidungsvorbereitung für Integrationsmaßnahmen obliegt also im Prinzip allen Leitungsebenen. Jede Ebene braucht entsprechend den ihr übertragenen Kompetenzen die mit solchen Untersuchungen erarbeiteten Erkenntnisse und Ergebnisse für ihr eigenes Wissen, für die Vorbereitung der jeweiligen Entscheidung und zur Argumentation für das Auftreten

in den internationalen Beratungen zu der vorgesehenen Maßnahme der Zusammenarbeit. Die Verantwortung für Effektivitätsermittlungen im Rahmen der Planungszusammenarbeit hängt aber auch von der gegebenen Integrationsmaßnahme selbst ab: Maßnahmen zur Rohstoffsicherung erfordern im stärkeren Maße die Vorbereitung in den zentralen Planungsorganen, Spezialisierungs- und Kooperationsverträge betreffen insbesondere die Aufgaben der Kombinate.

Entscheidend dabei ist, daß bei allen Berechnungen von einheitlichen volkswirtschaftlichen Maßstäben und Kriterien der Effektivität ausgegangen wird und Widersprüche zwischen den Ebenen hinsichtlich der Bewertungen und Auswirkungen von vornherein weitgehend vermieden werden.

Ob eine bestimmte Maßnahme ökonomisch effektiv ist, muß an dem Kriterium der volkswirtschaftlichen Effektivität gemessen werden.

K. Bernheier

Zur Vervollkommnung der Planung unter den Bedingungen der sozialistischen ökonomischen Integration

Die sozialistische Planwirtschaft in der DDR stellt sich immer wirksamer darauf ein, um unter den veränderten Reproduktionsbedingungen die Einheit von Wirtschafts- und Sozialpolitik kontinuierlich fortzuführen. Die sozialistische ökonomische Integration im Rahmen des RGW ist dabei ein lebenswichtiger ökonomischer und politischer Faktor, den es noch wirksamer zu nutzen gilt. Die Aufgabe besteht darin, die sozialistische ökonomische Integration so zu entfalten, daß sie jedem RGW-Land wirksamer hilft, die Erfordernisse der 80er Jahre erfolgreich zu meistern und die Effektivität und Qualität in der gesamten Wirtschaftstätigkeit zu erhöhen.

Die Entwicklung der sozialistischen ökonomischen Integration hängt entscheidend davon ab, wie die Planung und das Planungssystem in den Ländern des RGW weiter vervollkommnet wird. Damit werden wichtige Bedingungen geschaffen, um die sozialistische ökonomische Integration zielgerichtet in die Wirtschaftstätigkeit einzuordnen. So haben sich die regelmäßigen Plankoordinierungen zu einer entscheidenden Methode in der Zusammenarbeit der RGW-Länder entwickelt, die nicht mehr wegzudenken ist. Zugleich wird deutlich, daß die weiteren Fortschritte vom Niveau der innerstaatlichen Planung und Bilanzierung entscheidend mitbestimmt werden.

Kombinate schaffen bessere Bedingungen

In der DDR wurde mit der Bildung der Kombinate in Industrie und Bauwesen die sozialistische Planwirtschaft weiter vervollkommnet. Die Kombinate stellen jene Form einer produktionsnahen Leitung dar, die den gegenwärtigen und künftigen Erfordernissen am besten entspricht. Damit entstanden zugleich bessere Voraussetzungen für die Gestaltung der sozialistischen ökonomischen Integration.

In den Kombinaten ist ein beträchtliches materielles und geistiges Potential konzentriert, das nunmehr zielgerichtet für ein hohes Leistungs- und Effektivitätswachstum eingesetzt werden kann. Die Kernfrage besteht darin, den wissenschaftlich-technischen Fortschritt spürbar zu beschleunigen, sowie Wissenschaft und Produktion mit größerem ökonomischem Effekt zu verbinden. Die vorhandenen materiellen und finanziellen Fonds können nach Schwerpunkten eingesetzt und genutzt werden. Die Reaktionsfähigkeit der Kombinate und Betriebe wird sich auf den inneren und äußeren Märkten erhöhen.

Die Kombinate tragen eine hohe volkswirtschaftliche Verantwortung, weil die Dimensionen ihrer Tätigkeit beträchtlich zugenommen haben. Die Qualität der Arbeit der Kombinate wirkt sich unmittelbar auf die volkswirtschaftliche Entwicklung aus. Auf dieser Grundlage ist es möglich, die Planung in den Kombinaten und darüber hinaus in der ganzen Volkswirtschaft weiter zu vervollkommnen.

Die Kombinate besitzen günstige Bedingungen, den Plan als Hauptinstrument der

Leitung zu qualifizieren, dafür die langfristig konzeptionelle Planung weiter auszubauen und ihre Komplexität zu verstärken sowie die Plan- und Vertragsdisziplin zu erhöhen. Die Verbindung zwischen Planung und Entwicklung der Initiative der Werktätigen kann weiter vertieft werden.

Es unterliegt keinem Zweifel, daß auf dieser Basis auch eine höhere Qualität der Planung im Rahmen der sozialistischen ökonomischen Integration erreicht werden kann. Es bestehen alle Voraussetzungen, um den künftigen Anforderungen gerecht zu werden und die geschaffenen Möglichkeiten für eine wirksame Planung von Maßnahmen der sozialistischen ökonomischen Integration voll zu nutzen.

Die Kombinate stehen vor der Aufgabe, die langfristigen Zielprogramme der Zusammenarbeit sowie das Programm der Spezialisierung und Kooperation zwischen der DDR und der UdSSR mit Leben zu erfüllen und mit Hilfe der Planungstätigkeit in Realität und Effektivität umzusetzen. Leistungsfähige Kombinate demonstrieren bereits die jetzt erforderliche Arbeitsweise in der Planung, die es zu vervollkommnen und auszubauen gilt.

Es darf nicht übersehen werden, daß die Planung der sozialistischen ökonomischen Integration zu einer erheblichen Ausdehnung des zu erfassenden Planungsgegenstandes führt. Die quantitativen und qualitativen Anforderungen steigen, wie die vorliegenden Erfahrungen und Erkenntnisse bestätigen. Zugleich bieten die Kombinate wesentlich bessere Bedingungen, diese höheren Maßstäbe auch zu erfüllen. Sie besitzen die erforderlichen Potenzen dafür bzw. können sie eher entwickeln als unter den wirtschaftsorganisatorischen Bedingungen, wie sie zuvor vorhanden waren.

Zu einigen Vorgehensweisen in der Planung

Insbesondere gehen die fortgeschrittenen Kombinate davon aus, die Qualität besonders des Fünfjahrplanes, aber auch der Jahrespläne weiter zu erhöhen, denn nur auf dieser Grundlage kann der erforderliche Leistungs- und Effektivitätsanstieg mit Hilfe von Wissenschaft und Technik am besten durchgesetzt werden. Auch die Entwicklung der sozialistischen ökonomischen Integration ist am wirksamsten über den Fünfjahrplan zu steuern. Jahrespläne eignen sich weniger dafür.

Qualifizierte Fünfjahrpläne können erreicht werden, wenn man sie in den Kombinaten gründlich und komplex vorbereitet. Daher besitzt die langfristig-konzeptionelle Planungstätigkeit in immer mehr Kombinaten einen hohen Stellenwert.[1] Gerade unter den veränderten Reproduktionsbedingungen ist notwendiger denn je, die konzeptionelle Arbeit zu verstärken, um die effektivsten Wege für die künftige Entwicklung herauszuarbeiten. Es geht um langfristige Vorbereitung der entscheidenden Lösungen, um sie dann zügig zu realisieren.

Während der langfristig-konzeptionellen Arbeit bestehen die besten Bedingungen, um die sozialistische ökonomische Integration als wichtigen Faktor einzuordnen und die erforderlichen Abstimmungen und gemeinsamen Untersuchungen durchzuführen. Diese Vorgehensweise setzt sich immer stärker durch und sollte generell noch mehr beachtet werden.

In den Kombinaten werden verschiedene Konzeptionen genutzt. Zur Aufstellung

[1] In der Anordnung über die Ordnung der Planung der Volkswirtschaft der DDR 1981–1985 – Teil I – wird speziell auf die wachsende Rolle der langfristig-konzeptionellen Arbeit auf allen Leitungsebenen hingewiesen, Vgl. GBl., Sonderdruck Nr. 1020, Teil I.

qualifizierter Planansätze für den Fünfjahrplan stützen sich die Kombinate immer stärker auf langfristige Intensivierungs- bzw. Entwicklungskonzeptionen. Diese werden vielfach durch spezielle Konzeptionen untersetzt, wie z. B. Erzeugnisentwicklungskonzeptionen, technologische und Rationalisierungskonzeptionen, Absatzkonzeptionen.

Unsere Untersuchungen bestätigen immer wieder, daß vor allem Forschungsprogramme, Erzeugnisentwicklungskonzeptionen, aber auch technologische Konzeptionen besonders geeignet sind, die sozialistische ökonomische Integration rechtzeitig einzuordnen und nach den erforderlichen Aussprachen, Abstimmungen und eventuell auch Vereinbarungen die zu lösenden Aufgaben und Maßnahmen zu erfassen. Beispielsweise enthalten die Erzeugnisentwicklungskonzeptionen in der Regel Aussagen über die zu erreichenden Ziele mit den erforderlichen Effektivitätsrechnungen, zu den Forschungs- und Entwicklungsaufgaben, den notwendigen Veränderungen in der Produktion und den damit zusammenhängenden technologischen Maßnahmen. Immer mehr wird dazu übergegangen, hier bereits die Forschungs- und Produktionskooperation im Rahmen der sozialistischen ökonomischen Integration vorzusehen.

Diese Vorgehensweise sollte stärker beachtet und verallgemeinert werden, weil sie geeignet ist, die sozialistische ökonomische Integration zielgerichtet und konkret in künftige Entwicklungen einzuordnen. Dabei gilt es zugleich, die Qualität der Erzeugnisentwicklungskonzeptionen generell zu erhöhen. Schwerpunkte sind dabei insbesondere verstärkte Effektivitätsrechnungen, eventuell mit Varianten, und eine noch wirksamere Einordnung der entscheidenden Verflechtungs- bzw. Kooperationsbeziehungen.

Insbesondere diese beiden Schwerpunkte sind für die sozialistische ökonomische Integration von Bedeutung. Heute gehört zu den Verflechtungen die innerstaatliche und RGW-Seite; beide sind untrennbar miteinander verbunden. Wenn den Effektivitätsrechnungen mehr Aufmerksamkeit geschenkt wird, so fördert dies ein komplexes Herangehen an die gebrauchswertmäßigen, wertmäßigen und finanziellen Prozesse unter Einschluß der sozialistischen ökonomischen Integration. Das führt zu einer zwingenderen Betrachtung der Integrationsprozesse aus der Sicht eines effektiveren Wirtschaftens.

Erzeugnisentwicklungskonzeptionen können bei einer entsprechenden Qualifizierung noch eine weitere wichtige Funktion übernehmen. Es besteht die Möglichkeit, sie als das entscheidende Konzept zur Leitung und Planung von komplexen Neuerungsprozessen im Rahmen eines Kombinates und darüber hinaus auch im Rahmen des RGW zu entwickeln. Neuerungsprozesse, die mit Wirtschaftseinheiten in RGW-Ländern gemeinsam organisiert werden, gewinnen an Bedeutung. Sie sollten jedoch nicht auf Wissenschaft und Technik beschränkt bleiben, sondern beispielsweise auch gemeinsame Investitionen zur Sicherung einer effektiven Produktion mit umfassen.

Die Kombinate können ihre langfristig-konzeptionelle Arbeit um so zielgerichteter entwickeln, je besser sie über die volkswirtschaftlichen Anforderungen informiert sind. Es geht um eine wirksamere Durchsetzung des demokratischen Zentralismus. Vor allem die weitreichenden Vorhaben zur Gestaltung der volkwirtschaftlichen Proportionen – und dazu gehören auch Maßnahmen der sozialistischen ökonomischen Integration – müssen rechtzeitig den Kombinaten bekannt sein, damit sie der langfristigen Arbeit zugrunde gelegt werden können. Das erfordert von den zentralen Staatsorganen, selbst die langfristig-konzeptionelle Arbeit auszubauen und sich dabei auf eine enge Zusammenarbeit mit den Kombinaten zu orientieren. Es geht um einen Dialog über die effektivsten Wege, die einzuschlagen sind. Die zentralen Organe sind dann um so eher in der Lage, den Kombinaten Rahmenbedingungen und Zielstellungen vorzugeben und Entscheidungen zur wissenschaftlich-technischen Entwicklung, der sozialistischen ökonomischen Integration, der Energie- und Rohstoffsicherung sowie zur Rationalisierung zu treffen.

Dabei sollte wie folgt vorgegangen werden: Die zentralen Einordnungsbedingungen für die Kombinate entstehen nicht von heute auf morgen. Es ist eben eine gemeinsame langfristig-konzeptionelle Arbeit erforderlich, in deren Verlauf die Orientierungen schrittweise entwickelt werden. Dabei sollten von den Kombinaten an die zentralen Organe auch Entscheidungsvarianten in Form bestimmter Konzeptionen unterbreitet werden, die es ermöglichen, die Orientierungen weiter zu präzisieren und zu erweitern.

Ein anderer Weg zur Qualifizierung der zentralen Planung bei entsprechender Einordnung der sozialistischen ökonomischen Integration könnte darin bestehen, für einige entscheidende komplexe Aufgaben des wissenschaftlich-technischen Fortschritts von volkswirtschaftlicher Bedeutung Entwicklungskonzeptionen unter einheitlicher Leitung eines zentralen Organs auszuarbeiten. Die Aufgabenstellung dafür muß von der Staatlichen Plankommission vorgegeben werden, wobei dabei die Ergebnisse der Abstimmungen mit der UdSSR und anderen RGW-Ländern zu berücksichtigen sind. Andererseits sind in den Entwicklungskonzeptionen Maßnahmen der sozialistischen ökonomischen Integration vorzusehen und einzuordnen, die dann in die Fünfjahrpläne aller beteiligten Länder und Wirtschaftseinheiten übernommen werden müssen.[2] Daraus ergeben sich Staatsaufträge, Maßnahmen für den Staatsplan „Sozialistische Rationalisierung“ oder auch für zentrale Investitionsvorhaben.

Bei der weiteren Vervollkommnung der Planung in den Kombinaten und vor allem auf zentraler Ebene kommt es besonders darauf an, die Komplexität weiter auszubauen, denn nur dann kann die sozialistische ökonomische Integration entsprechend ihrem höheren Stellenwert noch besser erfaßt werden. Ressortmäßiges Herangehen beeinträchtigt die Entwicklung der Integrationsprozesse und muß überwunden werden. Zunehmend setzt sich die Erkenntnis durch, daß die Anwendung der Programm-Methode in der Planung geeignet ist, ausgehend von einer allseitig begründeten Zielstellung, die verschiedenen erforderlichen Verflechtungen und wechselseitigen Anforderungen in Wissenschaft und Produktion im nationalen und im Maßstab des RGW unabhängig von ihrer leitungsmäßigen Zuordnung komplex zusammenzuführen. Ein solches Vorgehen, d. h. die Sicherung einer ausreichenden Komplexität und Koordinierung, deckt ökonomische Effekte auf, die mit den bisherigen Vorgehensweisen nur unzureichend erschlossen werden können.

[2] Vgl. Anordnung über die Ordnung der Planung der Volkswirtschaft der DDR 1981 bis 1985 vom 28. November 1979, Teil I, in GBl., Sonderdruck 1020, Teil I, S. 5–8, vor allem Fußnote auf S. 6.

W. Maier

Zur Unterstützung der sozialistischen ökonomischen Integration durch die Industriepreise in der DDR

Den der Konferenz vorgelegten Thesen gebührt eine hohe Wertschätzung. Den Verfassern ist es sehr gut gelungen, die gegenwärtige Situation der sozialistischen ökonomischen Integration zu analysieren, theoretisch zu werten und davon ausgehend wissenschaftlich fundierte Ansätze für die weitere Entwicklung der sozialistischen ökonomischen Integration und für die wirtschaftswissenschaftliche Forschung zu erarbeiten. Das betrifft in vollem Maße auch die Wertkategorien in der sozialistischen ökonomischen Integration.

Ich gehe von der in den Thesen formulierten Forderung aus, Leitung, Planung und ökonomische Stimulierung so zu gestalten, daß für die sozialistische ökonomische Integration beste Entwicklungsbedingungen geschaffen werden.

Ich will zu drei Komplexen etwas sagen, wie mit den Industriepreisen die Erfordernisse der sozialistischen ökonomischen Integration unterstützt werden:

- zu den Bemühungen um die Lösung der Roh- und Brennstoffprobleme,
- zur Förderung des wissenschaftlich-technischen Fortschritts,
- zur effektiven Spezialisierung und Kooperation.

1. Eine wesentliche Seite, um im Rahmen des RGW die Roh- und Brennstoffprobleme lösen zu helfen, ist der sparsame Umgang mit diesen Produkten. Es ist nachgewiesen, daß die Aufwendungen für eine effektivere Nutzung von Roh- und Brennstoffen geringer sind als der Aufwand für die Erweiterung des Produktionsumfanges dieser Erzeugnisse. Deshalb ist die Senkung des spezifischen Einsatzes von Energie, Roh- und Brennstoffen das notwendige Pendant zu den Bemühungen, durch die sozialistische ökonomische Integration die Roh- und Brennstoffprobleme zu lösen. In der DDR wurden mit der Initiative der Werktätigen auf diesem Wege bereits sichtbare Erfolge errungen. Beredtes Zeugnis sind der erfolgreiche Verlauf des Wettbewerbs zu Ehren des X. Parteitages der SED und die Erfüllung der Aufgabe, 1980 zwei zusätzliche Tagesproduktionen zu erwirtschaften mit im wesentlichen gleichem Material und gleicher Energie.

Um diesen gesamten Prozeß zu unterstützen, wurden in den vergangenen Jahren seit 1976 in der DDR die Industriepreise für Rohstoffe, Materialien und Energie bedeutend erhöht. Infolge der Preiserhöhungen auf den internationalen Märkten wurden unsere Betriebe durch die planmäßigen Industriepreiserhöhungen mit rund 66 Mrd. Mark zusätzlichen Kosten belastet. 1981 werden die Industriepreise für eine Reihe von Roh- und Brennstoffen nochmals planmäßig höher festgesetzt.

Mit den Industriepreisänderungen wird der tatsächliche volkswirtschaftliche Aufwand besser ausgewiesen. Die Verwender von Energie, Roh- und Brennstoffen werden in die Lage versetzt, den Aufwand für Produktion und Import und die Ergebnisse im Kampf um die Senkung des spezifischen Verbrauchs realer zu messen. Die Analysen zeigen, daß damit auch die Wirkung der Industriepreise als ökonomischer Hebel verstärkt wird. In den Betrieben und Kombinaten wird das Gewicht der Kosten für Energie und

Material an den Gesamtkosten verstärkt. Maßnahmen zur Verbesserung der Energie- und Materialökonomie werden zwingender und zugleich lohnender.

Indem in den neuen Industriepreisen der volkswirtschaftliche Aufwand besser zum Ausdruck kommt, schaffen sie neue Ansatzpunkte zur stärkeren Veredelung der Rohstoffe und Materialien, für eine höhere Erzeugnisqualität und für die Verbesserung des Masse-Leistungs-Verhältnisses. Es hat sich gezeigt, daß gute Ergebnisse bei der Ausnutzung der neuen Industriepreise vor allem dann erreicht wurden, wenn die Arbeit mit den Kosten und Preisen fest in die Leitungstätigkeit einbezogen ist und von vornherein zum Gegenstand der Plandiskussion und des sozialistischen Wettbewerbs gemacht wird.

Eine zusätzliche Nutzung der Industriepreise zur Stimulierung der Energieökonomie erfolgt, indem ab 1981 die Industriepreise für Energieträger jährlich um 2 % erhöht werden. Diese 2 % dürfen von den Abnehmern nicht weiterkalkuliert werden. An dieser Methode gibt es manchmal Zweifel, da das Verbot der Weiterberechnung nicht ausreichend kontrollierbar sei. Aber ich glaube, daß man an die Wertung der ökonomischen Wirkung von Preismaßnahmen (wie auch bei anderen ökonomischen Stimulierungen) nicht schematisch herangehen kann. Auch wenn akzeptiert wird, daß ein Teil des beabsichtigten Zieles nicht vollständig eintritt, so bleibt die Gesamtwertung positiv. Die Industriepreise wirken um so stärker, je besser sie organisch mit dem sozialistischen Wettbewerb, mit der persönlichen materiellen Interessiertheit und mit einer qualifizierten gesellschaftlichen und staatlichen Kontrolle verbunden werden.

Mit den Industriepreisen für Energieträger wird in der DDR noch ein weiterer Prozeß gefördert, wie er auch in den Thesen betont wird, nämlich die vorrangige Nutzung einheimischer Energieträger. Das wird erreicht, indem für die Verwender importierter Energieträger die Kosten je Wärmeeinheit bedeutend höher liegen als bei Verwendung einheimischer Rohbraunkohle oder Braunkohlenbriketts. Die entsprechenden Kosten verhalten sich wie 1 : 4 bis 1 : 5.

Ausgehend davon, daß die Lösung der Rohstoffprobleme eine zentrale Frage der weiteren ökonomischen Entwicklung der DDR, zugleich aber der sozialistischen ökonomischen Integration ist, wird die ökonomische Wirkung der Industriepreise in dieser Richtung weiter verstärkt.

Zum Beispiel werden bei vielen metallurgischen Erzeugnissen, die gegenseitig austauschbar sind, die Preisspannen zwischen den Substituten vergrößert, zum Teil über die Aufwandsrelationen hinaus. Das heißt, die Hebelwirkung der Industriepreise wird in diesem Fall durch eine Abweichung der Preise vom Wert angestrebt. So wurden z. B. für Nietschaltstücke (elektrische Kontakte für Steuerungen und Telefonzentralen) solche Preisrelationen hergestellt, die einen vorrangigen materialsparenden Einsatz von plattierten Nietschaltstücken anstelle von massivem Material unterstützen. Ebenso wird verfahren, um den Einsatz von standardisierten anstelle von zeichnungsgebundenen Bauteilen zu fördern, die mit weniger Material hergestellt werden können.

In der DDR wird mit der Festlegung von Industriepreisen zugleich auch angestrebt, daß sie den Erfordernissen der sozialistischen ökonomischen Integration entsprechen. Die Einführung der Kennziffern „Nettoproduktion" und „Grundmaterial je 100 Mark Warenproduktion" wird dazu führen, daß die beabsichtigten Wirkungen der Industriepreise noch mehr Gewicht in der Leitungstätigkeit und in der Leistungsbewertung der Betriebe und Kombinate erlangen. Ein prinzipiell neuer Schritt in der Wirkung der Industriepreise auf den sparsamen Umgang mit Rohstoffen wird in der Metallurgie gegangen. Die Abnehmer der metallurgischen Erzeugnisse sind schon jetzt ökonomisch daran interessiert, im Rahmen der technischen Möglichkeiten dünnere, höher veredelte, materialsparende Profile usw. einzusetzen. Bei den Herstellerbetrieben jedoch entstehen Nachteile in der Leistungsbewertung, je mehr dünnere Bleche, Rohre, Profile von den Abnehmern gefordert werden. Deshalb ist vorgesehen, für die Hersteller metallurgischer Erzeugnisse einen Zuschlag für die Produktion materialsparender Erzeugnisse zu schaffen, der die bisherigen Nachteile in der Leistungsbewertung beseitigt.

2. Die Produktion von Erzeugnissen mit hohem wissenschaftlich-technischem Niveau und niedrigen Selbstkosten ist ein grundlegendes Erfordernis zur Erhöhung der ökonomischen Leistungskraft der DDR. Dieses Ziel stimmt vollständig mit den Erfordernissen der sozialistischen ökonomischen Integration überein. Denn die Entwicklung, Produktion und Bereitstellung von Erzeugnissen mit hohem wissenschaftlich-technischem Niveau hat sich als eine Grundfrage der effektiven sozialistischen internationalen Arbeitsteilung erwiesen. Mit dem Ziel, auch durch die Preisgestaltung den wissenschaftlich-technischen Fortschritt zu fördern, wird in der DDR seit 1976 die Preisbildung nach dem Preis-Leistungs-Verhältnis praktiziert. Es gibt zu dieser Preisbildungspraxis vereinzelt theoretische und auch praktische Vorbehalte. Tatsache ist jedoch, daß die Preisbildung nach dem Preis-Leistungs-Verhältnis dazu beigetragen hat, frühere Hemmnisse für den wissenschaftlich-technischen Fortschritt von seiten der Preise zu beseitigen und ein starkes materielles Interesse der Betriebskollektive an der Entwicklung und Produktion neuer Erzeugnisse zu schaffen.

Die Preisbildung nach dem Preis-Leistungs-Verhältnis geht von der Konzeption aus, daß neue Erzeugnisse mit hohem wissenschaftlich-technischem Niveau zunächst einmal entwickelt und produziert werden müssen, ehe sie verkauft werden können. Die Entwicklung und Produktion wirksam zu stimulieren, steht daher im Vordergrund bei der Preisbildung. Für einen hohen Gebrauchswert erhält der Hersteller einen hohen Industriepreis. Der aus dem Gebrauchswertzuwachs resultierende Nutzen wird zwischen Hersteller und Abnehmer 70 : 30 geteilt.

Der so gebildete Industriepreis ist nicht immer auf dem Außenmarkt vollständig realisierbar, woraus vereinzelt Kritik an der Preisbildung nach dem Preis-Leistungs-Verhältnis abgeleitet wird. Zweifellos ist eine weitere Vervollkommnung dieser Preisbildungsmethode erforderlich. Das betrifft zum Beispiel die stärkere Berücksichtigung der international relevanten Gebrauchswertparameter bei der Gebrauchswertbemessung. Das Masse-Leistungs-Verhältnis ist bei der Preisfestsetzung stärker zu berücksichtigen. Es ist stärker zu sichern, daß der Realkostenindex $\leqq 0{,}9$, um die neue Technik auch mit hoher ökonomischer Wirkung für die Volkswirtschaft der DDR zu verbinden. In dieser Richtung gibt es bereits staatliche Entscheidungen, die gegenwärtig in der Wirtschaftspraxis verwirklicht werden. Aber alle Qualifizierungen des Preis-Leistungs-Verhältnisses haben eine Grundprämisse: Die Industriepreise müssen die Betriebskollektive an der Entwicklung und Produktion von Erzeugnissen mit hohem wissenschaftlich-technischem Niveau und niedrigen Selbstkosten interessieren; für einen höheren Gebrauchswert wird ein höherer Preis festgesetzt. Das Ziel im Export kann nur darin bestehen, für die Erzeugnisse mit hohem Gebrauchswert maximale Valutapreise zu erreichen. Die Fragestellung umzukehren, würde den erreichten Stand in der Stimulierung des wissenschaftlich-technischen Fortschritts mit Hilfe der Industriepreise in Frage stellen und folglich weder mit den Erfordernissen der ökonomischen Entwicklung in der DDR noch mit den Zielen der sozialistischen ökonomischen Integration übereinstimmen.

3. Die Thesen werten sehr richtig Umfang und Bedeutung der Spezialisierung und Kooperation im Rahmen der sozialistischen ökonomischen Integration. Spezialisierung und Kooperation haben einen wesentlichen Anteil am erfolgreichen Wirtschaftswachs-

tum der DDR. Die Exportrentabilität der 45 Spezialisierungs- und Kooperationsabkommen, die im 1. Halbjahr 1980 aus der Sicht ihrer Effektivität begutachtet wurden, liegt günstiger als der volkswirtschaftliche Durchschnitt. Zugleich besagen Analysen, daß die Effektivität mancher Spezialisierungs- und Kooperationsvorhaben unbedingt erhöht werden muß und daß uneffektive Vorhaben vermieden werden müssen.

Viele Spezialisierungs- und Kooperationsabkommen werden, was ihre volkswirtschaftliche Effektivität betrifft, dadurch belastet, daß sie überwiegend der Organisierung sogenannter Kapazitätsimporte dienen. So wurde von seiten der Industriepreise uneffektiven Abkommen nicht genügend entgegengewirkt. In der Vergangenheit wurden die Preise für importierte Erzeugnisse aus Vorhaben der internationalen Spezialisierung und Kooperation in das inländische Preisgefüge eingeordnet, um das einheitliche Industriepreisniveau zu wahren. Hierbei war von untergeordneter Bedeutung, ob und in welcher Höhe dadurch Stützungen aus dem Staatshaushalt beim jeweiligen Außenhandelsbetrieb entstanden. Gleichzeitig stiegen in den letzten Jahren die Importaufwendungen auch für die Erzeugnisse der internationalen Spezialisierung und Kooperation – verursacht durch die Preisexplosion auf den kapitalistischen Hauptwarenmärkten – stetig an. Die Industriepreise für einen Teil der importierten spezialisierten und kooperierten Erzeugnisse spiegelten immer weniger den realen Importaufwand wider. Für Erzeugnisse der metallverarbeitenden Industrie rechnet man heute mit einem durchschnittlichen jährlichen Ansteigen der Preise in Höhe von 7 bis 8 %. Die Effektivität dieser Spezialisierungs- und Kooperationsvorhaben wurde durch die „künstliche" Einordnung der Importpreise in das in der DDR bestehende Preisniveau nicht richtig dargestellt, und es kam dadurch zu unbeabsichtigten Stimulierungseffekten:

– Dem Drang mancher Kombinate und Betriebe, unter allen Umständen ihr Produktionsprofil zu bereinigen, auch wenn es volkswirtschaftlich nicht effektiv ist, wurde nicht entgegengewirkt. Es wurden scheinbar unrentable Produktionen „wegspezialisiert", die dann importiert wurden. Dabei erfolgte die Bezahlung der Importerzeugnisse aus Spezialisierung und Kooperation durch den Anwender zu den Preisen, zu denen er auch vorher aus dem Inland bezog. Das bedeutete, daß dem Abnehmer so niedrige Kosten entstanden, zu denen das betreffende Erzeugnis manchmal nicht einmal im Inland hergestellt werden konnte.

– Bei Importen aus Spezialisierung und Kooperation, die Investitionsgüter waren oder in das neue Erzeugnis eingingen, erfolgte ein unrichtiger Ausweis der Kosten der damit im Inland hergestellten Finalerzeugnisse. Waren diese Finalerzeugnisse darüber hinaus für den Export vorgesehen, ergab sich somit ein unrichtiger Ausweis der Exportrentabilität. Die zu hohe Rentabilität im Export bewirkte eine falsche Stimulierung der Kombinate und Betriebe, indem diese Exporte rentabler erschienen als sie tatsächlich waren.

Der entscheidende Schritt, diese Auswirkungen zu verhindern und die Effektivität der Spezialisierung und Kooperation der Produktion im volkswirtschaftlichen Maßstab realer auszuweisen, erfolgte mit dem Beschluß, wonach die Importabgabepreise für spezialisierte und kooperierte Erzeugnisse auf der Basis des Importaufwandes zu bilden sind. Damit wurde dem volkswirtschaftlichen Anliegen, den Aufwand für den Import der Erzeugnisse sichtbar zu machen, besser Rechnung getragen.

Ausgehend von der Notwendigkeit, den Druck auf eine hohe Effektivität der Spezialisierung und Kooperation zu verstärken, werden 1981 für ein großes Volumen spezialisierter und kooperierter Erzeugnisse die Industriepreise erhöht. Die ökonomischen

Konsequenzen der Spezialisierung und Kooperation müssen in der Volkswirtschaft und bei jedem ihrer Glieder sichtbar werden, um daraus die notwendigen Konsequenzen zum Nutzen unserer Volkswirtschaft zu ziehen.

Somit wird der reale Aufwand für die spezialisierten Erzeugnisse für den Verwender in der DDR wirksam. Davon wird auch mehr Druck auf die Vermeidung uneffektiver Abkommen erwartet. Die Übertragung der Valutapreise für spezialisierte und kooperierte Erzeugnisse und ihrer Veränderungen auf die wirtschaftliche Rechnungsführung der Betriebe und Kombinate erfolgt nicht unkontrolliert. Wenn es die Gestaltung der sozialistischen ökonomischen Integration erfordert, zum Beispiel infolge gestiegener Valutapreise, werden die Industriepreise für importierte spezialisierte und kooperierte Erzeugnisse planmäßig geändert. Diese Linie ist um so wichtiger, da jährlich Änderungen der RGW-Vertragspreise erfolgen können. Diese Linie geht davon aus, daß – ebenso wie die sozialistische ökonomische Integration ein von den sozialistischen Staaten planmäßig geleiteter Prozeß ist – auch die Bildung und Änderung der Industriepreise für Spezialisierung und Kooperation planmäßig durch den sozialistischen Staat erfolgen muß.

E. Becker

Zu einigen Fragen der weiteren Vervollkommnung der Leitung und Planung der Volkswirtschaft

Der IX. Parteitag der SED charakterisierte die sozialistische ökonomische Integration als eine entscheidende Bedingung für die stabile ökonomische und soziale Entwicklung der DDR wie auch als ein wichtiges Mittel, um das Wirtschafts- und Wissenschaftspotential der sozialistischen Staaten planmäßig zu vereinen und die proportionale Entwicklung zu gewährleisten.[1]

Heute erhebt sich die Frage, wie unter den veränderten Reproduktionsbedingungen in den 80er Jahren die Aufgaben in Theorie und Praxis gelöst, welche neuen Anforderungen auch an die Leitung und Planung gestellt werden müssen.

Für die 70er Jahre war charakteristisch, daß die RGW-Länder ihre Leitung und Planung darauf richteten, die Integrationsprozesse gegenseitig verbindlicher und mit größerer Effektivität zu gestalten: Dieser eingeschlagene Weg zur Erhöhung der Leistungsentwicklung und Stärkung der Exportkraft jeder Volkswirtschaft wird fortgesetzt. Folgende Aspekte erfordern dabei besondere Beachtung:

– Mit der Aufwands- und Preisentwicklung im Übergang zu den 80er Jahren geht eine erhebliche strukturelle Umbewertung ökonomischer Ressourcen einher, die allein schon für die Gewährleistung der einfachen Reproduktion wesentlich höhere Leistungen der Volkswirtschaften erfordert, als es vor Jahren notwendig war.

– Um weitere Ressourcen für die Fortsetzung unserer Wirtschafts- und Sozialpolitik zur Verfügung zu haben, muß es uns gelingen, die von den imperialistischen Staaten eingeschlagene Politik des Wettrüstens zu stoppen.

– Weil jede wissenschaftlich-technische und ökonomische Zusammenarbeit der RGW-Länder mit der Hebung des materiellen und geistig-kulturellen Lebensniveaus unserer Völker verbunden ist, gilt es, auch in der Leitung und Planung der Integrationsprozesse diesen Zusammenhang immer aufs neue zu beachten.

Alle drei Aspekte determinieren sowohl die Arbeit zur weiteren Ausgestaltung bzw. Untersetzung und Realisierung der langfristigen multilateralen und bilateralen Programme der RGW-Länder durch den Abschluß völkerrechtlicher Verträge und internationaler Wirtschaftsverträge, was über die Forderung nach Äquivalenz und gegenseitigem Vorteil hinaus reicht. Ihnen müssen wir mit unseren Lösungsvorschlägen und -varianten zur weiteren Vervollkommnung der Leitung, Planung und ökonomischen Stimulierung Rechnung tragen.

Anknüpfend an die Wechselbeziehungen zwischen inneren und äußeren Faktoren des Wirtschaftswachstums im Arbeitsmaterial für diese Konferenz, ist vor allem auch auf die neuen inneren Bedingungen der ökonomischen Entwicklung der 80er Jahre hinzuweisen. Es sind Bedingungen, die sich aus dem sozialistischen Aufbau ergeben, aus der erfolgreichen Entwicklung, die wir uns selbst geschaffen haben, zum Beispiel in den Nettogeldeinnahmen der Bevölkerung, in den umfangreichen Sozialleistungen, im Wohnungsbau

[1] Vgl. Programm der Sozialistischen Einheitspartei Deutschlands, Berlin 1976, S. 21/22.

und gleichermaßen in dem gewachsenen Grundfondsbestand und dem Umfang der Produktion.

Nicht nur aus den äußeren Bedingungen, sondern besonders auch aus dieser erfolgreichen Entwicklung im Inneren müssen wir in den 80er Jahren gewaltige Anstrengungen unternehmen und auch Aufwendungen tätigen, um diese gute Entwicklung zu sichern und weiter voranzuführen. Zweifellos steht damit eine Reihe weitreichender Strukturentscheidungen an, die nicht allein nur von den zentralen Staatsorganen der RGW-Länder getroffen werden können.

Zu unterstreichen ist der im dritten Abschnitt des Arbeitsmaterials für die Konferenz enthaltene Gedankengang: Begründete Entscheidungen über volkswirtschaftliche Proportionen und Strukturfragen der Industriezweige und -bereiche sind aus volkswirtschaftlicher Sicht in zunehmendem Maße nur bei ausreichender Klarheit und Entscheidung über die Entwicklung der Kombinate zu treffen. Und umgekehrt sind begründete Entscheidungen über die Entwicklung der Kombinate nicht ohne ausreichende Klarheit und Entscheidung der zentralen Organe über volkswirtschaftliche Proportionen und Strukturen möglich. Das trifft insgesamt auf die volkswirtschaftlichen Verflechtungsbeziehungen wie auch auf die Verflechtungsbeziehungen im Rahmen des RGW zu.

Aus dieser Wechselwirkung heraus kommt der Mitwirkung der Kombinate an der Erarbeitung und Abstimmung von Programmen zur Zusammenarbeit im Rahmen des RGW und von Integrationsmaßnahmen, einschließlich ihrer materiellen und finanziellen Kennziffern, immer größere Bedeutung zu. Sie ist notwendig, um Erkenntnisse der Kombinate über die Erfordernisse und Möglichkeiten der Wirtschaftstätigkeit ihres Industriezweiges stärker in die zentrale staatliche Planung mit einzubeziehen und Widersprüche zu gesellschaftlichen Erfordernissen früher aufzudecken und besser zu lösen.

Zugleich ist die sozialistische ökonomische Integration nicht bei Negierung der objektiv vorhandenen ökonomischen und natürlichen Unterschiede und Besonderheiten sowie der konkreten Interessen in den einzelnen RGW-Ländern zu vollziehen. In den vor uns liegenden Jahren geht es vielmehr auch um die bessere Berücksichtigung und Ausnutzung der unterschiedlichen Bedingungen und Besonderheiten jedes RGW-Landes zur Erweiterung der Leistungskraft aller an der Integration beteiligten Volkswirtschaften.

Ein weiterer im Abschnitt 3 des Arbeitsmaterials der Konferenz enthaltener Gedankengang ist ausdrücklich zu unterstreichen: Allgemein anerkannt ist heute, daß Stabilität und Proportionalität in der Entwicklung der Volkswirtschaft nur zu erreichen sind, wenn alle Bereiche des ökonomischen und sozialen Lebens planmäßig miteinander im Wechselverhältnis entwickelt werden; und wie die Erfahrungen zeigen, reicht es nicht aus, die Probleme, die bei der Realisierung von Integrationsmaßnahmen auftreten, lediglich auf solche Fragen wie die Entwicklung der Weltmarktpreise zurückzuführen.

Mit der materiellen Sicherung der Integrationsaufgaben sind zweifellos immer auch Fragen der Sicherung dieser Beziehungen über das Preis-, Finanz- und Währungssystem angesprochen.

Angesichts des Drucks, der von der technischen und technologischen Entwicklung imperialistischer Hauptländer Hand in Hand mit ihrer hemmungslosen militärischen Rüstung auf die Beschleunigung des wissenschaftlich-technischen Fortschritts ausgeht, hätte eine unkoordinierte Öffnung unseres Finanz- und Währungssystems – noch dazu, wenn sie durch das eine oder andere RGW-Land einzeln erfolgt – wachstumshemmende Wirkungen.

Zu unterstützen sind zweifellos alle Vorschläge, in den nächsten Jahren an die Lösung der weitreichenden Preis-, Finanz- und Währungsprobleme konstruktiver und damit auch offensiver heranzugehen. Das erfordert jedoch auch, in den Lösungsvorschlägen den organischen Zusammenhang von innerstaatlichen, RGW- bzw. NSW-Beziehungen für unsere Entwicklung stärker nutzbar herauszuarbeiten. Nicht zuletzt ist es notwendig, in Theorie und Praxis die im RGW-Bereich und im NSW-Bereich tätigen Ökonomen und Außenpolitiker theoretisch besser zu rüsten, gerade weil die Preis-, Finanz- und Währungsprobleme so komplizierte politökonomische Zusammenhänge und Mechanismen beinhalten.

Wie im Arbeitsmaterial für diese Konferenz dargestellt wurde, heißt „die Leitung und Planung der Volkswirtschaft weiter vervollkommnen" immer auch, das Instrumentarium der Leitung und Planung zu verbessern. Das erfordert heute auch weitgehende Gedanken zur Planung der Integrationsverpflichtungen.

Analysiert man die Praxis, so ist in allen Leitungsebenen eine Reihe von Fortschritten erzielt worden. Nicht zuletzt drückt sich das in dem 1976 auf der Grundlage der Planungsordnung der DDR für 1976 bis 1980 in allen Leitungsebenen vollzogenen Übergang zur Arbeit mit dem Plan der Maßnahmen der sozialistischen ökonomischen Integration aus.

Der IX. Parteitag der SED stellte die Aufgabe, dieses neue, in enger Zusammenarbeit der zentralen Organe mit den Kombinaten unserer Republik und in Auswertung auch sowjetischer Erfahrungen eingeführte Planungsinstrument „zu einem wichtigen Leitungsinstrument des Staates und der wirtschaftsleitenden Organe zu entwickeln"[2].

Die Arbeit mit dem Plan der Maßnahmen der sozialistischen ökonomischen Integration nutzt in erster Linie die Erfordernisse und Möglichkeiten einer maßnahmebezogenen Planung, ähnlich der maßnahmebezogenen Planung von Wissenschaft und Technik. In der Arbeit mit dem Plan der Maßnahmen der sozialistischen ökonomischen Integration bedeutet „maßnahmebezogene Planung", die staatlichen Aufgaben und Planauflagen auf das in den Vereinbarungen der RGW-Partner angestrebte Integrationsergebnis, und damit auf die von der DDR bzw. ihren beauftragten Staatsorganen und Wirtschaftseinheiten übernommenen internationalen Verpflichtungen bezogen, auszuarbeiten und zu realisieren.[3]

Mit der Anordnung vom 1. 8. 1979 über die Ausarbeitung des Volkswirtschaftsplanes und des Staatshaushaltsplanes 1980 wurde die Ordnung für die Planung von Integrationsmaßnahmen im Zeitraum 1976 bis 1980 insoweit modifiziert, als festgelegt wurde, daß

– diese maßnahmebezogene Planung auf Schwerpunktvorhaben zu konzentrieren ist, die sich aus Regierungsabkommen mit der UdSSR und anderen RGW-Ländern, insbesondere zur Sicherung der Rohstoffe, Brennstoffe und Energie ergeben;

– Vorhaben der Spezialisierung und Kooperation und der wissenschaftlich-technischen Zusammenarbeit entsprechend den geltenden Beschlüssen vorzubereiten und durch die Staatliche Plankommission zu bestätigen sind;

2 Bericht des Zentralkomitees der Sozialistischen Einheitspartei Deutschlands an den IX. Parteitag der SED, Berichterstatter: Genosse Erich Honecker, Berlin 1976, S. 80.

3 Vgl. Anordnung über die Ordnung der Planung der Volkswirtschaft der DDR 1981 bis 1985 vom 28. November 1979, Teil 0, Abschnitt 28: Planung der Maßnahmen der sozialistischen ökonomischen Integration, in: GBl., Sonderdruck Nr. 1020, Teil 0.

– die sich aus diesen Vorhaben ergebenden Aufgaben in die Export- und Importpläne, die MAK-Bilanzen sowie die Pläne Wissenschaft und Technik einzuordnen und nicht gesondert als Bestandteil der Planentwürfe einzureichen sind.[4]

Diese Festlegungen tragen sichtlich dem Bestreben am Ende der 70er Jahre Rechnung, die zentrale staatliche Planung unter volkswirtschaftlichen Aspekten auf Hauptaufgaben zu konzentrieren und zunehmend rationellere Planungsmethoden anzuwenden.

Diesem Anliegen dienen auch die Regelungen der Planungsordnung der DDR für den Zeitraum 1981 bis 1985 sowie der Rahmenrichtlinie für die Planung in den Kombinaten und Betrieben der Industrie und des Bauwesens.[5]

Entsprechend dieser staatlichen Ordnung für die Planung der Volkswirtschaft werden also seit 1976 zentral staatliche Planauflagen, zum Beispiel für Abkommen zur Spezialisierung und Kooperation der Produktion, bezogen auf die internationalen Verpflichtungen der DDR und das insgesamt angestrebte Integrationsergebnis, über den Plan der Maßnahmen der sozialistischen ökonomischen Integration erteilt. Da nicht alle Abkommen direkt in den speziellen Plan für Integrationsmaßnahmen aufgenommen werden können, erfordert es, im Prozeß der Planung die Kriterien zu bestimmen, nach welchen die Einordnung von Abkommen und anderen völkerrechtlichen Verträgen in den zentralen Plan für Integrationsmaßnahmen erfolgen soll. Das ist um so notwendiger, als diese speziellen Planauflagen, entsprechend der Planungsordnung nicht zugleich auch über den Außenhandelsplan gesondert ausgewiesen werden, dort aber inhaltlich eingeordnet und realisiert werden müssen.

Ähnlich ist auch die Regelung bei Verpflichtungen aus Abkommen über wissenschaftlich-technische Zusammenarbeit. Bestimmte Abkommen wurden von 1976 bis 1979 über den zentralen Plan für Integrationsmaßnahmen beauflagt. Nunmehr sind sie auf zentraler Ebene in Form einer Titelliste zum Plan für Integrationsmaßnahmen auszuweisen, und zwar im Fünfjahrplan. Im Staatsplan Wissenschaft und Technik wiederum werden Maßnahmen, die Bezug zu Abkommen zur wissenschaftlich-technischen Zusammenarbeit haben, mit der Nummer des Abkommens gekennzeichnet.

Nun ist aber der Umfang der Staatsaufträge nicht zwangsläufig deckungsgleich mit dem Umfang der Aufgaben aus den Abkommen zur wissenschaftlich-technischen Zusammenarbeit. Daraus ergibt sich eine große Verantwortung aller an der Planung dieser Prozesse Beteiligten, die Erfüllung der internationalen Verpflichtungen zu sichern, so wie es Genosse Honecker in der jüngsten Zeit erst wieder nachdrücklich gefordert hat.

Diese scheinbar so detaillierten Fragen sollten wir niemals aus dem wesentlichen Zusammenhang lösen: Die sozialistische ökonomische Integration ist, wie im Programm

[4] Vgl. Anordnung über die Ausarbeitung des Volkswirtschaftsplanes und des Staatshaushaltes 1980 vom 1. August 1979, in: GBl., Sonderdruck Nr. 1011, S. 14.

[5] Vgl. Anordnung über die Ordnung der Planung der Volkswirtschaft der DDR 1976 bis 1980 vom 20. November 1974, in: GBl., Sonderdruck Nr. 775 a und 775 b.
Anordnung über die Ausarbeitung des Volkswirtschaftsplanes und des Staatshaushaltsplanes 1980 vom 1. August 1979, in: GBl., Sonderdruck Nr. 1011.
Anordnung über die Ordnung der Planung der Volkswirtschaft der DDR 1981 bis 1985, Teil 0, Abschnitt 28: Planung der Maßnahmen der sozialistischen ökonomischen Integration, in: GBl., Sonderdruck Nr. 1020, Teil 0.
Anordnung über die Rahmenrichtlinie für die Planung in den Kombinaten und Betrieben der Industrie und des Bauwesens vom 30. November 1979, in: GBl., Sonderdruck Nr. 1021.

der SED folgerichtig fixiert, ein Merkmal der sozialistischen Gesellschaft. Die sich vollziehenden Integrationsprozesse müssen demgemäß auch in der Planung eine entsprechende Rolle spielen.

Mit der Unterzeichnung von langfristigen Programmen, Koordinierungsdokumenten und vor allem völkerrechtlichen Verträgen (insbesondere auch zur Spezialisierung und Kooperation und zur wissenschaftlich-technischen Zusammenarbeit) werden für jedes beteiligte RGW-Land weitreichende Entscheidungen von strategischer Wirkung über die Entwicklung volkswirtschaftlich bedeutsamer Strukturen, Proportionen und Wachstumsraten vereinbart. Diese Vereinbarungen beinhalten bereits Vorentscheidungen zur Strukturentwicklung ganzer Industriezweige bzw. Wirtschaftseinheiten der RGW-Länder. Kern dieser Entscheidungen ist die Entwicklung einer bestimmten Produktionsstruktur bis hin zu den Konsequenzen im Außenhandel. Die sich dabei vollziehenden Prozesse sollen mit den Mitteln der Planung immer besser geleitet werden.

Der springende Punkt zur Realisierung dieser Aufgaben besteht innerhalb der Volkswirtschaft darin, daß nicht automatisch, nicht in jedem Fall bzw. nicht von vornherein die Aufgaben der Kombinate und Außenhandelsbetriebe mit den volkswirtschaftlichen Aufgaben übereinstimmen. Mit dem Plan der Maßnahmen der sozialistischen ökonomischen Integration wurde in der DDR der staatliche Mechanismus erweitert, die Erfüllung der internationalen Verpflichtungen der DDR in allen Leitungsebenen der Volkswirtschaft und in allen Phasen des Planungsprozesses zu sichern.

Die staatlichen Aufgaben und Planauflagen dieses Planungsinstrumentes zwingen einerseits die Kombinate, auf Basis der internationalen Verträge die volkswirtschaftlich notwendigen Aufgaben zu realisieren und Proportionen bzw. Wachstumsraten entsprechend der internationalen Vereinbarung zu erreichen, und andererseits die zentralen Staatsorgane, den Kombinaten den zur Realisierung dieser Aufgaben innerhalb der Volkswirtschaft und der Außenwirtschaftsbeziehungen notwendigen Spielraum einzuräumen.

Die Arbeit mit dem Plan der Maßnahmen der sozialistischen ökonomischen Integration trägt zugleich dazu bei zu prüfen, wie und inwieweit der völkerrechtlich verbindlich vereinbarte Inhalt und Umfang eines Abkommens durch Wirtschaftsverträge vollständig untersetzt wurde und diese Wirtschaftsverträge wiederum erfüllt wurden. Die Abrechnung des Planes der Maßnahmen der sozialistischen ökonomischen Integration basiert auf den internationalen Verträgen und kann vom zentralen Plan bis zum Kombinatsplan maßnahmebezogen auf die internationalen Verpflichtungen der DDR erfolgen.

Dazu ist die Vertragsabrechnung der Außenhandelsverträge nicht aussagefähig genug, weil sie nicht zwangsläufig den Gesamtumfang der Abkommen, sondern lediglich den Liefer- und Leistungsumfang der jeweiligen internationalen Wirtschaftsverträge zur Basis der Abrechnung hat.

Insgesamt dienen die Festlegungen der Planungsordnung der DDR für den Zeitraum 1981 bis 1985 dazu, von der Erarbeitung der konzeptionellen Aufgaben über die Erarbeitung der staatlichen Planaufgaben bis zur Abrechnung des Planes der Maßnahmen der sozialistischen ökonomischen Integration die Aufgaben der Kombinate und Außenhandelsbetriebe in die volkswirtschaftlichen Aufgabenstellungen einzuordnen.

Unter diesem Aspekt erscheint es notwendig, eine Reihe von Fragen zur Leitung der Integrationsmaßnahmen unter Berücksichtigung der Einheit von Plan, Bilanz und Vertrag weiter zu untersuchen. Solche Fragen sind zum Beispiel,

– ob eine ausreichende Einordnung der internationalen Verpflichtungen aus Abkommen und Verträgen in die Pläne und Bilanzen möglich ist, auch wenn keine zentralen staatlichen Planauflagen über den Plan der Maßnahmen der sozialistischen ökonomischen Integration für bestimmte Abkommen erteilt wurden;

- wie die ökonomische Stimulierung und besonders auch die Leistungsbewertung der Kombinate und Betriebe unter Berücksichtigung der Wirkung aus Integrationsmaßnahmen qualifiziert werden können.

Bei der Beantwortung dieser Fragen sollte das erreichte Niveau der Arbeit mit dem speziellen Plan der Maßnahmen der sozialistischen ökonomischen Integration weder über- noch unterschätzt werden, um dieses Planungsinstrument entsprechend den Forderungen des IX. Parteitages der SED – und wie es auch schon die Praxis einer Reihe von Kombinaten erkennen läßt – weiter zu vervollkommnen. Das geht natürlich beträchtlich über die Arbeit mit diesem Plan hinaus und ordnet ihn zugleich als ein neues Planungsinstrument organisch in die komplexe Volkswirtschaftsplanung ein. Insgesamt ist es eine weitreichende Aufgabe, die nicht in einer einzigen Fünfjahrplanperiode vollständig zu lösen ist, sondern objektiv und subjektiv einen längeren Zeitraum konsequenten Herangehens an die Planung der Integrationsprozesse erfordert. Es bedarf einer organischen Einbeziehung der Integrationsmaßnahmen in die einheitliche Leitung und Planung in allen Leitungsebenen der Volkswirtschaft und in allen Phasen des sozialistischen Planungsprozesses von der Vorbereitung und Abstimmung der Planaufgaben bis zur konsequenten Abrechnung und Kontrolle ihrer Erfüllung.

K. Schickram

Zu einigen Aufgaben und Problemen der Ausnutzung der Wertkategorien im Prozeß der sozialistischen ökonomischen Integration

Die zunehmende Bedeutung der sozialistischen ökonomischen Integration für die effektive Gestaltung des sozialistischen Reproduktionsprozesses macht es für die achtziger Jahre erforderlich, daß „auch auf diesem Gebiet höchste Effektivität und Qualität zum Maßstab der Arbeit gemacht werden“[1].

Die im Konferenzmaterial begründete Notwendigkeit, das Wertgesetz, die Ware-Geld-Beziehungen und die damit verbundenen Wertkategorien in der Leitung, Planung und ökonomischen Stimulierung dieser Prozesse noch wirksamer auszunutzen, und die hierzu formulierten Anforderungen – wie sie insbesondere im Abschnitt 3 des Materials dargelegt wurden – entsprechen diesem Erfordernis.

Die in der bisherigen Diskussion – insbesondere von Chr. Luft und G. Brendel – bereits hervorgehobenen Konsequenzen ergänzend, möchte ich nachfolgend auf einige Aspekte eingehen, die m. E. für die weitere theoretische und praktische Arbeit besondere Beachtung verdienen:

1. In Theorie und Praxis müssen zielgerichtet weitere Voraussetzungen dafür geschaffen werden, die Natural- und Wertkategorien gleichermaßen in ihrer Einheit und Komplexität in allen Phasen des sozialistischen Reproduktionsprozesses planmäßig und bewußt so auszunutzen, daß die Erschließung der qualitativen Faktoren des Wirtschaftswachstums – vor allem durch die Beschleunigung des wissenschaftlich-technischen Fortschritts und eine umfassende Rationalisierung – und damit die weitere Vertiefung der Intensivierung der gesellschaftlichen Produktion noch wirksamer gefördert werden. Dabei ist davon auszugehen, daß die Wertkategorien im Sozialismus unverzichtbares Mittel zum Zweck sind, ein möglichst günstiges Verhältnis von Aufwand und Ergebnis der gesellschaftlichen Arbeit und damit ein Maximum an Gebrauchswerten entsprechend der Dialektik von Ziel und Mittel der sozialistischen Produktion zu erreichen.

Ein solches Herangehen erfordert noch mehr Konsequenzen in der Auseinandersetzung mit solchen Auffassungen, die die Rolle der Wertkategorien bei der effektivsten Gestaltung des sozialistischen Reproduktionsprozesses unterschätzen. Zugleich ist es notwendig, zuweilen auch anzutreffenden Überschätzungen ihrer Rolle entgegenzuwirken.

Zuweilen zeigt sich mangelndes theoretisches Verständnis von der Einheit von gebrauchswertmäßiger, wertmäßiger und monetärer Reproduktion. Zwei Positionen sind hierfür charakteristisch:

– Mitunter wird in vereinfachender Weise aus der bedeutenden Rolle des Gebrauchswertes für die Verwirklichung des Ziels der sozialistischen Produktion abgeleitet, daß der Wert bei der Gestaltung des sozialistischen Reproduktionsprozesses nur

[1] E. Honecker, Die nächsten Aufgaben der Partei bei der weiteren Durchführung der Beschlüsse des IX. Parteitages der SED, Berlin 1980, S. 60.

eine untergeordnete Rolle spiele oder – zumindest zunächst einmal – überhaupt vernachlässigt werden könne.

– Eine Reihe weiterer Auffassungen läuft darauf hinaus, die sozialistische Planung und die Ausnutzung der Wertkategorien nicht als organische Einheit zu sehen, sondern sie isoliert zu betrachten oder sie einander gegenüberzustellen. Dazu gehören auch alle jene Positionen, mit denen der Wirkungsbereich des Wertgesetzes, der Ware-Geld-Beziehungen und der damit verbundenen Wertkategorien vorwiegend oder sogar ausschließlich in der Zirkulationssphäre gesehen wird – bis hin zu der Meinung, daß zwischen einer „direkten Seite“ (zentrale staatliche Planung) und einer „parametrischen Seite“ (Wirkungsbereich der Wertkategorien) des Systems der Leitung, Planung und ökonomischen Stimulierung des sozialistischen Reproduktionsprozesses zu unterscheiden sei.

Diese und ähnliche Positionen hemmen nicht nur den Erkenntnisfortschritt, sondern sie können in der Praxis auch zu Wachstums- und Effektivitätseinbußen führen. Diese Positionen berücksichtigen nicht die neue Rolle des Wertgesetzes, das zu einem organischen Bestandteil des Systems der ökonomischen Gesetze des Sozialismus geworden ist.

Die Wechselbeziehungen von Gebrauchswert und Wert wurden von Marx im Ergebnis der Analyse des Wesens der Ware vor allem als gegenseitige Abhängigkeit beider Seiten verstanden, die aus der Einheit von Arbeits- und Wertbildungsprozeß abzuleiten ist.[2] Nur mit Hilfe der Wertkategorien, durch die bewußte Verwirklichung ihrer Meß-, Verteilungs-, Stimulierungs- und Kontrollfunktion in untrennbarer Einheit mit der planmäßigen Gestaltung der naturalstofflichen Seite des Reproduktionsprozesses ist ein möglichst günstiges Verhältnis zwischen Aufwand und Ergebnis der gesellschaftlichen Arbeit erzielbar. Dabei ist ein wichtiger Gesichtspunkt, daß unter den gegenwärtigen und künftigen Bedingungen die Ausnutzung der Meßfunktion der Wertkategorien bei der Konzipierung, Vorbereitung und Planung von Integrationsmaßnahmen zunehmende Bedeutung erlangt.

Das erreichte Niveau der internationalen sozialistischen Arbeitsteilung, die wachsenden Dimensionen der damit verbundenen Prozesse und ihre zunehmende Langfristigkeit schließen zwangsläufig ein, daß über die Effektivität der Prozesse der sozialistischen ökonomischen Integration zunehmend in den der Produktion vorgelagerten Phasen – also bevor Geld als Zirkulationsmittel fungiert – entschieden werden muß.

Die Ausnutzung der Wertkategorien und ihrer Funktionen, die alle auf der von Marx entdeckten Grundfunktion des Geldes als Maß der Werte und Maßstab der Preise basieren, ermöglichen die Messung von Aufwand und Ergebnis der gesellschaftlichen Arbeit, den Vergleich mit anderen Ländern und mit dem Welthöchststand, die Berechnung des ökonomischen Nutzeffekts konkreter Maßnahmen, die Auswahl der effektivsten Varianten und schließlich die Entscheidung über die Teilnahme an der jeweiligen Integrationsmaßnahme.

Bestimmenden Einfluß auf die Herausbildung staatlicher Interessen, die jeweils gemeinsame Interessen der Staaten der sozialistischen Gemeinschaft und spezifische Interessen des jeweiligen Staates in sich vereinen, hat die Sicherung der Äquivalenz und des gegenseitigen Vorteils und damit die Verwirklichung des sozialistischen Leistungsprinzips in den ökonomischen Beziehungen zwischen den Bruderstaaten mit Hilfe der Ausnutzung des Wertgesetzes, der Ware-Geld-Beziehungen und der damit verbundenen Wertkategorien. Die Feststellung von Engels, daß die ökonomischen Verhältnisse einer gegebenen

2 Vgl. K. Marx, Das Kapital, Erster Band, in: MEW, Bd. 23, Berlin 1962, S. 49 ff.

Gesellschaft sich zunächst als Interessen darstellen,[3] liefert den Schlüssel zum Verständnis für die materielle Interessiertheit und die damit verbundenen Zusammenhänge.

Eine der Schaffung weiterer theoretischer Klarheit zur Einheit und zu den Wechselbeziehungen zwischen Gebrauchswert und Wert dienende Aufgabe sehe ich darin, künftig in Theorie und Praxis mehr Aufmerksamkeit darauf zu richten, einen klaren und eindeutigen Gebrauch der damit verbundenen ökonomischen Kategorien anzustreben. Das sollte die Ausarbeitung wissenschaftlich exakter Begriffsdefinitionen sowie die Auseinandersetzung mit einer häufig anzutreffenden scheinbar wahllosen Verwendung verschiedener Kategorien für ein und denselben ökonomischen Prozeß einschließen. Ein solcher Anspruch an die weitere Forschungsarbeit hat keinesfalls nur formalen Charakter, sondern es geht vielmehr um Probleme, die für die Wirtschaftspraxis nicht zu unterschätzende Bedeutung haben. Zwei Beispiele mögen das verdeutlichen:

– Es ist üblich, von einer „Verbindung von Planung und Ausnutzung der Ware-Geld-Beziehungen" zu sprechen. Das kann jene Auffassungen bewirken und fördern, mit denen die Ausnutzung der Wertkartegorien *nicht* als organischer Bestandteil der Planung (z. B. die „materielle" Planung als Einheit von natural-stofflicher und wertmäßiger Planung) aufgefaßt wird. Anstelle der objektiv gegebenen Einheit von Gebrauchswert und Wert werden m. E. zwei Dinge nebeneinandergestellt, die erst miteinander verbunden werden müssen.

– Es wäre zu prüfen, ob der allgemein eingeführte Begriff „Ware-Geld-Beziehungen" in ausreichender Weise den gesamten Komplex von Aufgaben und Maßnahmen erfaßt, um den es bei der Ausnutzung der Wertkategorien in allen Phasen des sozialistischen Reproduktionsprozesses geht. In der Praxis zeigt sich, daß die Kategorie „Ware-Geld-Beziehungen" in vielen Fällen viel enger verstanden und oft synonym mit solchen Kategorien wie „Markt" oder „Zirkulationssphäre" verwendet wird.

Für ebenso problematisch halte ich die Verwendung der Kategorien „Finanzen" oder „finanziell", weil es m. E. über den Inhalt der sozialistischen Finanzen unter den Ökonomen sozialistischer Länder noch keine übereinstimmende Auffassung gibt.

Unbestritten dürfte sein, daß die Kategorie „Wertkategorien" eindeutiger als die angeführten Beispiele die umfassenden und komplexen Aufgaben charakterisiert, die sich aus den Erfordernissen des Wertgesetzes als organischer Bestandteil des Systems der ökonomischen Gesetze des Sozialismus ergeben.

2. Die Analyse der Praxis zeigt, daß in der letzten Zeit im Zusammenhang mit der Vorbereitung und Durchführung von Integrationsmaßnahmen den Wertkategorien zunehmende Bedeutung beigemessen wird. Nicht zuletzt infolge der grundlegend veränderten Reproduktionsbedingungen „wird mehr gerechnet".

Trotz dieser positiven Entwicklung werden die Möglichkeiten zur Ausnutzung der Wertkategorien im Interesse der Erzielung höchster Effektivität der Prozesse der sozialistischen ökonomischen Integration bisher nicht voll ausgeschöpft.

Ausdruck dafür sind u. a. solche Erscheinungen, daß

– Aufwand-Nutzen-Rechnungen zu spät erfolgen, um noch im Prozeß der Entscheidungsfindung wirksam zu werden,

– Vertragsabschlüsse nicht selten zunächst nur mit allgemeinem Inhalt erfolgen, so daß die Gesichtspunkte der Effektivität, der Preisfestlegung bzw. -vereinbarung usw. erst gewissermaßen „nachträglich" ins Spiel gebracht werden,

– in der wissenschaftlich-technischen Zusammenarbeit die Anwendung von Wertkategorien bisher noch nicht immer die ihr zukommende Rolle spielt.

[3] Vgl. F. Engels. Zur Wohnungsfrage, in: MEW, Bd. 18, Berlin 1962, S. 274.

Fehlende Preisvereinbarungen und unexakte Effektivitätsrechnungen vor Vertragsabschluß können dazu führen, daß Integrationsmaßnahmen verzögert werden bzw. ihre Realisierung überhaupt unterbleibt.

Die Ursachen für diese Probleme liegen darin, daß es m. E. zum Teil noch Unterschätzungen einer Ausnutzung der Wertkategorien im Integrationsprozeß gibt, u. a. müssen sie in den in letzter Zeit wesentlich erschwerten Bedingungen für die Durchführung exakter Aufwand-Nutzen-Rechnungen gesehen werden. Dazu gehören u. a. solche Tatsachen wie die alljährliche Veränderung der RGW-Vertragspreise, Veränderungen in den Preisniveaus und -relationen und andere Probleme der exakten Erfassung von Aufwand- und Ergebnisgrößen für Integrationsmaßnahmen.

Für Theorie und Praxis besteht die Notwendigkeit, sich konsequent auf diese voraussichtlich langanhaltenden Bedingungen einzustellen und auf der Grundlage der bewährten Methoden und positiven Erfahrungen alle Möglichkeiten zu nutzen, um durch qualifizierte Aufwand-Nutzen-Rechnungen noch wirksamer als bisher zur Erzielung höchster Effektivität der Integrationsprozesse beizutragen.

Für die verstärkte Ausnutzung der Wertkategorien im Prozeß der sozialistischen ökonomischen Integration unter den Bedingungen der achtziger Jahre sollen insbesondere folgende Grundrichtungen und Anforderungen hervorgehoben werden:

– Effektivitätsrechnungen sollten in Anbetracht der zunehmenden Langfristigkeit der Integrationsmaßnahmen als iterativer Prozeß gesehen werden, der bereits in der konzeptionellen Phase beginnt und in allen weiteren Phasen der Vorbereitung von Integrationsmaßnahmen fundierte Grundlagen für die Entscheidungsfindung nach dem Kriterium höchster Effektivität schaffen muß. Das schließt ein, daß Effektivitätsrechnungen präzisiert bzw. erneuert werden müssen im Prozeß der Planung der Maßnahmen, ihrer Realisierung, aber auch im Rahmen der Kontrolle und Analyse abgelaufener Prozesse im Sinne einer „Nachkalkulation" als Grundlage zur Entscheidungsvorbereitung für künftige Schritte.

– Bei veränderten ökonomischen Bedingungen sind neue Aufwand-Nutzen-Rechnungen notwendig, so daß Aufwand und Ergebnis zu „ursprünglichen" Preisen, zu veränderten („laufenden" oder „effektiven") Preisen und evtl. zu „künftigen" Preisen ausgewiesen werden müssen.

– Zur Erhöhung der Aussagekraft von Aufwand-Nutzen-Rechnungen sollte die Erfassung von Aufwand- und Ergebnisgrößen nicht nur in Inlandswährung, sondern daneben von Fall zu Fall auch zu RGW-Vertragspreisen bzw. Weltmarktpreisen erfolgen.

Überhaupt sollte verstärkt mit Weltstandsmaßstäben gearbeitet werden, weil das die Objektivierung jener Parameter ermöglicht, die zur Charakterisierung des gesellschaftlichen Gebrauchswertes notwendig sind, wobei das eigene technische und ökonomische Niveau real einzuschätzen ist.

Die Notwendigkeit zur Einbeziehung der Entwicklung von Weltmarktpreisen ergibt sich aus der Tatsache, daß bei langfristigen Maßnahmen daraus Schlußfolgerungen für die künftige Veränderung der RGW-Vertragspreise ableitbar sind. Das stellt zugleich neue Anforderungen an die Dokumentation von Preisveränderungen sowie an die Einschätzung und Prognostizierung künftiger Entwicklungen.

– Für die weitere Vervollkommnung der Aufwand-Nutzen-Rechnungen ist es notwendig, deren Aussagekraft durch die Kombination von Natural- und Wertkennziffern – z. B. durch die verstärkte Arbeit mit technisch-ökonomischen Kennziffern – zu erhöhen.

Nicht numerisch erfaßbare Aufwands- und Ergebnisgrößen sollten verbal ausgedrückt und qualitativ bewertet werden. Auf diese Weise sollte angestrebt werden, möglichst die

Gesamtheit aller Wirkungen zu erfassen und diese in erster Linie aus volkwirtschaftlicher Sicht zu werten.

Die Realisierung solcher zum Teil neuen Anforderungen an die Gestaltung von Aufwand-Nutzens-Rechnungen als Grundlage für eine auf höchste Effektivität gerichtete Entscheidungsfindung kann damit verbunden sein, daß in bestimmtem Umfang auch ein höherer Aufwand für die durchzuführenden Berechnungen in Kauf genommen werden muß. Prinzipiell sollte davon ausgegangen werden, daß ein solcher Aufwand durch die im Ergebnis erzielbare höhere Effektivität gerechtfertigt sein wird.

Zu den kurz angedeuteten Anforderungen an die weitere Vervollkommnung der Ausnutzung der Wertkategorien unter den Bedingungen alljährlich möglicher Preisveränderungen ergeben sich eine Reihe neuer Anforderungen an die weitere Forschungsarbeit, aber auch die Notwendigkeit, in der Praxis eine Reihe offener Fragen und Probleme möglichst kurzfristig einer Lösung zuzuführen.

Dazu gehören auch solche Aufgaben wie die Schaffung verbesserter Voraussetzungen für die exakte Quantifizierung der Aufwendungen und Ergebnisse der internationalen sozialistischen Spezialisierung und Kooperation der Produktion sowie der wissenschaftlich-technischen Zusammenarbeit.

Ein weiteres Problem besteht darin, daß die innerhalb der Volkswirtschaft und die in den ökonomischen Beziehungen zwischen Partnerländern wirksam zu machende ökonomische Stimulierung für die effektivste Gestaltung von Integrationsmaßnahmen noch besser miteinander verbunden werden muß, so daß gleiche Wirkungsrichtungen gewährleistet werden. Das sollte einschließen, daß innerhalb der Volkswirtschaft durch materielle Interessiertheit anerkannte Produktivitäts- und Effektivitätsfortschritte im Prinzip auch in den außerwirtschaftlichen Prozessen Bestätigung finden.

Je besser es gelingt, die mit der Warenproduktion verbundenen Wertkategorien bewußt und planmäßig bei der Leitung, Planung und ökonomischen Stimulierung wirksam zu machen, um so besser wird den Erfordernissen der ökonomischen Gesetze des Sozialismus in der Volkswirtschaft jedes einzelnen Landes und im Rahmen der sozialistischen Staatengemeinschaft entsprochen.

D. Schönknecht, P. Kohlert, A. Schipper

Zu Anforderungen und Bedingungen für die Leitung und Planung von Integrationsprozessen in den Kombinaten und ihren Betrieben

Unsere, vornehmlich der chemischen Industrie entstammenden, Erkenntnisse und Erfahrungen auf dem Gebiet der sozialistischen ökonomischen Integration stimmen im grundsätzlichen mit den Aussagen überein, die im Abschnitt 3 des vorliegenden Konferenzmaterials gemacht werden. Das gilt sowohl für die Einschätzung der gegenwärtigen Wirksamkeit der Leitung, Planung und ökonomischen Stimulierung als auch für die Ansatzpunkte ihrer weiteren Vervollkommnung zur noch umfassenderen Erschließung der Wachstumspotenzen, die wir mit der sozialistischen ökonomischen Integration verbinden. Für besonders wichtig halten wir dabei:

erstens die Zielsetzung, die Qualität der Entscheidungsvorbereitung für Integrationsmaßnahmen weiter zu erhöhen, indem die volkswirtschaftlichen Erfordernisse und Möglichkeiten noch gezielter Berücksichtigung finden und dazu die mit den Entscheidungen zur internationalen Zusammenarbeit verbundenen Auswirkungen „so komplex wie möglich" erfaßt werden;

zweitens die Aussage, daß dieses Herangehen an die weitere Vervollkommnung der zentralen staatlichen Planung die verstärkte Einbeziehung der Kombinate in die Entscheidungsfindung im Rahmen der Planung einschließt, sowie

drittens die Tatsache, daß sich durch die Integrationsmaßnahmen überhaupt der Gegenstand der Planung auf der Ebene der Zentrale wie auf der Ebene der Kombinate qualitativ und quantitativ erweitert.

Damit wird u. E. auch in der Leitung und Planung logischer- und richtigerweise der objektiv bedingten Tendenz Rechnung getragen, daß sich die Kombinate und ihre Betriebe in zunehmendem Maße auch als maßgebliche Träger der sozialistischen ökonomischen Integration erweisen; ein Umstand, der vielfach bei der Charakteristik des Wesens sozialistischer Wirtschaftseinheiten noch nicht deutlich genug herausgestellt und auch in seiner Bedeutung für die Sozialistische Betriebswirtschaft u. E. noch nicht hinreichend überdacht wird.

Tatsächlich hängen aber die realen materiell-technischen Möglichkeiten zur Erweiterung der zwischenstaatlichen wirtschaftlichen und wissenschaftlich-technischen Zusammenarbeit und zur Vertiefung der sozialistischen ökonomischen Integration vor allem von der Leistungsfähigkeit der Wirtschaftseinheiten ab, wie umgekehrt der Reproduktionsprozeß der Kombinate und ihrer Betriebe insbesondere das Feld ist, auf dem sich zeigt, inwieweit die Potenzen der internationalen Zusammenarbeit und sozialistischen ökonomischen Integration für einen hohen Leistungsbeitrag der Kombinate zum Nationaleinkommen bzw. volkswirtschaftlichen Endprodukt – auf der Grundlage der Produktivitäts- und Effektivitätssteigerung – genutzt werden und die Integration, die unbestritten eine Bedingung unserer Wirtschaftsentwicklung ist, auch bereits tatsächlich als Wachstumsfaktor zur Geltung kommt. Damit soll nicht die einstige strittige Fragestellung, ob die sozialistische ökonomische Integration nur Bedingung oder auch selbst Faktor der Intensivierung ist wieder neu belebt werden; aber in neuem Lichte erscheint sie u. E.

wiederum doch. Dazu kommt, daß sich u. E. die Möglichkeiten der sozialistischen ökonomischen Integration in den kommenden Jahren weiter ausdehnen werden, da mit der auf die Höherveredelung der Rohstoffe gerichteten Linie der Strukturentwicklung der gesellschaftlichen Produktion zugleich neue Bedingungen und Möglichkeiten für die Produktionsspezialisierung und den Sortimentsaustausch seitens der Kombinate im Rahmen der sozialistischen ökonomischen Integration erwachsen. Schon heute zeichnet sich ab, daß nur so der bereits latent vorhandene Widerspruch zwischen zunehmender Diversifikation der Bedürfnisse und des Bedarfs gerade bei hochveredelten Produkten und ihrer kostengünstigen Erzeugung, d. h. bei optimalen Produktionsmaßstäben, gelöst werden kann. Um den damit verbundenen Ansprüchen als wesentlicher Träger der sozialistischen ökonomischen Integration und als Partner der Organe der zentralen staatlichen Leitung und Planung gerecht werden zu können und dazu auch das in der Kombinatsverordnung fixierte Entscheidungsfeld der Kombinate und ihrer Betriebe hinsichtlich der sozialistischen ökonomischen Integration auszufüllen, treten u. E. folgende Schwerpunkte in den Mittelpunkt der Vervollkommnung der Leitung und Planung in den Kombinaten und ihren Betrieben.

1. Durchgängige Einbeziehung der Integrationsprozesse in die langfristig-konzeptionelle Arbeit der Kombinate und ihre Umsetzung in die Planung

Mit einer so gearteten Einbeziehung der Maßnahmen und Möglichkeiten der sozialistischen ökonomischen Integration in die langfristig-konzeptionelle Arbeit, die in erfolgreich arbeitenden Kombinaten seit langem die Regel ist, wird zugleich dem verschiedentlich noch anzutreffenden Nebeneinander von langfristig-konzeptioneller Arbeit des komplexen Reproduktionsprozesses und der Entwicklung der sozialistischen ökonomischen Integration entgegengewirkt; sie schließt folgerichtig die Erarbeitung isolierter Integrationskonzeptionen aus. Dessen ungeachtet bedeutet dies andererseits aber nicht, daß es in den Kombinaten, die einen relativ hohen Anteil von Integrationsmaßnahmen realisieren, durchaus sinnvoll sein kann, neben solchen Teilkonzeptionen, wie Produktionsprogramm, wissenschaftlich-technische Entwicklung, Grundfondsreproduktion und gesellschaftliches Arbeitsvermögen auch Teilkonzeptionen sozialistische ökonomische Integration zu erarbeiten, um von vornherein eine allseitige plan- und bilanzseitige Einordnung der Integrationsmaßnahmen in die langfristige Entwicklung des Reproduktionsprozesses zu verbreitern.

Was dabei die Wirksamkeit der langfristigen Entwicklungskonzeptionen und ihre Umsetzung in die Fünfjahr- und Jahrespläne betrifft, so hängt sie u. E. sehr vom Niveau, von der Qualität der langfristig-konzeptionellen Arbeit auf der zentralen Ebene wie in den Kombinaten ab. In dieser Hinsicht sind nach unserer Einschätzung in den letzten Jahren Fortschritte bei der bedarfsseitigen Begründung der Produktionsprogramme einschließlich der Maßnahmen der sozialistischen ökonomischen Integration sowie bei der realistischen Einschätzung des wissenschaftlich-technischen Niveaus von Erzeugnissen, Verfahren und Technologien, die Integrationsmaßnahmen betreffen, im Vergleich zum Weltstand erreicht worden. Als eine Schwachstelle zeichnete sich demgegenüber mitunter die Einschätzung der verfügbaren Ressourcen, insbesondere in Form von Ausrüstungen und Bauanteilen, ab.

Daraus sind verschiedentlich Effektivitätsverluste bzw. Effektivitätsminderungen erwachsen, wenn wir z. B. bedenken, daß auf bilateraler Integrationsbasis durchgeführte Forschungsobjekte und Ausrüstungsentwicklungen sowie eine damit abgestimmte Produktion und Lieferung von Ausrüstungen nicht in der vollen geplanten Breite, sondern nur partiell oder mit zeitlicher Streckung realisiert wurden. Hieraus ergibt sich u. E. die Aufgabe, die notwendige stärkere Einbeziehung der Kombinate in die Entscheidungsvorbereitung der zentralen staatlichen Organe künftighin mit einer verstärkten Analyse der wahrscheinlichen Verfügbarkeit der Ressourcen für die Wirtschaftseinheiten als Ganzes zu verbinden. Dadurch sollte es möglich werden,

- die Vorgaben der Organe der zentralen staatlichen Planung gegenüber den Kombinaten vor allem inhaltlich weiter zu qualifizieren;
- mehr Sicherheit in die Entscheidungsvorbereitung und in die Erschließung von Effektivitätspotenzen von Integrationsmaßnahmen zu bringen;
- ein höheres Maß an Kontinuität und Planmäßigkeit bei der Realisierung der Integrationsmaßnahmen zu erreichen und
- vor allem Zeiteffekte zugunsten unseres Nationaleinkommens zu realisieren.

2. Weitere Erhöhung der Qualität der Effektivitätsnachweise für Integrationsmaßnahmen im Rahmen der weiteren Qualifizierung der Entscheidungsvorbereitung

Diese Arbeiten müssen sich sowohl auf die Qualität der Aussagen zu den einzelnen Kennziffern des Nachweises als auch auf die aus den Nachweisen abzuleitenden Effektivitätskennziffern zur Beurteilung der Nützlichkeit der Integrationsmaßnahmen beziehen. Hierbei gewinnen solche Kennziffern, die überhaupt für die Entscheidungsfindung zur weiteren Gestaltung der Produktionsstruktur und zur weiteren Vertiefung der Intensivierung der gesellschaftlichen Produktion des komplexen Reproduktionsprozesses der Kombinate und Betriebe wesentlich sind, auch für die Integrationsmaßnahmen an Bedeutung, wie Investitionseffektivität, Arbeitskräftefreisetzung, Arbeitsproduktivität, Beitrag zum volkswirtschaftlichen Endprodukt und zur Entwicklung des Valutasaldos. Diese Kennziffern bringen u. E. bestimmte wesentliche, bisher noch nicht hinreichend erfaßte Effektivitätserfordernisse für die Entscheidungsfindung zur Geltung.

Eine weitere, eng damit verbundene Problematik, die noch besserer Lösungen bedarf, besteht in der Organisation der Gewinnung und Sicherung aussagefähiger Primärdaten für die Effektivitätsnachweise im Rahmen der Entscheidungsfindung. Hierbei sind das Rechnungswesen und die Statistik, u. a. die Betriebsanalyse, noch nicht in genügendem Maße auf die Befriedigung der daraus resultierenden Bedürfnisse eingestellt. Hier zeigt sich am Beispiel der sozialistischen ökonomischen Integration, was auch für andere qualitative Wachstumsfaktoren, wie z. B. den wissenschaftlich-technischen Fortschritt gilt, daß die analytischen Unterlagen, z. B. für Faktorenanalysen, für die qualitativen Wachstumsfaktoren im engeren Sinne weniger entwickelt sind als für jene Faktoren, welche die Ökonomie der drei einfachen Elemente des Arbeitsprozesses zum Gegenstand haben, letzteres muß deshalb als eine besondere Aufgabe der Betriebsanalyse gesehen werden.

Darüber hinaus kommen auch den zentralen staatlichen Organen bestimmte Verantwortlichkeiten und Aufgaben zu, um die Wirksamkeit in der Arbeit mit den Effektivitätsnachweisen im Rahmen der Entscheidungsfindung zu erhöhen:

- Verkürzung des Zeitaufwandes für die Prüfung und Beurteilung der Effektivitätsnachweise;
- Vervollkommnung der Zusammenarbeit aller zuständigen zentralen staatlichen Organe und Wirtschaftseinheiten bei der Erarbeitung der Effektivitätsnachweise hinsichtlich der anzusetzenden Entscheidungskriterien einschließlich ihrer Wichtung;

- Festlegung differenzierter Anforderungen an die Erarbeitung des Effektivitätsnachweises in Abhängigkeit von der Art der Integrationsmaßnahmen.

3. Leitungsorganisatorische Lösungen zur Ausschöpfung des Entscheidungsfeldes der Kombinate hinsichtlich der sozialistischen ökonomischen Integration auf der Grundlage der Kombinatsverordnung[1]

Die Ausschöpfung des Entscheidungsfeldes der Kombinate und ihrer Betriebe auf dem Gebiet der sozialistischen ökonomischen Integration hängt u. a. auch von der rationellen Organisation der Arbeitsteilung innerhalb der Kombinate ab. Ohne im einzelnen so wichtige Faktoren, wie Grad der Spezialisierung oder Betriebsgröße im Detail zu berücksichtigen, erscheint uns folgende Orientierung als geeignete verallgemeinerungsfähige Rahmenbedingung für die Teilung der Aufgaben zwischen dem Kombinat bzw. der Kombinatsleitung und ihren Betrieben. Den Kombinaten bzw. Kombinatsleitungen obliegen vor allem

1. Aufgaben der Informationstätigkeit durch das Studium und die Analyse des Weltstandes in Wissenschaft und Technik sowie der Entwicklungstendenzen der Bedürfnisse und des Bedarfs;
2. konzeptionelle Arbeiten zur Vorbereitung von Maßnahmen der sozialistischen internationalen Arbeitsteilung, insbesondere der internationalen Spezialisierung und Kooperation in Wissenschaft, Technik und Produktion durch Erarbeitung von Vorschlägen in Varianten;
3. Planungsaufgaben zur Aufnahme aller Verpflichtungen aus der wissenschaftlich-technischen Zusammenarbeit, Spezialisierung und Kooperation der Produktion und aus den Direktbeziehungen mit Partnern in Ländern der sozialistischen Gemeinschaft auf der Grundlage von Abkommen, Vereinbarungen und Verträgen sowie bestätigten Konzeptionen und im Rahmen der staatlichen Planaufgaben in die Pläne zur Leitung des komplexen Reproduktionsprozesses;
4. Stimulierungsaufgaben gegenüber den Trägerbetrieben und -kollektiven auf der Grundlage der getroffenen Plan- und Bilanzentscheidungen zur Vorbereitung und Durchführung der Maßnahmen der sozialistischen ökonomischen Integration;
5. operative Aufgaben zur Vorbereitung und zum Abschluß von internationalen Wirtschaftsverträgen und zur Gewährleistung der Erfüllung der übernommenen Verpflichtungen durch die Betriebe und Kollektive;
6. kontrollierende Tätigkeiten im Interesse der Plan- und Vertragserfüllung und der planmäßigen Durchführung der vereinbarten Vorhaben und Maßnahmen.

Die Kombinatsbetriebe sind darüber hinaus ebenso entsprechend ihren Anteilen an der Lösung von Integrationsaufgaben wie die Kombinate bzw. Kombinatsleitungen verantwortlich für Aufgaben

- der Erzeugnisentwicklung,
- der Erarbeitung von Vorschlägen zur Gestaltung der internationalen Zusammenarbeit und zur Bereitstellung von Unterlagen für Effektivitätsberechnungen,
- der Mitwirkung an der Vorbereitung der Verträge über die Spezialisierung und Kooperation, den Export und Import sowie die Erarbeitung dazu notwendiger Dokumentationen,

[1] Vgl. Verordnung über die volkseigenen Kombinate, Kombinatsbetriebe und volkseigenen Betriebe vom 8. November 1979, § 16, Abs. 1–6, in: GBl. I, S. 359.

- der Realisierung der sich aus den Vereinbarungen ergebenden Verpflichtungen und
- der Vorbereitung und Mitwirkung an den verschiedenen Formen sozialistischer Marktarbeit, insbesondere der Anwenderberatung, des Kundendienstes, des Anbietens von Problemlösungen sowie der Wahrnehmung der erforderlichen Schutzrechtstätigkeit.

Gleichzeitig gewinnt für die Lösung dieser Aufgaben - ausgehend vom staatlichen Außenhandelsmonopol - die Koordinierung der Zusammenarbeit von Kombinaten und Kombinatsbetrieben einerseits sowie Außenhandelsbetrieben andererseits zunehmende Bedeutung.

H. Bleßing

Zu theoretischen und praktischen Problemen der internationalen Spezialisierung und Kooperation der Produktion

Die im Arbeitsmaterial der Konferenz dargestellten Anforderungen an die Vervollkommnung der Leitung, Planung und ökonomischen Stimulierung der Prozesse der sozialistischen ökonomischen Integration werden von uns unterstützt. Das gilt insbesondere für die Ausführungen im Arbeitsmaterial, wonach die Erzielung eines günstigen Verhältnisses von gesellschaftlichem Ergebnis zum Aufwand im Zentrum der theoretischen und praktischen Arbeit stehen muß. Unter diesem Aspekt sind auch die im Arbeitsmaterial enthaltenen Thesen zu unterstreichen, wonach ohne exakte Messung der ökonomischen Nutzeffekte der wissenschaftlich-technischen Zusammenarbeit und dem konkreten Nachweis ihrer Wirkungen auf die Hauptprozesse der intensiven Reproduktion höhere ökonomische Ergebnisse kaum zu erwarten sind.

Zweifellos hat diese These Gültigkeit für alle Maßnahmen der sozialistischen ökonomischen Integration, darunter auch für die Maßnahmen der internationalen Spezialisierung und Kooperation der Produktion. Allein aus der Anzahl der bestehenden bilateralen und multilateralen Verträge der internationalen Spezialisierung und Kooperation der Produktion wird der breite Kreis der Kombinate, Produktions- und Außenhandelsbetriebe sichtbar, die direkt mit der jeweiligen Maßnahme verbunden sind.

Bei vielen Maßnahmen der internationalen Spezialisierung und Kooperation der Produktion ergeben sich auch Auswirkungen auf vor- und nachgelagerte Wirtschaftseinheiten der eigenen Volkswirtschaft. Mit der Breite des Wirkungskreises der jeweiligen Maßnahme steht oft eine Vielzahl jeweils konkreter Wirkungen auf die einzelnen Phasen und die einzelnen Elemente der Reproduktion im Zusammenhang.

Die volkswirtschaftliche Effektivität der einzelnen Maßnahmen läßt sich aber nur bestimmen und beurteilen, wenn alle – genauer alle wesentlichen – Wirkungen erfaßt, beurteilt und in die Entscheidungsfindung einbezogen werden. Das ist ohne Zweifel ein komplizierter Prozeß, der im Rahmen der planmäßigen Leitung auf den jeweiligen Entscheidungsebenen zu beherrschen ist. Aus dieser Sicht sind die Ergebnisse zu betrachten, die in unserer Republik in den letzten Jahren bei der planmäßigen Vorbereitung und Durchführung von Maßnahmen der sozialistischen ökonomischen Integration erzielt wurden. Zugleich hilft dieser Aspekt bei der realen Einschätzung der unbedingt erforderlichen Qualifizierung der Leitungstätigkeit.

Wichtige Fortschritte bei der Bestimmung und Messung der Effektivität von Maßnahmen der internationalen Spezialisierung und Kooperation der Produktion werden sichtbar, wenn wir den gegenwärtigen Stand mit dem zu Beginn dieses Fünfjahrplanzeitraumes vergleichen.

Erreicht wurde in der Fünfjahrplanperiode 1976 bis 1980

– die für alle Staats- und Wirtschaftsorgane einheitliche und verbindliche Festlegung über den Nachweis der Effektivität für die Volkswirtschaft der DDR aus Maßnahmen der internationalen Spezialisierung und Kooperation der Produktion;

– die Ergänzung zu dieser Festlegung, die die erforderlichen Aktivitäten zur Effektivitätsabrechnung bestehender und für eine weitere Periode zu verlängernder Verträge zu Maßnahmen der internationalen Spezialisierung und Kooperation der Produktion vorschreibt;

– die allgemeine Qualifizierung der Arbeit mit dem Effektivitätsnachweis, darunter auch die begründeten Erkenntnisse über die bereichs-, kombinats- sowie außenhandelsspezifische Anwendung der allgemein verbindlichen staatlichen Richtlinien und darauf aufbauend spezifischer Ordnungen, in denen zum Beispiel Aufgaben der äußeren Absatz- und Bezugsorganisation, der Konsequenzen für den Produktionsablauf u. a. geregelt werden;

– die erarbeiteten Analysen und wissenschaftlichen Materialien, wie z. B. das vom Ökonomischen Forschungsinstitut der Staatlichen Plankommission veröffentlichte Material über „Die Ermittlung effektiver Varianten der internationalen Spezialisierung und Kooperation der Produktion", dessen Anwendung erfolgreich erprobt und inzwischen weiter konkretisiert wurde.

Bei aller Anerkennung dieser Fortschritte, die in den letzten fünf Jahren auf diesem Gebiet der Effektivitätsmessung und -beurteilung erzielt wurden, gibt es m. E. noch Unzulänglichkeiten. Dazu gehört vor allem der Teil des Effektivitätsnachweises von Maßnahmen der internationalen Spezialisierung und Kooperation der Produktion, in dem bekanntlich der Einfluß der jeweiligen Maßnahme auf die Hauptfaktoren der Effektivitätssteigerung darzustellen ist. Untersuchungen über die Motivation des Abschlusses von internationalen Spezialisierungs- und Kooperationsverträgen ergaben, daß oft mit wenigen allgemeinen Hinweisen und ohne ausreichende zahlenmäßige Darstellung gearbeitet wird. In nicht wenigen Fällen wird die Maßnahme mit der Notwendigkeit der Bedarfsdeckung begründet und die Rentabilitätskennziffer des Außenhandels (R_{ep} bzw. R_{ip}) als Ausdruck der volkswirtschaftlichen Effektivität behandelt, obwohl nachgewiesen ist, daß die Außenhandelsrentabilität allein kein Gradmesser der volkswirtschaftlichen Rentabilität einer Maßnahme sein kann. Fragt man, welche Auswirkungen die Maßnahme für die Durchsetzung des wissenschaftlich-technischen Fortschritts hat, so ergab die Analyse, daß nur in jedem sechsten der untersuchten Effektivitätsnachweise dazu Angaben enthalten waren. Die Verpflichtung der Partner (sowohl der spezialisierenden wie auch der nichtspezialisierenden Seite) zur Zusammenarbeit zwecks Erreichung des Weltniveaus der zu spezialisierenden Erzeugnisse bzw. die Erhaltung dieses Niveaus konnte nur bei jedem dritten der untersuchten Verträge festgestellt werden. Auch bei der Darstellung der Entwicklung der Selbstkosten der Erzeugnisse bzw. bei den Auswirkungen der Maßnahme auf die Kostensenkung, die insbesondere bei der Übernahme des Erzeugnisses in die eigene Produktion wichtig zu wissen ist (exportorientierte Spezialisierung), fehlten die Angaben in der Mehrzahl der untersuchten Spezialisierungs- und Kooperationsverträge.

Sicher mag es kompliziert sein, zu dem Einfluß einer Maßnahme der Spezialisierung und Kooperation auf Hauptfaktoren der Intensivierung exakte Angaben zu machen. Die jeweilige Maßnahme bezieht sich gewöhnlich auf ein oder einige Erzeugnisse. Die sich daraus ergebenden Konsequenzen, z. B. für die Kostensenkung, ist dabei insofern schwierig, da die Kostenträgerrechnung in der Industrie der DDR gewöhnlich nur ein- bis zweimal im Jahr aufgemacht wird und die Kostenträgerplanung oft nur als periphere Erscheinung der Leitung und Planung behandelt wird.

Ein bestimmter Kompliziertheitsgrad der Effektivitätsmessung kann und darf aber kein Grund sein, die Vorbereitung der Spezialisierungs- und Kooperationsmaßnahme und den Abschluß von internationalen Wirtschaftsverträgen auf der Basis „unscharfer" Kenntnisse zu betreiben.

Eine solche Praxis ist unvereinbar mit den Erkenntnissen der ökonomischen Wissenschaften. Sie entspricht in keiner Weise den Orientierungen der SED, die Leitungstätigkeit zu qualifizieren und bei der Intensivierung die qualitativen Faktoren des volkswirtschaftlichen Leistungsanstieges, insbesondere den wissenschaftlich-technischen Fortschritt, die Steigerung der Arbeitsproduktivität, die Senkung des Aufwandes u. a., in den Vordergrund zu rücken.

Es ist unbestreitbar, daß Maßnahmen der internationalen Spezialisierung und Kooperation der Produktion einen hohen Wirkungsgrad der gesellschaftlichen Arbeit haben können, weil unmittelbar im Produktionsprozeß die Zusammenarbeit mit der UdSSR und den anderen Bruderländern es ermöglicht, die Kombination der Hauptelemente der Produktion und die Konzentration einem ökonomisch begründeten Optimum anzunähern. Einen solchen Vorzug des Sozialismus können und dürfen wir aber nicht verschenken.

Eine sich daraus ergebende Konsequenz ist, diese Erkenntnis zu verbreiten und in den Kombinaten und Ministerien um ihre konsequente Umsetzung zu sorgen, denn der Zusammenhang zwischen Vertiefung der internationalen Arbeitsteilung, Erhöhung der Effektivität der gesellschaftlichen Produktion setzt sich nicht automatisch und im Selbstlauf durch. Der Planung, insbesondere der Planung der Effektivität der Maßnahmen der internationalen Spezialisierung und Kooperation der Produktion, kommt dabei eine entscheidende Bedeutung bei. Der Effektivitätsnachweis, seine qualifizierte Erarbeitung und Begründung kann und muß dabei ein wichtiges Instrument sein.

Auch die ökonomische Stimulierung, insbesondere im Zusammenhang mit der Leistungsbewertung der Kombinate ist für die planmäßige Nutzung der Vorzüge der Prozesse der sozialistischen internationalen Arbeitsteilung einzusetzen. Zwei Prämissen sind dabei jedoch hervorzuheben:

1. Die ökonomische Stimulierung kann nur dann voll zur Wirkung kommen, wenn aus der aktiven Teilnahme an den ökonomischen Prozessen die Mittel entspringen, die die Produzenten an der Durchführung der Maßnahme interessieren. Es kann sich also nicht einfach um Zuschüsse oder Subventionen der übergeordneten Leitungsebene handeln.

2. Die ökonomische Stimulierung muß organisch im Gesamtsystem verankert und auf die Hauptziele gerichtet sein.

Ausgehend von beiden Prämissen, scheint uns eine gesonderte ökonomische Stimulierung der Spezialisierungs- und Kooperationsmaßnahmen gegenüber den Wirtschaftseinheiten nicht angebracht. Gehen wir aber davon aus, daß letztlich die einzelnen Maßnahmen der internationalen Spezialisierung und Kooperation der Produktion zur Stärkung der Exportkraft führen sollen, so z. B. auch die Einsparung an gesellschaftlicher Arbeit im Export und Import, dann kann über die ökonomische Stimulierung der Exportentwicklung und der Importeinsparungen wirksam und spürbar auch die Spezialisierung und Kooperation der Produktion beeinflußt werden. Eine der Richtungen der Stimulierung wäre im Rahmen der gegenwärtigen Leistungsbewertung der Kombinate und Betriebe in der Gestalt möglich, daß die Erfüllung des Planes der industriellen Warenproduktion und der Nettoproduktion nicht nur zu IAP, sondern der Exportanteil daran auch zu Exporterlösen bewertet und beurteilt würde.

Auf diese Weise würde sowohl das Exportvolumen wie auch die Höhe der Exportrentabilität wirksam.

Im Zusammenhang mit derzeit laufenden Experimenten sind dabei jedoch auch weitere Überlegungen erforderlich. Das betrifft u. a. Fragen der Umrechnungssätze und der Vergleichbarkeit der Exportrentabilitätskennziffern zwischen den verschiedenen Industriebereichen, z. B. Maschinenbau und Leichtindustrie. Dazu gehören auch die Vorgabe von Normativen und die Preisbildung für neu- und weiterentwickelte Erzeugnisse.

S. Thede

Zum Verhältnis von langfristigen Zielprogrammen, internationaler Plankoordinierung und Volkswirtschaftsplanung

Im vorgelegten Arbeitsmaterial für die Konferenz wird der enge Zusammenhang zwischen den langfristigen Zielprogrammen, der Koordinierung der Volkswirtschaftspläne und der Volkswirtschaftsplanung hervorgehoben. Auf einige theoretische Probleme dieser Zusammenhänge soll kurz eingegangen werden, wobei Analysen und Materialien des Internationalen Instituts für ökonomische Probleme des sozialistischen Weltsystems zum Thema „Verallgemeinerung der Erfahrungen der Plankoordinierung 1981–1985 im Zusammenhang mit der Realisierung der langfristigen Zielprogramme" genutzt werden.

1. Zum Verhältnis von langfristigen Zielprogrammen und der im Komplexprogramm formulierten Form der Planungszusammenarbeit „Koordinierung der Pläne für eine längere Perspektive für wichtige Volkswirtschaftszweige und Produktionsarten".

In unseren Arbeiten sind wir zu der Auffassung gelangt, daß mit der Ausarbeitung von langfristigen Zielprogrammen die bereits im Komplexprogramm vorgesehene Form der Koordinierung der Pläne für eine längere Perspektive für wichtige Volkswirtschaftszweige und Produktionsarten mit Leben erfüllt und gleichzeitig eine Erweiterung vollzogen wurde, indem die Koordinierung der langfristigen Entwicklung nicht nur einzelne Volkswirtschaftszweige und Produktionsarten umfaßt, sondern auch auf größere Volkswirtschaftszweige, wie die Brennstoff- und Energiewirtschaft, den Maschinenbau und die Landwirtschaft, gerichtet ist. Dabei werden diese Komplexe allerdings bei der Koordinierung nicht in ihrer Totalität erfaßt.

Die inhaltlichen Anforderungen an die internationale Koordinierung sind maßgeblich abgeleitet aus der innerstaatlichen langfristigen Planung. Bekanntlich konzentriert sie sich in den sozialistischen Ländern insbesondere auf die Herausarbeitung der strategischen Richtungen der sozialökonomischen und wissenschaftlich-technischen Entwicklung der Wirtschaft. Im sowjetischen Beschluß zur Vervollkommnung des Wirtschaftsmechanismus aus dem Jahre 1979 wird hierzu die Ausarbeitung folgender Dokumente vorgesehen:

- das komplexe Programm des wissenschaftlich-technischen Fortschritts für 20 Jahre,
- Grundrichtungen der ökonomischen und sozialen Entwicklung der UdSSR für 10 Jahre.

Zu ausgewählten Problemen der langfristigen Entwicklung werden komplexe wissenschaftlich-technische, ökonomische und soziale Zielprogramme ausgearbeitet, aber auch Programme der Entwicklung einzelner Regionen und territorialen Produktionskomplexe. In der DDR sind entsprechende Konzeptionen und Programme zur Entwicklung des Wohnungsbaus, der Brennstoff- und Energiebilanz, der Naturwissenschaft und Technik, der Grundlagenforschung, der Mikroelektronik und der Hauptstadt der DDR, Berlin, ausgearbeitet worden.

Die langfristigen Zielprogramme entsprechen im wesentlichen diesen Elementen der langfristigen Planung. Sie enthalten eine abgestimmte Strategie zu ausgewählten Komplexen der wissenschaftlichen Entwicklung sowie vorgesehene Maßnahmen der Zusammenarbeit. Zu diesen Maßnahmen werden dann entsprechende Abkommensverhandlungen geführt. Deshalb sollte man die Ausarbeitung der langfristigen Zielprogramme nicht neben die Koordinierung der langfristigen Entwicklung stellen, sondern sie als eine geeignete, in vieler Hinsicht neue Methode, als konkreten Weg eben dieser Koordinierung auf mehrseitiger Grundlage auffassen. Die langfristigen zweiseitigen Programme der Spezialisierung und Kooperation zwischen der UdSSR und den anderen sozialistischen Ländern stellen dann die entsprechende Form der langfristigen Koordinierung auf zweiseitiger Grundlage dar. Daneben gibt es auch weiterhin einige andere Kanäle und Methoden der langfristigen Koordinierung.

2. Zum Verhältnis von langfristigen Zielprogrammen und Fünfjahrplankoordinierung

Gegenwärtig stellt die Vereinbarung der in den langfristigen Zielprogrammen vorgesehenen Maßnahmen der Zusammenarbeit den Hauptinhalt der mehrseitigen Fünfjahrplankoordinierung dar. Damit verwandelt sich die mehrseitige Koordinierung der Fünfjahrpläne der RGW-Länder zunehmend in einen Teilprozeß der langfristigen Koordinierung, d. h. der Vereinbarung von langfristigen Maßnahmen der Zusammenarbeit, in dem die gegenseitigen Verpflichtungen für den folgenden Fünfjahreszeitraum detaillierter, umfassender, überhaupt präziser vereinbart sind. Diese Tendenz wird durch die langfristigen Zielprogramme entscheidend verstärkt, ist der multilateralen Zusammenarbeit aber wesenseigen. Das betrifft insbesondere die internationale Spezialisierung und Kooperation der Produktion, den gemeinsamen Bau von Produktionskapazitäten und die wissenschaftlich-technische Zusammenarbeit, einschließlich der internationalen Standardisierung sowie der gemeinsamen Überleitung von Forschungsergebnissen. Diese Prozesse sind in der Regel nicht auf einen Fünfjahreszeitraum einzugrenzen.

Die zweiseitige Fünfjahrplankoordinierung ihrerseits erfüllt die Funktion der weiteren Umsetzung und Präzisierung langfristiger Vereinbarungen im Rahmen der Abstimmung und Bilanzierung der gegenseitigen Lieferungen und Leistungen für den jeweiligen Fünfjahresplanzeitraum insgesamt. Hier werden die selektiven Koordinierungsergebnisse erstmalig eingeordnet in den Prozeß der komplexen Koordinierung der Außenwirtschaftsbeziehungen mit dem entsprechenden Partnerland insgesamt.

Hierbei stehen Effektivität und Proportionalität der zweiseitigen Beziehungen in ihrer Gesamtheit im Vordergrund. Dementsprechend werden auch die Ergebnisse der langfristigen Koordinierung einbezogen, weitergeführt und präzisiert, teilweise auch, im gegenseitigen Einvernehmen, korrigiert.

3. Zur Verbindung von Plankoordinierung und Volkswirtschaftsplanung

Ein zentrales Problem ist die Gewährleistung der für die Erfüllung der internationalen Verpflichtungen erforderlichen materiellen und finanziellen Ressourcen. Diese Gewährleistung ist nicht automatisch mit dem Abschluß der Plankoordinierung, von internationalen Abkommen und Vereinbarungen gegeben – einige Formulierungen im Arbeitsmaterial erwecken m. E. den Eindruck der Existenz eines derartigen Automatismus. Die Ressourcen sind aber aktiv im Rahmen der innerstaatlichen Planung, insbesondere der Fünfjahresplanung, zu sichern, als Voraussetzung der unbedingten Vertragstreue. Diese Aufgabe entfällt auch dann nicht, wenn in einigen Fällen bestimmte Ressourcen, z. B. zum Bau von Objekten durch gemeinsame Anstrengungen, auch in die gemeinsame Planungstätigkeit der Mitgliedsländer des RGW einbezogen sind.

4. Zu den Möglichkeiten der Ausnutzung der sozialistischen ökonomischen Integration als Wachstums- und Effektivitätsfaktor für die Volkswirtschaft

Zu den Möglichkeiten und Aufgaben ihrer Nutzung gibt es im Material eine ganze Reihe von begründeten Aussagen, zur Zeit noch begrenzende Faktoren sind weniger herausgearbeitet. Deshalb hierzu einige ergänzende Bemerkungen.

Der konsequente Übergang zur Intensivierung, der erhöhte Druck auf Effektivität der Produktion und Qualität der Erzeugnisse führen auch zu entsprechenden Anforderungen an die internationale Arbeitsteilung. Es geht weniger um eine quantitative Ausdehnung der Arbeitsteilung als vielmehr um ihre Effektivität.

Bestimmte Entwicklungsrichtungen der Produktivkräfte drängen m. E. nicht unbedingt zu einer Internationalisierung. So ermöglicht z. B. die Anwendung von Werkzeugmaschinen und Bearbeitungszentren mit numerischer Steuerung eine hocheffektive Klein- und Mittelserienproduktion, die im wesentlichen auf innerstaatlicher Arbeitsteilung basiert. Weiterhin ergeben sich aus den gegenwärtigen Transportmöglichkeiten und -kosten bestimmte Probleme für die quantitative Ausdehnung der internationalen Arbeitsteilung.

Als ein weiterer Faktor sei das erreichte Niveau der Leitung, Planung und ökonomischen Stimulierung genannt. Gegenwärtig sind die Anstrengungen der Mitgliedsländer des RGW darauf gerichtet, die Fünfjahrplanung zum Hauptinstrument der Planung zu entwickeln. Wir wissen, daß von einem Jahr zum anderen aber auch im Rahmen eines Fünfjahrplanzeitraumes der planmäßigen Änderung von zwischen- und auch größeren innerzweiglichen Proportionen bestimmte Grenzen gesetzt sind.

Jahresplanung ohne langfristige Grundlagen wäre im Grunde nur eine Verteilung defizitärer Erzeugnisse entsprechend vorhandener Sachzwänge. Das wird noch verstärkt bei begrenzten Reserven und äußerst angespannten Bilanzen. Je länger aber der zu planende Zeitraum, desto größer wird der Spielraum der tatsächlichen Entscheidungen.

Die gegenwärtig noch relativ kurzfristige Planung zwingt m. E. objektiv dazu, mehr vom erreichten Entwicklungsniveau und den gegenwärtigen Bedingungen und noch zu wenig von erforderlichen Entwicklungszielen und den zu ihrer Erreichung notwendigen Reproduktionsbedingungen auszugehen. Eine derartige Situation begrenzt die Nutzung der im Zusammenhang mit der Integration stehenden Effektivitätsreserven. Sie erklärt auch, warum z. B. eine Vielzahl von Maßnahmen der internationalen Spezialisierung und Kooperation noch vorrangig auf eine Veränderung der Verteilung des vorhandenen Erzeugnissortiments gerichtet ist und mit, nach den heutigen Maßstäben, noch unzureichenden Effektivitätsvorteilen verbunden ist.

Aus diesen Gründen ist die im Arbeitsmaterial genannte Aufgabe der Entwicklung und Vervollkommnung der langfristigen Planung, wie der Erhöhung der Wissenschaftlichkeit der Planung überhaupt, nachdrücklich zu unterstützen. Insbesondere betrifft das die mehrseitige Planungszusammenarbeit, die ihrem Charakter nach auf langfristige Integrationsprozesse gerichtet ist. Sie kann im Prinzip nicht mehr und keine besseren Resultate bringen, als die innerstaatliche langfristige Planung ermöglicht. Auch auf diesem Gebiet kommt der UdSSR und der sowjetischen Planung die Pionierrolle zu, da die Klärung der Möglichkeiten und Bedingungen der langfristigen Bedarfssicherung von Brenn- und Rohstoffen sowie Energie eine Ecksäule der langfristigen Planung ist, eine Voraussetzung für die langfristige innerstaatliche Konzipierung vieler Bereiche der Industrie, der Landwirtschaft und des Transportwesens. Auch progressive Strukturveränderungen auf der Basis der internationalen Spezialisierung und Kooperation der Produktion erfordern in der Regel internationale Abstimmungen, die langfristige Zeiträume umfassen.

In dem Maße, wie es uns in der sozialistischen Gemeinschaft gelingt, die langfristigen Grundlagen der wissenschaftlich begründeten Planung der Volkswirtschaft und der Integration zu vervollkommnen, werden die Möglichkeiten erweitert, die im Arbeitsmaterial genannten potentiellen Effektivitätswirkungen der sozialistischen ökonomischen Integration in ihrem ganzen Ausmaß planmäßig zu realisieren.

5. Berichte der Leiter der Arbeitskreise

K.-H. Stiemerling

Bericht im Plenum der Konferenz über die Diskussion im Arbeitskreis 1:

Die sozialistische ökonomische Integration – eine Gesetzmäßigkeit der weiteren Gestaltung und Vervollkommnung der entwickelten sozialistischen Gesellschaft

In einer konstruktiven Diskussion, an der sich alle Teilnehmer des Arbeitskreises beteiligten, wurden vor allem folgende Aufgaben und Probleme behandelt:

1. die Notwendigkeit, in jedem Mitgliedsland des RGW die schöpferische Anwendung der allgemeingültigen Gesetzmäßigkeiten der sozialistischen Revolution und des sozialistischen Aufbaus unter Beachtung der konkreten historischen Bedingungen und spezifischen Gegebenheiten zu verbinden mit der Orientierung auf die allseitige Stärkung der um die UdSSR gescharten sozialistischen Staaten;
2. der historische Charakter der allseitigen Annäherung sozialistischer Staaten und Nationen bei wirksamer Verknüpfung gemeinsamer und spezifischer Interessen der beteiligten Länder auf der Grundlage des sozialistischen Internationalismus und der Gesetzmäßigkeiten und Prinzipien des Sozialismus;
3. die Einheit und die Wechselbeziehungen von Politik, Ökonomie und Ideologie, von objektiven Bedingungen und subjektiven Faktoren bei der Lösung der praktischen Aufgaben auf dem Gebiet der sozialistischen ökonomischen Integration;
4. die Vervollkommnung der zentralen staatlichen Planung und die wirksamere Ausnutzung der Ware-Geld-Beziehungen mit dem Ziel, die sozialistische ökonomische Integration stärker als Faktor der Effektivitätssteigerung zu nutzen;
5. die effektivere Gestaltung der ökonomischen Beziehungen zu Drittländern, also insbesondere zu den national befreiten Ländern Asiens, Afrikas und Lateinamerikas, aber auch zu den kapitalistischen Industrieländern. Zu diesem Problem wurde auch die Notwendigkeit hervorgehoben, die verschiedenen sozialökonomisch unterschiedlichen Integrationsprozesse in der Welt zu analysieren und zu vergleichen.

In der Diskussion wurde die Orientierung der Partei bekräftigt, das Programm des Wachstums, der Stabilität und des Wohlstands auch bei veränderten inneren und äußeren Reproduktionsbedingungen fortzusetzen. Dabei wurde deutlich herausgestellt, daß in der DDR wie in allen anderen Mitgliedsländern des RGW das Tempo des ökonomischen und des sozialen Fortschritts maßgeblich von der Effektivität der ökonomischen Integrationsprozesse bestimmt wird.

Die Diskussionsteilnehmer hoben hervor, daß die erfolgreiche Entwicklung der DDR das Ergebnis der wissenschaftlich fundierten Politik der SED, der schöpferischen Arbeit der Werktätigen unseres Landes sowie der brüderlichen Zusammenarbeit mit der UdSSR und den anderen Bruderländern ist.

Ein wichtiger Faktor, der alle qualitativen und quantitativen Aspekte des Reproduktionsprozesses in der DDR berührt, ist die sozialistische ökonomische Integration der Mitgliedsländer des RGW.

„Die sozialistische ökonomische Integration im Rahmen des Rates für Gegenseitige Wirtschaftshilfe, dessen Mitglied die DDR vor 30 Jahren wurde, hat sich weiter vertieft. Als Beispiel sei hier vor allem die brüderliche Zusammenarbeit mit der Sowjetunion angeführt, unserem größten und wichtigsten Partner. Unser gegenseitiger Warenaustausch stieg von 1950 bis 1979 auf das 30fache und erreicht in diesem Jahr 9 Milliarden Rubel. Das Programm der Spezialisierung und Kooperation der Produktion unserer beiden Länder bis 1990 öffnet dieser Gemeinsamkeit neue Perspektiven."[1]

Im Rahmen dieser Zusammenarbeit hat die DDR sehr viel Hilfe und Unterstützung erfahren und zugleich selbst aktive Solidarität geübt. Auch heute und in Zukunft sind die sowjetischen Lieferungen an Rohstoffen, Maschinen, Ausrüstungen und Konsumgütern wichtige Grundlagen des ökonomischen Wachstums in der DDR. Umgekehrt tragen die Lieferungen der DDR in die Sowjetunion und in die anderen Bruderländer zur Realisierung der wirtschafts- und sozialpolitischen Ziele dieser Länder bei.

In der Diskussion wurde hervorgehoben, daß für unsere weitere stabile Entwicklung die mit der UdSSR abgeschlossenen Vereinbarungen über Importe an Rohstoffen, die einen entscheidenden Anteil unseres volkswirtschaftlichen Bedarfs an Roh- und Brennstoffen decken, von entscheidender Bedeutung sind.

In allen Beiträgen wurde herausgearbeitet, daß sich die sozialistische ökonomische Integration als sozialökonomischer Prozeß bewährt hat und für alle Beteiligten Früchte trägt. Die kommunistischen und Arbeiterparteien in den RGW-Ländern haben eine marxistisch-leninistische Konzeption für die weitere gesellschaftliche Entwicklung. Sie wird Schritt für Schritt verwirklicht, wobei objektive Bedingungen und auch subjektive Einflüsse gelegentlich das Tempo und die Art der Lösung erschweren. Die Analyse der veränderten objektiven Bedingungen und anderer Einflüsse muß zu theoretischen Verallgemeinerungen und praktikablen Vorschlägen zur Präzisierung der Aufgaben und Methoden zur effektiveren Verwirklichung der ökonomischen Integrationsprozesse führen.

Die Analyse des Erreichten zeigt, daß eine Reihe theoretischer und praktischer Probleme zur Lösung anstehen, um den wachsenden Anforderungen der achtziger Jahre erfolgreich entsprechen zu können.Dazu gehören die Konsequenzen aus der Verschärfung der internationalen Lage, die weitere Internationalisierung des Wirtschaftslebens sowie die vielfältigen Anforderungen an die weitere Entfaltung der sozialistischen Produktionsverhältnisse und insbesondere an die Vervollkommnung der Leitung, Planung und Stimulierung der ökonomischen Integrationsprozesse.

Auf den Tagungen des Zentralkomitees und in der Rede des Genossen Erich Honecker in Gera wurden sie analysiert, wurden zugleich die Aufgaben zu ihrer Lösung genannt. Eine Reihe internationaler Einflüsse hat dabei ein besonderes Gewicht erhalten. Es handelt sich dabei vorwiegend um Faktoren, die nicht kurzfristiger Natur sind und in hohem Maße nicht nur die ökonomischen und sozialen Prozesse der achtziger Jahre bestimmen werden. Dazu gehören zum Beispiel auch die sogenannten globalen Probleme. Im Einführungsreferat und in der Diskussion wurde richtig herausgearbeitet, daß stets die Klassengebundenheit der Ursachen und Lösungswege dieser Menschheitsprobleme beachtet werden müssen. Dabei geht es jedoch nicht etwa um ein Nacheinander. Noch mehr muß der Kampf um Frieden und Entspannung und zur Beendigung des Wettrüstens mit Schritten zur Lösung der anderen globalen Probleme verbunden werden, um die antiimperialistischen Kräfte zu stärken und den Einfluß des realen Sozialismus weiter zu erhöhen.

Die Entwicklung der sozialistischen ökonomischen Integration der Mitgliedsländer des RGW kann und muß wesentlich dazu beitragen, die Produktivkräfte und Produktions-

[1] Zu aktuellen Fragen der Innen- und Außenpolitik der DDR, Aus der Rede des Generalsekretärs des ZK der SED und Vorsitzenden des Staatsrates der DDR, Erich Honecker, auf der Aktivtagung zur Eröffnung des Parteilehrjahres 1980/81 in Gera, in: Neues Deutschland vom 14. Oktober 1980, S. 4.

verhältnisse in ihrer dialektischen Wechselbeziehung zu entwickeln und zu entfalten, um alle Vorzüge und Triebkräfte des Sozialismus mit dem Ziel zu nutzen, die Effektivität der gesellschaftlichen Produktion und das materielle und geistig-kulturelle Lebensniveau des Volkes zu erhöhen. Die Diskussionsredner hoben hervor, daß die Vorzüge des Sozialismus zum Wohle der Werktätigen jedes sozialistischen Landes am schnellsten und wirkungsvollsten zur Geltung zu bringen sind, wenn dieses gemeinsame Anliegen der RGW-Länder wissenschaftlich fundiert angepackt wird. Durch die Zusammenarbeit auf dem Gebiet der Planungstätigkeit, besonders die Koordinierung der Pläne und die Vielzahl mehr- und zweiseitig abgeschlossener Abkommen und Vereinbarungen auf den Gebieten der Forschung, der Produktion und des gegenseitigen Waren- und Leistungsaustausches wird dieser Aufgabe immer besser entsprochen.

Die Verwirklichung der sozialistischen ökonomischen Integration widerspiegelt sich besonders in der stabilen, von Jahr zu Jahr zunehmenden Ausdehnung des Außenhandels zwischen den RGW-Ländern. Der Außenhandel zwischen ihnen wird auch weiterhin im Gefolge der Plankoordinierung und besonders der Spezialisierung und Kooperation in einem noch höheren Tempo wachsen als die Industrieproduktion und das Nationaleinkommen. In der Diskussion wurde jedoch auch deutlich, daß die realen Zuwachsraten des gegenseitigen Außenhandels in den achtziger Jahren dabei offensichtlich noch stärker von den Effektivitäts- und Bilanzerfordernissen der Länder bestimmt werden.

Die neuen Prozesse, die sich mit der zunehmenden Vergesellschaftung und Internationalisierung von Arbeit und Produktion im Bereich der RGW-Länder herausbilden, verlangen in den achtziger Jahren eine konsequente Einstellung der Leitung und Planung sowie der ökonomischen Stimulierung in den Ländern auf die Anforderungen und Möglichkeiten der sozialistischen ökonomischen Integration als allgemeiner Bedingung für Wachstum, Intensivierung und Stabilität. Dabei geht es darum, eine höhere Effektivität der gesellschaftlichen Produktion und eine bessere Deckung des Bedarfs mit Hilfe von Integrationsmaßnahmen zu erreichen.

In der Diskussion wurde übereinstimmend herausgestellt, daß die strukturelle Anpassung, die gegenseitige Ergänzung, die zunehmende Verflechtung und Durchdringung der Wirtschaften der Mitgliedsländer des RGW vor allem in den Bereichen, die den wissenschaftlich-technischen Fortschritt bestimmen, bei gleichzeitiger Sicherung der planmäßigen proportionalen Entwicklung in den Ländern, wesentliche Schritte zu einem höheren Nutzeffekt der gesellschaftlichen Arbeit sind.

Die Möglichkeiten des ökonomischen Wachstums, die sich aus der sozialistischen ökonomischen Integration ergeben, werden offensichtlich dann vollständig und effektiv genutzt, wenn allgemeingültige Gesetzmäßigkeiten des sozialistischen Aufbaus und spezifische Gegebenheiten, gemeinsame und spezielle Aufgaben der sozialistischen Staaten in ihrer wechselseitigen Bedingtheit beachtet werden. Erich Honecker sagte in diesem Zusammenhang, „daß es bei der ökonomischen Integration der sozialistischen Länder als einem neuen und komplizierten Prozeß darauf ankommt, an die Fragen der volkswirtschaftlichen Entwicklung mit entsprechender Sorgfalt heranzugehen. Die jeweils rationellsten Lösungen müssen sowohl den Interessen des eigenen Landes als auch denen der anderen Partner zum Nutzen gereichen. Unabdingbar ist die Orientierung auf die neuesten Erkenntnisse der Wissenschaft und Technik, auf die rentabelsten und fortgeschrittensten Produktionsverfahren.“[2]

Alle Grundprozesse der sozialistischen ökonomischen Integration, die Zusammenarbeit

[2] E. Honecker, Die Beschlüsse des XXIV. Parteitages der KPdSU das Kampfprogramm für Gegenwart und Zukunft, in: Reden und Aufsätze, Bd. 1, Berlin 1975, S. 12.

der Mitgliedsländer des RGW in der materiellen Produktion, in Wissenschaft und Technik, die weitere internationale sozialistische Spezialisierung und Kooperation der Produktion, die Vereinigung der Kräfte und Mittel im Bereich der Brennstoffindustrie, der Energiewirtschaft und in anderen Bereichen, können nur durch eine wissenschaftlich fundierte und bewußte Ausnutzung der ökonomischen Gesetze des Sozialismus mit hoher Effektivität durchgesetzt werden.

Für die Gegenwart und weiter zunehmend für den kommenden Zeitraum ist die Intensivierung des volkswirtschaftlichen Reproduktionsprozesses der Hauptweg, die Arbeits- und Lebensbedingungen der Völker weiter zu verbessern, um die wirtschafts- und sozialpolitischen Ziele der kommunistischen und Arbeiterparteien der Mitgliedsländer der RGW-Gemeinschaft zu verwirklichen.

Die sozialistische ökonomische Integration ist eine allgemeine Bedingung für die effektive Nutzung der Intensivierungsfaktoren und die Steigerung der Arbeitsproduktivität. Sie schafft günstigere Voraussetzungen für die Entfaltung der Produktivkräfte und fördert das stabile, intensive Wachstum der ökonomischen und wissenschaftlich-technischen Potentiale der RGW-Länder. Als wesentliche Bedingung der intensiven volkswirtschaftlichen Reproduktion beeinflußt sie die Wirksamkeit aller Faktoren des Wirtschaftswachstums. Deshalb bildet die sozialistische ökonomische Integration eine wichtige Voraussetzung für die weitere Vervollkommnung der sozialistischen Produktionsverhältnisse in den beteiligten Ländern.

Weiterhin wurden Ergebnisse, Entwicklungstendenzen und Probleme der ökonomischen Beziehungen mit Entwicklungsländern und kapitalistischen Industrieländern diskutiert. Dabei wurde unterstrichen, daß der revolutionäre Weltprozeß zukünftig in wachsendem Maße Anforderungen an das ökonomische und wissenschaftlich-technische Potential der Länder der sozialistischen Gemeinschaft stellt und somit auch unter diesem Aspekt die Notwendigkeit eines hohen und dynamischen Wirtschaftswachstums in den RGW-Länder deutlich wird. Die ökonomischen und wissenschaftlich-technischen Beziehungen der RGW-Länder mit den Entwicklungsländern haben sich im letzten Jahrzehnt kontinuierlich entwickelt. Mit der Gestaltung ökonomischer Beziehungen auf der Grundlage der Prinzipien der Achtung der Souveränität, der Nichteinmischung in innere Angelegenheiten, des gegenseitigen Vorteils leisten die RGW-Länder sowohl einen wesentlichen Beitrag für die ökonomische Entwicklung dieser Länder als auch für deren Kampf zur Neugestaltung der internationalen Wirtschaftsbeziehungen.

Die Diskussion im Arbeitskreis zeichnete sich durch Sachlichkeit und das ernsthafte Bemühen aller Teilnehmer aus, Theorie und Praxis der sozialistischen ökonomischen Integration voranzubringen. Die Teilnehmer brachten ihre prinzipielle Zustimmung zu den vorgelegten Materialien und zum einführenden Referat zum Ausdruck, schlugen die Präzisierung verschiedener Aussagen vor und stellten eigene Forschungsergebnisse zur Prüfung. Die in der Plenardiskussion geäußerten Gedanken, Anregungen und Informationen wurden als positiver Erfahrungsaustausch gewertet. Die Diskussionsredner betrachteten die Aufgaben zur Entwicklung der sozialistischen ökonomischen Integration der Mitgliedsländer des RGW als Aufgaben von großer politischer Bedeutung, die stets unter Beachtung der qualitativen und quantitativen, der objektiven und der subjektiven Aspekte zu sehen und zu lösen sind.

Von den Diskussionsrednern wurde hervorgehoben, daß für die effektive und stabile Gestaltung der Integrationsprozesse die planmäßige Ausnutzung der ökonomischen Gesetze des Sozialismus in den Volkswirtschaften und in den ökonomischen Beziehungen zwischen den RGW-Ländern grundlegende Bedeutung hat. Deshalb besteht ein wichtiges Anliegen der weiteren Forschungsarbeit darin, ausgehend von der internationalen Entfaltung der sozialistischen Produktionsverhältnisse und ihrer Grundrichtungen im Prozeß der sozialistischen ökonomischen Integration, die Spezifik im Wirken und in der Ausnutzung der ökonomischen Gesetze des Sozialismus in den ökonomischen Beziehungen zwischen den RGW-Ländern tiefer zu erforschen, um daraus entsprechende Schlußfolgerungen für die Vervollkommnung der Leitung, Planung und ökonomischen Stimulierung der Integrationsprozesse abzuleiten.

W. Heinrichs

Bericht im Plenum der Konferenz über die Diskussion im Arbeitskreis 2:

Die zunehmende Ergänzung und Verflechtung mit den Volkswirtschaften der Mitgliedsländer des RGW – ein wesentlicher Prozeß der intensiv erweiterten Reproduktion in der DDR

Die Vertiefung der sozialistischen ökonomischen Integration unter dem Gesichtspunkt der Intensivierung der gesellschaftlichen Produktion wurde im Arbeitskreis als eine zentrale Frage der weiteren wirtschaftlichen Zusammenarbeit der RGW-Länder herausgestellt. Die ökonomische und wissenschaftlich-technische Zusammenarbeit im RGW muß im Ergebnis zu immer höherer Qualität und Effektivität in der Produktion (Technologien) und bei den Erzeugnissen führen. Eine mitunter anzutreffende Auffassung, die nicht vorrangig die führende Wissenschaft und Technik in die Zusammenarbeit einbezieht, entspricht nicht mehr dem erreichten Stand und den Perspektiven der sozialistischen ökonomischen Zusammenarbeit. Gemeinsam muß man auch dem volkswirtschaftlichen Komplex der Konsumgüter eine größere Beachtung schenken.

Die Fortschritte und die weitere Entwicklung der Mitgliedsländer des RGW hängen eng mit der Intensivierung zusammen. Vom erreichten Intensivierungsgrad her gesehen, bestehen zwischen den einzelnen Ländern des RGW zum Teil erhebliche Unterschiede. Das hat auch Einfluß auf ihre ökonomischen Interessen. Folglich ist die sozialistische ökonomische Integration weitgehend aus den inneren Bedingungen der Länder heraus diktiert. Zugleich ist sie stärker in die weltweite Arbeitsteilung hineinzustellen. Deshalb müssen die Maßnahmen der sozialistischen ökonomischen Integration auch daran gemessen werden, welches Gewicht sie hierbei haben. Schwerpunkte der Diskussion waren:

1. Vergesellschaftungsprozeß, Intensivierung und sozialistische ökonomische Integration;
2. Tempo und Grad der sozialistischen internationalen Arbeitsteilung;
3. Abhängigkeiten zwischen den Ergebnissen der sozialistischen ökonomischen Integration und der Leitung und Planung in den RGW-Ländern;
4. Probleme der langfristigen Roh- und Brennstoffsicherung.

Ausgangspunkt der Diskussion zum *ersten* Problemkreis war die Erörterung von Erfahrungen, die in der wissenschaftlich-technischen und wirtschaftlichen Zusammenarbeit im Rahmen des RGW gesammelt werden konnten. Zur Diskussion standen Ergebnisse der Wissenschaftskooperation ebenso wie der Spezialisierung und Kooperation der Produktion. Eindeutig wurden Fortschritte der Vergesellschaftung von Produktion und Arbeit im Ergebnis der sozialistischen ökonomischen Integration hervorgehoben. Die Diskussionsteilnehmer betonten jedoch, daß man dabei nicht stehenbleiben könne. Die objektiven Erfordernisse gebieten die weitere Vertiefung der sozialistischen ökonomischen Integration zur Lösung der Aufgaben der 80er Jahre. Es wurde auch auf Strukturprobleme verwiesen: einerseits seien objektiv Verflechtungen notwendig, andererseits bedürfe es dafür Voraussetzungen, die vorrangig zu einer höheren Qualität und Effektivität der Zusammenarbeit führen. Folglich sei, so betonten mehrere Diskussionsredner, eine Gewichtsverlagerung von den quantitativen Ergebnissen zu den qualitativen Inhalten notwendig, wobei die höheren Qualitätsansprüche an die Zusammenarbeit für alle Formen der Arbeitsteilung gelten. Ein wichtiges Kriterium dieses qualitativ neuen Inhalts besteht im höheren technisch-ökonomischen Niveau der Erzeugnisse bzw. der Verfahren, mittels derer in den an der Spezialisierung und Kooperation beteiligten Ländern des RGW Neuerungsprozesse in den Volkswirtschaften vollzogen und stärker als bisher qualitative Wachstumsfaktoren gemeinsam erschlossen werden. In der Diskussion wurde darauf verwiesen, daß es nicht genüge, nur auf Möglichkeiten der internationalen Spezialisierung und Kooperation der Produktion zu verweisen. Es ist künftig stärker zu untersuchen, wie das zu realisieren ist und welche Voraussetzungen dafür in der Volkswirtschaft geschaffen werden müssen. Außerdem müsse man in der ökonomischen Forschung präziser zwischen lang- und kurzfristigen Wirkungen von Integrationsmaßnahmen auf den volkswirtschaftlichen Reproduktionsprozeß unterscheiden. Analysen über die stattgefundene Spezialisierung könnten helfen, ihre Effektivität für die Volkswirtschaft der DDR weiter zu erhöhen. Dabei müsse man einzelne Faktoren der Arbeitsteilung, so unter anderem den Faktor der territorialen Nähe vom Aspekt der wachsenden Transportaufwände stärker als bisher berücksichtigen. Zugleich ist stärker der Einfluß der Arbeitsteilung auf die Strukturentwicklung zu untersuchen. Damit die Maßnahmen der sozialistischen ökonomischen Integration einen fördernden Einfluß auf den Intensivierungsprozeß in den einzelnen Ländern ausüben können, müssen sie volkswirtschaftlich bilanziert sein. Das erfordert die Beachtung der Möglichkeiten, der objektiven und subjektiven Faktoren sowie der Rationalität und Effektivität in Verbindung mit dem Mechanismus der sozialistischen ökonomischen Integration.

Ein Aspekt der Diskussion bezog sich auf die Wechselwirkung zwischen sozialistischer internationaler Arbeitsteilung und weltweiter Arbeitsteilung. Einig war sich der Arbeitskreis in der Auffassung, daß dabei in erster Linie die sozialistische internationale Arbeitsteilung zu stärken sei. Andererseits dürfe die Teilnahme an der weltweiten Arbeitsteilung aber nicht als eine nur ergänzende Arbeitsteilung zur ersteren angesehen werden.

In einem *zweiten* Problemkreis wurden im Zusammenhang mit der Forderung, auf allen Ebenen der Zusammenarbeit der RGW-Länder eine höhere Effektivität zu sichern, Fragen nach dem künftigen Tempo der Arbeitsteilung aufgeworfen. Hierbei wurde betont, daß der Außenhandelsumsatz allein kein ausreichender Integrationsmaßstab sein kann, sondern hier weitere Kriterien zu beachten sind. Die Forderung nach Erhöhung der Qualität und Effektivität der Arbeitsteilung wurde von allen Diskussionsteilnehmern unterstrichen. Dabei ist zugrunde zu legen, daß Qualität und Quantität der internationalen Arbeitsteilung eine Einheit bilden. Damit die Arbeitsteilung als Wachstumsfaktor der Volkswirtschaft stets wirksamer wird, ist ein bestimmter Grad der Teilnahme eines Landes an der internationalen Arbeitsteilung notwendig. Es gilt, die teilweise noch vorhandenen Barrieren gegen eine Ausdehnung der Arbeitsteilung abzubauen, wobei das Kriterium der höheren Effektivität im Vordergrund stehen muß. Eine Ausdehnung der Arbeitsteilung um jeden Preis, das heißt selbst bei Minderung kurz-, mittel- und langfristiger Wirkungen der Effektivität steht im Widerspruch zu grundlegenden ökonomischen Interessen der Mitgliedsländer des RGW und damit der Gemeinschaft insgesamt. Die Erfahrungen lehren, daß kein Automatismus zwischen der Ausdehnung der internationalen sozialistischen Arbeitsteilung und der Erhöhung der Effektivität in den einzelnen Volkswirtschaften besteht. Überhaupt bedarf es gründlicher Forschungen über die Zusammenhänge zwischen volkswirtschaftlicher Effektivität und ökonomischen Interessen der Mitgliedsländer des RGW, denn diese Zusammenhänge bestimmen den ökonomischen Mechanismus der internationalen sozialistischen Arbeitsteilung mit.

Ein *dritter* Problemkreis war den Fragen der Leitung und Planung im Integrationsprozeß gewidmet. Die stärkere Orientierung auf die Intensivierung verlange auch die Vervollkommnung der Leitung und Planung als eine Voraussetzung für eine höhere Qualität und Effektivität der Arbeitsteilung. Bevor man jedoch den Mechanismus der

Leitung und Planung der sozialistischen ökonomischen Integration analysiert, müsse man noch die Wirksamkeit des Mechanismus in den einzelnen Ländern analysieren, weil die Möglichkeiten und Stimuli zur Kooperation weitgehend von der Meisterung der Intensivierungsprozesse in den Ländern selbst bestimmt werden. Probleme bestünden in der breiten und schnellen wirtschaftlichen Verwertung der wissenschaftlich-technischen Ergebnisse. Es geht um die Ableitung von Wissenschaft und Technik aus einer langfristigen Strukturkonzeption. Das Verhältnis von Arbeitsteilung, Bedarfsdeckung und Sicherung eines hohen wissenschaftlich-technischen Niveaus sei folglich von der Leitung und Planung in den RGW-Ländern stark zu beeinflussen. Ausführlich wurde in diesem Zusammenhang auch auf die wachsende Verantwortung der Kombinate für die Arbeitsteilung (innere Zusammenhänge der Arbeitsteilung, die nur von den Kombinaten entschieden werden können) eingegangen.

Die Diskussion zum *vierten* Problemkreis ging von der unbestrittenen Erkenntnis aus, daß es zur gemeinsamen Roh- und Brennstoffsicherung im RGW keine annehmbare Alternative gibt. Im Vergleich zu anderen volkswirtschaftlichen Bereichen liege auf diesem Gebiet ein spezifisches Problem, nämlich das der Verfügbarkeit vor. Die RGW-Länder müssen hier ihre strategische Unabhängigkeit auch weiterhin sichern. Dieses Kriterium ist mit ökonomischen Maßstäben allein nicht zu bewerten. Es weist außerdem politische und militärpolitische Komponenten auf. Doch auch bei der Brenn- und Rohstoffversorgung geht es um die Sicherung der volkswirtschaftlichen Effektivität. Eine Besonderheit ist dabei die Langfristigkeit der Bezüge. In der Diskussion wurden zwei Gruppen der Effektivitätsentscheidungen genannt, 1. Bestimmung der Bedarfsgröße (einschließlich der rationellen Verwendung), 2. Beschaffung der Rohstoffe mit den geringsten Aufwendungen (Investitionsbeteiligung). Dabei wurde darauf verwiesen, daß hierbei das Effektivitätsproblem vielschichtig sei und von den Wachstumsbedingungen der Volkswirtschaft abhänge. Probleme bestünden darin, welche Strategie zu entwickeln wäre, um den Rohstoffexporteuren moderne Gebrauchswerte zu liefern, und darin, wie schnell die DDR bei der Veredelung der Rohstoffe vorankommt. Diese Fragen stehen in engem Zusammenhang mit der Energie- und Materialökonomie. Im Zusammenhang mit der Roh- und Brennstoffsicherung wurde auf Konsequenzen hingewiesen, die sich für die verarbeitende Industrie, insbesondere für den Maschinenbau, ergeben. Weiterhin spielten in der Diskussion Fragen der Standortverteilung der Produktivkräfte eine Rolle.

Ein spezifischer Gesichtspunkt der Diskussion galt militärökonomischen Fragen und ihren Beziehungen zur sozialistischen ökonomischen Integration. Hier wurde darauf verwiesen, daß die Aufrechterhaltung einer etwa gleichen militärischen Stärke der beiden Weltsysteme wachsende Ausgaben notwendig macht. Die wachsenden Dimensionen militärischer Erfordernisse spielten im Zusammenhang mit der sozialistischen ökonomischen Integration eine wichtige Rolle, und zwar als Faktor der Zusammenarbeit sowie als Feld der Arbeitsteilung.

Abschließend möchte ich nochmals die erstrangige Bedeutung des Aspekts der Qualität und Effektivität bei der Teilnahme an der internationalen sozialistischen Arbeitsteilung hervorheben. Die sozialistische ökonomische Integration steht vor der Notwendigkeit der Ablösung traditioneller Technologien bzw. der Einführung völlig neuer, wie zum Beispiel der Mikroelektronik. Das ist eine zwar schwierige, aber lösbare Aufgabe. Dazu muß die wissenschaftliche Forschung in den RGW-Ländern einen verstärkten Beitrag leisten.

H. Steeger

Bericht im Plenum der Konferenz über die Diskussion im Arbeitskreis 3:

Die Vervollkommnung des Inhalts, der Methoden und Instrumentarien der Leitung, Planung und ökonomischen Stimulierung unter den Bedingungen der sozialistischen ökonomischen Integration

Die Diskussion im Arbeitskreis 3 war darauf gerichtet, Erfahrungen auszutauschen, die in der nationalen Planung und der Planungszusammenarbeit der RGW-Länder gesammelt wurden. Zugleich ging es darum, über das Neue in der Planung und Planungszusammenarbeit im Zeitraum 1981 bis 1985 zu informieren, speziell unter dem Aspekt, wie unter den Bedingungen der 80er Jahre Maßnahmen der sozialistischen ökonomischen Integration mit hoher Effektivität realisiert werden müssen. Die Diskussion war zugleich geprägt von einer Verständigung über Fragen der weiteren Qualifizierung von Leitung, Planung und Stimulierung, die sich auf Grund der neuen Reproduktionsbedingungen und der Existenz und Festigung der Kombinate abzeichnen, sowie die Erarbeitung von Schlußfolgerungen für die weitere wirtschaftswissenschaftliche Arbeit. Dementsprechend wurden im Arbeitskreis 3 Fragen behandelt wie: die Anforderungen der sozialistischen ökonomischen Integration an die langfristig konzeptionelle Planung in der Volkswirtschaft und in den Kombinaten, die aktive Nutzung der Ware-Geld-Beziehungen bei der Leitung, Planung und Stimulierung von Integrationsprozessen unter Zugrundelegung der sich aus der Einheit von materieller, wertmäßiger und finanzieller Planung ergebenden Konsequenzen, die innere Umsetzung der Integrationsmaßnahmen in die Planteile des Volkswirtschaftsplanes.

In der Diskussion spielten weiterhin solche Fragen eine Rolle wie die planmäßige Beherrschung der Zusammenhänge von nationaler Strukturentwicklung und internationaler Arbeitsteilung, der Effektivitätsmessung von Maßnahmen der sozialistischen ökonomischen Integration sowie der Spezifik von nationaler und internationaler Planung.

Die Diskussion konzentrierte sich auf folgende Schwerpunkte:

1. die Vertiefung der Beziehungen zwischen den zentralen Staatsorganen und den Kombinaten im System der Leitung, Planung und ökonomischen Stimulierung – ausgehend von den wachsenden Anforderungen und Möglichkeiten der sozialistischen ökonomischen Integration – die weitere Vervollkommnung der prognostischen und langfristigen konzeptionellen Arbeit;
2. die planmäßige Berücksichtigung von gebrauchswertmäßiger, wertmäßiger und finanzieller Reproduktion in der Leitung, Planung und ökonomischen Stimulierung von Integrationsmaßnahmen in allen Phasen des Planungsprozesses mit dem Ziel effektiven Wirtschaftens;
3. das organische Zusammenwirken und die Wechselbeziehungen zwischen den zentralen Staatsorganen und den Kombinaten bei der Zusammenarbeit der RGW-Länder auf dem Gebiet der Planungstätigkeit.

Durch den Arbeitskreis wurde folgende prinzipielle Position erarbeitet: Die sozialistische ökonomische Integration ist nicht nur eine Bedingung, sondern wesentlicher Reproduktionsfaktor. Seine leistungssteigernde Wirkung für jede nationale Volkswirtschaft und für das sozialistische Wirtschaftssystem als Ganzes wird in dem Maße unterstützt, wie durch das System der Leitung, Planung und ökonomischen Stimulierung eines jeden

RGW-Landes den objektiven Erfordernissen der intensiv erweiterten Reproduktion, einem auf qualitativen Faktoren beruhenden Wirtschaftswachstum bei umfassender Ausnutzung des wissenschaftlich-technischen Fortschritts entsprochen wird. Die Formen der Planung und Zusammenarbeit der Länder und Organe des RGW müssen dabei unterstützend wirken.

Der zum *ersten* Diskussionsschwerpunkt erfolgte Meinungsaustausch führte zu der übereinstimmenden Auffassung, daß es die weitere Entwicklung der sozialistischen ökonomischen Integration erforderlich macht, die langfristig konzeptionelle Arbeit zu verstärken. Ihre Bedeutung liegt insbesondere auf den für die Ableitung von Integrationsmaßnahmen notwendigen strukturpolitischen und strategischen Entscheidungen. Hierbei wurde betont, daß die Vorbereitung von Entscheidungsvorschlägen für Integrationsstrategien und -maßnahmen nur als gemeinsame Aufgabe der zentralen staatlichen Organe und der Kombinate zufriedenstellend lösbar ist. Erfahrungen besagen, daß langfristig konzeptionell arbeitende Kombinate es gut verstehen, die Maßnahmen der sozialistischen ökonomischen Integration voll und rechtzeitig einzuordnen. Durch das Zusammenwirken aller Ebenen wird immer besser gesichert, daß die zu lösenden Aufgaben der sozialistischen ökonomischen Integration entsprechend den volkswirtschaftlichen Erfordernissen realisiert werden und sich auf realen Realisierungsbedingungen gründen. Die weitere Qualifizierung der Planung im Rahmen der sozialistischen ökonomischen Integration ist folglich primär von der Erhöhung der Qualität der nationalen Planung abhängig. Die Zielrichtung der weiteren Vervollkommnung der Leitungs- und Planungstätigkeit muß eine verbesserte wissenschaftliche Entscheidungsbegründung hinsichtlich höherer Komplexität und Effektivität sein. Inhaltlicher Ausgangspunkt der Vorbereitung von Maßnahmen der sozialistischen ökonomischen Integration müssen Neuerungsprozesse sein und den Vorschlägen der Wissenschafts- und Produktionskooperation zugrunde liegen. Bewiesen ist es, daß erfolgreich arbeitende Kombinate eine gute analytische Basis haben. Jedoch reichen insgesamt die Anstrengungen für die Erarbeitung fundierter Betriebsanalysen nicht aus.

Das aus Rechnungsführung und Statistik zu gewinnende analytische Material wird noch nicht in dem notwendigen Maße ausgeschöpft. Durch die Ausprägung des volkswirtschaftlichen Denkens, so betonten die Redner, wird auch den Erfordernissen der sozialistischen ökonomischen Integration besser entsprochen.

Im Rahmen der Problemstellung des *zweiten* Schwerpunktes der Diskussion wurde darauf aufmerksam gemacht, in der Vorbereitung der Integrationsmaßnahmen die Einheit von Gebrauchswert und Wert umfassender zu berücksichtigen und insbesondere die Wertkategorien in allen Phasen des Reproduktionsprozesses zu nutzen. Wie mehrere Redner hervorhoben, ist es erforderlich, ein komplexeres Wirken der Wertkategorien zu sichern. Es steht die Aufgabe, die Zusammenhänge zwischen den einzelnen Wertkategorien umfassender herauszuarbeiten. Die nicht vertretbare Unterschätzung der Wertseite spiegelt sich z. B. auch in einer noch nicht ausreichenden Nutzeffektsermittlung wider. Durchgeführte Analysen belegen, daß Integrationsmaßnahmen noch zu wenig durch qualifizierte Nutzenrechnung untersetzt werden. Es gibt im Zusammenhang mit der Einführung des Effektivitätsnachweises Fortschritte auf diesem Gebiet, der gegenwärtig erreichte Stand ist jedoch weiter zu verbessern. Es geht darum, die Außenwirtschaftseffektivität voll in die Effektivitätsberechnungen zu integrieren und dabei die Sicherung der Effektivität der Maßnahmen der sozialistischen ökonomischen Integration insgesamt im Blickfeld zu haben. Mehrfach betont wurde in diesem Zusammenhang, daß die Leistungsbewertung der Kombinate bei vorhandener Orientierung auf wissenschaftlich-technischem und ökonomischem Weltstand noch zu vordergründig auf nationalen Maßstäben basiert und insbesondere der internationale wissenschaftlich-technische Höchststand als Bewertungsfaktor für die erbrachten Leistungen noch nicht genügend im Mittelpunkt steht. Die progressive Stimulierungswirkung des Preis-Leistungs-Verhältnisses wird bei konsequenter Anwendung internationaler Maßstäbe des wissenschaftlich-technischen Fortschritts weiter verstärkt. Die Rolle der Industriepreise als förderndes Element des wissenschaftlich-technischen Fortschritts und der Effektivität sollte weiter gestärkt werden.

Die Diskussion machte sichtbar, daß hier noch weiter wissenschaftliche Arbeit notwendig ist.

Ausgehend von der Fragestellung, wie die Finanzkategorien auf eine Erhöhung der Effektivität Einfluß nehmen können, wurde nachgewiesen, daß ein stärkerer Druck auf das Kostenniveau ausgeübt werden muß. Neuerungsprozesse, Erzeugnisentwicklungen müssen auf ein progressives Kostenniveau orientiert sein. Es sollten Überlegungen angestellt werden, verstärkt Kostenkennziffern verbindlich vorzugeben. Auf Fragen der Währungs- und Finanzprobleme innerhalb des RGW eingehend, betonten die Redner, daß die Rolle des transferablen Rubels und seines Wirkungsrahmens weiter erhöht werden muß. Es sind auch weitere Überlegungen notwendig, wie die inflationäre Entwicklung des Dollars im Kurs abzufangen sei.

Zusammenfassend wurde hervorgehoben, daß eine gesonderte Stimulierung von Maßnahmen der sozialistischen ökonomischen Integration nicht für erforderlich erachtet wird, jedoch das System der Leitung, Planung und Stimulierung als Ganzes noch wirksamer auf Erfordernisse der sozialistischen ökonomischen Integration auszurichten ist.

Im Mittelpunkt der Diskussion des *dritten* Schwerpunktes standen Fragen der Nutzung von Leitungs- und Planungsinstrumenten für die Zusammenarbeit im RGW. Wichtig ist es, den hierbei gewonnenen Erfahrungsschatz der sozialistischen Länder kontinuierlich und zielgerichtet auszuwerten. So besteht z. B. der Zusammenhang zwischen langfristiger Koordinierung, der Ausarbeitung von Zielprogrammen und der Plankoordinierung des Fünfjahrplanes darin, daß Zielprogramme Strategien zu ausgewählten Gebieten darstellen und in diesem Sinne eine Form langfristiger Koordinierung sind. Im Prozeß der Plankoordinierung der Fünfjahrpläne werden die Programme volkswirtschaftlich eingeordnet. Die Erfahrungen besagen, daß bei einer Jahresplanung ohne langfristige Entscheidungsgrundlage das Entscheidungsfeld stark eingeengt wird. Die Vervollkommnung der langfristigen Planung und ihrer wissenschaftlichen Begründung ist deshalb eine zunehmende Bedingung für die sozialistische ökonomische Integration.

Durch sie erweitern sich die Möglichkeiten für eine effektive Gestaltung der Kooperation. Betont wurde, daß die Sicherung der Kontinuität des Koordinierungsprozesses wesentliche Bedeutung erlangt. Generell gilt es zu beachten, daß die Plankoordinierung zwischen den sozialistischen Ländern und der Stand der jeweiligen innerstaatlichen Planung ein dialektisches Verhältnis bilden. Auch die Problematik der Vertragstreue ist unter diesem Aspekt zu sehen. Entscheidend ist dabei die volkswirtschaftliche Einordnung der Maßnahmen der sozialistischen ökonomischen Integration, die eine weitere Qualifizierung der zentralen staatlichen Planung und eine frühzeitige Mitwirkung der Kombinate in diesem Prozeß erfordert. Als notwendig – so wurde vermerkt – erweist es sich, dem Zusammenhang von Plan-Bilanz-Vertrag mehr Aufmerksamkeit zu widmen. Das bedingt gleichzeitig, durchgängig in der Volkswirtschaft die Planung der sozialistischen ökonomischen Integration maßnahmebezogen zu sichern.

6. Schlußwort

H. Koziolek

Schlußbemerkungen

Das Ergebnis der Konferenz ist ein wichtiger Beitrag der Wirtschaftswissenschaft zur Vorbereitung des X. Parteitages der SED. Die interessante und konstruktive Diskussion im Plenum und in den Arbeitskreisen hat bestätigt, daß die Fragen der sozialistischen ökonomischen Integration unmittelbar mit der weiteren Gestaltung der entwickelten sozialistischen Gesellschaft in der DDR verbunden sind und hierbei enge Wechselbeziehungen bestehen. Zugleich wurden Erfahrungen und Erkenntnisse aus der theoretischen und praktischen Arbeit verallgemeinert. Wir können feststellen, daß die theoretische Beherrschung des gesamten Spektrums der Fragen der sozialistischen ökonomischen Integration weiter vorangeschritten ist und dabei richtig davon ausgegangen wird, daß diese Probleme untrennbar mit der weiteren Stärkung der Leistungskraft der Volkswirtschaft der DDR sowie aller anderen Mitgliedsländer des RGW verbunden sind.

Die Konferenz hat eine schöpferische Arbeit geleistet. Das Referat und die Diskussionsbeiträge gingen davon aus, daß die sozialistische ökonomische Integration für die weitere Entwicklung unserer Volkswirtschaft und alle damit verbundenen sozialpolitischen Prozesse von zunehmender Bedeutung sind. Das Besondere dieser Konferenz bestand in ihrem Bemühen, die Erfordernisse der 80er Jahre auf dem außenwirtschaftlichen Gebiet so konkret wie möglich herauszuarbeiten. Dabei konnten wir uns auf das gesicherte Wissen stützen, das in der bisherigen Forschung gewonnen wurde und Gegenstand vorangegangener wirtschaftswissenschaftlicher Konferenzen war. Viele Gedanken und Vorschläge waren direkt auf die Vorbereitung des X. Parteitags der SED gerichtet und betrafen die Konzipierung der Entwicklung bis 1985 und darüber hinaus. Es kam die einhellige Auffassung zum Ausdruck, daß die sozialistische ökonomische Integration eine wichtige materielle und ideologische Waffe in der Klassenauseinandersetzung der sozialistischen Länder mit dem imperialistischen Wirtschaftssystem ist. Sie hat wachsende Bedeutung für die Entwicklung der gegenseitig vorteilhaften Zusammenarbeit auch mit den Entwicklungsländern. Das Beispiel der sozialistischen ökonomischen Integration weist den Weg, den Einfluß transnationaler Monopole zurückzudrängen und Beziehungen der Diskriminierung, der Ausbeutung und Unterdrückung aus dem internationalen Wirtschaftsleben zu verbannen.

Die im schriftlichen Diskussionsmaterial der Konferenz und im Referat des Genossen Prof. Dr. Kunz dargelegten theoretischen Positionen zur sozialistischen ökonomischen Integration bildeten eine wichtige Grundlage für die Arbeit der Konferenz. Wie die Berichte der Arbeitskreisleiter zeigten, sind diese Positionen in der Diskussion bestätigt und die Probleme weiter vertieft worden.

Als besonders positiv ist zu werten, daß die Konferenz durchgehend im Zeichen der Rede des Genossen Erich Honecker auf der Aktivtagung zur Eröffnung des Parteilehrjahres 1980/81 in Gera stand. Die Feststellung des Genossen Erich Honecker, daß unsere Partei von den objektiven ökonomischen Gesetzen des Sozialismus ausgeht und sie unter den Bedingungen unseres Landes richtig nutzt, ist für die Wirtschaftswissenschaft eine hohe Verpflichtung, die theoretische Arbeit weiter zu vertiefen und ständig den wissenschaftlichen Vorlauf zu sichern. Hervorheben möchte ich, daß aus der Sicht der weiteren Vertiefung der sozialistischen ökonomischen Integration die weitere Stärkung der materiell-technischen Basis, das Wirtschaftswachstum und die Steigerung der Arbeitsproduktivität, von der letzten Endes alles abhängt, als zentrale Aufgaben der Gestaltung unserer Gesellschaft behandelt wurden. Ich verweise besonders auf die Worte des Genossen Erich Honecker in seiner Geraer Rede, daß ein stabiles Wachstum wirtschaftlicher Leistung für den Sozialismus unverzichtbar ist, die Bedürfnisse der Menschen sich weiter entwickeln und daß nur das verteilt werden kann, was vorher produziert wurde. Die Zukunft verlangt große Investitionen, auch muß der Schutz unserer Errungenschaften immer auf dem erforderlichen Stand gewährleistet werden. In diesem Zusammenhang möchte ich unterstreichen, daß der Schlüssel zur Lösung der Entwicklungsprobleme der 80er Jahre, zur Einstellung auf die veränderten Reproduktionsbedingungen unzweifelhaft Wissenschaft und Technik sind und der Rang einer Volkswirtschaft heute zuerst von der Fähigkeit bestimmt wird, den wissenschaftlich-technischen Fortschritt zu meistern, um mit geringstem Aufwand hohe Ergebnisse zu erzielen. Dazu wurden auf der Konferenz Analysen ausgewertet, Erfahrungen vermittelt und Lösungsvorschläge, insbesondere zur Vervollkommnung der Leitung, Planung und ökonomischen Stimulierung, unterbreitet. Es wurde deutlich, daß eine große Zahl von Problemen auf theoretischem Gebiet auf der Tagesordnung stehen und weiter untersucht werden müssen.

Davon ausgehend, möchte ich auf folgende Fragen des Beratungsgegenstandes aufmerksam machen:

Erstens ist die sozialistische ökonomische Integration für unsere Volkswirtschaft von größter Aktualität. Im Mittelpunkt der Wirtschaftspolitik unserer Partei steht die Nutzung der qualitativen Faktoren des Wirtschaftswachstums in Verbindung mit der weiteren Vertiefung der sozialistischen Intensivierung und der Erhöhung der Effektivität der gesellschaftlichen Arbeit. Dabei geht es durchweg um Probleme, die mit der bewußten und planmäßigen Ausnutzung der ökonomischen Gesetze des Sozialismus direkt verbunden sind. Die sozialistische ökonomische Integration durchdringt alle Faktoren der sozialistischen Intensivierung und ist selbst eine entscheidende Intensivierungsbedingung. Darum geht es um die konsequente Nutzung ihrer Möglichkeiten und Formen sowie die tiefere wissenschaftliche Durchdringung der Intensivierungsprozesse. Wie Genosse Honecker in Gera hervorgehoben hat, handelt es sich dabei für uns um so lebenswichtige Fragen wie die Versorgung mit Roh- und Brennstoffen und die Verbindung der Vorzüge des Sozialismus mit den Errungenschaften der wissenschaftlich-technischen Revolution.

Zweitens bestand eine theoretische Grundfrage, die die gesamte Diskussion durchzog, darin, wie die Integrationsprozesse noch mehr zur Erhöhung der Effektivität der Volkswirtschaft beitragen, wie wir auch auf diesem Gebiet die Vorzüge des Sozialismus vollständig nutzen können. Es ist unbedingt als positiv zu werten, daß auf unserer Konferenz die komplizierten Probleme des ökonomischen Wachstums, der Strukturentwicklung, aber auch der Bewertung der verschiedenen Wachstumsfaktoren im Mittelpunkt der Diskussion standen und zugleich auf viele Beispiele für Maßnahmen der internationalen Arbeitsteilung, die hohen Nutzen gebracht haben, hingewiesen wurde. Das von Dr. Werner Frohn dargelegte Beispiel der Olefinkooperation mit der ČSSR ist unbedingt hervorzuheben, ebenso wie die Ausführungen von Prof. Dr. Claus Grote zur internationalen Zusammenarbeit auf dem Gebiet der Grundlagenforschung zwischen den Akademien der Wissenschaften der RGW-Länder, die von entscheidender Bedeutung für den notwendigen wissenschaftlichen Vorlauf ist.

Zugleich sollte beachtet werden, daß viele Entwicklungsprobleme nicht allein aus der sozialistischen ökonomischen Integration heraus erklärt werden können, sondern vor allem auch aus den Bedingungen der Reproduktion und des ökonomischen Wachstums, der Entwicklung von Wissenschaft und Technik, der Ressourcenlage der Länder sowie dem Verhältnis von ökonomischen Zielen und Ressourcen.

Drittens ist im Zusammenhang mit den Fragen der internationalen Spezialisierung und Kooperation die theoretische Analyse weiter zu vertiefen, wobei die herangereiften Bedingungen berücksichtigt werden sollten. Jetzt geht es um die konsequente Durchsetzung der sozialistischen Intensivierung in den RGW-Ländern, dabei stehen stärker Innovationen im Vordergrund. Bei jeder Maßnahme der internationalen Spezialisierung und Kooperation stehen zugleich auch Investitionsentscheidungen von größeren Dimensionen auf der Tagesordnung. Bei dieser neuen Situation müssen Prioritäten konzipiert bzw. realisiert werden, die weitgehenden Einfluß auch auf andere Vorhaben in den Volkswirtschaften der Länder des RGW haben. Das heißt, wir haben es z. T. mit einer neuen Interessenlage zu tun, bei der manches komplizierter wird bzw. auch nicht mehr allein aus der Sicht der Wünsche des einen oder anderen Landes entschieden werden kann. Dabei muß auch gesehen werden, daß die gesamte Innen- und Außenpolitik jedes RGW-Landes und der sozialistischen Gemeinschaft als Ganzes immer auf ökonomischen Interessen basiert. Das gilt für die Roh- und Brennstoffversorgung, genauso aber für das ganze Gebiet der Spezialisierung und Kooperation. Es kommt darauf an, die theoretische Arbeit zu Fragen der sozialistischen ökonomischen Integration, insbesondere in bezug auf die qualitativen Wachstumsfaktoren, weiter zu vertiefen. So wird auf den Gebieten Wissenschaft und Technik, der Höherveredelung von Rohstoffen und Einsatzmaterialien sowie der Vervollkommnung der Struktur der Volkswirtschaft die Verbindung von Theorie und Praxis immer enger. Die langfristigen Zielprogramme und das langfristige Programm der Spezialisierung und Kooperation der Produktion mit der UdSSR sind Strukturprobleme, die zu immer höherer Effektivität führen müssen.

Viertens ist in der Diskussion herausgearbeitet worden, daß die sozialistischen Vergesellschaftungsprozesse in den RGW-Ländern viele Möglichkeiten eröffnen, um die Produktion und zugleich die Integrationsprozesse noch effektiver zu machen. Genosse Honecker hat in Gera erneut auf die großen Möglichkeiten hingewiesen, die die Kombinate der DDR für unseren weiteren wirtschaftlichen Aufschwung auf sich vereinigen, und gefordert, noch umfassender und ökonomischer diese Potenzen auszuschöpfen. Das erfordert die Überwindung der zwischen den Kombinaten noch vorhandenen Niveauunterschiede. Es kommt darauf an, die Kraft der Kombinate im volkswirtschaftlichen Reproduktionsprozeß immer stärker auch für die sozialistische ökonomische Integration wirksam zu machen, wozu es auf der Konferenz viele konstruktive Vorschläge gab. Gerade bei den Kombinaten liegt es in hohem Grade, die Integrationsmaßnahmen und das bilaterale Spezialisierungs- und Kooperationsprogramm mit der Sowjetunion mit hoher Qualität und Effektivität zu erfüllen. Es geht dabei um die größeren Dimensionen der Zusammenarbeit und die größere Komplexität, die alle Seiten des Reproduktionsprozesses umfaßt. Übereinstimmend wurde in der Diskussion betont, daß alle weiteren Schritte der Spezialisierung und Kooperation noch enger mit der Koordinierung der Pläne verbunden werden müssen, um die Stabilität in der Zusammenarbeit weiter zu erhöhen.

Fünftens ist es zur weiteren Vervollkommnung der Leitung, Planung und ökonomischen Stimulierung der Integrationsmaßnahmen wichtig, daß diese materiellen Prozesse voll in den Plänen der einzelnen Länder enthalten und durch Abkommen, d. h. vor allem durch staatliche Abkommen, abgesichert sind. In den Diskussionsbeiträgen wurde besonders dieser Gesichtspunkt als bedeutsam unterstrichen. Bei den Fragen der Leitung, Planung und ökonomischen Stimulierung einschließlich der Koordinierung der Volkswirtschaftspläne zwischen den RGW-Ländern sollten wir beachten, daß ihre Qualität – hinsichtlich der inhaltlichen Prozesse und der Methode – im wesentlichen vom Niveau der Planung in den einzelnen RGW-Ländern abhängig ist. Das erfordert den ständigen wissenschaftlichen Erfahrungsaustausch zwischen den Ländern. Die Vervollkommnung der Volkswirtschaftsplanung in den Ländern erfordert z. B. ein ausgewogenes Verhältnis von Ziel und Ressourcen sowie klare Festlegungen über Rechte und Pflichten der verschiedenen Leitungsebenen. Hiervon hängen z. B. auch in hohem Maße die Möglichkeiten und die Qualität der Direktbeziehungen zwischen den Kombinaten, Wirtschaftsvereinigungen und Betrieben ab. Das heißt zugleich, daß die sozialistische ökonomische Integration komplex in alle Aktivitäten unseres Leitungs- und Planungssystems einbezogen werden muß. Das betrifft besonders die Aufgaben auf dem Gebiet von Wissenschaft und Technik sowie die Planung des gesamtvolkswirtschaftlichen Kreislaufs. Auf diese Fragen sollten wir uns in der theoretischen Diskussion stärker konzentrieren und genauer analysieren, um zu wissenschaftlichen Verallgemeinerungen zu gelangen.

Sechstens gab es in der Diskussion viele Hinweise zur besseren Ausnutzung der Ware-Geld-Beziehungen innerhalb der planmäßigen Zusammenarbeit zwischen den RGW-Ländern. Wir müssen davon ausgehen, daß die Ware-Geld-Beziehungen in der sozialistischen Planwirtschaft von großer Bedeutung sowohl im Innern der Volkswirtschaft als auch im Rahmen der sozialistischen ökonomischen Integration sind. Die immer stärkere Nutzung der Ware-Geld-Beziehungen ist Ausdruck der Einheit von gebrauchswertmäßigen, wertmäßigen und finanziellen Prozessen. Dabei geht es um die stärkere Nutzung der Wertkategorien in allen Phasen des Reproduktionsprozesses. Die neuen Formen der langfristigen Zusammenarbeit stellen an die Ausnutzung der Ware-Geld-Beziehungen in der Zusammenarbeit zwischen den RGW-Ländern wachsende Anforderungen. Generell ist mit Nachdruck zu betonen, daß eine richtige theoretische Position zum Geld erforderlich ist, um den Nutzeffekt der gesellschaftlichen Arbeit ständig zu erhöhen. Zu unterstreichen sind ebenfalls die in der Diskussion gegebenen Hinweise zum internationalen Wert. Er ist als theoretischer Ausgangspunkt für die Messung und Bewertung der Effektivität der Integrationsmaßnahmen von Bedeutung. Über diese Problematik sind weitere theoretische Untersuchungen notwendig.

Zusammenfassend zu diesem Punkt ist festzustellen, daß sich die Einheit von Planung und Ware-Geld-Beziehungen in der sozialistischen ökonomischen Integration bewährt, die darin enthaltenen Reserven für die weitere Erhöhung der Effektivität der Integrationsmaßnahmen jedoch noch umfassender zu erschließen sind. Dazu muß die wirtschaftswissenschaftliche Forschung ebenfalls ihren Beitrag leisten.

Siebentens ist deutlich geworden, daß die Erfahrungen und Fortschritte auf dem Gebiet der sozialistischen ökonomischen Integration von großer Bedeutung für die Zusammenarbeit der sozialistischen Länder mit den Entwicklungsländern sind. Sie ermöglichen und erfordern eine offensive Position im Zusammenhang mit der weltweiten Diskussion über die Neugestaltung der internationalen Wirtschaftsbeziehungen. Die Geschlossenheit der sozialistischen Staatengemeinschaft in den Fragen der gegenseitig vorteilhaften Zusammenarbeit mit den Entwicklungsländern und kapitalistischen Industrieländern ist zugleich eine zentrale Frage im Klassenkampf mit dem Imperialismus. Die immer engere wirtschaftliche und politische Zusammenarbeit mit Entwicklungsländern ist Bestandteil des revolutionären Weltprozesses. Sie erfordert die weitere Vertiefung der sozialistischen ökonomischen Integration und die umfassende Nutzung der damit verbundenen Vorteile.

Achtens schließlich gab die Konferenz ein klares Bild darüber, worauf sich die weitere wirtschaftswissenschaftliche Forschung konzentrieren muß. Im Arbeitsmaterial und in den Berichten der Leiter der Arbeitskreise wurden die Schwerpunkte herausgearbeitet. Der Wirtschaftswissenschaft kommt die Aufgabe zu, die realen Prozesse der ökonomischen und wissenschaftlich-technischen Zusammenarbeit zwischen den RGW-Ländern und dabei die Wirkungsbedingungen der ökonomischen Gesetze des Sozialismus tiefer zu untersuchen. Im Zentrum des theoretischen und praktischen Interesses steht – ausgehend von der marxistisch-leninistischen Reproduktionstheorie – die Erarbeitung eines Erkenntniszuwachses zu den Erfordernissen, Bedingungen und Wirkungen der weiteren Vertiefung der sozialistischen ökonomischen Integration, zur weiteren Vervollkommnung der Leitung, Planung und ökonomischen Stimulierung der Integrationsprozesse und der weiteren Erhöhung ihrer Effektivität für alle Mitgliedsländer des RGW. Es geht damit generell um die Sicherung des notwendigen wissenschaftlichen Vorlaufs zur weiteren Gestaltung und Intensivierung der Integrationsprozesse.

Abschließend möchte ich allen Genossinen und Genossen danken, die zur inhaltlichen und organisatorischen Vorbereitung der Konferenz beigetragen haben, insbesondere den Autoren des Arbeitsmaterials, das eine gute Diskussionsgrundlage bildete, und Prof. Dr. Kunz außerdem für sein Einführungsreferat. Weiterhin danke ich den Leitern der Arbeitskreise sowie den Diskussionsrednern im Plenum und in den Arbeitskreisen für ihre konstruktiven Beiträge. Mein besonderer Dank gilt schließlich dem Präsidenten der Akademie der Wissenschaften der DDR, Prof. Dr. Werner Scheler für seine Teilnahme und Unterstützung bei der Vorbereitung und Durchführung der Konferenz.

ABHANDLUNGEN
DER AKADEMIE DER WISSENSCHAFTEN DER DDR
Abteilung Veröffentlichungen der Wissenschaftlichen Räte

Tagungen des Wissenschaftlichen Rates
für die wirtschaftswissenschaftliche Forschung

Zuletzt erschienen:

28. Tagung vom 29. 5. 1979 Nr. W 6/1979
Zur aktiven Rolle der Finanzen

5. Tagung der Gemeinsamen Kommission der Ökonomen der UdSSR und der DDR Nr. W 7/1979
Fragen der wissenschaftlich-technischen und ökonomischen Zusammenarbeit UdSSR/DDR

29. Tagung vom 16.–17. 10. 1979 Nr. W 2/1980
Zentrale Konferenz der DDR
Zur Verbindung von wissenschaftlich-technischer Revolution und Sozialismus

30. Tagung vom 29. 4. 1980 Nr. W 3/1980
Zur Leitung und Planung der Kombinate

32. Tagung vom 14.–15. 10. 1980 Nr. W 5/1981
Wirtschaftswissenschaftliche Konferenz
Theoretische Fragen der sozialistischen ökonomischen Integration

In Vorbereitung:

33. Tagung vom 2. 6. 1981 Nr. W 2/1982
Wirtschaftswissenschaftliche Forschungsaufgaben nach dem X. Parteitag der SED

34. Tagung vom 3. 11. 1981 Nr. W 3/1982
Fragen der weiteren Stärkung der materiell-technischen Basis

ISSN 0302—8054

Bei Fragen zur Produktsicherheit wenden Sie sich bitte an:
If you have any questions regarding product safety,
please contact:

Walter de Gruyter GmbH
Genthiner Straße 13
10785 Berlin
productsafety@degruyterbrill.com